云南省哲学社会科学成果文库

为赶超构建
自我发展能力

——以西部为例

梁双陆 等 \ 著

中国社会科学出版社

图书在版编目（CIP）数据

为赶超构建自我发展能力：以西部为例／梁双陆等著.—北京：
中国社会科学出版社，2017.12
（云南省哲学社会科学成果文库）
ISBN 978 - 7 - 5203 - 1641 - 5

Ⅰ.①为…　Ⅱ.①梁…　Ⅲ.①西部经济—区域经济发展—研究
Ⅳ.①F127

中国版本图书馆 CIP 数据核字（2017）第 299453 号

出 版 人　赵剑英
责任编辑　孙　萍
责任校对　王　龙
责任印制　王　超

出　　　版　中国社会科学出版社
社　　　址　北京鼓楼西大街甲 158 号
邮　　　编　100720
网　　　址　http://www.csspw.cn
发 行 部　010 - 84083685
门 市 部　010 - 84029450
经　　　销　新华书店及其他书店

印　　　刷　北京君升印刷有限公司
装　　　订　廊坊市广阳区广增装订厂
版　　　次　2017 年 12 月第 1 版
印　　　次　2017 年 12 月第 1 次印刷

开　　　本　710×1000　1/16
印　　　张　25
插　　　页　2
字　　　数　410 千字
定　　　价　99.00 元

前　言

  西部地区①自我发展能力不足早已成为学界和政府的共识，2010 年党中央、国务院在部署新形势下深入实施西部大开发战略的指导思想中强调：要"进一步加大投入、强化支持，以增强自我发展能力为主线，以改善民生为核心，以科技进步和人才开发为支撑，更加注重基础设施建设，着力提升发展保障能力；更加注重生态建设和环境保护，着力建设美好家园和国家生态安全屏障；更加注重经济结构调整和自主创新，着力推进特色优势产业发展；更加注重社会事业发展，着力促进基本公共服务均等化和民生改善；更加注重优化区域布局，着力培育新的经济增长极；更加注重体制机制创新，着力扩大对内对外开放，推动西部地区经济又好又快发展和社会和谐稳定，努力实现全面建设小康社会奋斗目标"②。增强自我发展能力的主线思想，抓住了西部实现跨越，与全国同步建成小康社会的核心。

  西部大开发战略实施以来，国内外学者对西部自我发展能力的研究成果不断丰富，但更多体现为通过构建指标体系评价西部地区的自我发展能力，从资本积累视角研究西部自我发展能力的探讨还不充分，从创新力层面研究西部自我发展能力的成果更为少见。增长经济学认为，经济增长是大幅度减少贫困的最好方法。国内外学者对欠发达国家和地区的研究认为，资本积累

---

  ① 本书参照中华人民共和国国家统计局网站上对我国区域的划分，东部地区包括：北京、天津、河北、辽宁、上海、江苏、浙江、福建、山东、广东、海南 11 个省市；西部地区包括：内蒙古、广西、重庆、四川、贵州、云南、西藏、陕西、甘肃、青海、宁夏、新疆 12 个省（自治区、直辖市）；中部地区包括：黑龙江、吉林、河南、山西、湖北、湖南、安徽、江西 8 个省。

  ② 张平：《2011 国家西部开发报告》，浙江大学出版社 2011 年版，第 424 页。

是经济赶超的基础,成功实现赶超和未能实现赶超的发展中国家经验表明,实物资本、人力资本和社会资本对发展中国家的经济赶超都具有重要作用,缺一不可。能力理论最早可追溯到亚当·斯密在《国富论》中的论述,但只有在企业管理理论中得到充分发展,企业能力理论具有两个核心思想:一是能力无法完全通过市场获得,必须构建;二是动态能力实质上是获得竞争优势的创新力。国内外对发展能力的研究集中在经济发展理论和演化经济理论中,这在 2005 年联合国工业发展组织的研究报告 "Capability building for catching-up—Historical, empirical and policy dimensions" 中得到充分体现,包含知识储备、开放度、金融体系、政府执政能力和政治体系的能力分析框架也得到越来越多学者的关注。增长理论体系中并没有明确提出能力理论。从熊彼特创新理论和弗里曼的创新经济学出发,我们将创新力划分为技术创新力、产业创新力和组织创新力。本书在前人研究基础上总结提炼出"发展过程本身就是一个资本积累过程,增强自我发展能力实质上是增强创新力"这一核心思想,提出并系统论证"通过努力扩大实物资本投资与积累增强产业创新力,通过努力扩大人力资本投资与积累增强技术创新力,通过努力扩大社会资本投资与积累增强组织创新力"的西部自我发展能力构建路径。本书希望通过在经济增长理论中将资本积累与创新力进行综合,构建基于西部大开发的自我发展能力理论,为经济增长理论的进一步丰富和发展进行有益探索,为中国实施新一轮西部大开发提供理论指导。

目 录

第一章 导论 ……………………………………………………… （1）

  第一节 西部自我发展能力的研究进展 …………………… （3）

  第二节 能力理论的基本思想 ……………………………… （13）

  第三节 经济赶超与资本积累 ……………………………… （19）

  第四节 资本积累与创新力 ………………………………… （27）

  第五节 为赶超构建能力 …………………………………… （34）

第二章 西部开发的资本积累效应 …………………………… （36）

  第一节 文献评论 …………………………………………… （36）

  第二节 经验事实 …………………………………………… （53）

  第三节 西部开发的实物资本积累效应 …………………… （71）

  第四节 西部开发的人力资本积累效应 …………………… （77）

  第五节 西部开发的社会资本积累效应 …………………… （82）

  第六节 本章小结 …………………………………………… （86）

第三章 西部地区实物资本积累与产业创新力培育 ………… （88）

  第一节 文献评论 …………………………………………… （88）

  第二节 经验事实 …………………………………………… （96）

  第三节 理论模型：实物资本、产业创新与经济增长 …… （106）

  第四节 西部实物资本对产业创新的影响 ………………… （110）

  第五节 西部地区资源型产业的锁定效应与升级 ………… （119）

第六节　战略性新兴产业培育与西部创新型产业体系构建 ········ （126）

第七节　本章小结 ·· （132）

第四章　西部地区人力资本积累与技术创新力培育 ·············· （135）

第一节　文献评论 ·· （135）

第二节　经验事实 ·· （145）

第三节　理论模型：人力资本、技术创新与经济增长 ·········· （173）

第四节　西部人力资本对技术创新的影响 ···················· （192）

第五节　提升西部地区技术创新能力 ························ （200）

第六节　本章小结 ·· （205）

第五章　西部地区社会资本积累与组织创新力培育 ·············· （207）

第一节　文献评论 ·· （207）

第二节　经验事实 ·· （217）

第三节　理论模型：社会资本、组织创新与经济增长 ·········· （245）

第四节　社会资本对西部经济增长的影响 ···················· （252）

第五节　社会资本促进组织创新力的作用机制 ················ （273）

第六节　西部社会资本对组织创新的影响 ···················· （285）

第七节　本章小结 ·· （294）

第六章　西部地区资本结构的匹配性与能力互动 ·············· （296）

第一节　文献评论 ·· （296）

第二节　三种资本之间的相互关系 ·························· （302）

第三节　三种资本的匹配性 ·································· （308）

第四节　三种创新力的协调性 ································ （320）

第五节　西部地区资本结构匹配性再造 ······················ （327）

第六节　本章小结 ·· （334）

第七章　外部推力对西部自我发展能力增强的作用 ·············· （336）

第一节　国家推力与中央调控优化 ·························· （336）

第二节　东中部推力与合作模式改进 ……………………（342）

第三节　西部对外开放的深化 ………………………………（345）

主要参考文献 ……………………………………………（349）

附录1　西部地区及各省分行业区位熵值表 ………………（370）

附录2　社会资本指标的设计 …………………………………（374）

后记 ………………………………………………………………（383）

表 目 录

表 2—1 　2003—2011 年西部地区重点工程造林面积 ……………………（55）

表 2—2 　1999—2011 年西部地区教育经费 ………………………（56）

表 2—3 　西部地区普通高等学校数 …………………………………（57）

表 2—4 　西部地区农业总产值 ………………………………………（58）

表 2—5 　2012 年西部各省各农作物产量占全国的比例 ……………（58）

表 2—6 　2000 年、2012 年各省旅游业发展情况 ……………………（61）

表 2—7 　西部地区实物资本存量（按 1978 年价格核算）…………（62）

表 2—8 　1999—2012 年东、中、西部地区实物资本存量及差距 ……（64）

表 2—9 　西部地区人均受教育年限 …………………………………（66）

表 2—10 　西部大开发制度的演进 …………………………………（69）

表 2—11 　西部大开发重点项目投资规模 …………………………（72）

表 2—12 　分地区城乡居民人民币储蓄存款（年底余额）…………（73）

表 2—13 　西部地区的城乡收入差距 ………………………………（74）

表 2—14 　Eviews 计量结果 …………………………………………（76）

表 2—15 　2000—2013 年西部地区教育优惠政策 …………………（77）

表 2—16 　1999—2011 年西部地区公共财政预算教育经费 ………（78）

表 2—17 　Eviews 软件计量出的结果 ………………………………（81）

表 2—18 　2000—2012 年西部地区城镇人口比重及其变化 ………（83）

表 2—19 　2012 年全国、东、中、西部城市规模结构比较 …………（84）

表 3—1 　西部固定资产投资行业分布 ………………………………（100）

表 3—2 　两个时期西部地区固定资产投资的产业结构 ……………（102）

表3—3　两个时期三地区及全国固定资产投资主要行业占比 ………（102）

表3—4　西部地区2013年主要行业投资效率………………………（104）

表3—5　实物资本对产业创新的影响分析（无控制变量）…………（114）

表3—6　实物资本对区域产业创新的影响分析（加入控制变量）……（115）

表3—7　资源型与制造型实物资本对产业创新的影响
　　　　（无控制变量）………………………………………………（117）

表3—8　资源型与制造型实物资本对产业创新的影响
　　　　（加入控制变量）………………………………………………（118）

表4—1　2001年东、西部地区教育经费 ……………………………（149）

表4—2　2012年东、西部地区教育经费 ……………………………（149）

表4—3　每万人拥有卫生技术平均人数 ……………………………（154）

表4—4　2005年各级学校在校生人数及比例 ………………………（157）

表4—5　2012年各级学校在校生人数及比例 ………………………（157）

表4—6　2002年东、西部地区教育程度比较 ………………………（158）

表4—7　2012年东、西部地区教育程度比较 ………………………（158）

表4—8　2002年东、西部15岁及以上文盲人口 …………………（159）

表4—9　2012年东、西部15岁及以上文盲人口 …………………（159）

表4—10　西部地区技术创新力评价指标体系………………………（167）

表4—11　2010年各地区技术创新能力因子得分和技术
　　　　　创新能力综合得分排名 …………………………………（169）

表4—12　2003—2010年各地区平均受教育年限情况 ……………（181）

表4—13　变量的统计描述 ……………………………………………（195）

表4—14　教育人力资本对创新的影响 ………………………………（196）

表4—15　教育人力资本对产出水平的影响…………………………（198）

表5—1　三地区个人信任描述性统计 ………………………………（219）

表5—2　三地区企业信任描述性统计 ………………………………（221）

表5—3　三地区公共信任描述性统计 ………………………………（224）

表5—4　三地区个人网络描述性统计 ………………………………（225）

表5—5　三地区社区网络描述性统计 ………………………………（226）

表5—6　三地区协会网络描述性统计 ………………………………（228）

表5—7　三地区民族文化描述性统计 ·························（229）

表5—8　三地区宗教文化描述性统计 ·························（231）

表5—9　不同时期全国及三个地区的全部法人组织年均增长率 ········（232）

表5—10　第一届—第六届中国地方政府创新奖东西部比重 ··········（233）

表5—11　第一届—第六届中国地方政府创新奖中东西部

　　　　　获奖项目占比 ································（234）

表5—12　不同时期全国及三个地区的机关法人组织年均增长率 ·····（235）

表5—13　不同时期全国及三个地区行政法人组织占比变化 ·······（235）

表5—14　不同时期全国及三个地区的企业法人组织年均增长率 ·····（238）

表5—15　不同时期全国及三个地区企业法人组织占比变化 ·······（239）

表5—16　不同时期全国及三个地区的事业法人组织年均增长率 ·····（241）

表5—17　不同时期全国及三个地区事业法人组织占比变化 ·······（241）

表5—18　不同时期全国及三个地区的社团法人组织年均增长率 ·····（242）

表5—19　不同时期全国及三个地区社团法人组织占比变化 ·······（242）

表5—20　不同时期全国及三个地区的其他法人组织年均增长率 ·····（243）

表5—21　不同时期全国及三个地区其他法人组织占比变化 ·······（244）

表5—22　信任与经济增长的回归分析 ·······················（255）

表5—23　社会网络与经济增长的回归分析 ···················（258）

表5—24　文化与经济增长的回归分析 ·······················（260）

表5—25　社会资本与初始经济发展水平的回归结果（1）·········（264）

表5—26　社会资本与初始经济发展水平的回归结果（2）·········（265）

表5—27　社会资本与市场化程度的回归结果（1）·············（269）

表5—28　社会资本与市场化程度的回归结果（2）·············（270）

表5—29　社会资本与组织创新 ····························（276）

表5—30　权威、信任的来源 ·····························（279）

表5—31　社会资本对法人组织的影响（1）··················（288）

表5—32　社会资本对法人组织的影响（2）··················（289）

表5—33　社会资本对中介组织的影响 ······················（290）

表5—34　社会资本对企业组织的影响（1）··················（291）

表5—35　社会资本对企业组织的影响（2）··················（291）

表5—36　社会资本对政府组织的影响（1）……………………（292）

表5—37　社会资本对政府组织的影响（2）……………………（293）

表6—1　三种资本的评价指标体系 ………………………………（309）

表6—2　匹配协调度评价标准 ……………………………………（311）

表6—3　实物资本与人力资本的匹配程度 ………………………（313）

表6—4　实物资本与社会资本的匹配程度 ………………………（315）

表6—5　人力资本与社会资本之间的匹配程度 …………………（317）

表6—6　实物资本、人力资本、社会资本三种资本间的匹配程度 ……（319）

表6—7　各地区产业创新—技术创新—组织创新系统的指标体系 ……（321）

表6—8　东部地区产业创新—技术创新—组织创新系统间的
　　　　协调度 …………………………………………………（324）

表6—9　中部地区产业创新—技术创新—组织创新系统间的
　　　　协调度 …………………………………………………（325）

表6—10　西部地区产业创新—技术创新—组织创新系统间的
　　　　协调度 …………………………………………………（326）

图 目 录

图 2—1　1999—2011 年西部地区教育经费 ⋯⋯⋯⋯⋯⋯⋯⋯⋯（56）

图 2—2　西部地区实物资本存量 ⋯⋯⋯⋯⋯⋯⋯⋯⋯⋯⋯⋯⋯⋯（63）

图 2—3　东、中、西部地区实物资本存量 ⋯⋯⋯⋯⋯⋯⋯⋯⋯⋯（65）

图 2—4　1999—2012 年西部地区人均受教育年限 ⋯⋯⋯⋯⋯⋯（67）

图 2—5　西部地区城乡人均总收入（元）⋯⋯⋯⋯⋯⋯⋯⋯⋯⋯（74）

图 2—6　西部地区城乡居民人均收入差距（元）⋯⋯⋯⋯⋯⋯（75）

图 2—7　西部总体公共财政预算教育经费年增长 ⋯⋯⋯⋯⋯⋯（79）

图 2—8　西部各省公共财政预算教育经费年增长 ⋯⋯⋯⋯⋯⋯（80）

图 3—1　1998—2013 年我国东、中、西部实际全社会固定资产
　　　　投资变化态势 ⋯⋯⋯⋯⋯⋯⋯⋯⋯⋯⋯⋯⋯⋯⋯⋯⋯（97）

图 3—2　2002—2013 东、中、西部资源型实物资本投资及制造型
　　　　实物资本投资变化趋势 ⋯⋯⋯⋯⋯⋯⋯⋯⋯⋯⋯⋯⋯（98）

图 3—3　我国东、中、西部人均实物资本投资的核密度分布 ⋯⋯⋯（99）

图 3—4　1998—2013 年东、中、西部实际新产品销售收入
　　　　情况及趋势 ⋯⋯⋯⋯⋯⋯⋯⋯⋯⋯⋯⋯⋯⋯⋯⋯⋯（106）

图 3—5　实物资本投资与产业创新的散点图 ⋯⋯⋯⋯⋯⋯⋯⋯（113）

图 3—6　资源型与制造型实物资本积累与产业创新的散点图 ⋯⋯（116）

图 3—7　添加资源型产业（零次产业）的产业链环 ⋯⋯⋯⋯⋯（120）

图 3—8　立体产业分类理论图示 ⋯⋯⋯⋯⋯⋯⋯⋯⋯⋯⋯⋯⋯（120）

图 3—9　资源型产业退化的系统动力学模型 ⋯⋯⋯⋯⋯⋯⋯⋯（124）

图 4—1　东、西部地区 2001—2012 年年末人口数增长情况 ⋯⋯（147）

图 4—2 国家财政科研支出走势 ·················· （150）

图 4—3 分地区研发经费投入强度比较 ·············· （151）

图 4—4 2001—2013 年东、西部地区出生率走势 ········· （153）

图 4—5 2001—2013 年东、西部地区死亡率走势 ········· （153）

图 4—6 2001—2013 年东、西部地区人口净出生率走势 ····· （154）

图 4—7 2001—2013 年东、西部地区医疗卫生机构床位数 ··· （155）

图 4—8 2001—2013 年东、西部地区医疗卫生机构数 ····· （155）

图 4—9 2004—2011 年西部地区与全国在校学生人数情况 ···· （162）

图 4—10 2004—2011 年西部地区与全国在校教师人数情况 ··· （162）

图 4—11 2004—2010 年西部地区与全国教育经费情况 ···· （163）

图 4—12 2004—2011 年西部地区与全国教育状况比重 ···· （163）

图 4—13 西部地区劳均专利数与东部和中部地区对比 ···· （171）

图 4—14 西部地区劳均发明数与东部和中部地区对比 ···· （171）

图 4—15 西部地区劳均新型实用专利数与东部和中部地区对比 ··· （172）

图 4—16 西部地区劳均外观设计专利数与东部和中部地区对比 ··· （172）

图 4—17 西部地区和全国平均受教育年限趋势状况 ······ （183）

图 4—18 西部地区和全国技术创新进步率趋势·········· （184）

图 4—19 西部地区和东部地区累计使用技术创新企业数量 ··· （189）

图 4—20 西部地区和东部地区技术创新扩散速度 ······· （189）

图 5—1 2005 年 CGGSS 调查数据各省份个人信任得分 ···· （218）

图 5—2 2000 年中国企业家调查系统各省份企业信任情况············ （220）

图 5—3 2000 年各省份生产总值 ················ （221）

图 5—4 2006 年 CGSS 调查数据各省份公共信任得分 ····· （223）

图 5—5 2008 年 CGSS 调查数据各省份个人网络得分 ····· （224）

图 5—6 2008 年 CGSS 调查数据各省份社区网络得分 ····· （225）

图 5—7 协会网络 ······················ （227）

图 5—8 各省份少数民族人口占比 ··············· （229）

图 5—9 2008 年 CGSS 调查数据各省份宗教文化得分 ····· （230）

图 5—10 外部社会资本与组织创新机制·············· （274）

图 5—11 政府创新、企业创新和中介组织创新与外部社会资本 ····· （275）

图 5—12　内部社会资本与组织创新机制 ……………………………（278）

图 5—13　家族企业组织创新模型 …………………………………（281）

图 5—14　现代企业组织创新模型 …………………………………（282）

图 5—15　行业协会组织创新 ………………………………………（283）

图 5—16　同乡商会组织创新 ………………………………………（284）

图 6—1　我国东、中、西地区的产业创新水平 …………………（322）

图 6—2　我国东、中、西地区的技术创新水平 …………………（323）

图 6—3　我国东、中、西地区的组织创新水平 …………………（323）

图 6—4　东、中、西地区产业创新、技术创新、组织创新的
　　　　　协调水平 …………………………………………………（326）

第一章

导　论

　　增长经济学认为，经济增长是大幅度减少贫困的最好方法。很多经济学家都持有这样的观点。尽管距离世界生产率前沿越远则增长得越快是一种一般性的趋势，但那些最贫穷国家却表现为比其他国家增长更慢[①]仍然是这个世界的重要特征之一。按照联合国工业发展组织（UNIDO）的观点，这些国家经济增长缓慢的主要原因是发展能力不足，驱动发展的能力是创新力："一些国家已实现了赶超，在不同时期处于领先地位，其主要驱动力是创新与培育创新的环境。"[②] 国内发展滞后地区也具有同样的趋势和特点。发展能力理论是经济学家在研究欠发达国家和地区如何实现赶超问题过程中逐渐形成的。国内外重点围绕能力概念、能力结构以及能力与发展的关系展开研究，最有影响的是联合国工业发展组织 2005 年的研究报告《为赶超构建能力》，该报告认为，低发展水平国家实现赶超最关键是增加知识储备、提高执政能力和建立金融体系。其他研究则提出了能力建设着重在增长要素累积基础上形成学习能力、配置能力、技术能力和开放能力[③]，提高人员、设备、信息、组织四要素以提高国家技术能力，通过国家干预来发展技术能力[④]，以科技创新和

　　① ［法］菲利普·阿格因、［加］彼得·豪伊特：《增长经济学》，杨斌译，中国人民大学出版社 2011 年版，第 2—3 页。

　　② UNIDO：*Industrial Development Report* 2005. *Capability Building for Catching-up—Historical, Empirical and Policy Dimensions.* Vienna，2005.

　　③ 杨先明等：《能力结构与东西部区域经济合作》，中国社会科学出版社 2007 年版，第 18 页。

　　④ Lall. S. Reinventing Industrial Strategy：The Role of Government Policy in Building Industrial Competitiveness. UN Conference on Trade and Development，2004.

组织管理创新构建中国的核心发展能力①等观点。可以看出，创新力是自我发展能力的核心。从中国区域经济均衡发展来说，西部大开发的目的就是实现西部地区的经济赶超。西部发展滞后是多因素作用的结果，自我发展能力构建是一个系统工程。发展过程本身就是一个资本积累过程，增强自我发展能力实质上是增强创新力。因此，西部发展能力的构建应以资本积累与创新力增强为核心。对经济赶超与资本积累的研究已从实物资本、人力资本扩展到社会资本投资和积累。实物资本积累对赶超型经济的作用机制是通过新增投资扩散新技术，新增长理论更强调人力资本积累对赶超的推动作用，认为人力资本达到一定程度才能有效吸收先进技术并转化为自生技术能力。② 针对一些国家人力资本与增长相悖问题，学界开始从社会资本研究赶超，认为不仅要对人力资本、实物资本和技术进行投资，更要向社会资本投资③；社会资本不仅可以提高物质资本的配置效率，而且可以协调各种人力资本产生合作效应，进而促进经济增长④，赶超国家须建立有效的产权制度、保证契约可靠执行的机构及高效的公共管理部门⑤；政府应依据社团和组群结构自身的动态性进行干预以加快（中观层）社会资本的形成⑥。信任和规范对创新则起着保护的作用，应通过政治权力提高社会信任与规范，为创新积累社会资本⑦。总体而言，中国西部不仅实物资本和人力资本短缺，而且社会资本更为匮乏，导致创新力不足。

---

① 林世昌：《生产全球化的发展变革与我国经济发展能力的构建》，《上海行政学院学报》2008年第 1 期。

② Nelson, R. Richard, S. Edmund, Phelps, "Investment in Humans, Technological Diffusion, and Economic Growth", *American Economic Review*, Vol. 56, 1966.

③ ［美］达斯古普特、撒拉格尔丁：《社会资本——一个多角度的观点》，张慧东等译，中国人民大学出版社 2005 年版。

④ 李孔岳：《社会资本的演化逻辑：理论回顾、困境与展望》，《经济学动态》2008 年第 10 期。

⑤ 世界银行编著：《1997 年世界发展报告：变革世界中的政府》，蔡秋生等译，中国财经出版社 1997 年版。

⑥ ［美］达斯古普特、撒拉格尔丁：《社会资本——一个多角度的观点》，张慧东等译，中国人民大学出版社 2005 年版。

⑦ 赵延东：《论创新型国家的社会结构基础——为创新积累社会资本》，《科学学研究》2009 年第 1 期。

第一节 西部自我发展能力的研究进展

学界早在20世纪80年代就发现中国西部地区发展滞后的原因是自我发展能力不足。早期对西部自我发展能力的研究以增强西部地区造血功能为核心，以对策研究居多，理论探讨较少。国家实施西部大开发战略以后，西部自我发展能力的研究成果不断丰富，理论成果开始出现。2010年党中央、国务院举行西部大开发工作会议，在总结前10年西部大开发的基础上部署了新10年西部大开发工作，强调新形势下深入实施西部大开发战略要"以增强自我发展能力为主线"[1]。西部自我发展能力构建成为学界的研究热点，研究成果在相互影响、相互借鉴中不断发展。

（1）多学科探索的成果不断增多。在早期以经济发展理论和传统的区域经济理论为指导，王绍光、胡鞍钢[2]；王梦奎[3]、李善同[4]；胡鞍钢[5]；陈栋生[6]；王洛林、魏后凯[7]；高新才[8]；江世银[9]；林勇[10]；陈健生[11]；姜安印[12]；孙根紧[13]等开展了众多西部大开发对策研究，在此基础上，出现了从经济哲

① 新华社：《中共中央、国务院在北京召开西部大开发工作会》（http：//www.gov.cn/ldhd/2010 - 07/06/content_1647116.htm）。
② 王绍光、胡鞍钢：《中国国家能力报告》，辽宁人民出版社1993年版。
③ 王梦奎：《西部开发与中国的现代化》，《山区开发》2000年第6期。
④ 李善同、刘勇：《对西部大开发若干战略问题的思考》，《上海国资》2000年第5期。
⑤ 胡鞍钢：《西部大开发的新模式与新原则》，《经济世界》2001年第2期。
⑥ 陈栋生：《再论西部大开发——地区经济现状分析与开发对策探讨》，《中共云南省委党校学报》2001年第1期。
⑦ 王洛林、魏后凯：《我国西部大开发的进展及效果评价》，《财贸经济》2003年第10期。
⑧ 高新才：《西部大开发："十一五"政策方向展望》，《西部论丛》2005年第6期。
⑨ 江世银等：《增强西部地区发展能力的长效机制和政策》，中国社会科学出版社2009年版。
⑩ 林勇：《区域经济增长区际差异、制度绩效及其测定》，《生态经济》2008年第4期。
⑪ 陈健生、李文宇：《市场规模、本地市场效应与空间经济结构演进——兼论中国不同空间尺度下的区域协调发展》，《当代财经》2012年第4期。
⑫ 闫磊、姜安印：《区域自我发展能力的内涵和实现基础——空间管制下区域自我发展能力研究》，《甘肃社会科学》2011年第2期。
⑬ 孙根紧：《中国西部地区自我发展能力及其构建研究》，博士学位论文，西南财经大学，2013年。

学①、进化经济学②、增长经济学③、民族学④⑤、地理学⑥等不同学科研究西部自我发展能力的理论成果。

（2）西部自我发展能力的概念和内涵不断丰富。最早的区域自我发展能力被定义为"征服和改造自然界的能力""在任何灾害的情况下能保持自治、自理、自强的能力"⑦。受当时我国重点突出生产力空间布局的影响，这时期的概念主要突出西部的生产力发展和生产力要素发挥。从增强西部地区造血功能出发，强调西部地区的自力更生，将区域自我发展能力界定为自力更生的能力⑧，同时也强调外力的作用。有观点认为自我发展能力指一个国家或地区经济系统内部具备的凝聚、整合和产出能力。它强调的是经济发展的自身基础或造血功能，不排斥外部力量对一国或地区经济发展的推动作用，相反，它是外部力量发挥作用的内在基础⑨。随着国家对西部开发的重视，学界将越来越多的影响因素纳入西部自我发展能力的概念与内涵之中。结合社会发展，认为区域自我发展能力是指在发展过程中，源于自我本体的，与社会发展相吻合的内部推动力⑩；结合少数民族文化，认为少数民族的自我发展能力是"少数民族对本民族文化的认识和适应能力"，"是一种内源式发展能力"⑪。

---

① 罗晓梅：《论生存方式的变革与西部自我发展能力的提升》，《求实》2007年第4期。

② 杨彬：《西北欠发达地区自我发展能力研究——以甘肃省定西市为例》，博士学位论文，兰州大学，2009年。

③ 梁双陆：《西部自我发展能力构建的理论思考》，《西部省区市社科联第四次协作会议暨西部发展能力建设论坛论文集》2011年。

④ 郑长德：《中国民族地区自我发展能力构建研究》，《民族研究》2011年第4期。

⑤ 李盛刚：《西部民族地区农村发展：基于自我发展能力研究》，博士学位论文，兰州大学，2007年。

⑥ 冷志明、唐珊：《武陵山片区自我发展能力测算及时空演变分析——基于2005、2008和2011年县级数据的实证》，《地理学报》2014年第6期。

⑦ 唐奇甜：《增强民族地区自我发展能力的若干思考》，《中南民族学院学报》（哲学社会科学版）1990年第2期。

⑧ 田官平、张登巧：《增强民族地区自我发展能力的探讨——兼对湘鄂渝黔边民族地区发展的思考》，《吉首大学学报》（社会科学版）2001年第2期。

⑨ 鱼小强：《对增强西部地区自我发展能力的思考》，《商洛师范专科学校学报》2002年第3期。

⑩ 周亚成、兰彩萍：《新疆牧区少数民族自我发展能力浅析》，《新疆大学学报》（哲学社会科学版）2003年第2期。

⑪ 孙美璆：《少数民族自我发展能力和乡村文化建设——以云南省乡村文化业为例》，《黑龙江民族丛刊》2009年第3期。

从民族学视角来看，区域自我发展能力是反映一个区域在没有外部扶持的情况下，区域将完成它所期望的功能和实现某种更好结果的程度与可能性[①]。我国确立主体功能区后，西部地区的发展存在空间管制与空间约束，西部很多地区面临着较为严峻的自然生态环境约束，因而形成了从经济、自然、生态和社会综合发展视角的概念与内涵界定，有的将自我发展能力等同于可持续发展能力，认为自我发展能力的高低主要由可持续发展能力的高低来体现[②]；有的认为区域自我发展能力是指一个区域的自然生产力和社会生产力的总和，是对一个区域的自然资本、物质资本、人力资本和社会资本积累状况的整体描述[③]，是在区域功能给定的前提下，不同区域单元实现人的全面发展所需的基本条件的集合[④]。有学者从创新视角界定西部自我发展能力，认为西部的自我发展能力是以西部制度创新为基础的区域创新能力和竞争力[⑤]；认为区域自我发展能力构建过程是资本积累过程，实质是增强创新力的过程，通过实物资本积累实现产业创新能力提升，通过人力资本积累实现技术创新力培育，通过社会资本积累实现组织创新力的培育[⑥]。还有学者更突出西部自我发展能力的能动性与自生性，从进化和能动视野进行界定，将区域自我发展能力定义为一种根据周围环境变化不断适应和进化的能力，结合经济变迁中各种因素的影响机制，将区域自我发展能力划分为个体群隐性进化能力和显性进化能力，显性进化能力是自然资源环境限制下的个体群主体即个人、企业、政府、非政府组织适应自然环境和社会环境变化进行学习和革新的能力，隐性进化能力是个体群文化进化能力，包括现代市场经济体系下的良好市场秩序必需的合作精神、法治精神、市场意识以

① 郑长德：《中国民族地区自我发展能力构建研究》，《民族研究》2011年第4期。
② 徐君：《四川民族地区自我发展能力建设问题》，《西南民族大学学报》（人文社会科学版）2003年第6期。
③ 王科：《中国贫困地区自我发展能力解构与培育：基于主体功能区的新视角》，《甘肃社会科学》2008年第3期。
④ 姜安印、董积生、胡淑晶：《区域发展能力理论——新一轮西部大开发理论创新与模式选择》，中国社会科学出版社2014年版，第92页。
⑤ 罗晓梅：《论生存方式的变革与西部自我发展能力的提升》，《求实》2007年第4期。
⑥ 梁双陆：《西部自我发展能力构建的理论思考》，《西部省区市社科联第四次协作会议暨西部发展能力建设论坛论文集》2011年。

及适应市场变化的学习能力①；区域自我发展能力是特定区域在区域功能给定的前提下，区域主体在社会经济实践中生成、发育、发挥和提升的能动性，区域自我发展能力就是区域主体动员、组织、利用经济要素，充分发挥区域功能的能力②。可以看出，西部自我发展能力的研究是动态的，体现了明显的时代特征和发展环境影响因素。

（3）理论基础多建立在可行能力理论和系统论的基础上。很多研究受到阿玛蒂亚·森的人的可行能力理论和权利贫困理论的影响。阿玛蒂亚·森在20世纪80年代提出了"能力方法"的分析框架，其核心是自由、功能和能力，阿玛蒂亚·森的权利贫困理论认为，无论何种贫困状态，其本质都是由权利的缺乏或者其他的条件不足所致，而其权利是指利用各种能获得的法定渠道以及所获得的可供选择的商品束的集合。"实质自由包括免受困苦——诸如饥饿、营养不良、可避免的疾病、过早死亡之类——基本的可行能力，以及能够识字算数、享受政治参与等的自由。"能力体现的就是一个人过某类生活或实现合理目标的自由。一个人能力越大，他选择过某种生活的自由度就越大。人类潜能的开发以及自由的相应拓展才是经济增长的终极目标。著名的女哲学家努斯鲍姆（Nussbaum）对森（Sen）的能力发展具体内容做了重要的补充研究，她提出了包括生存、身体健康、身体完整、判断力、创造力和思考能力、感情、实践动机，与社会建立良好关系，其他种类的能力，消遣，对个人环境的控制能力等十项人类能力，并把它们区分为基本能力、内在能力和组合能力三个部分③。在人的可行能力理论和权利贫困理论基础上，国内学者以经济哲学的研究方法，论证了西部生存方式变革与自我发展能力的关系，强调加强以生存方式变革为平台的人的能力建设来提高西部地区的自我发展能力④；从经济权利禀赋视角

---

①　杨彬：《西北欠发达地区自我发展能力研究》，硕士学位论文，兰州大学，2010年，第13页。

②　曹子坚：《区域自我发展能力研究——兼论中国区域经济转型及其路径分异》，中国社会科学出版社2014年版，第60页。

③　孙根紧：《中国西部地区自我发展能力及其构建研究》，博士学位论文，西南财经大学，2013年，第46页。

④　罗晓梅：《论生存方式的变革与西部自我发展能力的提升》，《求实》2007年第4期。

研究经济权利禀赋对地区自我发展能力的影响[①]，构建了西部地区自我发展能力投入产出效率评价体系[②]，认为区域经济权利提升是西部自我发展能力的关键，具体包括物质资本和劳动资本权利、人力资本权利、制度变迁权利以及东西部地区之间合理的交换权利体系[③]，一个区域经济权利禀赋的改善提高，能够提升区域经济发展效率，增强资本积累能力，并最终促进包括集聚经济要素能力、提升人力资本能力、加快科技进步能力、吸引制度变迁能力的区域自我发展能力的提升[④]。

我国确立了主体功能区后，空间约束和空间管制在西部开发中显现出来，许多研究将经济发展与自然生态结合起来探讨西部自我发展能力构建问题。认为应该从经济、自然生态和社会发展来衡量区域自我发展能力，区域自我发展能力是自然环境束缚下的人的发展能力、社会资本约束下的人的发展能力和基于个人权利约束下的人的发展能力；自然生态环境可持续发展能力是形成区域自我发展能力的导向，区域社会发展能力是形成区域自我发展能力的基础，区域经济集聚能力是形成区域自我发展能力的有力保障，贫困地区自我发展能力评价指标体系分为自然资源、社会、人力和经济四个子系统[⑤][⑥]；在国家对空间价值和空间管制的前提下，区域自我发展能力是一个地区在国家战略的指导下，利用本区域自然资源、人力资源和社会资源，通过有价值活动而实现区域发展的各种组合，区域自我发展能力包括区域经济资源的利用能力（生产效率的提高）和区域经济资源的创生能力（新技术、新

① 林勇、张宗益：《禀赋差距还是权利缺失：区域经济发展差距理论与实证研究》，《中国人口·资源与环境》2008 年第 1 期。

② 林勇、梁超、陈立泰：《西部地区自我发展能力投入产出效率评价——基于经济权利禀赋视角》，《探索》2012 年第 1 期。

③ 向焕琦：《基于经济权利禀赋视角的西部地区自我发展能力提升研究》，硕士学位论文，重庆大学，2011 年，第 40 页。

④ 蔡建军：《基于经济权利禀赋视角的欠发达地区自我发展能力重构研究》，硕士学位论文，重庆大学，2013 年，第 65 页。

⑤ 王科：《中国贫困地区自我发展能力研究》，博士学位论文，兰州大学，2008 年，第 68 页。

⑥ 王科：《中国贫困地区自我发展能力解构与培育：基于主体功能区的新视角》，《甘肃社会科学》2008 年第 3 期。

产品、新组织、新的原料供应地、新的市场)①。在国家主体功能区战略实施
前提下，区域空间价值是区域政策制定的基础，能力是基于资源而生成，现
实的能力是通过资源的组合效率体现，具有"资源—分工—能力"的内生路
径和"资源—功能—分工—能力"的外生路径，要实现空间管制下的空间价
值优化升级，需要国家能够提供强大的转移支付来实现再分配的利益激励，
给地方赋予一定的特许权来实现空间价值取向判断的改变②。

由于我国西部地区是少数民族较多的地区，一些研究运用民族学的理论
与方法展开西部自我发展能力的研究。认为发展是一个综合的多维度的过程，
涉及经济、政治、文化、社会和环境等方面，区域自我发展能力包含政府自
我发展能力、企业自我发展能力、家庭自我发展能力以及区域的学习与创新
能力，将区域自我发展能力解构为家庭、企业、政府自我发展能力和区域学
习与创新能力四大要素，并将区域自我发展能力指数（HCI）定义为政府能
力指数、企业能力指数、家庭能力指数和区域学习与创新能力指数的几何平
均数③。自我发展能力就是指能够促进区域经济、社会和其他方面和谐、平
衡、长效发展的一种发展能力，自我发展能力主要包括：自我经济发展能力、
自我社会发展能力、自我区域组织协调能力、自我组织创新能力和生态平衡
发展等能力④。

基于地理学研究区域的自我发展能力的成果较少⑤，有学者基于地理学的
研究范式，将区域自我发展能力界定为中观层面的能力，是产业能力、市场
能力、空间能力和软实力四个维度耦合的复杂系统，通过构建多指标综合测
算方法，测算了连片特困区的典型代表武陵山片区 2005 年、2008 年和 2011
年各县市的自我发展能力，探索其时空演变特征与趋势⑥。

---

① 闫磊、姜安印：《区域自我发展能力的内涵和实现基础——空间管制下区域自我发展能力研
究》，《甘肃社会科学》2011 年第 2 期。

② 闫磊：《中国西部区域自我发展能力研究》，博士学位论文，兰州大学，2011 年，第 32 页。

③ 郑长德：《中国民族地区自我发展能力构建研究》，《民族研究》2011 年第 4 期。

④ 李盛刚：《西部民族地区农村发展：基于自我发展能力研究》，《兰州大学》2007 年。

⑤ 张富刚、刘彦随：《中国区域农村发展动力机制及其发展模式》，《地理学报》2008 年第 2 期。

⑥ 冷志明、唐珊：《武陵山片区自我发展能力测算及时空演变分析——基于 2005、2008 和 2011
年县级数据的实证》，《地理学报》2014 年第 6 期。

（4）能力构成要素不断拓展。西部开发初期，西部自我发展能力的研究更关注西部地区的要素聚集和技术进步。西部地区自我发展能力构成要素包括要素凝聚能力、资源组合能力、科技进步能力、制度创新能力、科学决策能力[1]；民族地区自我发展能力包括经济能力、社会能力、生态能力、宏观调控能力[2]；民族地区自我发展能力包括自我经济发展能力、自我社会发展能力、自我区域组织协调能力、组织创新能力、生态平衡发展能力[3]。一个地区或国家的能力结构是在增长要素累积的基础上所形成的配置能力、学习能力、技术能力、开放能力等结构性能力[4]。随着西部地区生态建设的深入和国家主体功能区的推进，能力构成要素更强调经济、生态和环境的结合。贫困地区自我发展能力包括区域自然资源环境承载力、区域社会发展能力、经济聚集能力[5][6]；农村贫困地自我发展能力包括农民个体自生能力、农户家庭自主发展能力、村庄整体自主发展能力[7]；区域自我发展能力包括区域产业发展能力、区域内部企业竞争力、区域生态环境可持续能力、区域金融服务能力、地方政府调控能力[8]；民族地区自我发展能力包括经济发展能力、党的执政能力、科学文化建设能力、生态发展能力、文化发展能力、民族宗教工作能力[9]；以及自然资源环境承载力、社会发展能力、经济聚集能力[10]。随着我国经济结构调整和创新驱动战略的推进，西部自我发展能力构成要素进一步向

[1] 鱼小强：《对增强西部地区自我发展能力的思考》，《商洛师范专科学校学报》2002年第3期。
[2] 徐君：《四川民族地区自我发展能力建设问题》，《西南民族大学学报》（人文社科版）2003年第6期。
[3] 李盛刚、畅向丽：《西部民族地区农村自我发展问题研究》，《甘肃社会科学》2006年第6期。
[4] 杨先明、梁双陆：《东西部能力结构差异与西部的能力建设》，《云南大学学报》（社会科学版）2007第2期。
[5] 王科：《中国贫困地区自我发展能力研究》，博士学位论文，兰州大学，2008年。
[6] 王科：《中国贫困地区自我发展能力解构与培育：基于主体功能区的新视角》，《甘肃社会科学》2008年第3期。
[7] 陈军民：《贫困地区农村自主发展能力研究》，《广西农业科学》2008年第3期。
[8] 成学真、陈小林：《区域发展自生能力界定与评价指标体系构建》，《内蒙古社会科学》（汉文版）2010年第1期。
[9] 张佳丽、贺新元：《西藏自我发展能力刍议》，《西藏研究》2010年第4期。
[10] 刘期彬：《增强自我发展能力是实现西藏跨越式发展的内在动力》，《西藏发展论坛》2011年第1期。

创新领域拓展。区域自我发展能力包括区域经济资源的利用能力和创生能力[1]；西部地区自我发展能力包括要素聚集能力、产业发展能力、科技进步能力、制度创新能力、政府调控能力[2]；民族地区自我发展能力包括第一产业发展能力、第二产业发展能力、第三产业发展能力，自然资本、社会资本、人力资本、物质资本，经济发展能力、政治发展能力、社会发展能力、文化发展能力、生态发展能力，政府自我发展能力、企业自我发展能力、家庭自我发展能力、区域创新与学习能力[3]；区域自我发展能力包括个体发展能力、企业发展能力、政府发展能力和组织发展能力，个体发展能力包括资源占有能力、知识获取能力、资本积累能力、风险承受能力，企业发展能力包括融资能力、研发能力、公共关系能力、盈利能力，政府发展能力包括经济调控能力、社会保障能力、公共服务能力、环境保护能力，组织发展能力包括协调能力、监督能力和社会参与能力[4]。区域自我发展能力包含创新开发能力、要素聚集能力、资源利用能力和协调发展能力[5]。可以看出，随着对自我发展能力内涵理解的深入，能力构成要素不断拓展，包括了经济、社会和自然生态环境的各个方面。

（5）研究模式多采用构建综合评价指标体系的模式进行能力评价。杨先明、梁双陆、李娅构建了一个包含配置能力、技术能力、吸收能力和学习能力为一级指标、若干二级指标构成的指标体系[6]，对后来的西部发展能力的研究产生了较大影响；王科构建了包括自然资本、社会资本、人力资本和经济资本等 4 个子系统，33 个评价指标的评价指标体系[7]；杨彬构建了以个人进

---

① 闫磊、姜安印：《区域自我发展能力的内涵和实现基础——空间管制下区域自我发展能力研究》，《甘肃社会科学》2011 年第 2 期。

② 向焕琦：《基于经济权利禀赋视角的西部地区自我发展能力提升研究》，硕士学位论文，重庆大学，2011 年。

③ 郑长德：《中国民族地区自我发展能力构建研究》，《民族研究》2011 年第 4 期。

④ 曹子坚：《区域自我发展能力研究——兼论中国区域经济转型及其路径分异》，中国社会科学出版社 2014 年版。

⑤ 孙根紧、陈健生：《通过产业多样性来提升西部地区自我发展能力》，《经济纵横》2014 年第 3 期。

⑥ 杨先明、梁双陆、李娅：《基于能力结构的东西部区域经济合作思路》，《经济界》2005 年第 2 期。

⑦ 王科：《中国贫困地区自我发展能力研究》，博士学位论文，兰州大学，2008 年。

化能力、政府进化能力、企业进化能力和组织进化能力为一级指标，包括 9 个二级指标，若干三级指标的区域个体群进化能力衡量指标体系[①]。王斌构建了包括"指数—评价领域—具体指标"三个层次，物质资本、生态资本、人力资本、知识资本和社会资本五大指数，产业发展、经济发展、环境承载、社会保障等 15 个评价领域，45 个核心指标的西部区域自我发展能力评价指标体系[②]。闫磊构建了优化开发区、重点开发区、限制开发区和机制开发区等四种功能性区域的自我发展能力评价指标体系[③]；成学真、陈小林构建了包括区域产业发展能力、区内企业竞争力、区域生态可持续能力、地方政府调控能力和区域金融服务能力 5 个子系统，19 个二级指标，若干三级指标的区域发展自生能力评价指标体系[④]。赵雪雁、巴建军构建了包括生产能力、经营能力、就业能力、知识吸收能力和知识交流能力 5 个子系统，19 个衡量指标的评价指标体系[⑤]；曹子坚构建了一个个体发展能力、企业发展能力、政府发展能力和知识获取能力为一级指标，各种能力为二级指标，27 个指标为三级指标的评价指标体系[⑥]；姜安印等构建了一个物质资本指数、生态资本指数、知识资本指数、人力资本指数、社会资本指数为一级指标，12 个方面为二级指标，38 个三级指标的评价指标体系[⑦]。孙根紧构建了一个包含创新开发能力、要素集聚能力、资源利用能力和协调发展能力 4 个二级指标，14 个三级指标和 76 个四级指标的评价指标体系[⑧]。指标体系的评价方法能够较好地比较各地的自我发展能力差异，又能直观找到制约自我发展能力的影响因素。

---

① 杨彬：《西北欠发达地区自我发展能力研究——以甘肃省定西市为例》，博士学位论文，兰州大学，2009 年。

② 王斌：《西部区域自我发展能力指标体系构建研究》，硕士学位论文，兰州大学，2012 年。

③ 闫磊：《中国西部区域自我发展能力研究》，博士学位论文，兰州大学，2011 年，第 32 页。

④ 成学真、陈小林：《区域发展自生能力界定与评价指标体系构建》，《内蒙古社会科学》（汉文版）2010 年第 1 期。

⑤ 赵雪雁、巴建军：《牧民自我发展能力评价与培育——以甘南牧区为例》，《干旱区地理》2009 年第 1 期。

⑥ 曹子坚：《区域自我发展能力研究——兼论中国区域经济转型及其路径分异》，中国社会科学出版社 2014 年版。

⑦ 姜安印、李泽荣：《对口支援与西部地区自我发展能力提升》，《攀登》2014 年第 2 期。

⑧ 孙根紧：《中国西部地区自我发展能力及其构建研究》，博士学位论文，西南财经大学，2013 年，第 46 页。

（6）从资本积累与创新视角研究西部自我发展能力的成果不多。罗晓梅强调了制度创新，但是从经济哲学视角的定性分析，能力提升的具体路径是专业化分工和职业家园建设①。王科的研究讨论了自然资本、社会资本、人力资本和经济资本②③，但未对资本积累进行深入分析，研究模式上仍然是通过构建指标体系来评价能力。杨彬的研究强调了知识创新，认为外部竞争压力迫使作为区域主体的个体群不断学习外部先进技术，增加对外交流，内部社会矛盾促使个体群重新审视自我，在内部外部以及自我新旧认识的冲突与融合中实现对传统意识形态、理念、观念和习俗等的扬弃，新的意识形态、理念、观念和习俗等的产生或吸收，诱使新的制度和政策产生④。虽然该研究强调了进化与创新，但研究模式仍然是构建指标体系进行评价。向焕琦发现了增强资本积累能力的重要性，但是强调经济权利禀赋的作用，认为区域物质与劳动力权利、人力资本权利和制度变迁权利的综合权利集的改善，促使资本向区域内部聚集，增强资本积累能力，最终实现区域自我发展⑤。闫磊强调了自然资本、物质资本、人力资本和社会资本的重要性，但是将资本作为资源，认为区域自我发展能力的基础是区域资源，区域经济资源分为自然资本、物质资本、人力资本和社会资本，其中物质资本和可贸易的自然资本是区域自我发展能力实现的物质基础，社会资本和人力资本构成了区域自我发展能力实现的主体，区域自我发展能力水平的高低取决于区域主体对资源的"联结"能力和匹配效率⑥。王斌的研究已认识到物质资本、生态资本、人力资本、知识资本和社会资本的重要性⑦，但仍然是以构建指标体系的方式进行评价。

①　罗晓梅：《论生存方式的变革与西部自我发展能力的提升》，《求实》2007年第4期。

②　王科：《中国贫困地区自我发展能力研究》，博士学位论文，兰州大学，2008年，第68页。

③　王科：《中国贫困地区自我发展能力解构与培育：基于主体功能区的新视角》，《甘肃社会科学》2008年第3期。

④　杨彬：《西北欠发达地区自我发展能力研究——以甘肃省定西市为例》，博士学位论文，兰州大学，2009年。

⑤　向焕琦：《基于经济权利禀赋视角的西部地区自我发展能力提升研究》，硕士学位论文，重庆大学，2011年。

⑥　闫磊：《中国西部区域自我发展能力研究》，博士学位论文，兰州大学，2011年，第32页。

⑦　王斌：《西部区域自我发展能力指标体系构建研究》，硕士学位论文，兰州大学，2012年。

第二节　能力理论的基本思想

能力理论的起源可追溯到亚当·斯密。斯密在《国富论》中认为，企业内部的劳动分工意味着工人工作的专业化而且可以通过干中学增进他们的技能。因此提高了劳动生产力。对产品更大的需求又会促进工厂主扩展他们的活动，进一步细分劳动过程。在这个动态过程中个体技能是渐进式地增强的。在斯密的研究基础上，经济学家不断拓展能力理论，其中以企业能力理论的发展最为丰富。在企业能力理论中有以下几个核心思想值得本书借鉴：

第一，能力无法完全通过市场获得，必须构建。弗兰克·奈特（Knight, Frank H）建立的企业能力理论[1]具有里程碑意义，奈特的企业理论认为企业经理的一个关键作用是通过进行判断以及发展他人进行判断的能力来应对不确定性，与企业家技能及管理技能密切相关的不只是信息和知识，而是在不确定性情境中复杂的、实质上是异质的判断和推断，因此并非所有的经济能力都能被给予一个市场价值；伊迪丝·彭罗斯将企业看作是能力的组织化结合，认为许多知识是不能被正式传授或者通过语言进行交流的，能力不止存在于个体之中，许多能力依赖于共享的经验和企业内部的相互作用，企业是一种复杂的、能力和资源的结合[2]；尼古拉·福斯等认为"市场上没有可以评估企业家价值的方法"[3]；杰弗里·M. 霍奇逊（Geoffrey M. Hodgson）认为"这不仅仅是一个交易成本过高的问题，对这些能力不可能进行充分的成本计算"[4]；蒂斯和皮萨诺认为，"能力的真正本质是它们不能通过市场而轻易地获得，企业家的活动不可能简单地通过进入市场以及在一夜之间将各个部分拼凑起来而使独特的组织技能马上得到复制"，"我们假定企业的竞争优势源于动态能力，这种动态能力植根于运作在企业内部的高绩效的常规中，植根

---

① Knight, Frank H. *Risk, Uncertainty and Profit.* New York: Houghton Mifflin, 1921.

② ［英］彭罗斯：《企业成长理论》，赵晓译，上海人民出版社 2007 年版。

③ ［丹］尼古莱·J. 福斯，克里斯第安·克努森编：《企业万能：面向企业能力理论》，李东红译，东北财经大学出版社 1998 年版。

④ ［英］杰弗里·M. 霍奇逊：《演化与制度：论演化经济学和经济学的演化》，任荣华、张林等译，中国人民大学出版社 2007 年版。

于企业的发展过程中，受到企业历史的制约，因为要素市场是不完全的，或者更准确地说诸如价值、文化和组织的经验这些软资产是不可交易的，所以这些能力一般是不能被买到的，它们必须被构建，这可能需要数年的时间，也可能是数十年"①；鲁美特和蒂斯等人（Rumelt and Teece 等）认为，由于能力不能轻易地买到而是必须被构建，所以来自公司多元经营的增长机会很有可能会受到限制，而被"封闭"在企业现有的生产线上。

第二，动态能力实质上是获得竞争优势的创新力。蒂斯和皮萨诺的企业能力理论突出"动态能力"，强调战略的动态方面。"全球市场中的赢家是这样的一些企业，他们能够及时作出反应，快速而灵活地进行产品创新，同时具有有效地协调和重新部署其内部及外部能力的管理能力。""公司可以累积起一大批有价值的技术资产，但是仍然没有大量有用的能力。""我们把竞争优势的这种源泉称之为'动态能力'……，'动态'这个词是指环境不断变化的特征；对产品上市时机的把握是至关重要的，创新的步伐是加速的，未来的竞争和市场的特征是难以确定的时候，就要求企业做出确定的战略反应。'能力'这个词强调的是根据变化的环境适当地改变、整合、重新配置内部和外部的组织技能、资源以及职能权限时战略管理的关键作用。"动态能力理论在强调市场的同时，更强调企业自身内部的资源和组织的常规增进。动态能力理论将战略重点放在企业内部知识的增长和学习上。动态能力理论把动态能力的实质看成是企业竞争力的创新力②。基于蒂斯（Teece）等人的研究，帕乌洛和萨伊（Pavlou and El Sawy）明确将企业的能力区分为动态能力（dynamic capability）与功能性竞争力（functional competence）。他们将功能性竞争力定义为：企业有目的地组合资源，去完成一项工作或从事某种操作活动的能力，包括学习吸收能力、市场认知能力、协调能力和整合能力③。他们将企业的动态能力看成是在许多功能性竞争力基础上形成的一种重构能力。

第三，能力是经济发展的关键。发展能力理论是发展经济学家在研究欠

---

① Teece, D., Pisano, G., "The Dynamic Capabilities of Firms: An Introduction", *Industrial and Corporate Change*, 1994. 3 (3), pp. 537 – 556.

② 熊胜绪：《企业动态能力理论评述》，《经济学动态》2007 年第 11 期。

③ 转引自熊胜绪《企业动态能力理论评述》，《经济学动态》2007 年第 11 期。

发达国家赶超时将企业能力理论引入经济发展理论之中而逐步形成的。日本、韩国及东南亚一些国家成功实现技术赶超的现实，引起了发展经济学家的广泛关注，诸多学者从经济学、地理学、管理学等不同学科对赶超现象进行研究，而发展能力理论是其中的重要内容。30年来，经济增长理论研究的一个方向就是解释为什么一些经济体取得经济增长的成功，而另一些却失败了，导致经济增长成功或失败的因素是什么，落后经济体有没有希望实现赶超，即是否存在经济增长率或收入水平在国家之间趋同的趋势。赶超理论认为，一国生产率水平的落后为其快速领先创造了一种潜能。更明确地说，从长期来看，许多国家或地区的生产率增长速度与其最初的生产率水平成反比。阿布拉莫维茨（Abramovitz）认为，仅说一个国家或地区因为落后就具有很强的经济增长潜能是不竟合理的，而应该说一个国家或地区因其在技术上落后但在社会能力上领先才会具有那样的潜力。一个国家或地区的赶超只有在下列三个条件下才能实现：自然资源的存在、适度的国家社会能力和适宜的技术，并强调能力在不同发展阶段具有不同的作用与表现形式[1]。阿布拉莫维茨详细阐述了社会能力这个概念，从经济特点方面将社会能力解释为识别和吸收外部技术知识的能力，也就是吸收能力。联合国工业发展报告的报告《为赶超构建能力》也强调了能力在赶超中的发展价值和推动外向型经济发展的基础性作用。英国发展经济学家劳尔（Lall）认为，从长远来看，经济发展是由动机和能力相互作用推动的，能力决定了一个国家工业发展所能达到的最高程度，而动机引导着能力的使用，并且刺激了能力的扩展、更新和消失[2]。劳尔通过对一些新兴工业化国家的分析，认为这些国家取得不同程度的工业化成功是因为具有不同的技术能力特征，由于各国的国家条件（包括政治、经济、地理、历史、金融、文化等各个方面）不同，因此在工业发展的道路上会采取不同的政策激励，从而形成不同的能力。林毅夫强调一个经济体的产业和技术结构是由其要素禀赋结构所内生决定的，如果发展中国家的政府选

---

[1] Moses Abramovitz, "Catching Up, Forging Ahead and Falling Behind", *Journal of Economic History*, Vol. 46, 1986.

[2] Lall, S., "Capabilities and Industrialization". Eds by Lall, Current Issues in *Development Economics*, London: Mancamilan Press, 1991.

择优先发展与这个经济体的要素禀赋所决定的比较优势不相符合的产业和技术结构，在一个竞争的市场中，优先发展部门内的企业将缺乏自生能力，这个经济体的发展绩效会很差，收敛也就不会发生①。林毅夫将企业自生能力定义为：在一个开放、竞争的市场中，一个有着正常经营管理的企业，如果能够获得社会上广泛接受的利润率水平，那么这个企业是有自生能力的。发展中国家若能根据实际情况制定发展战略，选择转型路径，即使在非常弱的制度框架下，也有可能取得经济的快速增长。王绍光、胡鞍钢将国家能力定义为国家将自己的意志、目标转化为现实的能力，主要包括汲取能力、调控能力、合法化能力和强制能力②。其中，汲取能力，即国家动员社会经济资源、汲取财政的能力，是国家能力的核心，主要通过财政占国民收入的比重，以及中央财政收入占国民收入的比重反映，汲取能力与调控能力（国家指导社会经济发展的能力）一同构成了衡量国家能力的重要指标。该研究认为，经济发展与经济体制的双重转型中，只有依赖强大的中央财政作为保障，才能弥补市场失灵造成的损耗，才能推动整个经济的健康发展和经济体制的顺利转型。

第四，吸收能力是国家发展能力核心。随着经济全球化的展开，一些发展中国家通过吸收发达国家的跨国公司直接投资获得了快速发展。国家吸收能力的研究是在企业层面的吸收能力研究基础上逐步发展起来的，科恩和利文索尔（Cohen and Levinthal）最早提出吸收能力的概念，把吸收能力定义为"企业从外部环境中识别知识、同化知识和利用知识的能力"③。达尔曼和纳尔逊（Dahlman and Nelson）将国家吸收能力定义为"学习和贯彻发达国家的技术和相关实践活动的能力"④。在此基础上，偕思科拉和纳罗拉（Paola Cirscuolo and Rajneesh Narula）基于科恩和利文索尔的企业吸收能力模型，采用

①　林毅夫：《发展战略、自生能力和经济收敛》，《经济学》（季刊）2002 年第 1 卷第 2 期。

②　王绍光、胡鞍钢：《中国国家能力报告》，辽宁人民出版社 1993 年版。

③　Cohen, W. M. and Levinthal, D. A., "Absorptive Capacity: A New Perspective on Learning and Innovation". *Administrative Science Quarterly*, 1990 (35), pp. 128 – 152.

④　Dahlman, C; Nelson, R., "Social Absorption Capability, National Innovation Systems and Economic Development". In D. H. Perkins and B. H. Koos (eds), *Social Capability and Long-term Growth*, Basingstoke: Macmillan press, 1995.

总量方法，衡量了国家层面的吸收能力，认为从厂商层面到国家层面的吸收能力不能通过简单加总国内厂商的吸收能力而得到，还必须考虑到国际技术环境和体制因素的影响①。随着理论的发展，吸收能力被不断扩展。FDI 吸收能力是指一个国家能够有意义地利用或整合进它的经济中的 FDI 的最大量②。杨先明认为，FDI 吸收能力是能力结构表现，体现为一个国际（地区）利用国际直接投资并从中获利的能力③。杨建龙认为，东道国对外资吸收能力是指根据其所处的发展阶段及由此决定的科学技术水平和综合经济管理能力，有效、合理地利用使用可供利用的经济资源的情况下，吸收外国资本规模的大小能力④。赵果庆将 FDI 吸收能力分为引进能力（AC）、利用能力（UC）和扩散能力（SC），形成一个 AUS 分析范式，引进能力主要是在宏观角度如地区区位、市场规模、发展水平和资源禀赋等方面对 FDI 整体的吸引能力⑤，这是从 FDI 资本功能上考虑对资本的吸收能力；利用能力是从中观（产业）角度如地区产业技术、重合产业配套、产业出口等方面利用 FDI 技术的能力，这是从 FDI 产业转移角度衡量产业技术的吸收能力；扩散能力主要是在微观（企业和个人）角度如地区企业关联、信息交流、知识学习等把 FDI 知识传播到当地各行各业的能力，这是突出 FDI 的知识功能和资源溢出效应。三种能力之间的匹配和协同效应是 FDI 吸收能力强弱的关键因素。潘士远、林毅夫认为，虽然发展中国家拥有后发优势，绝大多数发展中国家并没有缩小与发达国家的人均收入差距，原因是实行违背比较优势的发展战略，导致知识吸收能力低下，知识吸收能力是发展中国家借鉴其他国家较为先进技术的能力。如果遵循比较优势的发展战略，那么知识吸收能力较强，发展中国家可以实现向发达国家的经济收敛，人均收入水平有可能超过发达国家的人均收入水平；如果实行违背比较优势的发展战略，且违背的程度比较严重，那么发展

① Narula Rajneesh, Criscuolo Paola, "A Novel Approach to National Technological Accumulation and Absorptive Capacity: Aggregating Cohen and Levinthal". Research Memorandum 018, Maastricht University, 2002. *Maastricht Economic Research Institute on Innovation and Technology* (MERIT).

② S. Venu, "The Absorptive Capacity for FDI", *www. Thehinbusiness. com/2002/02/25.*

③ 杨先明：《发展阶段与国际直接投资》，商务印书馆 2000 年版。

④ 杨建龙：《关于外商投资与外资政策的博弈分析》，经济科学出版社 2000 年版。

⑤ 赵果庆：《中国西部国际直接投资吸收能力研究》，博士学位论文，云南大学，2004 年。

中国家的知识吸收能力会逐渐下降趋于零，人均收入水平与发达国家的差距会越来越大①。

第五，发展能力是一个综合框架。联合国工业发展报告对影响工业化发展的能力做了一个框架性的分析，认为影响一个国家经济进步的能力因素有五个，分别是知识储备、开放度、金融体系、政府执政能力和政治体系。该报告认为，发展中国家习惯于利用发达国家已有知识这一潜在优势，但却忽视了一个传统政策存在的问题：利用国外知识需要具备相应的本土知识。从历史维度看，仅有几个国家获得赶超的能力，虽然它们采取不同的路径，但共同特点是具有迅速崛起的本土知识体系。该报告认为，撒哈拉以南的非洲国家和发达的工业国家之间60%以上的收入差距可归因于知识储备缺口。在缩小这个缺口的过程中，领先国家技术的科学性越来越强，知识产权保护更加完善，技术标准更加严格，使赶超国家发挥后发优势的最低入门水平正缓慢而稳定地上升，这对发展中国家的知识子系统和国内商业创新与政策/管理子系统之间的相互作用提出了越来越高的要求。面对这种挑战，政策制定者处于困境，他们缺乏设计和执行能力构建政策的计量、探索和评价方法。因为传统政策只专注于市场层面的刺激措施，这些对于挑战而言显得日益不足。正确地进行资源分配，需要构建能力，尤其在科学技术领域，需要比传统标准更高。它包括对经济发展目标的具体定位，促进国际贸易、资本和技术流动而获得技术发展和企业家技能及管理技能，以及确保本国创新资源供给与需求的机构和政策。该报告参照技术标准和食品安全测试方法系统，提出了一个能力构建的政策分析框架和评估指南。在工业发展的早期阶段，一个有效的技术基础设施的创建需要一系列的配套政策和机构支持私人企业的努力。大学与工业之间建立一种有效联系的一个决定性因素是针对新出现的地区工业技术或专业部门的教育课程与活动的响应程度。这需要建立高等教育机构、技术和职业培训、科研单位、专业协会和产业之间的有效网络。

从以上评述可以看出，国外对发展能力的研究集中在演化经济理论中，增长理论体系中并没有明确提出能力理论，这也是本项研究的核心。

---

① 潘士远、林毅夫：《发展战略、知识吸收能力与经济收敛》，《数量经济技术经济研究》2006年第2期。

第三节　经济赶超与资本积累

发展过程是资本积累过程，成功的赶超取决于成功的资本积累，也就是经济的长期持续稳定增长，经济体系中的资本可分为实物资本、人力资本和社会资本。

经济学家很早就开始强调资本积累在经济发展中的作用和地位，古典经济学派代表人物亚当·斯密在《国富论》中提出，国民财富的增长由两个因素决定：一是劳动生产率的提高；二是资本和人口的增加引起从事生产的劳动人口的增加，而以社会分工促进的劳动生产率的提高和增加劳动者数量都必须增加资本积累，资本积累是社会分工的必要先决条件，生产技术的进步，必须预先有充分的资本积累[①]。曾极力强调技术进步推动经济增长的经济学家索洛[②]也承认"大部分技术进步只能在引入新资本设备的基础上得以实现，即总投资率决定了有效创新和产出增加的速度，增加投资不仅会提高资本密集度，还会推进新技术较快地向实际生产转移"[③]。也就是说，技术进步和要素生产率的提高是以前期的投资和资本积累为基本条件的，内含于资本积累之中的技术进步和生产率的提高促进了经济的发展。李嘉图在《政治经济学及赋税原理》中指出，经济增长的关键就是资本积累，资本积累的增加可以增加生产劳动者人数，还可以增加技术装备，从而提高劳动生产效率，生产更多的使用价值，他的这种观点对西方经济学影响很大[④]。还有，早期的哈罗德—多马模型也同样强调资本积累的作用，它认为一个国家无论最初的人均收入存在多大差异，只要保证实物资本积累都最终会出现区域收敛[⑤]。纳克斯提出了著名的两个恶性循环，供给方面：低收入——低储蓄率——资本缺

---

① ［英］亚当·斯密：《国民财富的性质和原因的研究》，郭大力、王亚南译，商务印书馆1972年版，第464页。

② Solow R. M.. A,"Contribution to the Theory of Economic Growth",*Quarterly Journal of Economics*,Vol. 70，1956.

③ 郑泽华：《西部经济发展中的资本积累》，《云南财贸学院学报》2001年第2期。

④ ［英］大卫·李嘉图：《政治经济学及赋税原理》，郭大力译，商务印书馆2014年版。

⑤ ［英］罗伊·哈罗德：《动态经济学》，商务印书馆1981年版，第58页。

乏——低劳动生产率——低收入；需求方面看：低收入——低居民购买力——市场需求萎靡——投资诱惑力小——投入生产的资本少——低劳动生产率——低收入。所以，妨碍不发达国家经济增长的主要因素是缺乏资本，要想摆脱这两个恶性循环的关键在于加大资本的投入①。罗斯托指出，较高的资本积累率是一个国家实现经济"起飞"的必备条件，要实现经济"起飞"，就需要有大量的资本投资。另外，他还引入了制度问题，他认为经济起飞要有与之相适应的经济体制、社会结构、政治制度、法律体制、意识形态等，使私人资本家愿意投资②，这些体制、制度就是现在所理解的社会资本。如果说实物资本积累和人力资本积累是影响经济发展的直接原因，那么社会制度就是不可忽略的间接原因。

对于与先进国家处于不同起跑线的落后国家而言，赶超是经济发展的最终目标。早期的发展经济学突出与新古典经济学的差异，认为发展中国家存在结构刚性和制度刚性，经济发展是一个结构变动和全面增长的问题③。发展中国家之所以长期贫困，并不是因为国内资源不足，而是内部资本积累不足导致难以有效利用外部资源，导致"贫困恶性循环"，成为经济难以起飞的关键因素④。由于存在"贫困恶性循环"，不可能依赖经济运行机制实现发展中国家向发达国家的"收敛"。从资本积累看，资本形成是推进经济发展的关键环节。要求社会分摊资本的最低限度规模很大，单个投资项目会因为风险太大而无法承担⑤。基于这种假设的"大推进"理论认为，大多数发展中国家由于资金匮乏而难以实施大推进发展战略。因此，在贫困研究中，发展经济学提出了必须将"商品分析"和"收入分析"扩展到"能力"分析，能力贫困导致人们仅拥有非常有限的选择，难以把可能的选择变为现实，导致

---

① 陈建勋：《从纳克斯的"贫困恶性循环论"所想到的》，《上海经济研究》1988 年第 2 期。

② ［美］W. W. 罗斯托：《经济增长的阶段：非共产党宣言》，郭熙保、王松茂译，中国社会科学出版社 2001 年版，第 59 页。

③ H. W. SINGER, "The Distribution of Gains Between Investing and Borrowing Countries", *American Economic Review*, May, 1950.

④ 陈建勋：《从纳克斯的"贫困恶性循环论"所想到的》，《上海经济研究》1988 年第 2 期。

⑤ P. N. Rosenstein-Rodan, *Notes on the Theory of the Big Push*, H. S Ellis（eds）, Economic Development for Latin America. St Martin Press, 1966.

收入贫困，这就在能力和收入之间建立了良性互动关系，为突破"贫困恶性循环陷阱"路径提供了理论依据①。

物质资本投资和积累在经济发展中具有至关重要的作用已经成为共识。物质资本投资与经济增长之间的正相关性已在许多经验性文献中得到证实。如德龙和萨默斯采用佩恩表（PWT）数据检验了1960—1985年世界各国的投资与经济增长的关系，发现厂商的机械设备与经济增长有很强的相关性，每年设备投资增加GPD的1%，经济增长率就提高0.33个百分点。他们将这种关系解释为：设备的边际产出每年大约是30%，设备价格、数量差异与经济增长的跨国差异紧密相关，经济增长快的国家具有良好的机械设备供应条件②。卢茨·亨德里克斯针对德龙和萨默斯等人的发现拓展了一个理论模型解释设备投资与经济增长的关系及其政策含义，该模型将促进增长的技术内嵌在设备中，通过跨国数据定量分析内含技术的设备价格、设备投资和长期经济增长率之间的关系。研究发现，各国在增长率上的巨大差异可用各国的设备投资和设备价格的差异来解释，低效率和低水平的知识与低增长并行。更快的增长不是通过更先进的技术投资获得，而是通过更频繁的技术升级实现。增长更快的国家缩短了设备的使用寿命，采用新技术所需知识的数量和持续时间在增长快和增长慢的国家之间的差异非常小。在经济增长快的国家，技术应用的平均时限较短，而技术扩散很有限③。收敛假说所产生的大量经验研究文献表明：收敛速度可能与经济增长的动态性无关，随着中产阶级的消失，穷人越来越穷，而富人更富，体现出显著的"俱乐部收敛"④。经济增长与投资在GDP中的份额之间和投资份额与国际贸易–GDP比率之间具有很强的正

① 侯高岚：《从后发优势视角看发展经济型的演化》，《北京工业大学学报》（社会科学版）2003年第1期。

② J. B. De Long, L. H. Summers, "Equipment Investment and Economic Growth", *Quarterly Journal of Economics*, Vol. 106, 1991.

③ Lutz Hendricks, "Equipment Investment and Growth in Developing Countries", *Journal of Development Economics* Vol. 61, 2000.

④ Danny T. Quah, "Empirics for Economic Growth and Convergence", *European Economic Review*, Vol. 40, 1996.

相关性①。

在欧美发达国家的示范带动和凯恩斯理论的影响下，发展中国家尤其是赶超型经济体通过大规模的实物资本投资拉动经济增长，大推进理论实际上也是这种思想在经济发展理论中的拓展。在经济全球化日益深化的形势下，国内资本匮乏的发展中国家能够实施对外开放，吸收外国直接投资获得所需的"最低限度"投资规模，一些后进国家因此成功实现了赶超，这在东亚的日本、韩国、新加坡、泰国、马来西亚等国十分典型。在凯恩斯理论中，新技术扩散是通过增加新的投资而获得的。从发展中国家的发展里程看，20世纪50年代，东亚和拉美基本处于同等发展水平，但经过几十年的发展，东亚超过了拉美，其中很重要的原因是东亚在这个时期物质资本投资大量增加而实现了高增长，而拉美国家在这个时期的物质资本投资率则相应低得多。通过扩大实物资本的投资和积累拉动经济增长的思想与举措，从我国改革开放之初延续至今，尤其在应对经济危机和经济不景气时，成为稳增长的重要措施，也是我国各地在相互追赶中一直努力实施的重要举措。因此，实物资本投资和积累并非经济增长的源泉，但却是实现经济增长和赶超的工具和途径。

20世纪60年代"马歇尔计划"在欧洲实施成功，但对许多发展中国家的援助却没有达到预期效果，使发展经济学家反思"贫困恶性循环"理论和"大推进"理论，依靠大规模推进实物资本投资和积累才能跳出"贫困恶性循环陷阱"实现经济起飞的理论主流受到质疑。随着人力资本理论的兴起和影响，发展经济学家开始关注人力资本对实物资本的作用，发现赶超经济体能否有效利用外部资源，很大程度上依赖本国的人力资本存量，后进国家技术进步的速率不仅与领先者之间技术差距正相关，而且与后来者人力资本水平正相关。只有人力资本水平达到一定程度，才能有效吸收外国先进技术并将其转化为自生的技术能力②。欧洲拥有可利用的工商组织，拥有现代工业所需的技能工人，缺乏的仅仅是被战争摧毁的物质资本，但发展中国家不但缺

---

① R. Levine, D. Renelt, "A Sensitivity Analysis of Cross-country Growth Regressions", *American Economic Review*, Vol. 82, 1992.

② Nelson, R. Richard, S. Edmund, Phelps, "Investment in Humans, Technological Diffusion, and Economic Growth", *American Economic Review*, Vol. 56, 1966.

乏实物资本，更缺乏人力资本，仅注入物质资本是难以见效的。如在石油输出国组织（OPEC）国家，虽然人均收入较高，但由于人力资本匮乏，如何有效吸收数量庞大的实物资本成为最紧迫的问题[1]。因此，发展中国家无法有效利用国外先进技术的根源是由于这些国家的人力资本存量过低。

人力资本理论认为，经济增长的主要动力来自于人力资本积累，人力资本通过推动技术进步，使资本的收益率提高，从而使经济增长速度加快，因而人力资本越多，技术进步越快，经济增长也越快。人力资本的积累从总体上看是递增的，这导致人力资本的边际产出在总体上的递增性。它克服了物质资本的边际产出递减的限制，使经济得以持续增长。所以，人力资本积累是经济持续增长的根源[2]。但在新古典增长理论中，技术进步是外生的，索洛模型中经济增长的 85% 只能通过模型之外的"索罗残差"来解释，这个"索罗残差"代表了技术进步[3]。20 世纪 90 年代罗默、曼昆以及威尔在增长模型中引入了一个新的解释性变量——人力资本，才使得关于增长源泉的解释变得富有说服力[4]。

很多文献在处理人力资本和实物资本相互关系时，认为技术是内嵌在资本品中的，某种特定的资本品代表由设备的生产特性所决定的技术水平，某个国家或某个地区的技术水平由该国或该地区的人力资本存量决定，该国或该地区的人力资本存量也就决定了该国或该地区对实物资本的需求。人力资本的增加会提高物质资本的边际产品，引起物质资本的进一步积累，从而提高产出。所以人力资本存量较少的地区能够吸引到的实物资本也较少，很多贫困地区不仅难以引进外部资本，还存在资本外流现象，就是人力资本匮乏所致。发达国家的产业结构经历了劳动密集型到资本密集型再到人力资本密集型的转换历程，且人力资本增长的速度明显快于物质资本。因此，要实现

---

① H. Johnson, *On Economics and Society*, Chicago: University of Chicago Press, Vol. 283, 1975.

② Lucas, Robert., "On the Mechanic of Economic Development", *Jounral of Monetary Economics*, Vol. 22, 1988.

③ Solow R. M., "A Contribution to the Theory of Economic Growth", *Quarterly Journal of Economics*, Vol. 70, 1956.

④ G. Mankiw, Romer, D. Well, "A Contribution to the Empirics of Economic Growth", *Quarterly Journalof Economics*, Vol. 107, 1992.

后进国家或地区对发达国家或地区的追赶，必须加快人力资本投资和积累。由于实物形态的厂房、设备等可以迅速获得，而一国或地区的人力资本提高却是一个长期过程，因此后进地区必须适时超前进行人力资本投资和积累。

当经济学家们将关注的重心转向拉美国家，发现一些人力资本和实物资本都同样丰裕的发展中国家，仍然没有实现更快的长期经济增长。如智利的中学入学率在 1960 年、1970 年和 1985 年与中国香港大致相同；阿根廷和乌拉圭在 1960 年的中学入学率与新加坡、意大利相当，甚至超过西班牙、葡萄牙、韩国、马来西亚、泰国以及中国香港；阿根廷的劳动力受教育程度在 1985 年时甚至高于东亚一些国家和地区，但拉美国家经济发展的绩效却远不及东亚国家①。因此，经济学家开始从社会资本研究发展中国家的赶超。社会资本被社会学、政治学、经济学和管理学等多种人文社会科学学科所应用。社会学家将社会资本划分成宏观层社会资本、中观层社会资本和微观层社会资本②，这种分类同样适用于经济学分析。随着研究的深入，社会资本的定义得到不断完善，但经济学上的社会资本定义仍然是不确定的。经济学家关注的是社会资本的贡献作为经济增长的因素考虑，在微观经济层面上，主要考虑社会资本促进市场发挥作用的能力，在宏观经济层面上，考虑制度、法律框架和政府在生产组织中的作用是如何影响宏观经济绩效的③。诺思和奥尔森仔细研究了社会资本更广泛的定义对宏观经济效果的影响，他们认为，国家间人均收入的差别无法通过生产资料（土地、自然资源、人力资本和生产资本，包括技术）的人均分配解释，制度和社会资本的其他类型及公共政策，共同决定了一国能够从其资本的其他形式获取的成果④⑤。奥尔森认为，低收入国家，即使拥有大量的资源基础，也无法从投资、专业化和贸易中获取巨

①　侯高岚：《社会资本与经济赶超》，《江淮论坛》2004 年第 1 期。

②　［美］达斯古普特、撒拉格尔丁：《社会资本——一个多角度的观点》，张慧东等译，中国人民大学出版社 2005 年版。

③　［美］达斯古普特、撒拉格尔丁：《社会资本——一个多角度的观点》，张慧东等译，中国人民大学出版社 2005 年版。

④　North, Douglass Cecil, *Institutions, Instutitional Change and Economic Performance*, New York: Cambrage University Press, 1990.

⑤　Olson, Mancur, *The Rise and Deline of Nations: Economic Growth, Stagflation, and Social Rigidities*, New Haven: Yale University Press, 1982.

大收益。原因是这些国家受限于缺乏公正执行契约、保障长期产权的制度及误入歧途的经济政策。可见，经济学家们的研究是将制度、契约、规则和良好的经济政策纳入社会资本范畴。斯通、利维和帕雷德斯的研究发现了微观和宏观层社会资本之间的互补性及巴西和智利服装业的比较中替代的局限性。巴西具有一套复杂的规章体系，包括经常前后矛盾的法律条文和收费非常昂贵的法院。厂商学会了每日在与顾客和供应商打交道时依赖非正式途径，特别是当涉及信用时。巴西服装业企业家制定出一套十分重视良好声誉的非正式信用信息体系。然而，已有契约无法保障实施，常常需要在交货时重新协商。因此，企业家们采取降低风险的策略，如只生产标准类型的商品并减少订单规模，这最终阻碍了生产的扩张①。微观和宏观层社会资本的互补性不仅影响了经济效果并且具有相互强化的作用。宏观机构能够为微观机构提供一个能动的发展和繁荣的环境，相应地，地方协会有助于维系地方和国家机构的稳定。两个层面的机构相互作用成功的关键是共同的价值观、准则及相互信任。在瑞士，各州组成支持产生一个主权国家共同目标的联盟，提供了一个微观和宏观层相互影响的成功例子——除了要求宏观机构必须遵守共同准则，最终并没有要求地方机构共担准则，但是，当机构朝着一个共同目标运作时，内聚力可能提高了。宏观层和微观能加强的相互影响，增加了社会资本存量②。约瑟夫·E.斯蒂格利茨则是从正式制度与非正式制度研究社会资本。他认为，当一个社会经济发展时，其社会资本必须与之相适应，使得以市场为基础的经济的正式制度部分地替代人际关系网，如通过代议制的统治形式强加于法律结构体系上。由于历史的原因，渐进式改革确实十分重要。识别社会资本，承认其所发挥的重要公共作用。他认为社会资本至少包含四方面的确切内容：（1）社会资本是一种达成的共识，它在一定程度上是产生内聚力、认知力和共同意志的社会纽带。之所以称之为资本，是它需要花费时间和精力来产生，即它具有机会成本，而且也是生产的一种方式。（2）可

---

① Stone, W. Andrew, Brian Levy, Richardo Paredes, "Public Institution and Private Transactions: The Legal and Regulatory Environment for Business Transaction in Brazil and Chile" *Policy Research Working Paper* No. 891, 1992, World Bank, Washington D. C.

② ［美］达斯古普特、撒拉格尔丁：《社会资本——一个多角度的观点》，张慧东等译，中国人民大学出版社 2005 年版。

以将社会资本看作关系网的集合。（3）社会资本是声誉的聚集和区分声誉的途径。个人投资于声誉，是因为它减少了交易成本并有助于打破进入各种生产和交易关系的障碍。（4）社会资本包括管理者通过他们的管理风格、动机和支配权、工作实践、雇佣决定、争端解决机制和营销体系等组成的组织资本。他认为，社会资本至少有一个重要作用是与以市场为基础的交换和分配相互补充或相互替代。这种关系体现为社会资本密集度与发展水平的倒 U 形关系：在市场经济发展早期，当市场狭小且不完备时，人际关系的大网发挥了解决分配和分布问题的作用①。特别是当组织范围相对狭小时，体系运转相对较好，这时的直接监督、同事监督和声誉，对于控制道德风险具有决定性作用，如在一些发展中国家，举债常常发生在个人构成的群体中，该群体的成员具有彼此监督的动机。市场的发展和深化的最初冲击是一些人际关系网被打乱并破坏。私人关系的价值以及与之相关的社会资本价值下降了。这时是通过一个运行良好法律框架下形成的契约，通过争端解决和强制执行的私人间解决方式实施。在发达的市场经济中，似乎存在这不是形成"制度和规则"来代替或补充市场和政府，而是形成一种"达成的共识"的社会资本重构和深化问题。生产线被质量控制圈所代替，在该质量控制圈中，工人要比雇主处于更有利的位置来监督与之合作的其他工人。合伙经营安排代替了垂直企业集团庞大官僚制度的国家形成了它们自己的"文化"甚至"语言"——构成它们成功关键的个人间达成共识的密集网。因此，斯蒂格利茨认为需要向社会资本投资，核心是提供公共物品，一个更强有力的中央政府发挥了平衡反对改革的地方势力的作用。

因此，有学者认为，物质资本投资与人力资本投资是经济增长本身，而不是增长的源泉。赶超型发展建立在高质量的"制度安排"之上，制约发展中经济起飞的因素不是资本积累的匮乏，而是本国居民进行生产性投资行为以及刺激国外向本国转移技术和管理经验的激励机制的匮乏。大部分发展中国家未能实现"追赶效应"的根源，在于他们未能建立起有效的产权制度、保证契约可靠执行的机构以及高效的公共管理部门。制度质量更高的国家，

———————

① ［美］达斯古普特、撒拉格尔丁：《社会资本——一个多角度的观点》，张慧东等译，中国人民大学出版社 2005 年版。

物质资本和人力资本投资也相应更高。制度质量取决于政府制定公共政策的能力及政策的有效性，而政策有效性又有赖于先期形成的社会资本的质量，制度建设是一个社会资本投资和积累的过程，社会资本的积累不是一种简单的量的积累过程，而是一个构建社会网络的复杂过程①。国家对经济发展的作用不取决于政府规模的大小，而取决于国家的有效性，即国家构建推动经济发展的制度的能力②。在世界日益转向创新驱动的背景下，经济追赶中不可缺的是转型，且需要不断改进。商业需要转型以创新作为竞争武器，不能完全由市场激励或通用公共物品如宏观经济稳定、法治以及金融市场运行来实现。需要建立提升知识能力、商业能力和国际贸易规则下的决策/管理子系统的具体政策。赶超政策追求的关键约束是有关国内知识协同演化、业务创新和政策/管理子系统的国家能力③。

第四节 资本积累与创新力

美籍奥地利经济学家约瑟夫·熊彼特在《经济发展理论》中，开创性地论述了以技术创新为基础的经济创新理论，根据熊彼特基于创新的经济周期理论，所谓"创新"就是建立一种新的生产函数，即把从未有过的关于生产要素和生产条件的"新组合"引入经济体系。"创新是一个内生因素，经济发展也不过是经济体系自身内部具有的创造性所导致的经济生活的一种变动。这类似于生物学上的突变理论，即不断从体系内部革新经济结构，不断地破坏旧的并创造新的结构的'产业突变'构成了一种'创造性的破坏过程'。"④由此可看出，"产业突变"是创造性破坏的精髓。

熊彼特的经济创新理论被索罗⑤等人进一步阐释、发挥和发展，英国经济

---

① 侯高岚：《社会资本与经济赶超》，《江淮论坛》2004 年第 1 期。

② 世界银行：《1997 年世界发展报告》，中国财经出版社 1991 年版。

③ 同上。

④ ［美］约瑟夫·熊彼特：《资本主义社会主义与民主》，绛枫译，商务印书馆 1999 年版，第 146—147 页。

⑤ Solow R. M. , "A Contribution to the Theory of Economic Growth", *Quarterly Journal of Economics*, Vol. 70, 1956.

学家弗里曼（Freeman）于 20 世纪 80 年代提出"国家创新系统"理论①，形成了创新经济学。熊彼特明确指出了五种创新：（1）采用一种新的产品；（2）采用一种新的生产方法；（3）开辟一个新的市场；（4）掠取或控制原材料或半制成品的一种新的供应来源；（5）实现任何一种工业的新的组织。后人将其归纳为产品创新、技术创新、市场创新、资源配置创新、组织创新。在当前新科技革命与全球产业变革深度发展时期，创新经济学和熊彼特的创新理论受到经济学界的高度重视。

已有学者对创新力进行了研究，虽然没有形成通识性的定义，但对本研究具有很强的借鉴价值。美国学者吉尔福特认为，"创新力是指创新主体的种种基本能力的组织方式"②，它是企业在面对市场竞争压力和市场机会时，实际表现出来的适时地对内外经营要素进行重新组合以产生价值追加的能力。这一概念主要是指企业的创新力，尤其是产品创新力。胡大立③认为这一概念包含三层含义：（1）实际表现出来的能力；（2）实现价值追加的能力；（3）经营要素的重新组合。王成慧、彭星间从熊彼特和彼得·德鲁克关于创新的观点延伸出创新力的定义，所谓"创新力"就是企业在市场中将企业要素资源条件进行有效的内在变革，从而提高其内在素质、驱动企业获得更多的与其他竞争企业的差异性的能力，这种差异性最终表现为企业在市场上所能获得的竞争优势④。从前人研究的定义可以看出，创新力实质上是一种能力，我们将以上从企业层面定义的创新力延伸到地区经济层面，创新力就是地区经济主体根据区内外部环境和条件的变化，适时进行经济要素的重新组合，开发出适应区内外市场需求的技术、产品、产业和组织保障，形成持续竞争优势的能力。这种竞争优势不是仅依靠外部援助或外部支持实现的，是依靠自我变革实现的，是长期可持续的，是动态的。因此，区域自我发展能力的核心是创新力。既然是力，其强弱和程度就是可以衡量的。一个地区创

①　Freeman C., *Tchnology Poliey and Economies Performanee-Lessons from Japan*, London：Franees prennier, 1987.

②　Guilford, J. P, "Creativity", *American Psychologist*, Vol. 5, 1950.

③　胡大立、张驰：《基于产品的企业创新力与控制力的协同研究》，《当代财经》2010 年第 8 期。

④　王成慧、彭星间：《创新力与控制力失衡的悲剧——另类视角看安然》，《经济理论与经济管理》2002 年第 9 期。

新力的强弱能够反映该地区的自我发展能力强弱。本研究从微观、中观和宏观三个层次出发，将经济系统中的创新力划分为技术创新力、产业创新力和组织创新力。

技术创新力是指微观市场主体根据内外环境的变化和未来市场需求研发新技术、储备新技术和转化新技术的能力强弱和程度。目前我国将技术创新分为原始创新、模仿创新、引进消化吸收再创新等模式。科学是技术之源，技术创新建立在科学发现基础之上。按照演化经济学的思想，微观主体的技术能力的演化和技术创新模式的升级，是引进消化吸收再创新的重要特征。技术能力按照演化维度可分为技术仿制、创造性模仿和自主创新三个阶段，技术创新模式决定于技术能力，要与之相适应才能取得最佳的创新效益，按照技术创新的自主程度从低到高可分为简单仿制、模仿创新以及自主创新三种层次。企业引进消化吸收再创新，实质上是技术能力和技术创新模式匹配关系形态不断演进的过程。随着技术创新在微观主体生产经营活动中的作用越来越强，技术研发成为专门的经济活动，在研发投入确定的情况下，人力资本成为影响一个地区技术创新力的决定性因素。一系列实证研究证明这一点，人力资本水平是决定我国落后地区模仿能力的重要因素[①]；人力资本、企业家的创新能力提升了技术水平，推动地区经济增长[②]；我国各省（自治区、直辖市）人力资本的积累具有较大差异，导致地区的技术进步差异和技术效率差异[③]；各地经济增长是由技术模仿还是由技术创新推动，取决于该地区的人力资本的创新能力[④]；人力资本是地区技术进步以及经济增长促进作用的约束条件，落后地区通过选择与自身人力资本结构相符的技术是推动产业结构升级、推动经济发展的重要因素[⑤]。可以看出，人力资本积累对技术创新、技

---

① 邹薇、代谦：《技术模仿、人力资本积累与经济赶超》，《中国社会科学》2003 年第 5 期。

② 庄子银：《创新、企业家活动配置与长期经济增长》，《经济研究》2007 年第 8 期。

③ 杨文举：《适宜技术理论与中国地区经济差距：基于 IDEA 的经验分析》，《经济评论》2008 年第 3 期。

④ 王晓波：《人力资本对区域经济增长的门槛及空间效应研究》，硕士学位论文，湖南大学，2012 年。

⑤ 傅书勇：《人力资本、技术进步与经济增长——基于我国各地区数据的经验研究》，博士学位论文，辽宁大学，2012 年。

术模仿具有重要作用，对于落后地区的经济赶超，人力资本存量、质量、结构都将在这一过程中产生重要影响。

产业创新力是指一个国家或地区根据内外环境变化和未来产业发展趋势，改造旧产业和培育新产业的能力强弱和实现程度。技术是产业之源，而产业创新主要建立在技术创新基础之上。技术创新可能带来但未必带来产业创新，产业创新可能需要但未必需要技术创新。因此，可以将产业创新分为新产业培育和旧产业的升级改造，其实现形式都可以通过新产品体现出来，所以新产品及其市场实现程度是衡量产业创新力的重要指标。内生增长理论强调了创新和资本积累对长期经济增长的重要作用，但是资本积累和创新不仅仅是经济增长过程的两个方面，它们之间还存在着不可分割的联系，资本积累过程中也蕴含了巨大的技术进步[1]。资本体现式技术进步就反映了实物资本投资中的技术进步及其对经济增长的作用[2]。所以强调实物资本对经济增长的作用并不否认科技进步的作用，实物资本投资是产业创新的基本投入，是通过新增投资促进新技术的扩散和新产品的开发。资本的逐利行为是研发新产品和产业升级的前提[3]。技术创新所形成的专利、发明和新型适用设计等成果，都要通过实物资本投资才能促进其转化，实现科技创新成果的产业化。

对于后发国家或地区而言，工业化的赶超就是技术的赶超。后发国家技术赶超一般分为三个阶段，第一阶段以自由贸易和技术引进为主，主要通过引进技术，加速自己的技术进步，促进产业升级；第二阶段，技术引进与技术开发并重，实施适度的贸易保护，国家对资源进行重新配置，通过有选择的产业政策，打破发达国家的技术垄断，进一步提升产业结构；第三阶段，以技术的自主开发为主，面对的是新兴的高技术产业，国家主要通过产业政策，加强与发达国家跨国公司的合作与交流，占领产业制高点，获得先发优势和规模经济，将动态的比较优势与静态的比较优势结合起来，兼顾长期利

---

① 赵志耘、吕冰洋、郭庆旺、贾俊雪：《资本积累与技术进步的动态融合：中国经济增长的一个典型事实》，《经济研究》2007 年第 11 期。

② Solow R M.，"Investment and Technical Progress"，*Mathematical Methods in the Social Sciences*，Vol. 1，1960.

③ 杨思远：《产业升级与研发资本》，《领导之友》2011 年第 1 期。

益与短期利益，宏观平衡与微观效率，有效地配置资源，实现跨越式赶超。这一规律同样适用于后发地区，如中国的后发地区正在通过各类高新技术园区和开发区来完成该地区的技术赶超，政府通过政策引导资金、技术、人才、产业等的集聚来孵化高新企业和高新技术。

技术创新成果的产业化和新产业的市场实现，离不开相适应的制度环境。组织创新成为技术创新和产业创新实现的基本保障。本研究的组织创新力是指一个地区根据内外环境变化和技术创新、产业创新对制度环境的要求，适时进行自我调整、进化、转型、优化的能力，也称为自组织能力。组织创新力是组织在市场中将组织要素资源进行有效的内在变革，从而提高其内在素质，驱动组织获得更多的与其他竞争组织的差异性的能力，这种差异性最终表现为组织在市场上所能获得的竞争优势。组织如果不能不断地创新，其拥有的相对优势和竞争力就会被竞争对手所模仿、复制而丧失①。美国通用公司（GE）总裁杰克·韦尔奇（Jack welch）曾指出：未来的组织唯有发展出一套喜爱变革，而非惧怕变革的文化，才能成为英雄或赢家②。一些成果将制度创新、技术创新、产品创新、管理创新和市场创新等各方面的创新活动都纳入组织创新的内涵之中，认为组织通过这些创新活动，使组织内部资源要素重新配置，形成较以前更强的生产能力和营销能力，形成了组织在质的方面提高。而本研究则是将组织创新视为与技术创新和产业创新有显著区别的创新形式，它包含制度创新、管理创新等政府组织、企业组织和中介组织的创新行为。

新制度主义的代表人物诺斯运用熊彼特的创新理论来考察制度变迁，首次提出了"制度创新"概念。制度是一系列被制定出来的规则、守法程序和行为的道德伦理规范，它旨在追求主体福利或效用最大化的个人行为，制度创新是使创新者获得追加利益的现存制度安排的一种变革③。制度会被创新的动力是创新的预期净收益大于预期的成本，只有通过人为的、主动的变革现

---

① 朱永红：《培育组织创新力》，《广西经济》2010 年第 11 期。
② 转引自王方华、黄悦：《美国通用电气公司——企业文化的行为模式》，《上海企业》1998 年第 5 期。
③ ［美］道格拉斯·C. 诺思：《经济史中的结构与变迁》，上海三联书店 1994 年版，第 2 页。

存制度中的阻碍因素，才可能获得预期的收益。制度创新是能促进经济社会发展的新的生产方式、新的技术和新的制度（包括新的思想）产生并发生作用的过程①。

管理创新是创造一种新的更有效的资源整合以达到企业目标和责任的全过程式管理，也可以是新的具体资源整合及目标制定等方面的细节管理②。就是把新的管理要素（如新的管理方法、新的管理手段、新的管理模式等）或要素组合引入管理系统以更有效地实现组织目标的创新活动。提出一种新经营思路并加以有效实施，创设一个新的组织机构并使之有效运转，提出一个全新的管理方法，设计一种新的管理模式，进行一项制度创新，都是管理创新形式。所有的政府组织、企业组织和中介组织都必须在日新月异的科技革命与社会变革中不断改造自己，用新的更有效的方式方法来整合组织资源，以更有效地实现组织目标。

无论是政府组织、企业组织还是中介组织，都是由社会人组成。组织受社会人的行为影响，制度、规则、风俗、道德伦理规范、宗教信仰、信任、社会关系网络等社会人的行为对组织都有影响，决定着组织的演变方式和方向。社会资本理论将以上各种社会人的行为纳入研究范畴，提出了宏观层社会资本、中观层社会资本和微观层社会资本的理论构建。因此，本研究综合了组织创新理论和社会资本理论的核心思想，提出了社会资本投资与积累影响组织创新力，进而影响后发国家或后发地区赶超的思想。普特南（Putnam）研究了南、北意大利的经济发展和政府绩效后发现，社会资本的不同导致了两者的差别③。意大利南北人均收入差距与社会结构差距相对应，北部普遍为水平结构，南部则为层级结构，人均收入差异与公民团体的发展程度、市民的参与性以及政府效率差异紧密相关，社会资本就是在合作中产生的信任、认同和服从，这是社会合作的基础，而信任、认同和服从又需要共同的社会

---

① 辛枫冬：《论知识创新与制度创新、技术创新、管理创新的协同发展》，《宁夏社会科学》2009 年第 5 期。

② 芮明杰：《国有资产重组与资产经营》，《上海经济研究》1997 年第 7 期。

③ ［英］罗伯特·D. 帕特南：《使民主运转起来：现代意大利的公民传统》，王列、赖海榕译，江西人民出版社 2001 年版。

规范①。迪帕·纳拉扬与兰特·普里切凯特②通过调查坦桑尼亚乡村的社会资本指出，乡村社会资本的增长会引起这个乡村全部家庭收入增加大约20%。

对于技术创新能力与组织管理能力的关系，国内学者林世昌③把核心发展能力看成由高新技术创新能力和经济的组织管理能力两个部分组成。他认为一个国家的发展能力如果用国内生产总值的多少以及经济增长率的高低来衡量的话，经济发展就不仅仅是 GDP 的增长，经济发展方式特别是技术和组织两个方面的根本转变才显得更为紧要。他认为，决定一个国家经济发展能力构成的要素，不仅包括资源禀赋丰度、经济技术实力等硬要素投资及其增长速度，而且包括科学技术创新能力和组织管理能力等软要素的系统建设和有效提升。他提出了描述发展能力的公式：发展能力＝硬要素投资×软要素投资贡献率＝（消费＋资源环境＋净投资＋政府支出＋净出口）×（科技进步贡献率＋组织管理进步贡献率）。

从一国内部区域看，决定区域均衡水平的关键因素是软要素投资贡献率。软要素投资贡献率由科技进步贡献率和组织管理进步贡献率组成，由于在同一国家内部科技进步贡献率差异不明显，组织管理的创新力的作用十分重要。因此他提出，区域的核心发展能力建设的重点是三个转变：一是投资的重心从硬要素投资向软要素投资转变；二是提高效率的重心从提高硬要素投资贡献率向提高软要素投资贡献率转变；三是提高质量的重心从提高软要素投资的量贡献率向提高软要素投资质的贡献率转变，并以软要素投资贡献率提高促进硬要素投资贡献率的提高。因此，在短时间内高新科技由于投资额度较大且市场化周期较长，在短时期内无法发挥推动自我发展能力的作用，组织管理创新就显得尤为重要。组织管理能力是由组织内部的社会关系决定，组织内社会关系又受到社会资本影响，对社会资本进行投资成为提升组织管理创新力的重要途径。

---

① ［加］赫利韦尔、［美］帕特南：《意大利的经济增长与社会资本》，载［美］达斯古普特、撒拉格尔丁著《社会资本——一个多角度的观点》，中国人民大学出版社 2005 年版。

② ［美］迪帕·纳拉扬、兰特·普里切凯特：《社会资本：证据与含义》，载［美］达斯古普特、撒拉格尔丁著《社会资本——一个多角度的观点》，中国人民大学出版社 2005 年版。

③ 林世昌：《生产全球化的发展变革与我国经济发展能力的构建》，《上海行政学院学报》2008年第 1 期。

创新是区域实现可持续发展战略的力量源泉。区域创新能力是指一个地区将新知识转化为新产品、新工艺、新服务的能力，其核心是促进创新机构间的互动和联系，表现为对区域社会经济系统的贡献能力。区域创新能力的大小成为衡量地区经济发展的重要指标，从中国技术发展战略研究小组编写的《中国区域创新能力报告》可以反映我国各省份的创新能力。我国各地区创新能力随着社会经济的不断发展而逐步提升，但创新能力存在很强的区域差异性。西部地区创新能力远不及东部沿海发达地区，创新能力发展空间还有待于进一步拓展。

《中国区域创新能力评价报告 2015》中的中国区域创新能力包括知识创造水平、知识获取水平、企业创新水平、创新环境水平和创新绩效水平六方面的指标。以 2014 年为例，西部地区省份除了四川省、重庆市以外，其余省份的创新能力综合得分排名都处于后列①。简单加总平均得到全国的平均创新能力为 28.74，西部十二省市区的平均创新能力得分为 22.16，低于全国创新能力平均水平 6.58，西部地区创新能力不足十分明显。可以看出，知识创造、知识获取及企业创新是西部创新能力不足的主要方面，而各地区在实物资本积累、人力资本积累和社会资本积累的差异具有重要影响。

第五节　为赶超构建能力

"为赶超构建能力"这句话是联合国工业发展组织 2005 年度报告的标题，以"为赶超构建能力"这句话作为本节的标题，既是对本章的一个小结，更是在前面论述的基础上对全文提出的命题：从中国区域经济均衡发展来说，西部大开发的目的就是实现西部地区的经济赶超。在中国全面建设小康社会的进程中，西部必须实现赶超。创新力是自我发展能力的核心。西部发展滞后是多因素作用的结果，自我发展能力构建是一个系统工程。发展过程本身就是一个资本积累过程，增强自我发展能力实质上是增强创新力。西部发展能力的构建应以资本积累与创新力增强为核心。因此，为西部赶超构建自我

---

① 中国科技发展战略研究小组、中国科学院大学中国创新创业管理研究中心：《中国区域创新能力评价报告 2015》，科学技术文献出版社 2015 年版。

发展能力，就是要通过努力扩大实物资本投资与积累增强产业创新力，通过努力扩大人力资本投资与积累增强技术创新力，通过努力扩大社会资本投资与积累增强组织创新力。系统性地加快西部地区的实物资本积累，加强实物资本积累过程中的产业创新力培育；加快西部地区的人力资本积累，加强人力资本积累过程中的技术创新力培育；加快西部地区的社会资本积累，加强社会资本积累过程中的组织创新力培育。选准增强西部自我发展能力的关键领域和政策着力点，有重点、分步骤地推进实施。

第二章

西部开发的资本积累效应

西部大开发战略的实施,使西部地区的经济结构得到调整,生态明显改善,市场经济体制不断完善,对外开放持续扩大。对于西部大开发前十年取得的成效,国内学者、研究机构和管理部门进行了广泛的总结。我们从"资本积累是发展经济的决定性因素"思想出发,本章重点解答:西部经济的快速发展是否是通过资本积累实现的?探讨西部大开发战略对实物资本、人力资本和社会资本积累的作用,研究西部经济赶超的基础。解答这个问题对西部大开发战略的深入实施、政策的优化与调整具有重要意义。

第一节 文献评论

一 开发前十年的成效

2006年,中国人民大学组织专家对南水北调、西气东输、西电东送、青藏铁路和退耕还林(还草)等西部大开发的五大标志性工程的实施效应进行了系统研究[①]。其中,孙久文课题组详细研究了南水北调工程的区域效应,认为南水北调工程的区域效应十分显著,改善了受水地区投资环境,实现了地区经济的快速发展;促进了地区经济协调发展,缩小了地区差距;拉动了就业;加快了居民生活水平的提高;促进了城市化水平的提升。同时,南水北调工程实施中也存在很大的风险,其中西线工程调水存在水利设施

---

① 陈秀山主编:《西部开发重大工程项目区域效应评价》,中国人民大学出版社2006年版。

建设补偿的风险、工程投入的风险、水量分配的风险、水价上涨的风险、工程占地和非自愿移民的风险等经济发展风险，存在水资源污染、疾病传播可能、土壤盐井化、水土流失加剧、生物物种迁移、引发地质灾害、局部环境破坏等生态环境风险。叶裕民课题组详细研究了西气东输工程的区域效应，认为西气东输工程带动了输出地工业生产总值和国内生产总值的大幅度增长，提升了当地的工业化水平，但拉动就业并不突出，相关工业的带动力不足；西气东输工程带动了输入地的原材料产业和装备产业的发展，改善了输入地的能源结构，保障了能源安全，改善了环境质量，带动了石化产业和能源质量要求较高产业的发展。陈秀山课题组详细研究了西电东送工程的区域效应，认为在能源效应方面对西部输出地的能源生产及相关部门带来的效益值得肯定，但一定程度上影响了输出地自身的电力供给，而未来一旦输入地电力需求减少，输出地则会面临电力供给大量过剩的问题；在经济效应方面，西电东送工程的实施对拉动西部输出地投资、扩大就业。促进其他行业发展，增加公私部门的收入、调节收入结构、调整产业结构等具有积极贡献，西电对降低东部电力输入地能源消费成本、促进产业结构调整、提升发展层次和促进经济增长具有很大的积极作用。张可云课题组详细研究了青藏铁路工程的区域效应，认为青藏铁路的国民经济效益非常明显，给沿线地区带来了巨大的经济节约效益，最主要的是客货成本的降低带来成本节约，提高了运输质量；对当地的经济发展产生巨大的推动作用，改善了投资环境，促进了人流、物流、商流，促进了旅游业的发展，给青海省和西藏自治区的产业发展带来更多的机会；青藏铁路在环境方面的影响是双方面的，铁路作为高效率、低消耗、低污染的运输工具，可缓解公路运输对环境污染的影响，而作为生态脆弱的青藏高原，修建铁路对当地环境的负面影响也是不可忽视的。侯景新、付晓东课题组详细研究了退耕还林（还草）工程的区域效应，认为退耕还林（还草）工程的生态环境效应十分突出，但鉴于定量分析方法的不足，难以确切测算；退耕还林（还草）工程不仅对退耕区的生产总值、年度收入和经济结构调整有直接影响，而且还促进了退耕区的集约经营水平的提高、政策制度的健全、企业组织的创新和投资环境的改善都发挥了重要作用；退耕还林（还草）工程还具有明显改善京津地区生态环境和减轻长江流域洪涝灾害的区域连锁效应。江世银从增强西部地区发展能力的长效机制出发，系统分析了西部大开发前十年的政策成效及问题，提出了优化支出结构、完善金融服务、改善投资环境、完善社会服务、提高科技含量、完善立法和健全法律保障机制。以及增强财政政策、金融政策等 8 个方面的对策建议①。

国务院西部开发办公室从 2003 年开始每年出版一部国家西部开发报告，详细总结前一年西部开发的项目及其成效，其中 2011 年国家西部开发报告从综合经济实力、基础设施、生态环境、新农村建设、特色优势产业、社会事业、民族地区发展、人才开发、改革开放、政策措施等 10 个方面对西部大开发十年成效进行了全面的回顾与总结，认为：西部地区综合经济实力显著增强，经济效益明显提高，主要经济指标增速高于全国同期平均水平，与东部地区经济发展差距扩大的趋势得到初步缓解，经济总量和人均水平均实现了大跨越，为长远发展打下了坚实基础；基础设施建设方面，10 年累计新开工重点项目 120 项，投资总规模 2.2 万亿元，西部地区基础设施建设取得了突破性进展；生态环境建设方面，先后启动的退耕还林等生态工程使水土流失减少，风沙危害减轻，长江上游、黄河上中游等重点流域生态状况明显改善，国家西部生态安全屏障得到加强；特色优势产业方面，西部地区产业结构逐步优化，产业发展规模和水平不断提高，西部地区工业化加快发展的趋势明显，自我发展能力不断提升；社会事业方面，实施了一批重大民生工程项目，城乡和区域社会事业发展差距明显缩小，设施条件显著改善，发展水平快速提升，公共服务体系基本建成；在民族地区发展方面，通过西部大开发政策和全国人民的大力支持和广泛参与，民族地区经济发展基础条件显著改善，群众生产生活水平大幅度提高，迎来了经济发展最快、群众得到实惠最多、实惠面貌变化最大的时期；人才开发方面，通过一系列人才政策，西部地区人才总量有所增加，人才的整体素质大幅提升，人才队伍结构进一步优化，人才环境和体制机制得到较大改善，为西部地区经济社会发展提供了坚实的人才保障和智力支持；改革开放方面逐步形成了富有生机活力的改革开放新局面；政策措施方面，党中央国务院颁布实施了一系列关于西部大开发的指导意见、政策措施和

---

① 江世银等：《增强西部地区发展能力的长效机制和政策》，中国社会科学出版社 2009 年版。

中长期规划，并通过规划指导、政策扶持、资金投入、项目安排、人才交流等方面的不断加大对西部的支持力度，充分调动各方面积极性，集中力量确保了西部大开发主要目标和重点任务的完成。

从以上评述可以看出，对西部大开发的成效及其具体项目成效的经验分析已经得到系统深入的研究和总结。我们从增强西部地区自我发展能力出发，集中探讨西部大开发的资本积累效应。

二 资本积累测算方法

学界对实物资本、人力资本和社会资本的测算方法进行了探索，值得我们参考借鉴。

（一）实物资本积累的测算

实物资本不仅包括生产机械、建筑工地、厂房，还包括港口码头、道路、运输工具甚至包括医用设施设备、教学楼、教学使用计算机等，几乎完成每项工作都需要实物资本，供劳动者使用的实物资本越来越多，产品的输出量和质量也会更多更好。

1. 实物资本存量的测算方法

国内外学者对实物资本存量的测算方法主要有：（1）永续盘存法。其基本思路可以归纳为三个步骤：一是基年资本存量的估算；二是各年资本流量的确定；三是用基年的资本存量加上各年资本流量的数值，即得到最终总实物资本存量[1]。（2）资本价格租赁度量法。它是永续盘存法的升级版，此方法中引入了资本服务租赁价格和投资品价格，并提出了资本存量在生产过程中产生的折旧问题，该方法较大程度上提高了永续盘存法的功能，但是这种方法对数据要求较高，又由于不同的国家对数据的掌握情况不同，因此不可能统一采用这种处理方法[2]。（3）生产函数法。即产出减消费（或是储

---

[1] Goldsmith, Raymond W., "A Perpetual Inventory of National Wealth", *NBER Studies in Income and Wealth*, New York: National Bureau of Economic, 1951.

[2] 转引自张军、吴桂英、张吉鹏《中国省际物质资本存量估算：1952—2000》，《经济研究》2004年第10期。

蓄率与产出的乘积）等于资本存量投资①，它需要对变量和函数稳定性进行假设，并且存在循环估算的问题，所以一般不采用此方法。

这些测算方法中，永续盘存法使用最多，其公式为：

$$K_{it} = K_{it-1}(1 - \delta_{it}) + I_{it} \qquad\qquad (2.1-1)$$

其中，i 为地区，t 为年份。上式一共涉及 4 个变量：（1）确定基年资本存量 K；（2）确定各年投资流量 I；（3）构造投资价格指数对投资流量进行平减；（4）确定折旧率 δ。

（1）基年资本存量的估算。国内相关研究大部分选取 1952 年或 1978 年作为基准年，年度越往前计算的结果越准确②③④。以积累数据为基础，首先估算出生产性资产价值以及居住房屋的价值，然后根据居住房屋价值与非生产性资产价值之间的比例关系，推算出该年的非生产性资产的总价值，最后用总的生产性资产量加上总的非生产性资产量就得到该年的最终资本存量⑤。有的直接采用固定资产存量作为实物资本存量的衡量标准⑥⑦。

（2）各年投资流量的处理。首先是对折旧的处理：①因为资本在生产过程中的磨损情况各不相同，同时技术水平的高低也会影响到资本的折旧程度，所以为了回避这个复杂问题，有的学者选择直接忽略折旧。②选取一个固定的折旧率。在资料不详细或者信息不充分的情况下，很难对每一种资本都设定准确的折旧率，因此最常见的方法就是设定一个固定的折旧率，这个折旧率要尽可能地接近每种资本的折旧标准⑧。③直接用固定资产折旧率代替资本折旧率，用折旧率与固定资本存量的乘积就是资本的折旧额⑨。

①　Solow R. M. , "A Contribution to the Theory of Economic Growth", *Quarterly Journal of Economics*, Vol. 70, 1956.

②　张军扩：《"七五"期间经济效益的综合分析——各要素对经济增长贡献率测算》，《经济研究》1991 年第 4 期。

③　王金营：《对人力资本定义及涵义的再思考》，《南方人口》2001 年第 1 期。

④　何枫、陈荣、何林：《我国资本存量的估算及其相关分析》，《经济学家》2003 年第 5 期。

⑤　贺菊煌：《我国资产的估算》，《数量经济技术经济研究》1992 年第 8 期。

⑥　胡鞍钢：《不平衡发展的政治经济学》，中国计划出版社 1999 年版。

⑦　张军、章元：《对中国资本存量 K 的再估计》，《经济研究》2003 年第 7 期。

⑧　王小鲁：《中国经济增长的可持续性与制度变革》，《经济研究》2000 年第 7 期。

⑨　毛军：《我国资本存量估算方法比较与重估》，《河南社会科学》2005 年第 2 期。

其次是对资本流量数据的选取：①选用积累额为依据①②③。积累额主要包含两方面内容：固定资产积累和流动资产积累，这两方面积累同时又包括生产性资产积累和非生产性资产积累，积累额数值和净投资流量的数值比较接近并且较容易获得。②选用全社会固定资产投资额④。它包括城镇固定资产投资和农村固定资产投资。③选用资本形成总额⑤⑥⑦⑧⑨。这个数据可以直接从国家统计年鉴上获取，方便简洁不易出错。④选用新增固定资产投资作为当年的投资流量⑩。新增固定资产主要就是指通过投资活动形成的新的固定资产价值，所以很适合作为资本流量的衡量指标。

最后是对投资流量进行不变价格的核算。不变价格核算指标的选取主要有两种：一是资本形成指数或者是固定资本形成指数；二是积累价格指数或者固定资产投资价格指数。张军扩⑪、贺菊煌⑫、何枫⑬采用的是第一种指标，1995年之前的数据主要来源于《中国国内生产总值核算历史资料：1952—1995》，之后的数据来源于《国家统计年鉴》；关于第二种方法，价格指数数

① 张军扩：《"七五"期间经济效益的综合分析——各要素对经济增长贡献率测算》，《经济研究》1991年第4期。

② 贺菊煌：《我国资产的估算》，《数量经济技术经济研究》1992年第8期。

③ 谢千里、罗斯基、郑玉歆：《改革以来中国工业生产率变动趋势的估计及其可靠性分析》，《经济研究》1995年第12期。

④ 李治国：《转型期中国资本存量调整模型的实证研究》，《南开经济研究》2002年第6期。

⑤ 王金营：《对人力资本定义及涵义的再思考》，《南方人口》2001年第1期。

⑥ 何枫、陈荣、何林：《我国资本存量的估算及其相关分析》，《经济学家》2003年第5期。

⑦ 张军、吴桂英、张吉鹏：《中国省际物质资本存量估算：1952—2000》，《经济研究》2004年第10期。

⑧ 毛军：《我国资本存量估算方法比较与重估》，《河南社会科学》2005年第2期。

⑨ 谭永生：《贵州经济增长的影响因素研究：计量模型及实证分析》，《贵州财经学院学报》2006年第1期。

⑩ 李宾、曾志雄：《中国全要素生产率变动的再测算：1978—2007年》，《数量经济技术经济研究》2009年第3期。

⑪ 张军扩：《"七五"期间经济效益的综合分析——各要素对经济增长贡献率测算》，《经济研究》1991年第4期。

⑫ 贺菊煌：《我国资产的估算》，《数量经济技术经济研究》1992年第8期。

⑬ 何枫、陈荣、何林：《我国资本存量的估算及其相关分析》，《经济学家》2003年第5期。

据相对较难获得，Chow[①]利用国民经济核算方法自己估算出了隐含积累价格指数序列，谢千里[②]直接用工业品出厂价格指数代替投资价格指数，Jefferson 采用建筑安装平减指数和设备购置平减指数加权计算得到固定资产价格指数。

（3）相加获得最终实物资本存量值。在基年资本存量的基础上，逐年累加各年的投资流量，即可得到每年的资本存量。永续盘存法中对折旧率的设定和投资流量的计算，选择的假设和处理方法不同，最终的计算结果也会有较大的差异，虽然用该方法估算实物资本存量存在一定的问题，但是它依旧是目前测算资本存量的主流方法，相比其他的方法更可靠，所以我们在进行实物资本存量测算时将继续选用永续盘存法。

2. 实物资本积累的影响因素

影响实物资本积累的因素主要有：（1）投资。保持较高的投资率是我国的实物资本得以快速积累的关键，收入分配、收入差距和金融融资都是通过直接改变投资来影响资本的积累[③][④]；而金融部门是将资金转化为投资而对资本积累产生作用[⑤]；另外，不同的融资模式下的股市融资对资本积累的影响也具有差异性，我国的融资模式主要有审批制融资模式和核准制融资模式，核准制下的股市融资对我国资本积累的增长效应更加明显[⑥]。（2）地区生产总值。我国基础设施人均资本存量与人均生产总值之间大致呈线性关系，在人均生产总值较高的东部，其人均基础设施资本存量也处于全国领先位置，资

① Chow G. C., "Capital Formation and Economic Growth in China", *Quarterly Journal of Economics*, Vol. 11, 1993.

② 谢千里、罗斯基、郑玉歆：《改革以来中国工业生产率变动趋势的估计及其可靠性分析》，《经济研究》1995 年第 12 期。

③ 汪同三、蔡跃洲：《改革开放以来收入分配对资本积累及投资结构的影响》，《中国社会科学》2006 年第 4 期。

④ 李治国、唐国兴：《资本形成路径与资本存量调整模型》，《经济研究》2003 年第 2 期。

⑤ 蔡中华、彭方志、方福康：《金融部门投资转化率对资本积累的影响》，《北京师范大学学报》（自然科学版）2001 年第 4 期。

⑥ 韩丹：《股票市场发展对资本积累的增长效应研究——基于中国省际面板数据的实证分析》，《当代经济科学》2011 年第 3 期。

本增长的中西部地区其经济增长也相对较慢①②。（3）城市化。处于城市化后期的样本城市投资额变化幅度较大，对资本积累的影响也较大，即处于城市化五期的样本城市其投资额变化幅度比处于二、三、四期的样本城市的投资额变化幅度大③。

（二）人力资本积累的测算

在新经济增长理论中人力资本被认为是经济增长的根源。20世纪30年代，人力资本的概念首次正式由美国学者沃尔什（J. R. Walsh）提出，他认为人力资本是一种具有经济价值的资本，是凝聚在劳动者身上的一种能力（包括知识和技能），它可以推进经济增长。到20世纪60年代，以美国经济学家舒尔茨为代表的一些经济学家，他们将这种凝聚在劳动者身上的能力做了进一步补充，不仅包括知识和技术，还包括工作能力和健康状况等。2001年，国际经济与合作组织（OECD）对人力资本给出了明确的定义：人力资本就是个人拥有的能够创造个人、社会的经济福祉的知识、技能、能力和素质④。

我国学者郭立新从凝聚在劳动者身上的高智力和高技能进行定义⑤；而张帆从狭义和广义两方面进行了阐述，狭义的人力资本是指对劳动者进行的教育、健康和科研的投资，广义的人力资本还包括抚养费等成本⑥；秦元芳从支出的角度对人力资本进行定义，他认为人力资本是花费在教育、培训、保健等方面开支所形成的资本⑦。

1. 人力资本存量的测算方法

目前人力资本的测算方法主要有收入法（未来收益法）、投资法（积累成本法）和教育指标法（教育年限法）。

---

① 金戈：《中国基础设施资本存量估算》，《经济研究》2012年第4期。

② 孙辉、支大林、李宏瑾：《对中国各省资本存量的估计及典型性事实：1978—2008》，《广东金融学院学报》2010年第3期。

③ 王稳琴、王成军、刘亚虹等：《中国城市物质资本，人力资本和社会资本估算》，《经济问题探索》2011年第2期。

④ 孙永强、徐滇庆：《中国人力资本的再估算及检验》，《中国高校社会学》2014年第1期。

⑤ 郭立新：《论人力资本投资对企业经济增长的意义》，《前沿》1999年第4期。

⑥ 张帆：《中国的物质资本和人力资本估算》，《经济研究》2000年第8期。

⑦ 秦元芳、张亿钧：《论人力资本投资对经济增长的作用》，《经济问题探索》2005年第10期。

（1）收入法。收入法的前提假设条件是：在其他条件完全相同的情况下，一个人的人力资本越高其收入越高，然后用高收入继续进行人力资本投资，这样就形成一个良性循环：高人力资本—高收入—高人力资本投资—高人力资本。英国古典经济学家威廉·配第和英国经济学家威廉·法尔（William-Farr）就采用收入法对人力资本存量进行测算①。后来以法尔方法为依据，达布林和洛特卡（Dublin and Lotka）计算出某年个体的人力资本价值，建立如下公式：

$$V_a = \sum_{x=a}^{\infty} \frac{P_{a,x}(y_x E_x - C_x)}{(1+i)^{x-a}} \qquad (2.1-2)$$

式中，i 为市场利率；E_x 为 x 年的就业率；$P_{a,x}$ 为个体从某年存活到 x 岁的概率；y_x 是从 x 岁到 $x+1$ 岁每年获得的收入；C_x 为维持生活的成本。后来又引入存货概率、就业率等数据，卫斯布罗德（Weisbroad）将达布林和洛特卡（Dublin and Lotka）公式修改为：

$$V_a = \sum_{x=a}^{74} \frac{Y_x W_x P_{a,x}}{(1+r)^{n-a}} \qquad (2.1-3)$$

式中假定正常的退休年龄为 75 岁，其中，V_a 表示年龄为 a 的个体的预期收入现值；$P_{a,x}$ 表示个体在 a 到 x 岁之间的存活概率；W_x 表示年龄为 x 的人口的就业率；Y_x 表示年龄为 x 的人口的平均收入；r 表示当时的贴现率。另外，还假定年龄为 x 的人经过 n 年后获得的收入等于年龄为 $n+x$ 人当年的收入。格雷厄姆和韦伯（Graham and Webb）在卫斯布罗德（Weisbrod）方法的基础上，加入了经济增长率和教育因素，将计算公式修改为：

$$PV_x^i = \sum_{x=a}^{75} \frac{Y_x^i W_x^i P_{xt}(1+g_k^i)}{(1+r_k^i)^{x-a}} \qquad (2.1-4)$$

式中，PV_x^i 表示包含在 i 分类里的所有个体，在年龄 x 的时候一生中所获得的总劳动收入的现值；g_k^i 和 r_k^i 分别是收入为第 k 年、第 i 类型的经济增长率和利率。

---

① 英国古典经济学家威廉·配第（William Petty）（1623—1687）把武器装备的损失和人类生命的损失进行价值比较，可以认为这是"人力资本"概念的萌芽。

乔根森和弗劳梅尼[1][2]在格雷厄姆和韦伯的基础上，研究出了一种全面的人力资本测算方法，并按性别、教育、年龄将美国人口进行分类，估算了美国所有个体各类人力资本存量情况，他还假设一个劳动者在生命周期内的总收入等于该劳动者当年的总收入加上生命周期内其他年份收入的现值，具体计算公式如下：

$$i_{y,s,a,e} = y\,i_{y,s,a,e} + \left[sen\,r_{y+1,s,a,e} \times s\,r_{y,s,a+1} \times i_{y,s,a+1,e+1} \right.$$

$$\left. + (1 - sen\,r_{y+1,s,a,e}) \times s\,r_{y,s,a+1} \times i_{y,s,a+1,e+1} \right] \times \frac{1+g}{1+i} \qquad (2.1-5)$$

式中，$y\,i_{y,s,a,e}$ 表示年龄 y、性别 s、年纪 a、教育水平 e 的个体的年度收入；$s\,r_{y,s,a+1}$ 表示该个体多存活一年的概率；$sen\,r_{y+1,s,a,e}$ 表示升学率。后来奥赖斯（Ahlroth）和韦（Wei）分别对这种方法进行了修正，然后分别用自己修正后的方法计算出了瑞士人力资本的存量和澳大利亚的人力资本的存量。

李海峥等人在乔根森和弗劳梅尼的基础上，对终身收入法进行了改进，将人力资本分为五个年龄段[3]，分别为：工作阶段 [25—男 59 岁（或女 54 岁）]，即只工作，不学习；可能上学或工作（16—24 岁）；上学而没有工作（6—15 岁）；既不上学也不工作（0—5 岁）。这五个阶段分别为：

第一阶段公式为：$m\,i_{y,s,a,e} = 0$，同样，s，y，a，e 分别表示性别、年份、年龄和所处教育层次，mi 表示该劳动者的终身收入；

第二阶段公式为：$m\,i_{y,s,a,e} = ym\,i_{y,s,a,e} + s\,r_{y+1,s,a+1} \times m\,i_{y,s,a+1,e} \times \frac{1+G}{1+r}$，并且，$s\,r_{y+1,s,a+1}$ 是能够生存的概率，$ym\,i_{y,s,a,e}$ 表示该组某年的收入，G 表述实际收入的增长率，R 表示贴现率，$s\,r_{y+1,s,a+1} \times m\,i_{y,s,a+1,e} \times \frac{1+G}{1+r}$ 表示存活到下一年所获得收入的贴现值；

① Jorgenson, Dale W. and Barbara M. Fraumeni, "The Accumulation of Human and Non—Human Capital, 1948 – 1984", in R. Lipseyand H. Tice eds. , *The Measurement of Saving*, *Investment and Wealth*, Chicago: University of Chicago Press, 1989.

② Jorgenson, Dale W. , Barbara M. Fraumeni, "Investment in Education and U. S. Economic Growth", *Scandinavian Journal of Economics*, Vol. 94, 1992.

③ 李海峥、梁赟玲、Barbara Fraumeni、刘智强、王小军：《中国人力资本的测度与指数构建》，《经济研究》2010 年第 8 期。

第三阶段公式为：

$$m\,i_{y,s,a,e} = ym\,i_{y,s,a,e} + \left[\, sen\,r_{y+1,s,a+1} \times s\,r_{y+1,s,a+1} \times m\,i_{y,s,a+1,e+1}\right.$$

$$\left. + (1 - sen\,r_{y+1,s,a+1,e+1}) \times s\,r_{y+1,s,a+1} \times m\,i_{y,s,a+1,e}\right] \times \frac{1+G}{1+r}$$

其中 senr 是能够升上上一级学校的概率；

第四阶段公式为：

$$m\,i_{y,s,a,e} = sen\,r_{y+1,s,a+1,e+1} \times s\,r_{y+1,s,a+1} \times m\,i_{y,s,a+1,e+1}$$

$$+ (1 - sen\,r_{y+1,s,a+1,e+1}) \times s\,r_{y+1,s,a+1} \times m\,i_{y,s,a+1,e} \times \frac{1+G}{1+r}$$

第五阶段公式为：

$$m\,i_{y,s,a,e} = s\,r_{y+1,s,a+1} \times m\,i_{y,s,a+1,e} \times \frac{1+G}{1+r}$$

式中，$L_{y,s,a,e}$ 表示性别为 s，在 y 年，年龄为 a，教育水平为 e 的人口的数量。后来他们假定一个国家所有人口的预期终身总收入为 $MI(y)$，建立新的人力资本存量测算公式为：$MI(y) = \sum_s \sum_a \sum_e M\,i_{y,s,a,e} \times L_{y,s,a,e}$，然后他们用这个公式计算出了 1985—2007 年中国各年度的人均人力资本存量以及各年的人力资本总量。

（2）成本法。成本法就是根据人力资本投入成本的多少进行计算。恩格尔（Engel，1883）提出用未成年人的养育成本来衡量人力资本的大小。我国学者周天勇[1]，沈利生、朱运法[2]，钱雪亚、刘杰[3]等也是采用成本法对人力资本的存量进行测算。约翰·W. 肯德里克 [4]是在成本法的基础上引入永续盘存法，他先把人力资本的投资成本进行累计，然后减去人力资本存量的折旧额，最终就得到实际的人力资本存量。其公式为：

$$H_t = (1 - \delta) H_{t-1} + I_t \qquad\qquad (2.1-6)$$

---

[1]　周天勇：《论我国的人力资本与经济增长》，《青海社会科学》1994 年第 6 期。

[2]　沈利生、朱运法：《人力资源开发与经济增长关系的定量研究》，《数量经济技术经济研究》1997 年第 12 期。

[3]　钱雪亚、刘杰：《中国人力资本水平实证研究》，《统计研究》2004 年第 3 期。

[4]　Kendrich, John W. , *The Formation and Stocks of Total Capital.* New York：Columbia University Press，1976.

式中，H_{t-1} 表示过去一年的资本存量；δ 表示选取的折旧率；I_t 表示新增的资本。国内学者张帆[1]、钱雪亚[2]、焦斌龙[3]等都采用过此方法。

（3）教育指标法。它是最直接的方法，即选取一个适当的指标表示国民的受教育程度，这个指标就可以直接作为人力资本存量水平的衡量指标，常用的教育指标有：劳动者的人均受教育年限、6 岁及 6 岁以上文盲人口比率、成人识字率等。罗默[4]等选用成人识字率，我国大多数学者如蔡昉、王德文[5]，胡鞍钢[6]，朱翊敏、钟庆才[7]，徐现祥、舒元[8]，焦斌龙、焦志明[9]，王稳琴、王成军、刘亚虹[10]，李平、张玉、许家云[11]等都是以教育总年数或者平均受教育年数等作为指标。人均受教育年数法公式为：

$$H = \frac{\sum_{i=1}^{n} p_i x_i}{p} \qquad (2.1-7)$$

式中，H 表示人均受教育年数；i 表示受教育层次（小学、初中、高中、大专以上）；p_i 表示 6 岁及 6 岁以上人口中受教育程度为 i 层次的人口数；x_i 表示完成第 i 层次的教育所需要的年数；p 表示人口总数。

综观以上三类方法都存在一定的缺陷。收入法的前提假设是一个劳动者只能进入劳动力市场一次，这与现实不相符合，劳动者不可能一次进入劳动

① 张帆：《中国的物质资本和人力资本估算》，《经济研究》2000 年第 8 期。
② 钱雪亚、王秋实、刘辉：《中国人力资本水平再估算：1995—2005》，《统计研究》2008 年第 12 期。
③ 焦斌龙：《人力资本怎样影响收入差距》，《人民日报》2010 年 11 月。
④ Romer, P, "Endogenous Technological Change", *Journal of Political Economy*, Vol. 98, No. 5, 1990.
⑤ 蔡昉、王德文：《中国经济增长可持续性与劳动贡献》，《经济研究》1999 年第 10 期。
⑥ 胡鞍钢：《从人口大国到人力资本大国：1980—2000 年》，《中国人口科学》2002 年第 5 期。
⑦ 朱翊敏、钟庆才：《广东省经济增长中人力资本贡献的实证分析》，《中国工业经济》2002 年第 12 期。
⑧ 徐现祥、舒元：《物质资本、人力资本与中国地区双峰趋同》，《世界经济》2005 年第 1 期。
⑨ 焦斌龙、焦志明：《中国人力资本存量估算：1978—2007》，《经济学家》2010 年第 9 期。
⑩ 王稳琴、王成军、刘亚虹、刘大龙：《中国城市物质资本、人力资本和社会资本估算》，《经济问题探索》2011 年第 2 期。
⑪ 李平、张玉、许家云：《智力外流、人力资本积累与经济增长——基于我国省级面板数据的实证研究》，《财贸经济》2012 年第 7 期。

力市场后就永久不再进入了；收入法还假设劳动者一旦进入市场，就可以对其终身的预算收入现值进行估算，但是收入法对人力资本的估算是具有连续性的，本期对该劳动力的终身收入现值进行了估算，下期该劳动者只要没有退出劳动力市场就还会被计算在劳动力总预算收入现值内，因此就会出现重复估算的问题。成本法也受到了许多学者的质疑，不同未成年人之间所投入的人力资本成本是不一样的，如一个家庭对一个智商高的孩子可能就比对一个智商低的孩子投入的成本要低。用"人均受教育年限"作为人力资本存量的衡量指标也存在很多问题：一是受教育程度相同的两个人也不能说明他们所具有的人力资本是相同的；二是没有考虑到由于课程内容、教学设备以及教师等因素造成的教育水平在不同地区和时期之间的差异；三是没有直接考虑到学校教育以后获得的技术和经验在人力资本中的作用。但是与收入法和成本法相比，它不仅数据准确易得，而且排除了价格影响因素，也排除了工资等分配政策和制度的影响[1]，具有较好的应用价值。

2. 人力资本积累的影响因素

文献研究中对人力资本积累的影响因素有：（1）人才外流。智力外流程度达到一定规模时就会带动平均人力资本水平上升，否则反馈效应就小、辐射能力也不强，就无法改善一个地区的人力资本积累的趋势[2]，但是，人才外流对人力资本积累的影响具有一定的时滞性，它是要经过一段时间才能显现出来，所以在制定相关政策时要具有前瞻性[3]。（2）城市化。城市化水平越高，该城市的人力资本存量就越高。相对于处在城市化三期、四期的样本城市，处在五期样本城市的人力资本存量更高，但是其人力资本增长的潜力最小[4]。（3）外资。东部地区经济发达，是我国的经济中心，聚集大量的高级

① 石玉博：《中国区域人力资本存量及结构的实证研究》，《中南财经政法大学研究生学报》2008 年第 4 期。

② 李平、张玉、许家云：《智力外流、人力资本积累与经济增长——基于我国省级面板数据的实证研究》，《财贸经济》2012 年第 7 期。

③ 王德劲：《人才外流与人力资本积累：人才外流产生"正"的经济效应?》，《中国科技论坛》2010 年第 10 期。

④ 王稳琴、王成军、刘亚虹等：《中国城市物质资本，人力资本和社会资本估算》，《经济问题探索》2011 年第 2 期。

人才，能够吸引外资流入形成更大的商圈，进而反过来又吸引大量的人力资本流入。而西部地区经济落后，人才素质较低，产业规模小，产业形势单一，吸引外资困难，就算有外资流入，但如果外资没有形成一定规模，对资本积累的作用力也很小。所以，外资对人力资本积累的影响效应多限于东部发达地区，而在西部地区不明显①。（4）教育力度。加大西部地区教育力度不一定能促进人力资本积累，因为西部地区农业人口比例较大，大多数处于无技术或低技术水平，专业素质普遍较低，即使加大教育力度，短期内也不可能培养出大量的高级人才，但是，西部地区劳动力具有价格成本低的优势，或许对他们进行专业技能培训或者中级人才培训，能够为人力资本积累另辟蹊径②。

（三）社会资本积累的测算

继实物资本和人力资本用于解释一个国家或地区的经济增长之后，许多经济研究又把目光投向了社会资本。"社会资本"概念的定义比较广泛，不同经济学家在不同时期对它有不同的解释。科尔曼认为社会资本由构成社会结构的要素组成，主要存在于人际关系的结构之中，并为结构内部的个人行动提供便利。社会资本是生产性的，它使某些目的的实现成为可能。社会资本的表现形式有义务与期望、信息网络、规范与有效惩罚、权威关系、多功能社会组织和有意创建的社会组织等③。普特南④认为社会资本指的是社会组织的特征，例如信任、规范和网络，它们能够通过推动协调行动来提高社会的效率。在他看来，社会资本有两种形式：一种是把彼此已经熟悉的人们团结在一起的社会资本，它起纽带作用；另一种是把彼此不认识的人或群体联系到一起的社会资本，它起桥梁作用⑤。世界银行（1998）：一个社会的社会资本包括组织机构、关系、态度与价值观念，它们支配人们之间的行为，并

---

①　徐大丰：《外资对人力资本积累的作用》，《上海经济研究》2009 年第 8 期。

②　杨泉宏：《物质资本投资、人力资本积累与西部经济增长》，《价格与市场》2004 年第 9 期。

③　［美］J. S. 科尔曼：《社会理论的基础》，邓方译，社会科学文献出版社 1999 年版。

④　Putnam, R., Leonardi, R., Nanetti, R. Y., *Making Democracy Work*, Princeton：Princeton University Press, 1993.

⑤　Gittell, Vidal, *Community Organizing：Building Social Capital as a Development Strategy*, Sage Publication, 1998.

有利于经济和社会的发展①。波茨（AlejandroPortes）认为社会资本是处在网络或更广泛的社会结构中的个人动员稀有资源的能力。

1. 社会资本存量的测算方法

国外主要的估算方法：（1）用一个人拥有的"社会网络"来描述和衡量他的社会资本，他能够获得和配置的资源越多、解决问题的能力越强，则说明他拥有的社会资本越多②。（2）采用指标法，国外学者常选用的指标有："自愿性团体的密度""公民对政府的满意度"和"制度的执行情况"；公民参与投票、参与各种协会、宗教团体以及俱乐部③；"民间的约定""成员的相互信任"和"政府的信心"④。不难发现，上述指标都主要来自于主观衡量，所以很难量化分析，为了弥补这个缺点，又出现了"合同密集货币"指标，即货币总额中银行外流通货币额所占比例⑤，采用这个指标的好处在于，它比较客观，并且在大多数国家都可以查到相关统计数据。（3）直接采用世界价值观调查（WVS）中的信任度的相关数据⑥，或者欧洲价值观调查（EVS）数据⑦。

国内主要估算方法：（1）单维指标——"信用度"。它被认为是促进社会进步和国家经济增长的主要社会资本⑧，"信用度"是一个主观概念，可以用"相对劳动争议受理率"将其量化，即各省受理的劳动争议案件数与各省

①　白云丽：《基于企业内部社会资本的员工自愿离职研究》，博士学位论文，西北大学，2010年。

②　Putnam, R., Leonardi, R., Nanetti, R. Y., *Making Democracy Work*, Princeton：Princeton University Press, 1993.

③　刘灿、金丹：《社会资本与区域经济增长关系研究评述》，《经济学动态》2011年第6期。

④　Stephen Knack, Philip Keefer, "Does Social Capital Have an Economic Payoff? A Cross-country Investigation", *The Quarterly Journal of Economics*, Vol. 112, No. 4, 1997.

⑤　戴亦一、刘赟：《社会资本存量估算中永续盘存法的应用研究——基于社会资本估算的国民核算视角》，《厦门大学学报》（哲学社会科学版）2009年第6期。

⑥　Stephen Knack, Philip Keefer, "Does Social Capital Have an Economic Payoff? A Cross-country Investigation", *The Quarterly Journal of Economics*, Vol. 112, No. 4, 1997.

⑦　Beugelsdijk, S., Schaik, T. V., "Social Capital and Growth in European Regions：an Empirical Test", *European Journal of Political Economy*, Vol. 21, 2005.

⑧　张维迎、柯荣住：《信任及其解释：来自中国的跨省调查分析》，《经济研究》2002年第10期。

的地区生产总值的比值，其值越小，说明社会信任度越高[1][2]。（2）多维指标。潘峰华和贺灿飞选用"社会密度"和"无偿献血度率"两个指标[3]；杨宇和沈坤荣选用"信任"和"民间组织密度"两个指标[4]；赵家章[5]选用"信任"和"社会网络"两个指标，另外又把这两个指标分别分两个层面来描述，分别是个人层面和企业层面。

　　测算方法中很多提高"信任度"这个关键词，然而又有很多国外相关研究，耐克和基弗认为信任是由法律制度创造出来的；耐克和扎克（Knack and Zak）认为高水平的信任是由适当的制度保护产生的；罗斯坦（Roth-stein）认为高水平的信任决定于制度和非腐败的行为；基尔（keele）认为完善优良的制度绩效将增加人们对政府的信任。另外，社会资本的内涵就是人际间的信任、互惠、合作等规范，它是由传统价值观等文化因素内化的不被人们刻意设计的行为准则，是一种制度环境。科尔曼认为社会资本是社会融合的黏合剂，它包括：共享的价值观、规范以及制度[6]；迈耶认为社会资本是内在的社会和文化联系、制约人际关系的价值标准和人们所处的制度环境[7]；奥斯特罗姆（Elinor Ostrom）认为社会资本是关于互动模式的规范和规则[8]；世界银行认为社会资本是促进机体行动的社会网络和规范。我国的西部大开发战略是由政府主导的变迁行为，它需要有效率的制度作为支撑和保障，否则西部大开发就会缺乏动力，实施起来也不会持久，所以这里将选用"制度环境的

---

　　①　刘长生、简玉峰：《社会资本、人力资本与内生经济增长》，《财贸研究》2009 年第 2 期。

　　②　杨小玲：《社会资本视角下的中国金融发展与经济增长关系——基于 1997—2008 年省际面板数据研究》，《产经评论》2010 年第 2 期。

　　③　潘峰华、贺灿飞：《社会资本和区域发展差异——对中国各省区的实证研究》，《学习与探索》2010 年第 4 期。

　　④　杨宇、沈坤荣：《社会资本、制度与经济增长——基于中国省级面板数据的实证研究》，《制度经济学研究》2010 年第 2 期。

　　⑤　赵家章：《社会资本是否影响经济增长——基于中国区域视角的经验分析》，《经济与管理研究》2010 年第 12 期。

　　⑥　[美] J. S. 科尔曼：《社会理论的基础》，邓方译；社会科学文献出版社 1999 年版。

　　⑦　转引自胡石清、乌家培《资本的层次性与社会资本的本质》，载《中国信息经济学会会议论文集》，2012 年 11 月。

　　⑧　柴盈、曾云敏：《纪念首位女性诺贝尔经济学奖得主埃莉诺·奥斯特罗姆》，《经济学动态》2012 年第 8 期。

改善情况"对社会资本存量进行说明。

2. 社会资本积累的影响因素

文献研究中对社会资本积累的影响因素有：（1）教育。社会资本积累和人力资本积累是相互影响、相互促进的，人力资本的增加，提高了整个社会的国民综合素质，提高了社会信任度，增强了社会凝聚力，促进了社会资本的积累。所以，教育水平的提高在影响人力资本积累的同时，也是社会资本积累的关键因素。另外，一般受教育水平较高的人与人之间更容易交流沟通，更容易遵纪守法，更能够维护公共场合秩序，出现矛盾时更容易退让理解他人，更容易建立起良好的社会网络①。（2）城市化。城市化对社会资本存量的影响基本呈"倒 U 形"状态，在城市化初期阶段，社会资本存量较低，随着城市化水平不断地提高，社会资本的积累能力不断增强，当资本存量达到峰值时开始下降，这是因为城市化不断发展，居民收入也在不断增加，当收入处于较高水平时，收入分配的不平等现象就越明显，所以导致了社会资本的贬值②。

通过对前人使用的实物资本存量测算方法、人力资本存量测算方法和社会资本存量测算方法进行了梳理并做了简要的评述。本章对实物资本存量的测算选用"永续盘存法"，虽然它的计算过程相对复杂，但数据来源可靠，测算的结果受其他因素的影响小，更具合理性、准确性；对人力资本的测算方法选用"人均受教育年限"指标法，它不仅数据简单易得，还能排除价格等影响因素；对于社会资本的存量，本章根据西部大开发战略的制度特性，选用"制度环境的改善情况"对其进行衡量。同时，还对三种资本积累的因素进行了分析，对实物资本积累的主要影响因素有：投资、地区生产总值、城市化水平等；对人力资本积累的主要因素有：人才外流、城市化水平、外资流入、教育力度等；对社会资本积累影响的主要因素有：教育水平和城市化水平。

---

① 刘长生、简玉峰：《社会资本、人力资本与内生经济增长》，《财贸研究》2009 年第 2 期。
② 王稳琴、王成军、刘亚虹等：《中国城市物质资本，人力资本和社会资本估算》，《经济问题探索》2011 年第 2 期。

第二节 经验事实

一 西部开发取得显著成效

2013年，我国西部地区的生产总值达到126002.8亿元，占全国GDP的比重已达20.0%，对中国经济增长的贡献率达22.4%；与我国东部、中部地区相比，其生产总值增长速度分别加快了1.7个、1.3个百分点；与全国平均水平相比高出了1.24个百分点。分析各省数据，发现除内蒙古自治区外，其他各省的地区生产总值增速均高出全国平均增长率，其中：贵州省、天津市均以12.5%的增速并列第1，重庆以12.3%的增速位居全国第3，云南省、西藏自治区均以12.1%的增速并列第4，陕西省、新疆维吾尔自治区以11.0%的增速并列第6，甘肃省、青海省以10.8%的增速并列第8。2013年西部地区人均生产总值（按现价计算）达到34437元，其中，内蒙古自治区最高，达67394元；贵州省最低，为22862元。从产业结构看，西部地区三次产业结构优化趋势明显；三次产业对GDP的贡献率分别为：第一产业贡献率为6.2%，第二产业贡献率为56.7%，第三产业贡献率为37.1%。从所有制结构来看，非公有制经济已经成为经济增长的重要支撑力量，2013年，广西省、陕西省、四川省、重庆市等西部大省的非公有制经济所创造的经济增加值各自占地方生产总值的比重均超过50%，其他省份也占到40%以上，在就业、税收、进出口、新兴产业发展、新增投资等方面，非公有制经济均起到了重要的作用。省际经济平衡性有所提高。原有经济总量较小的省份出现了较强的连续追赶势头，西藏自治区、贵州省、甘肃省、云南省、青海省等省份的经济增长速度均超过了西部地区的平均经济增长速度。城乡居民收入增长迅速，农村居民收入增长快于城市居民收入增长。2013年，西部地区各省进一步加大对居民的投入，农村居民收入增长率高于城镇居民收入增长率3个百分点。

（一）基础设施建设

实施西部大开发战略为西部地区的基础设施建设提供了难得的历史机遇。同时国家制定了一系列政策予以支持，包括资金扶持政策，优先安排建设项目，加大财政转移支付力度，加大金融信贷支持政策等。

截至 2013 年 8 月，已新建设铁路 1793 千米，增建的铁路达 1428 千米，铁路增加的营业里程达到 3.7 万千米。西部地区的主要公路建设也在逐步加快，公路总通车里程达 169 万千米，新增通车里程 3.7 万千米，其中包括 3335 千米高速公路，3.2 万千米农村公路。另外，空中运输布局也在不断完善，民用机场数量已达到 91 个。另外，城市轨道交通建设、水利枢纽工程建设、金沙江溪洛渡和向家坝、雅砻江锦屏等一批大型水电项目建设。干线光缆总长度超过 400 万千米，建设国际通信光缆 34 条。与此同时，现有机场设施建设的力度不断加大，能源开发逐步加强，油气资源战略连续区得到重点开发，甘肃河西等西北地区及内蒙古大型风电基础及配套工程在努力建设中。

（二）生态环境建设

自西部大开发战略实施以来，多项大型生态工程得到重点支持，如退耕还林、长江上游生态林保护、长江上游水土流失治理、生态治理建设等项目。国家发展和改革委员会、农业部、水利部、交通部等根据西部地区的生态发展特点制定了相应的政策，实施这些政策大大推进了西部地区生态环境的建设。

随着各种政策的实施，西部生态环境工程的建设取得了较好的效果。2012 年全国共完成 559.58 万公顷的植被面积，其中，西部地区共完成 295.18 万公顷造林面积，占全部造林面积的 52.75%；国家林业重点生态工程共完成 275.39 万公顷造林面积，占造林总面积的 49.21%，其中，退耕还林工程共完成 67.45 万公顷植被面积，西部地区共完成退耕还林面积 38.57 万公顷，占退耕还林总面积的 57.18%。2003—2011 年西部地区重点工程（天然林保护工程、退耕还林工程、三北及长江流域防护林建设工程、京津风沙源治理工程、速生丰产用材林基地建设工程）造林面积为 81510.63 万公顷，其中，2003—2012 年西部各省造林面积分别为 600.83 万公顷、87.95 万公顷、106.06 万公顷、307.19 万公顷、127.14 万公顷、205.51 万公顷、20.87 万公顷、319.69 万公顷、218.95 万公顷、63.73 万公顷、109.76 万公顷、184.06 万公顷。重点工程的实施明显改善了西部地区生态状况，西部地区生态加速恶化的趋势得到基本遏制。

表 2—1　　　　　2003—2011 年西部地区重点工程造林面积　　　　万公顷

省份	2003 年	2004 年	2005 年	2006 年	2007 年	2008 年	2009 年	2010 年	2011 年	2012 年	合计
内蒙古	81.89	72.80	53.83	23.05	36.38	54.89	81.22	60.64	66.04	70.09	600.83
广西	26.09	14.47	9.16	5.11	5.84	5.72	7.35	5.59	4.56	4.06	87.95
重庆	35.26	10.72	10.47	2.19	9.67	10.12	7.93	9.03	5.89	4.77	106.06
四川	71.40	35.66	22.75	8.68	28.86	48.75	41.76	32.00	10.51	6.83	307.19
贵州	37.79	16.36	13.09	5.93	10.55	9.70	14.04	10.43	5.12	4.13	127.14
云南	44.53	20.08	16.40	4.71	11.69	15.57	28.34	23.66	23.06	17.47	205.51
西藏	2.00	2.48	0.69	2.19	2.13	1.12	5.84	1.19	1.20	2.03	20.87
陕西	69.21	55.55	19.46	17.41	23.42	22.45	40.60	29.16	23.11	19.32	319.69
甘肃	58.09	36.67	24.76	8.48	14.13	14.50	21.08	14.87	14.13	12.24	218.95
青海	9.46	5.18	4.64	0.54	4.34	4.38	10.49	6.37	10.17	8.17	63.73
宁夏	31.96	16.26	11.29	5.54	7.36	10.34	8.95	9.49	4.07	4.50	109.76
新疆	32.45	17.99	15.64	10.12	16.18	20.84	29.88	21.77	1.62	17.57	184.06
合计	500.13	304.22	202.18	93.95	170.55	218.37	297.48	224.20	169.49	171.18	2351.75

资料来源：《中国林业统计年鉴》。

（三）教育提升

在国家政策的扶持下，西部教育经费的投入、普通高等学校数目以及人均受教育年限都有很大的增长。

1. 西部教育经费投入不断增加

1999—2011 年，西部地区内各省的教育经费均在不断增加，其中四川省处于最高水平，1999 年为 137.51 亿元到 2011 年增长到 1024.41 亿元，增加了 6.45 倍，其每年的教育经费都远超过西部其他 11 个省；西藏自治区教育经费投入最低，1999 年仅有 7.70 亿元，到 2011 年增加了 9.72 倍，为 82.61 亿元；总体来看，1999 年西部地区总教育经费为 693.15 亿元，2011 年增长到 5610.05 亿元，增加了 7.09 倍。

表2—2　　　　　　　　　　1999—2011年西部地区教育经费　　　　　　　　　　亿元

年份	内蒙古	广西	重庆	四川	贵州	云南	西藏	陕西	甘肃	青海	宁夏	新疆	合计
1999	53.30	84.01	60.13	137.51	43.36	90.09	7.70	85.25	47.68	10.66	12.82	60.64	693.15
2000	58.09	93.47	69.87	162.00	52.85	97.62	8.15	101.46	53.53	12.82	14.86	70.22	794.94
2001	71.93	112.35	86.78	202.87	67.28	115.75	10.30	135.42	68.68	16.46	19.51	93.79	1001.12
2002	85.50	134.60	106.65	243.74	86.76	129.50	14.12	159.77	83.64	19.04	22.96	108.24	1194.52
2003	93.58	143.78	120.78	266.25	95.40	144.85	18.75	185.94	91.43	19.96	24.48	117.94	1323.14
2004	111.52	160.58	143.44	309.13	114.22	175.08	23.45	204.74	103.14	22.53	29.62	133.15	1530.61
2005	129.34	183.28	173.10	363.23	139.49	198.51	30.17	233.15	119.51	28.73	36.35	152.72	1787.57
2006	148.10	213.44	168.16	365.42	154.97	231.11	27.69	228.87	132.15	37.40	39.87	153.27	1900.45
2007	202.00	275.89	230.97	500.98	207.01	275.75	42.06	285.53	167.26	45.82	63.70	191.67	2488.64
2008	262.55	347.62	266.26	657.83	270.91	342.29	49.41	380.62	231.02	60.80	70.26	250.17	3189.74
2009	318.77	387.33	331.00	808.85	309.41	440.81	59.74	463.75	276.11	78.58	81.31	295.93	3851.59
2010	414.37	494.14	406.84	895.18	366.96	533.63	66.23	514.36	310.67	106.22	99.47	365.60	4573.67
2011	504.00	593.85	503.96	1024.41	451.05	658.29	82.61	683.83	360.82	155.25	131.39	460.59	5610.05

资料来源：《中国统计年鉴》。

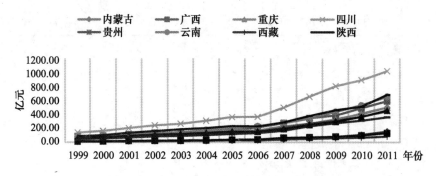

图2—1　1999—2011年西部地区教育经费

资料来源：《中国统计年鉴》，中国统计局。

2. 西部普通高等学校数目有了很大程度的增长

由1999年的251所增加到2012年的595所，增加了1.4倍。分地区来看，四川省和陕西省的情况最好，1999年，四川省和陕西省的普通高等院校均为43所，是西部地区中普通高等院校最多的省份，到2012年，四川省增加到 99 所，陕西省增加到 91 所，依旧位于西部地区首位；状况最差的是青海省、宁夏回族自治区、西藏自治区三省自治区，1999 年分别仅有 6 所、5 所、4 所，到 2012 年，青海省、西藏自治区变化不大，增加到 9 所和 6 所，而宁夏回族自治区却有了突飞猛进的变化，增加到了 16 所。

3. 西部地区人力资本水平不断提高

西部地区人均受教育年限由 1999 年的 6.95 年增长到 2012 年的 8.54 年，增长了 23%，平均每年增长 1.5 个百分点（下文将进一步详细分析）。

表 2—3　　　　　　　西部地区普通高等学校数　　　　　　　　　所

年份	内蒙古	广西	重庆	四川	贵州	云南	西藏	陕西	甘肃	青海	宁夏	新疆	合计
1999	19	29	23	43	20	24	4	43	18	6	5	17	251
2000	18	30	22	42	23	24	4	39	18	7	6	16	249
2001	20	30	29	49	30	28	3	47	25	8	8	21	298
2002	21	36	29	57	32	31	3	52	25	11	12	22	331
2003	27	45	34	62	34	34	4	57	31	12	12	26	378
2004	31	49	35	68	34	43	4	62	31	11	13	28	409
2005	33	51	35	68	34	44	4	72	33	11	13	30	428
2006	37	55	38	74	36	50	6	76	33	11	13	31	460
2007	37	56	38	76	37	51	6	76	34	11	13	32	467
2008	39	68	47	90	45	59	6	88	39	9	15	37	542
2009	41	68	50	92	47	61	6	89	39	9	15	37	554
2010	44	70	53	92	47	61	6	90	40	9	15	37	564
2011	47	74	60	95	48	64	6	98	44	9	16	38	599
2012	48	70	60	99	49	66	6	91	42	9	16	39	595

资料来源：《中国统计年鉴》。

（四）特色产业培育

西部地区各省依托特色资源，发挥比较优势，加快发展特色优势产业，西部资源开发逐步由单纯的能源矿产资源向特色农业资源、特色工业资源、特色旅游资源等领域扩展，形成了一批特色优势产业。

1. 特色农业

从 2000 年到 2012 年西部地区农业总产值由 3478.9 亿元增加到 13362.2 亿元,增加了 2.8 倍。分省区来看,宁夏回族自治区、青海省、陕西省、新疆维吾尔自治区、甘肃省增长幅度较大分别为 4.1 倍、3.7 倍、3.7 倍、3.6 倍、3.1 倍。

表 2—4　　　　　　　　　　西部地区农业总产值　　　　　　　　　　亿元

地区	2000	2006	2012	增长倍数
内蒙古	308.4	532.4	1172.0	2.8
广西	418.8	829.4	1724.0	3.1
重庆	244.7	341	841.8	2.4
四川	785.4	1075.1	2764.9	2.5
贵州	279.6	354.6	864.9	2.1
云南	416.4	630.2	1398.2	2.4
西藏	26.4	31.8	53.4	1.0
陕西	327.8	531.6	1526.3	3.7
甘肃	239.0	395.4	984.2	3.1
青海	24.9	38.1	117.1	3.7
宁夏	47.0	89.2	240.5	4.1
新疆	360.5	638.6	1675.0	3.6
总计	3478.9	5487.3	13362.2	2.8

资料来源:《中国统计年鉴》。

西部地区特色农作物主要是甘蔗、甜菜、烟叶、薯类、蚕茧、棉花,2012 年这些农作物的产量分别占国家总产量的一半以上,分别为:81.83%、65.58%、60.97%、56.29%、55.51%、54.21%。

表 2—5　　　　　2012 年西部各省各农作物产量占全国的比例　　　　　%

	内蒙古	广西	重庆	四川	贵州	云南	西藏	陕西	甘肃	青海	宁夏	新疆	总体
稻谷	0.36	5.59	2.44	7.52	1.97	3.16		0.43	0.02		0.35	0.29	22.13
小麦	1.56		0.32	3.61	0.43	0.73	0.20	3.60	2.30	0.29	0.51	4.76	18.32

续表

	内蒙古	广西	重庆	四川	贵州	云南	西藏	陕西	甘肃	青海	宁夏	新疆	总体
玉米	8.68	1.22	1.25	3.41	1.66	3.40	0.01	2.76	2.45	0.08	0.93	2.88	28.74
豆类	9.41	1.36	2.60	5.41	1.36	7.49	0.13	2.49	1.91	0.41	0.27	1.45	34.31
薯类	5.61	1.97	8.94	14.59	7.16	5.56	0.01	2.51	7.27	0.99	1.28	0.40	56.29
棉花	0.02	0.03		0.19	0.02			0.98	1.19	0.00	0.00	51.78	54.21
花生	0.19	3.07	0.68	3.88	0.47	0.45		0.58	0.02	0.00		0.13	9.48
油菜籽	2.19	0.14	2.69	15.86	5.58	3.82	0.45	2.85	2.42	2.47	0.02	0.80	39.29
芝麻	0.21	1.00	0.82	0.71				3.81				1.20	7.76
黄红麻		13.94		2.90									16.84
甘蔗		63.60	0.10	0.50	1.04	16.60							81.83
甜菜	14.30			0.02		0.00			2.10			49.16	65.58
烟叶	0.42	1.01	3.02	8.06	11.53	33.76		2.70	0.38	0.04	0.06		60.97
蚕茧	0.86	34.83	2.27	12.57	0.00	2.91		2.07	0.00				55.51
茶叶		2.76	1.75	11.74	4.15	15.18		1.97	0.06				37.61
苹果	0.37		0.01	1.27	0.06	0.84	0.01	25.07	6.46	0.02	1.27	2.13	37.52
柑橘		12.12	5.41	10.76	0.72	1.63		1.16	0.01			0.00	31.82
梨	0.44	1.51	2.00	5.62	1.27	2.44	0.01	5.25	1.95	0.03	0.08	5.57	26.17
葡萄	0.77	3.02	0.60	2.37	0.82	5.15		4.41	2.16		1.39	19.83	40.53
香蕉		19.92	0.01	0.35	0.05	18.89							39.22
蔬菜	2.08	3.32	2.13	5.31	1.94	2.08	0.09	2.15	2.06	0.22	0.66	2.34	24.40

资料来源：由《2013 中国统计年鉴》数据计算所得。

从表 2—5 可知，甘蔗的主要产地在广西壮族自治区和云南省，"十二五"期间国家已着力建设广西壮族自治区、云南省的优质甘蔗基地。广西壮族自治区的甘蔗主要是高产高糖品种，云南省的甘蔗主要是耐旱品种。甜菜的主要产地在新疆，其产量从 2000 年的 265 万吨提升至 2012 年的 577 万吨。烟叶的分布主要在云南省，2000 年其产量达到 66 万吨，到 2012 年已经增加到 115 万吨。薯类产地主要分布在四川省、重庆市、贵州省，蚕茧主要分布在广西壮族自治区和四川省，棉花主要分布在新疆。

2. 特色工业

随着西部地区特色产业发展步伐的逐步加快，西部地区工业化生产过程

也在不断推进。按照《中国统计年鉴》上的产业划分,对工业内部41个分类产业进行了区位熵的计算和分析(见附录1):

区位熵值大于1的产业为该地区的专业化部门,区位熵值越大则说明专业化水平越高;如果区位熵值小于或等于1,则该产业为自给性部门,区位熵值越小则说明专业化水平越低。从表上看,西部总体情况中"其他采矿业"区位熵值最高,达到3.22,这是由于年鉴中仅有内蒙古自治区、四川省、云南省三省自治区对此指标有数据统计,所以计算出来的区位熵值并无参考价值。忽略"其他采矿业",区位熵值最高的是"石油和天然气开采业"为2.82,其余依次是:"煤炭开采和洗选业"区位熵值2.42,"烟草制品业"区位熵值2.38,"有色金属冶炼和压边加工业"区位熵值2.09,"酒、饮料和精制茶制造业"区位熵值2.04,这五个行业的区位熵值均高于2,说明这些行业在西部发展有着极大的优势。到2012年,"烟草制品业"区位熵值有所下降,说明国家通过高赋税制度抑制烟草行业的发展取得了一定的效果,但烟草行业仍处于西部工业发展的重要地位。区位熵值超过1的行业有"非金属矿采选业"1.74,"有色金属冶炼和压延加工业"1.61,"开采辅助活动"1.54,"黑色金属矿采选业"1.30,"水的生产和供应业"1.11,"食品制造业"1.08,"黑色金属冶炼和压延加工业"1.07,"铁路、船舶、航空航天和其他运输设备制造业"1.07,"农副食品加工业"1.05,"非金属矿物制品业"1.04,可见特色产业都集中在资源型产业上。

3. 特色旅游业

西部地区历史悠久、文化丰富、风景独特、民族多样以及多元的旅游资源,使它成为旅游胜地。有浓郁历史气息的秦始皇陵兵马俑、敦煌莫高窟,有自然风光甲天下的桂林山水、九寨沟、黄果树瀑布,以及汇集民族风情的布达拉宫、香格里拉等。西部地区的旅游产品开发和旅游设施建设力度都在持续加大,到2012年,前往西部地区旅游的人数已经达到1900多万人次,旅游外汇收入超过84亿美元。

2000—2012年,西部地区总体入境旅游人数由4652038人增加到19344528人,增加了3.16倍;旅游外汇总收入由158426万美元增加到843924万美元,增加了4.33倍。分地区来看,情况最好的是重庆,入境旅游总人数增加了7.43倍,旅游外汇收入增加了7.52倍;其次是四川省、新疆维吾尔自治区、陕西省、云南省，入境旅游人数分别增加了 6.58 倍、4.85 倍、3.72 倍、3.57 倍，旅游外汇收入分别增加了 5.55 倍、4.80 倍、4.71 倍、4.74 倍。

表 2—6　　　　　　　　2000 年、2012 年各省旅游业发展情况

	入境旅游人数（人）			旅游外汇收入（万美元）		
	2012 年	2000 年	增加倍数	2012 年	2000 年	增加倍数
内蒙古	1591682	391970	3.06	77196	12645	5.1
广西	3502732	1240265	1.82	127900	30700	3.17
重庆	2242834	266081	7.43	116832	13705	7.52
四川	1512900	199700	6.58	79814.67	12187.3	5.55
贵州	705000	183900	2.83	16893.6	6092.23	1.77
云南	4578400	1001100	3.57	194700	33902	4.74
西藏	194933	149441	0.3	10570	5226	1.02
陕西	3350000	710000	3.72	159747	28000	4.71
甘肃	102028	213100	-0.52	2235	5463	-0.59
青海	47000	32592	0.44	2432	740	2.29
宁夏	18994	7807	1.43	547	271	1.01
新疆	1498025	256082	4.85	55057	9494	4.8
总计	19344528	4652038	3.16	843924	158426	4.33

资料来源：2013 年和 2001 年各省统计年鉴。

二　西部资本积累能力不断增强

（一）实物资本的存量

实物资本积累的形式主要有两种：市场主导型和政府主导型。市场主导型的资本主要流向发达地区，这种形式的资本积累扩大了地区间差距，长期持续将不利于区域经济的平衡发展；政府主导型的资本主要投向不发达地区，但是由于地区非均衡增长不能完全依靠政府主导型资本积累，所以这种资本转移并没有明显减少地区差距[①]。西部地区的实物资本积累属于政府主导型，

[①]　王小鲁、樊纲：《中国地区差距的变动趋势和影响因素》，《经济研究》2004 年第 1 期。

大量的资本通过西部大开发战略的实施流向西部。

这里所选用永续盘存法对实物资本存量进行测算，其公式见式（2.1—1）。（1）投资 I 的选取。采用固定资本形成总额作为衡量指标。（2）价格指数的构造。采用固定资产投资价格指数作为价格指数，1952—1995 年固定资本形成总额及其指数由《中国国内生产总值核算历史资料（1952—1995）》提供，1991 年之后固定资产投资价格指数由各年《中国统计年鉴》提供，对于缺失的数据，根据张军的说法，在现有的国家统计局网站和历史资料的条件下，用该省的 RPI（商品零售价格指数）来代替。（3）资本存量的折旧率或是折旧额的确定。采用张军的算法，将折旧率定为 9.6%。（4）基年初始实物资本存量的确定。选取 1952 年作为初始年，然后用 10%[①]做分母去除各省 1952 年的固定资本形成总额，得出各省的初始资本存量。

表 2—7　　　　　　　西部地区实物资本存量（按 1978 年价格核算）　　　　　亿元

年份	内蒙古	广西	重庆	四川	贵州	云南	西藏	陕西	甘肃	青海	宁夏	新疆
1999	871.06	865.02	857.09	1174.02	447.29	2017.60	97.00	860.32	677.68	219.35	189.79	770.65
2000	954.37	973.60	936.42	1339.87	506.01	2201.47	106.00	957.13	765.90	251.62	213.29	845.92
2001	1054.38	1086.18	1039.77	1528.94	585.32	2388.70	115.79	1058.21	855.20	295.93	242.87	926.50
2002	1225.57	1217.26	1179.98	1740.67	676.37	2601.59	138.00	1173.44	981.18	347.59	278.14	1029.64
2003	1557.00	1372.23	1397.70	1970.39	778.26	2889.63	173.33	1352.42	1119.68	407.68	330.41	1164.73
2004	2047.34	1580.52	1669.76	2200.46	883.96	3265.46	237.18	1553.81	1278.15	468.39	388.50	1310.03
2005	2766.58	1868.43	2034.08	2432.63	1000.89	3762.62	307.41	1798.71	1511.27	535.03	454.28	1483.96
2006	5747.72	3805.39	2548.96	4301.56	2046.12	5165.54	509.78	3994.67	2353.49	885.70	977.88	2903.30
2007	9392.85	6169.27	3257.48	6313.12	3167.01	6650.05	727.97	6773.78	3316.23	1261.73	1515.98	4430.37
2008	13600.04	9064.23	4138.87	8483.73	4416.59	8155.19	959.20	10142.27	4397.56	1668.39	2194.53	6060.45
2009	19832.67	13845.98	5308.71	11384.24	6029.26	10942.55	1248.43	14476.05	5737.31	2292.96	3166.84	8002.36
2010	26409.46	20075.51	6906.36	14580.54	7894.84	14968.06	1684.42	19699.79	7290.77	3091.97	4292.73	10324.96

---

①　Young A. , "Gold into Base Metals: Productivity Growth in the People's Republic of China during the Reform Period", *The Journal of Political Economy*, Vol. 111, 2000.

年份	内蒙古	广西	重庆	四川	贵州	云南	西藏	陕西	甘肃	青海	宁夏	新疆
2011	34069.02	27325.02	9579.00	18385.00	10123.14	19915.61	2050.72	25542.50	9156.05	4081.43	5418.48	13020.85
2012	43548.71	35186.26	12513.34	22554.37	13158.47	25843.47	2542.99	32544.73	11341.40	5544.51	6836.41	17215.79

资料来源：根据《中国统计年鉴》相关数据计算。

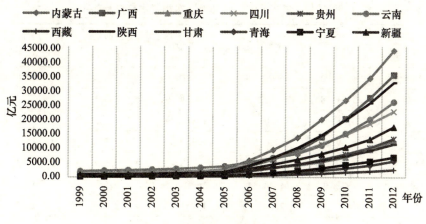

图 2—2　西部地区实物资本存量

资料来源：根据《中国统计年鉴》相关数据计算。

　　西部大开发战略实施的前五年，西部地区各省的实物资本存量基本没有变化，增长幅度保持平稳，这是因为基础设施建设是实物资本的重要组成成分，而基础设施建设周期较长，一般铁路线路的建设需要 5—8 年时间，大型运输网的建设通常需要几十年的时间。2005 年之后，实物资本存量开始了迅速的增长。增长幅度最大的是内蒙古自治区、广西壮族自治区、陕西省和宁夏回族自治区，1999 年它们的实物资本存量分别为：871.06 亿元、865.02 亿元、860.32 亿元、189.79 亿元，到 2012 年分别为：43548.71 亿元、35186.26 亿元、32544.73 亿元、6836.41 亿元，分别增加了 48.99 倍、39.67 倍、36.82 倍、35.02 倍。

　　表 2—8 为 1999 年至 2012 年东、中、西部地区的实物资本存量（东、中、西部地区的划分，西部包含内蒙古自治区、广西壮族自治区、重庆市、

四川省、贵州省、云南省、西藏自治区、陕西省、甘肃省、青海省、宁夏回族自治区、新疆维吾尔自治区 12 个省份；中部包括：山西省、吉林省、安徽省、黑龙江省、江西省、河南省、湖北省、湖南省 8 个升级行政区；东部地区包括：北京市、天津市、河北省、辽宁省、上海市、江苏省、浙江省、福建省、山东省、广东省、和海南省 11 个省）。

表 2—8　　　　　1999—2012 年东、中、西部地区实物资本存量及差距　　　　　亿元

	东部地区	中部地区	西部地区	东西部差距 （东/西）	中西部差距 （中/西）
1999	31776.00	9961.88	9046.87	3.51	1.10
2000	35761.78	11122.73	10051.59	3.56	1.11
2001	40128.96	12501.55	11177.79	3.59	1.12
2002	45199.44	14105.34	12589.44	3.59	1.12
2003	51829.99	16055.34	14513.48	3.57	1.11
2004	59922.30	18465.48	16883.55	3.55	1.09
2005	69892.24	21646.33	19955.89	3.50	1.08
2006	122989.40	44227.08	35240.12	3.49	1.26
2007	179853.56	71239.64	52975.85	3.40	1.34
2008	241090.18	102771.43	73281.07	3.29	1.40
2009	321653.24	144899.56	102267.35	3.15	1.42
2010	405172.45	190733.62	137219.41	2.95	1.39
2011	498424.10	242897.23	178666.82	2.79	1.36
2012	605800.22	304040.35	228830.46	2.65	1.33

资料来源：根据《中国统计年鉴》相关数据按 1978 年价格水平核算，保留两位小数。

20 世纪 90 年代的西部大开发战略为西部地区未来的经济发展提供了条件，1999 年之后西部地区的实物资本存量迅速增长，由 1999 年的 9046.87 亿元增加到 2012 年的 228830.46 亿元，增长率为 24.29%。战略实施过程中国家大大增加了对西部地区的投资，东西部地区间的实物资本存量差距出现略微的缩小，但仍保持在 3 倍左右，西部地区实物资本存量与东部地区存在着一定的距离。

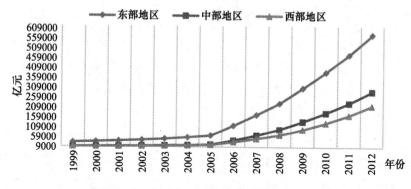

图2—3　东、中、西部地区实物资本存量

资料来源：根据《中国统计年鉴》相关数据计算，保留两位小数。

（二）人力资本的存量

随着经济全球化的推进和经济的快速发展，人才已经成为第一位战略资源，人力资本也将必然成为西部地区经济社会发展的重要资本。人力资本可以节省和替代投入生产过程中的劳动力和物质资本的数量并使两者更有效地结合，从而提高劳动生产率和资本生产率。对于西部地区，人力资本可以在一定程度上弥补西部实物资本的不足，缓解了经济增长对实物资本投放的依赖程度；还可以在全球范围内为西部地区吸收和组合各种生产要素，更有效、更大规模地推动了经济的发展；除此之外还促进了技术进步在经济增长中的作用，有效地提高了对现有资本的使用效率。

本章选用人均受教育年限衡量西部地区人力资本的存量，公式为（2.1—7）。数据取自历年《中国统计年鉴》，指标选取是以我国人口受教育程度及统计年鉴口径为标准。计算6岁及6岁以上的人口的平均受教育年限，并将受教育程度分为：（1）x_1：文盲半文盲。其受教育年限为2年。（2）x_2：小学。其受教育年限为6年。（3）x_3：初中。其受教育年限为9年。（4）x_4：高中。其受教育年限为12年。（5）x_5：大专及以上教育程度。其受教育年限为16年。

测算结果（表2—9）表明，西部大开发战略实施以来，西部地区12个省的人均受教育年限处于上升趋势，也就是说西部人力资本存量整体在不断增长，但省与省之间人力资本存量差距比较明显。内蒙古自治区、新疆维吾尔自治区、陕西省的平均受教育年限在西部地区处于领先水平，西藏自治区远落后于其他省份，1999 年西藏自治区平均受教育年限为 3.91 年，新疆维吾尔自治区平均受教育年限为 8.10 年，远远相差了 4.19 年。到 2012 年，西藏自治区的平均受教育年限为 5.67 年，与平均受教育年限最高的内蒙古自治区相差了 3.63 年。但是西藏自治区的平均受教育年限上升的幅度却是最大的，从 1999 年到 2012 年上升了 45 个百分点。由于西藏自治区经济不发达，生产方式落后，生活水平较低，人们基本上还处于满足衣食住行等基本物质需求上，教育意识整体仍有些淡薄，所以虽然西藏自治区平均受教育年限上升幅度最大，但在整个西部地区其受教育水平仍处在落后地位。自 1999 年西部大开发战略实施到 2012 年，内蒙古自治区、广西壮族自汉区、重庆市、四川省、贵州省、云南省、西藏自治区、陕西省、甘肃省、青海省、宁夏回族自治区和新疆维吾尔自治区平均受教育年限增加的百分比分别为：22%、21%、23%、24%、21%、29%、45%、24%、25%、21%、21% 和 12%。西部大开发战略的实施，使国家加大了对教育的投资及管理的力度，九年义务教育的普及，使得适龄儿童受教育的权利得到了更好的保证，直接促使了西部地区人力资本存量的持续和稳步增加。西部整体平均受教育年限由 1999 年的 6.95 年上升到 2012 年的 8.54 年增长了 23 个百分点，很明显西部大开发战略的实施促进了西部人力资本的积累。

西部大开发战略的实施在加快交通、通信、能源等基础设施建设的同时提高了教育信息化水平，使得"行路难""上学难"等问题得到有效解决，现代远程教育项目和中小学"校校通"工程也得到顺利地实施。在此期间，九年制义务教育得到普及，义务教育的人力、财力、物力投入不断加大，人力资源开发进程不断加快，人力资源开发的社会环境也得到了有效的改善，这些条件的完善，极大地促进了人力资本的积累。

表 2—9　　　　　　　　西部地区人均受教育年限　　　　　　　　　年

年份	1999	2002	2003	2004	2005	2006	2007	2008	2009	2011	2012
内蒙古	7.63	8.11	8.00	8.35	8.42	8.36	8.50	8.52	8.63	9.31	9.30
广西	7.04	7.78	7.92	8.15	7.80	8.14	8.13	8.08	8.18	8.68	8.49
重庆	7.12	7.62	7.81	7.45	7.59	7.74	7.86	7.92	8.06	8.87	8.73
四川	6.93	7.52	7.62	7.65	7.12	7.46	7.62	7.69	7.85	8.35	8.60

续表

年份	1999	2002	2003	2004	2005	2006	2007	2008	2009	2011	2012
贵州	6.47	7.03	7.21	7.26	6.76	6.89	7.10	7.28	7.30	7.79	7.83
云南	6.21	6.51	6.40	7.09	6.71	6.94	7.05	7.12	7.14	7.84	7.99
西藏	3.91	5.03	4.74	5.11	4.46	4.91	5.24	5.35	5.23	6.01	5.67
陕西	7.43	7.69	8.31	8.44	8.24	8.46	8.55	8.66	8.71	9.05	9.22
甘肃	6.76	7.12	7.37	7.56	7.20	7.15	7.39	7.47	7.57	8.33	8.43
青海	6.46	6.75	7.11	7.17	7.16	7.32	7.49	7.54	7.70	7.97	7.82
宁夏	7.03	7.67	7.63	7.96	7.68	7.88	8.05	8.30	8.39	8.53	8.49
新疆	8.10	8.50	8.49	8.60	8.34	8.41	8.58	8.64	8.72	9.24	9.11
整体	6.95	7.45	7.59	7.74	7.43	7.63	7.76	7.83	7.92	8.48	8.54

资料来源：由《中国统计年鉴》1999—2012 年数据计算所得。2000 年和 2010 年的统计口径是各地区每十万人拥有的各种受教育程度人口，与其他年份统计不同，因此没有纳入计算中，2001 年统计数据缺失，也没有计入在内。

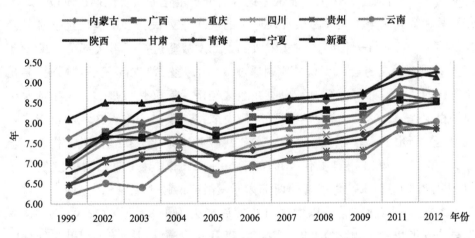

图 2—4　1999—2012 年西部地区人均受教育年限

资料来源：由《中国统计年鉴》相关数据计算所得。

（三）社会资本的存量

社会资本具有资本的属性，是一种新的资本形式，社会资本存量同样也是国民经济核算体系的重要内容，其数据资料将是政府部门进行宏观经济政策决策的重要考虑因素。在日常生产和生活交往中，人与人之间需要建立一种相互信任关系，而这种信任需要某一种秩序为基础，而维护这种秩序又需要一系列可禁止不可预见行为和机会主义行为的规则，这些规则被称为制度①。下面将选用"制度环境的改善情况"作为社会资本存量的衡量指标。

1. 西部大开发的制度演进

实施西部大开发战略，加快中西部地区的发展，是党中央国务院作出的重大决策。1999 年 6 月，中国西部大开发战略正式出台；1999 年 9 月，十五届四中全会通过的《中共中央关于国有企业改革和发展若干重大问题的决定》明确提出"国家要实施西部大开发战略"；2000 年 1 月，国务院西部开发领导小组召开"西部地区开发会议"，标志着西部大开发战略的正式全面展开；2000 年 10 月，中共十五届五中全会通过的《中共中央关于制定国民经济和社会发展第十个五年计划的建议》，强调实施西部大开发战略、加快中西部地区发展；2000 年 12 月颁布《国务院关于实施西部大开发若干政策措施的通知》，标志着西部大开发战略进入制度规范化的实质性推进阶段；2001年 3 月，第九届全国人大四次会议通过的《中华人民共和国国民经济和社会发展第十个五年计划纲要》对实施西部大开发战略进行了再次部署；2006 年12 月，国务院常务会议审议并原则通过《西部大开发"十一五"规划》指出该阶段的实施目标是：努力实现西部地区经济又好又快发展，人民生活水平持续稳定提高，基础设施和生态环境建设取得新突破，重点区域和重点产业发展达到新水平，教育、卫生等基本公共服务均等化取得新成效，构建社会主义和谐社会迈出扎实步伐；2010 年 6 月 29 日中共中央、国务院发布了《中共中央国务院关于深入实施西部大开发战略的若干意见》，强调要"进一步加大投入、强化支持，以增强自我发展能力为主线，以改善民生为核心，以科技进步和人才开发为支撑，更加注重基础设施建设，着力提升发展保障能力；更加注重生态建设和环境保护，着力建设美好家园和国家生态安全屏障；更加注重经济结构调整和自主创新，着力推进特色优势产业发展；更加注重社会事业发展，着力促进基本公共服务均等化和民生改善；更加注重优

---

① ［德］柯武刚、史漫飞：《制度经济：社会秩序与公共政策》，韩朝华译，商务印书馆 2008年版。

化区域布局,着力培育新的经济增长极;更加注重体制机制创新,着力扩大对内对外开放,推动西部地区经济又好又快发展和社会和谐稳定,努力实现全面建设小康社会奋斗目标";2010 年 7 月 5—6 日,中共中央、国务院在北京召开西部大开发工作会议指出:实施西部大开发战略,是我国改革开放和社会主义现代化建设全局的重要组成部分。深入实施西部大开发战略是实现全面建设小康社会宏伟目标的重要任务,事关各族群众福祉,事关我国改革开放和社会主义现代化建设全局,事关国家长治久安和中华民族伟大复兴;2012 年 2 月,国家发展和改革委员会颁布《西部大开发"十二五"规划》,《规划》在认真总结经验的基础上,围绕主题主线,进一步明确了深入实施西部大开发战略部署的基本思路。2012 年 11 月党的十八大报告中强调要"充分发挥各地区比较优势,优先推进西部大开发,全面振兴东北地区等老工业基地,大力促进中部地区崛起,积极支持东部地区率先发展"。2013 年 11月 12 日党的十八届三中全会通过的《中共中央关于全面深化改革若干重大问题的决定》中对制约包含西部开发的各类体制改革进行了全面部署,为深入实施西部大开发指明了制度创新的方向。

表 2—10 西部大开发制度的演进

阶段	指导思想	主要目标	演进特点
第一阶段 (1999—2006 年)	坚持从实际出发,积极进取、量力而行,统筹规划、科学论证,突出重点、分步实施	力争五年到十年时间,使西部地区基础设施和生态环境建设有突破性进展,西部开发有一个良好的开局	加快基础设施建设;加强生态环境保护和建设;巩固农业基础地位,调整工业结构,发展特色旅游业;发展科技教育和文化卫生事业
第二阶段 (2006—2010 年)	转变经济增长方式,提高发展质量,通过国家支持、自身努力和区域合作,不断增强自我发展能力,不断提高广大城乡居民物质文化水平,开创西部大开发的新局面	经济又好又快发展和人民生活水平持续稳定提高。基础设施和生态环境建设取得新突破。重点地区和重点产业发展到新水平。基本公共服务均等化取得新成效	扎实推进社会主义新农村建设;坚持推进基本公共服务均等化;推进形成主体功能区;建立健全西部大开发保障机制

续表

阶段	指导思想	主要目标	演进特点
第三阶段 (2010年至今)	以加快转变经济发展方式主线，更加注重基础设施建设、生态建设和环境保护、经济结构调整和自主创新、社会事业发展、优化区域布局、体制机制创新，为实现全面建设小康社会目标打下坚实基础	经济坚持又好又快发展。基础设施更加完善。生态环境持续改善。产业结构不断优化。公共服务能力显著增强。人民生活水平大幅度提高。改革开放深入推进	严格落实全国主体功能区规划，坚持一手抓重点经济区培育壮大，一手抓老少穷地区脱贫致富；建立生态补偿机制，做好防灾减灾工作；培育中小城市和特色鲜明的小城镇，提升城镇综合承载能力；繁荣文化事业，建立公共文化服务体系；做好评价考核工作

2. 西部大开发制度环境的改善

制度和政策在功能上具有共同性，都是调节人类社会关系，规范人类社会活动的重要工具和手段，是人类社会发展的助动器。西部大开发战略是国家政府行为，西部大开发的实施离不开国家政策的支持，政策是上层建筑的重要组成部分，是一种社会资本，它对社会经济的发展起着巨大的促进或抑制作用。

西部大开发战略中出台的相关政策有力地保障了西部大开发的顺利进行，积极的政策不仅加大了西部地区基础设施建设的投资力度，改善了西部投资环境，拓展了西部地区筹集资金的渠道，还促进了西部地区社会事业的发展，推进了科技创新的步伐。在政策的推动下，西部地区对外开放的程度也越来越大，利用外资和对外贸易的规模都在不断扩大，其中西部货物年进出口总额由1999年的137.02亿美元增长到2012年的2364.0407亿美元。从以下几方面具体来说：

（1）政策涉及面广。针对西部大开发的政策大致分为13类，包括：基础设施建设、产业发展、教育及人力资源开发、文化建设、科技、投资及引资、财税、金融贷款、资源开发及环境保护、农业及农村经济发展、民族地区发展、扶贫、司法援助，另外还有对口支援、东西互动政策、经济区建设，以及体制改革等相关配套措施。

（2）政策力度大。西部大开发中制定的各项政策对西部地区的支持力度有增无减。第一，投资规模不断扩大。2000—2013 年，西部地区重点工程项目累计达到 207 项，累计投资超过 39864 亿元。第二，金融信贷支持力度不断扩大。各类金融机构，特别是政策性金融机构对西部地区的贷款支持力度不断扩大。第三，财政转移支付力度不断扩大。西部各地区中央财政补贴收入占全国的比重不断扩大。第四，税收优惠范围不断扩大。从西部大开发战略实施开始，优惠税种不断扩大，涉及所得税、印花税、资源税、增值税等多个税种，同时优惠范围涉及各类金融机构和企业。第五，西部地区对内外开放力度不断扩大，开放行业也不断扩大。西部大开发战略实施之后投资行业范围逐渐放宽，进入门槛降低。

（3）政策工具多样。西部大开发的传统工具有财政政策和货币政策，另外，新型工具有经济区建设政策（培养西部地区的增长极），以及具有中国特色的东西互动政策和对口资源政策。

（4）政策分类具体。西部大开发政策涉及社会经济发展的各个方面，例如财政部、教育部、税务总局、农业部、科技部、司法部、中国人民银行等中央部门在各自领域分别制定了关于西部大开发的政策，在国家相关政策的引导下，当地政府也制定了相应支持政策，并逐年细化使分类更具体。

第三节　西部开发的实物资本积累效应

西部大开发以前，西部地区经济发展所需的资本主要通过自身积累，国家政策性资本、境外资本和其他地区资本比重相对较低。西部大开发之后，国家资本加大向西部地区投入，同时通过各项政策措施，加大了对外资和其他地区资本的引进力度，很大程度上缓解了西部地区资本紧缺压力，加强了西部地区自身的资本积累能力。

一　西部开发对投资的影响

西部大开发战略实施中，重点工程开设项目不断向西部地区倾斜，如铁路建设、公路建设、机场建设、退耕还林、西电东送、西气东输、电网建设等，为了这些重大项目能顺利地开展和完成，中央采取了多种方式为其筹集资金，同时还鼓励企业资金向西部流入。2000—2013 年，国家在西部地区累计开工了 207 个重点工程项目，投资总规模超过了 39864 亿元。

表 2—11　　　　　　　　　西部大开发重点项目投资规模

开工时间	重点工程项目个数	投资规模（亿元）
2000 年	10	>1000
2001 年	12	>2000
2002 年	14	>3300
2003 年	14 +	>1300
2004 年	10	约 800
2005 年	10	>1300
2006 年	12	1654
2007 年	10	1516
2008 年	10	4361
2009 年	18	4689
2010 年	23	6822
2011 年	22	2079
2012 年	22	5778
2013 年	20	3265

资料来源：根据政府门户网站（http：//www. gov. cn）、中国西部开发网（http：//www. chinawest. gov. cn）提供的来自国务院西部开发办的重点工程建设进展资料整理。

二　西部开发对居民储蓄存款余额的影响

西部大开发战略实施以后，2000 年，西部地区居民储蓄存款总额为 11385. 11 亿元，到 2012 年增长为 79309. 20 亿元，增加了近 6 倍。西部十二个省中四川省居民储蓄存款余额最高，2000 年存款余额为 2693. 17 亿元，占 2000 年西部居民储蓄存款总余额的 23. 65%；2012 年四川省居民储蓄存款余额为 19438. 3 亿元，占西部居民储蓄存款总额的 24. 50%。其次是陕西省、重庆市、贵州省、云南省等，居民储蓄存款额最低的是西藏自治区，西藏自治区居民储蓄存款余额虽低，但在西部大开发战略实施期间处于不断增长状态。从表看，四川省、陕西省、重庆市增长幅度较大，其余各省增长比较平缓。

表2—12　　　　　　　分地区城乡居民人民币储蓄存款（年底余额）　　　　　万亿元

年份	内蒙古	广西	重庆	四川	贵州	云南	西藏	陕西	甘肃	青海	宁夏	新疆	总计
2000	0.09	0.14	0.11	0.27	0.05	0.11	0.00	0.15	0.08	0.02	0.02	0.09	1.14
2001	0.10	0.15	0.13	0.31	0.06	0.13	0.01	0.18	0.09	0.02	0.03	0.10	1.31
2002	0.11	0.17	0.16	0.37	0.08	0.15	0.01	0.21	0.10	0.02	0.03	0.11	1.53
2003	0.14	0.20	0.19	0.43	0.10	0.18	0.01	0.25	0.12	0.03	0.04	0.14	1.81
2004	0.16	0.22	0.22	0.50	0.11	0.21	0.01	0.29	0.14	0.03	0.04	0.15	2.09
2005	0.20	0.26	0.25	0.59	0.14	0.24	0.01	0.35	0.16	0.03	0.05	0.18	2.47
2006	0.23	0.29	0.29	0.68	0.16	0.29	0.01	0.41	0.18	0.04	0.06	0.20	2.85
2007	0.25	0.32	0.32	0.75	0.18	0.30	0.02	0.43	0.19	0.04	0.06	0.21	3.07
2008	0.32	0.39	0.40	0.96	0.22	0.38	0.02	0.55	0.25	0.06	0.08	0.26	3.88
2009	0.39	0.47	0.49	1.16	0.27	0.47	0.02	0.67	0.30	0.07	0.10	0.31	4.72
2010	0.46	0.57	0.58	1.37	0.32	0.57	0.03	0.80	0.36	0.09	0.12	0.37	5.64
2011	0.54	0.67	0.70	1.61	0.39	0.67	0.03	0.92	0.42	0.10	0.14	0.44	6.63
2012	0.66	0.79	0.84	1.94	0.48	0.77	0.04	1.08	0.51	0.13	0.17	0.53	7.93

资料来源：《中国统计年鉴》。

三　西部开发后城乡收入差距的变化

收入水平及收入差距是影响总消费需求及消费结构的重要因素，从静态方面看，消费需求总量的变动意味着投资消费比例的变动，也就是资本积累率的变动；从动态方面看，消费需求总量变动会影响供给的变动，然后通过供给能力的变动影响到下一期的投资水平。西部大开发战略实施以来，城乡收入连年增长。增长速度在不同时期变动幅度较大。

表 2—13   西部地区的城乡收入差距

年份	西部地区城镇居民家庭平均每人全部年收入（元）	西部地区农村居民家庭平均每人总收入（元）	西部城乡居民人均收入差距（元）	西部地区城乡收入比值
2000	5516.95	2496.42	3020.53	2.21
2001	6055.73	2581.71	3474.02	2.35
2002	7067.26	2718.14	4349.12	2.60
2003	7742.68	2836.72	4905.96	2.73
2004	8601.17	3195.98	5405.19	2.69
2005	9418.36	3646.02	5772.34	2.58
2006	10443.01	3926.67	6516.34	2.66
2007	12130.66	4544.90	7585.76	2.67
2008	13917.01	5285.81	8631.20	2.63
2009	15523.03	5604.05	9918.98	2.77
2010	17309.03	6390.01	10919.02	2.71
2011	19868.03	7854.70	12013.33	2.53
2012	22475.10	8857.15	13617.95	2.54

资料来源：由《中国统计年鉴》计算所得。

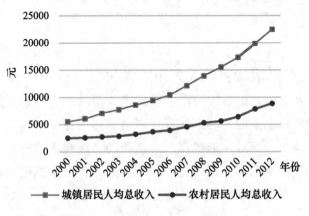

图 2—5　西部地区城乡人均总收入

资料来源：由《中国统计年鉴》计算所得。

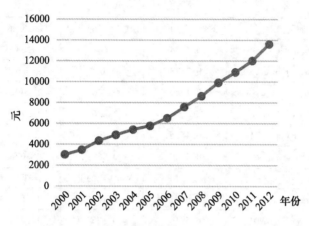

图 2—6 西部地区城乡居民人均收入差距

资料来源：由《中国统计年鉴》计算所得。

四 格兰杰因果关系检验

按照古典经济学的观点，储蓄和投资之间存在因果关系，储蓄水平决定投资水平，储蓄向投资的转化形式主要有两种：一是直接转化，储蓄主体本身直接将储蓄用于投资；二是间接转化，储蓄主体将储蓄通过第三方转移到投资主体手中，如财政支出转化和金融市场转化。储蓄向投资转化是资本形成的核心机制，只要储蓄转移到高效益的投资者手中，资本就能形成更大的规模；城乡收入差距对投资的影响：收入水平及收入差距是影响总消费需求和结构的重要因素，库兹涅茨在他的研究中表明"经济发展——居民收入水平和收入差距的变动——需求结构变动——资本积累和投资结构变动"，收入水平和收入差距的变动能够影响总的消费需求结构，消费需求结构的变动意味着投资结构的变动，即资本积累的变动，同时需求变动也会影响供给的变动，供给变动也直接影响到了下一期的投资水平。

计量过程中选用的数据说明：S 选取 2000—2012 年居民储蓄存款余额，DY 选取 2000—2012 年城乡居民收入差距，I 选用社会固定资产投资。计量结果如下：

表 2—14   Eviews 计量结果

1 阶滞后	F 检验的 P 值	LM（1）的 P 值	AIC 值	结论
DY does not Granger Cause S	0.4934	0.6441	17.34637	不拒绝
S does not Granger Cause DY	0.2533	0	− 47.61735	不拒绝
I does not Granger Cause S	0.1549	0.7261	17.40258	不拒绝
S does not Granger Cause I	0.354	0.4365	18.16992	拒绝
I does not Granger Cause DY	0.4525	0.7918	13.9884	不拒绝
DY does not Granger Cause I	0.2959	0.5631	18.07338	不拒绝
2 阶滞后	F 检验的 P 值	LM（1）的 P 值	AIC 值	结论
DY does not Granger Cause S	0.3961	0.1236	17.67004	不拒绝
S does not Granger Cause DY	0.5916	0.3754	14.31439	不拒绝
I does not Granger Cause S	0.6434	0.287	17.83175	不拒绝
S does not Granger Cause I	0.2652	0.0777	18.51488	不拒绝
I does not Granger Cause DY	0.4764	0.5003	14.2422	不拒绝
DY does not Granger Cause I	0.1373	0.1193	18.29539	不拒绝
3 阶滞后	F 检验的 P 值	LM（1）的 P 值	AIC 值	结论
DY does not Granger Cause S	0.4934	0.1729	17.7108	不拒绝
S does not Granger Cause DY	0.2533	0.4007	13.24145	不拒绝
I does not Granger Cause S	0.1594	0.9301	16.86369	不拒绝
S does not Granger Cause I	0.0354	0.0568	16.51457	拒绝
I does not Granger Cause DY	0.4525	0.472	13.6717	不拒绝
DY does not Granger Cause I	0.2595	0.1794	17.99106	不拒绝

根据 LM 检验以及 AIC 准则，DY 和 S 之间选取一阶滞后关系，即不拒绝"DY 不是 S 的格兰杰原因"；S 与 DY 之间选取三阶滞后关系，即不拒绝"S 不是 DY 的格兰杰原因"；所以 DY 与 S 之间相互不影响。同理得到结果，S 是 I 的格兰杰原因，DY 与 I 之间不存在关系。

从结果来看，投资和居民储蓄存款余额是相互影响的。西部大开发战略的实施直接影响着国家对西部的投资，即直接推动着实物资本的积累；西部大开发战略的实施，增加了居民的存款储蓄余额，居民存款储蓄余额增加同时也影响着实物资本的积累。

第四节　西部开发的人力资本积累效应

一　国家对西部人力开发的优惠政策及成效

人力资源开发是人力资本积累的过程，加快人才资源开发，推进人力资本积累，只有通过优惠政策的实施才能取得好的效果，优惠政策的作用是吸引人才并留住人才。

主要优惠政策有：免费义务教育，贫困生资助；在高等院校设置重点学科建设、学位点审批、教材建设、重点实验建设等；建立城乡教育综合改革试验区、地方高校；东西部地区学校对口支援政策；实行"户口不迁、身份保留、来去自由"政策鼓励人才向西部流动；西部地区"基本普及九年义务教育及基本扫除青壮年文盲"的两基政策等。

表 2—15　　　　　　　　　2000—2013 年西部地区教育优惠政策

年份	出台的政策
2000	"扶持西部地区教育发展的十大措施"、《实施西部大开发教育方面的若干政策细则》《面向 21 世纪教育振兴行动计划》《全国教育事业发展第十个五年计划》《国家教育事业发展"十一五"规划纲要》
2001	"户口不迁、身份保留、来去自由"政策、《关于西部大开发若干政策措施的实施意见》
2003	《国务院关于进一步加强农村教育工作的决定》
2004	《2004—2010 年西部地区教育事业发展规划》
2006	农村义务教育阶段免除学杂费
2007	《"十一五"期间中西部地区特殊教育学校建设规划（2008—2010 年)》
2008	进一步加强中西部农村初中校舍改造工程质量管理
2013	《中西部高等教育振兴计划（2012—2020 年)》

资料来源：中国西部开发网。

优惠政策实施取得的成就：2001 年到目前，西部地区生源计划安排和普通高校计划年均增长率达到 12%，高于全国高校分省计划年均增长率近 8 个百分点；教育部与西部 12 个省共建设了 12 所地方高校；至 2007 年，西部地区 "两基"计划中 "普九"人口的覆盖率达到 85% 以上，青壮年的文盲率降到 5% 以下；在 "对口支援西部高校计划中"，37 所授受高校办学水平有了长远的发展；"西部一省一校工程"提升了西部整体科技创新能力，带动了西部高校办学水平，令西部教育更加有活力；"西部人才培养特别计划""长江学者奖励计划""春晖计划"等，推动了海外优秀人才参与西部大开发战略。

二 西部地区人力资本投入

在全国教育经费的总投入中，财政性教育经费所占的比重超过 80%，是教育事业的第一大保证；而在国家的财政性教育经费中，公共财政预算教育经费又占有很大一部分比重，接近 90%，是经费来源的最大途径。新增的教育经费主要向边远贫困的农村和民族地区倾斜，向弱势的群体倾斜，向师资力量建设倾斜，从区域分布的角度，教育经费主要用于支持中西部的教育发展，先后实施了初中校舍改造工程、寄宿制学校建设工程、薄弱学校改造计划、校安工程、高中改造计划学生营养改善计划等一系列重大民生工程。

表 2—16　　　1999—2011 年西部地区公共财政预算教育经费　　　亿元

年份	内蒙古	广西	重庆	四川	贵州	云南	西藏	陕西	甘肃	青海	宁夏	新疆	总计
1999	32.78	44.12	32.09	74.89	28.83	66.31	7.30	50.15	31.35	8.24	8.46	35.50	420.02
2000	35.80	50.20	37.18	87.15	34.64	73.40	7.61	55.77	35.30	9.90	9.96	41.11	478.00
2001	46.61	66.40	47.93	113.14	44.34	88.57	9.57	75.85	44.29	12.89	13.79	58.06	621.44
2002	57.54	82.47	59.32	138.08	60.19	98.80	13.40	88.23	53.88	15.56	16.40	64.79	748.65
2003	63.62	87.13	63.90	147.49	63.67	108.16	17.37	94.82	58.22	16.24	17.00	68.58	806.19
2004	77.93	98.78	75.14	168.49	75.38	131.60	22.18	107.41	65.90	18.49	20.73	79.37	941.38
2005	90.50	114.68	88.53	188.00	93.37	144.92	28.59	118.64	78.50	23.91	26.29	93.55	1089.58
2006	107.11	146.64	99.31	215.96	110.93	173.85	26.11	131.98	96.06	32.20	30.21	114.11	1284.45
2007	148.84	191.88	139.70	326.56	156.45	208.82	40.37	171.30	127.74	39.14	51.08	145.29	1747.16

续表

年份	内蒙古	广西	重庆	四川	贵州	云南	西藏	陕西	甘肃	青海	宁夏	新疆	总计
2008	203.99	250.93	171.41	459.90	215.84	268.90	47.55	251.69	189.44	53.24	54.21	200.27	2367.36
2009	249.86	292.15	219.55	582.05	255.73	359.65	57.61	325.00	228.62	70.58	64.83	247.00	2952.61
2010	334.48	373.98	268.71	635.59	295.42	422.62	62.60	351.68	253.25	94.92	78.94	304.57	3476.75
2011	403.81	463.54	359.09	739.33	362.45	523.55	80.03	495.27	293.88	139.81	107.59	387.98	4356.32

资料来源:《中国统计年鉴》。

1999—2010 年西部整体以及西部各个省份的国家财政性教育经费增长率变动如下两幅图:

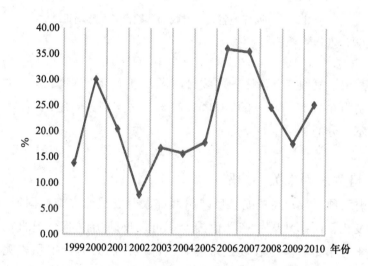

图 2—7 西部总体公共财政预算教育经费年增长率

资料来源:《中国统计年鉴》。

根据《中国统计年鉴》统计数据显示,1999—2011 年,国家不断加大对西部教育的投入,公共财政预算教育经费逐年增加。2011 年西部地区总公共财政预算教育经费达 4356.32 亿元,占国家财政性教育经费的 93.22%,比1999 年增长了 10 倍,年均增长率达 25.30%。从图中可看出,西部地区整体以及西部大部分地区公共财政预算教育经费增长率基本上都在 2006 年达到了

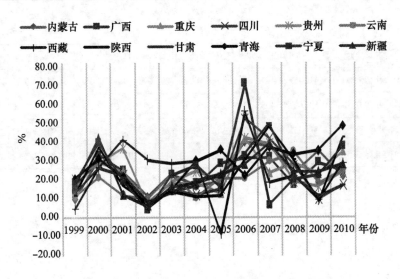

图2—8　西部各省公共财政预算教育经费年增长

资料来源:《中国统计年鉴》。

最高点,其中宁夏回族自治区、西藏自治区、重庆市年均增长率达到了50%以上,分别为69.11%、54.63%和51.21%,这与国家实施的西部大开发战略有着密不可分的关系。

三　格兰杰因果关系检验

公共财政预算教育经费能够反映出西部大开发战略实施中国家对西部教育投入的变化,西部地区生产总值的变化可以反映出西部经济的发展水平,这两个因素是不是在一定程度上影响着西部地区的人力资本积累呢?所以,下面将取西部地区人均受教育年限、西部地区公共财政预算教育经费总额以及西部地区生产总值这三个变量做格兰杰因果检验,验证这三者之间是否存在一定的因果关系。变量说明:YEAR 表示 1999—2011 年西部地区人均受教育年限,CZ 表示 1999—2011 年西部地区公共财政预算教育经费,GDP 表示1999—2011 年西部地区生产总值,计量结果如下:

表 2—17 Eviews 软件计量出的结果

1 阶滞后	F 检验的 P 值	LM（1）检验的 P 值	AIC 值	结论
CZ does not Granger Cause YEAR	0.0183	0.4119	31.04	拒绝
YEAR does not Granger Cause CZ	0.8276	0.3397	-0.826931	不拒绝
GDP does not Granger Cause YEAR	0.0244	0.5015	-0.951093	拒绝
YEAR does not Granger Cause GDP	0.4921	0.1776	18.53327	不拒绝
GDP does not Granger Cause CZ	0.014	0.1467	18.58521	拒绝
CZ does not Granger Cause GDP	0.8636	0.4941	30.34732	不拒绝
2 阶滞后	F 检验的 P 值	LM（1）检验的 P 值	AIC 值	结论
CZ does not Granger Cause YEAR	0.048	0.0149	31.43819	拒绝
YEAR does not Granger Cause CZ	0.8495	0.1292	-0.903737	不拒绝
GDP does not Granger Cause YEAR	0.1255	0.1726	-0.583687	不拒绝
YEAR does not Granger Cause GDP	0.7168	0.0393	18.83212	不拒绝
GDP does not Granger Cause CZ	0.1252	0.0093	18.68041	不拒绝
CZ does not Granger Cause GDP	0.4547	0.0061	30.80008	不拒绝
3 阶滞后	F 检验的 P 值	LM（1）检验的 P 值	AIC 值	结论
CZ does not Granger Cause YEAR	0.2201	0.017	30.51583	不拒绝
YEAR does not Granger Cause CZ	0.5975	0.0459	-0.645662	不拒绝
GDP does not Granger Cause YEAR	0.1339	0.0434	-0.996123	不拒绝
YEAR does not Granger Cause GDP	0.8085	0.0155	18.82075	不拒绝
GDP does not Granger Cause CZ	0.1138	0.1508	18.26079	不拒绝
CZ does not Granger Cause GDP	0.4118	0.0022	29.3006	不拒绝

表 2—17 给出了取 1-3 阶滞后的检验结果，就财政教育经费与人均受教

育年限而言，根据随机干扰项1阶序列相关LM检验以及AIC准则，在5%的显著性水平下，1阶滞后期中拒绝了"公共财政预算教育经费不是人均受教育年限的格兰杰原因"的假设，因此公共财政预算教育经费是人均受教育年限的格兰杰原因。同理可得出，在5%的显著性水平下，1阶滞后期中西部地区生产总值是人均受教育年限的格兰杰原因。

第五节　西部开发的社会资本积累效应

西部大开发战略过程中各种优惠政策的实施、制度的加强，使得西部地区的城镇化水平、政府能力都有了不同程度的改变，这些改变对社会资本的积累有着不可忽视的影响。

一　城镇化的社会资本积累效应

城镇化主要从三个方面影响社会资本的积累：

第一，城镇化水平的提高，拉近、扩大、深化了邻里关系。在长期日常生活交往中，邻里之间形成的紧密相连的社会网络，其间包含着人与人之间的规范、信任和互惠行为。而人们生活的内在环境又主要是靠邻里关系来营造的，邻里关系的和谐、居民生活环境的安定有序是社会和谐的体现，因此，邻里关系被认为是现代社会网络形成的重要组成成分，是一种重要的社会资本。城镇化水平对社会资本积累的作用机制可以总结为：城镇化水平的提高——邻里关系加强——信任、互惠行为增加——促进社会资本积累。

第二，城镇化的空间集聚效应。城镇化的不断进阶，极为深刻地改变了农村居民的生活方式、价值观念、消费行为、职业结构和生产方式，大大增加了居民的公共领域和利益的交叉。

第三，城镇化对制度的影响。城镇化进程促进了土地政策的改革：土地流转、拆迁、补偿等，打破了农村原有的生活习惯；村民的法律意识和自我维护意识增强；村委会的出现使得农村的管理体制向村民自主管理制度转变；这些都是宏观社会资本积累的体现。从2000年到2012年，我国城镇人口由10207万人增加到16298万人，增加率近60%。

表 2—18　　　　　　2000—2012 年西部地区城镇人口比重及其变化

	2000 年			2012 年			城镇人口	
	城镇人口（万人）	总人口（万人）	城镇人口比重（%）	城镇人口（万人）	总人口（万人）	城镇人口比重（%）	增加值	年均增加值
内蒙古	1014	2376	42.68	1438	2490	57.74	15.06	1.26
广西	1264	4489	28.15	2038	4682	43.53	15.38	1.28
重庆	1023	3090	33.09	1678	2945	56.98	23.89	1.99
四川	2223	8329	26.69	3516	8076	43.53	16.84	1.4
贵州	841	3525	23.87	1269	3484	36.41	12.54	1.05
云南	1002	4228	23.36	1831	4659	39.31	15.96	1.33
西藏	50	262	18.93	70	308	22.75	3.82	0.32
陕西	1163	3605	32.26	1877	3753	50.02	17.76	1.48
甘肃	615	2562	24.01	999	2578	38.75	14.74	1.23
青海	180	518	34.76	272	573	47.44	12.68	1.06
宁夏	182	562	32.43	328	647	50.67	18.24	1.52
新疆	650	1925	33.82	982	2233	43.98	10.16	0.85
西部	10207	35471	29.5	16298	36428	44.26	14.76	1.23
全国	45844	126583	36.22	71182	135404	52.57	16.35	1.36

资料来源：《中国统计年鉴》。

　　但是，从城镇化整体规模结构上看，西部地区的城镇化规模结构存在缺陷，西部地区城市规模小、密度低、数量少，并且离经济中心远，这样西部地区的空间交易成本就高，规模经济效益降低。从空间布局上看，城市分布不平衡，空间结构失衡，等级序列不完整，断层现象明显，各级城市间缺乏联动效应，呈分散的自我发展状态，城镇化辐射效应和聚集效应难以释放。从功能结构上看，西部地区大多属于资源开放型城市，表现为粗放型发展模式，城市服务功能和经济实力薄弱。

表 2—19　　　　　　　2012 年全国、东、中、西部城市规模结构比较

地区	项目	合计	巨型城市	超大城市	特大城市	大城市	中等城市	小城市
全国	城市数（个）	289	14	31	82	108	50	4
	占全国比重（%）	100	4.84	10.72	28.37	37.37	17.3	1.38
西部地区	城市数（个）	87	3	5	26	27	24	2
	占全国比重（%）	30.1	1.04	1.73	9	9.34	8.31	0.69
	占本地带比重（%）	100	3.45	5.75	29.89	31.03	27.59	2.3
东部地区	城市数（个）	102	8	19	29	35	10	1
	占全国比重（%）	35.29	2.77	6.57	10.04	12.11	3.46	0.35
	占本地带比重（%）	100	7.84	18.63	28.43	34.31	9.8	0.98
中部地区	城市数（个）	100	3	7	27	46	16	1
	占全国比重（%）	34.6	1.04	2.42	9.34	15.92	5.54	0.35
	占本地带比重（%）	100	3	7	27	46	16	1

资料来源：《中国城市统计年鉴 2013》。注：以地级市市辖区人口数为划分标准，400 万以上为巨型城市、200 万—400 万为超大城市、100 万—200 万为特大城市、50 万—100 万为大城市、20 万—50 万中等城市、20 万以下为小城市①。

二　政府能力对社会资本积累的影响

政府能力即政府能否成功地适应环境的挑战，围绕自己的任务目标，调动各类资源，有效地治理社会，维持自身的存在与发展的能力。根据西部地区政府与社会的构成比发现，西部地区基本上属于大政府、小社会的形式，因此政府在西部经济发展中起着举足轻重的影响，也直接影响着社会资本的积累。

西部地区政府能力提高的表现：（1）市场经济体制方面。尤其重视实行环境保护和生态恢复经济补偿制度，建设环境友好型、资源节约型社会，落实完善科学发展观的体系保障。（2）企业经营方面。进一步放宽中小企业业务活动范围，向大型企业引入现代企业管理模式；完善公司结构，向垄断行业引进竞争机制；保障职工的合法权益，规范企业的经营行为，依法维护企

① 李晓曼、蒲晓刚：《西部地区新型城镇化的路径选择》，《宏观经济管理》2014 年第 1 期。

业的权利；积极推动企业技术创新和管理制度创新；大力发展股份制企业，积极推行混合所有制经济。（3）产业发展方面。在资源禀赋优势的基础上，建立起有色矿产的开采和冶炼、天然气开采、水电建设、旅游资源的利用、机电、生物资源的开发等资源性比重较高的相对比较优势产业，并逐步完善相关制度为西部地区可再生资源的开发提供条件；努力扶持现代制造业和轻纺工业的发展，满足社会多样性需求，打造企业自主品牌；大力地发展食品加工业，提高加工技术，加强食品安全管理；采取一系列措施加快优势产业高级化，支持发展高新技术产业，增强企业市场竞争力。（4）人力资源配置方面。努力把最适合的人放到最合适的岗位上，人尽其才，创新用人制度；努力营造你追我赶、人人争先创新的氛围，创新优胜劣汰制度；鼓励勤劳致富，真正实现按劳分配，创新奖勤罚懒制度；努力使一切创造活动得到支持，创造才能得到发挥，创新奖励制度。（5）行政管理方面。严格执行行政许可法，全面规范政府行政行为，切实解决好弱服务、低责任、高成本以及行政主体越位、错位、缺位等问题；完善政府投资核准和备案制度，规范政府投资行为，健全政府投资责任制；切实履行好政府的公共服务、经济调节、市场监管、社会管理的职能，完善科学民主决策机制和行政监管机制。

三　环境的改善促进社会资本的积累

西部大开发战略制度、西部地区区域经济合作制度、相互信任制度以及宏观决策制度的改善，促进了西部地区社会资本的积累，有力地保障了西部地区经济的稳定、健康发展。

（一）西部大开发战略制度的继续改善

第一，资源环境税制度的改革，推进了税制绿化水平的不断提高；第二，排污交易制度的改革，实现了环境容量的有偿使用；第三，户籍制度的改革，为西部地区的人力资源流动提供了相对宽松的政策环境；第四，财政转移支付制度的改革，通过制度的创新和完善，解决项目设置重叠交叉、结构不合理、资金分配机制不完善等问题，提高地方政府转移支付资金自主支配能力。

（二）西部地区区域经济合作制度的改善

西部地区对区域合作的认识加强，西部大开发以科学发展观为指导，遵循区域经济合作规律，通过广泛的宣传和教育，使西部地区从政府到民众都认识到西部是一个相对的整体，各地区之间相互依赖、密不可分。西部各地区在自然资源、劳动力和土地生产要素价格以及生态系统方面均有各自的优势，在区域内形成了各有所长的互补优势，加强了区域经济合作的可行性。

（三）相互信任制度的改善

西部各地区之间的政策和经济信息的透明化程度有了很大的提高，由信息封锁而导致的猜疑、误会等风险大大减少，解决了由信息不对称造成的市场交易双方利益失衡，市场资源配置效率低下，社会不公平等问题。

（四）宏观决策制度的改善

在西部大开发战略实施过程中，首先，进行西部地区全局规划，西部大开发中中央政府以及各级地方政府打破部门、地域界限，以西部地区为整体建立宏观决策机制，积极制定区域经济合作长期规划、中期规划和短期规划，出台相应的政府合作规划、企业合作规划、行业合作规划，创建一系列的倾斜性投融资政策，为区域合作提供行动路线[1]；然后，进行精细规划，将西部大开发划分为西北大开发和西南大开发两个战略，制定和实施重点开发区域、优化开发区域、限制开发区域和禁止开发区域规划编制，并细化其子区域的规划编制，增强区域政策的针对性和可操作性。

第六节　本章小结

在国家西部大开发战略政策的支持下，西部地区的固定资产投资增长加快；基础原材料产业规模迅速扩大，现代制造业稳步发展；地区工业化进程快速推进；地区经济呈现高速增长的态势，西部地区生产总值大大增加；水利、交通等领域一大批重要基础设施建设项目建成投产或开工建设，基础设施落后的境况明显改善；农村地区扶贫开发成效显著，绝对贫困基本消除；退耕还林、天然林保护等重点工程进展顺利，区域生态环境恶化的态势得到遏制；医疗卫生、教育、社会保障等公共服务均等化实现新的突破，社会事业薄弱环节得到加强。

---

① 高布权：《我国西部区域经济制度创新路径探析》，《广西社会科学》2010 年第 2 期。

经测算，西部地区 12 个省份 1999—2012 年的实物资本存量由 1999 年的 9046.87 亿元扩大到 2012 年的 228830.50 亿元，增加了近 25 倍。持续的资本积累，促进了西部经济的快速发展。通过对西部地区的投资、居民储蓄存款余额和城乡收入差距三者的格兰杰因果关系检验发现，西部地区城乡收入差距并没有影响实物资本的积累，而居民储蓄存款余额与实物资本积累之间存在着因果关系。反映出西部经济正处于"经济不断发展—人民生活水平不断提高，居民存款余额不断增加—实物资本不断积累—促进了经济的发展"这样一个良性循环过程中。

人力资本方面，1999—2012 年西部地区整体上人均受教育年限由 6.95 年提高到 8.54 年，取得了很大的进步，其中，新疆维吾尔自治区的人均受教育年限最长，西藏自治区的人均受教育年限最短。西部大开发战略实施以来，西部地区生产总值和教育经费投入不断增加，导致人力资本水平的提高。通过对西部地区生产总值、西部地区公共财政预算教育经费和西部地区人均受教育年限进行的格兰杰因果关系检验结果显示，西部地区的人力资本积累确实与西部地区生产总值和公共财政预算教育经费有着不可分割的关系，西部地区生产总值和公共财政预算教育经费投入的增加促进了人力资本的积累。

通过"制度环境的改善"分析西部地区的社会资本积累发现，西部大开发以来的制度和政策给西部地区带来了巨大的经济、社会效益，推动了西部地区经济快速发展，改善了西部地区的基础条件，提高了教育水平和人民生活水平，优化了产业结构，改善了生态环境。西部地区的城镇化水平和政府能力不断提高都在影响着西部地区的社会资本积累，西部地区制度环境的改善有力地促进了西部地区的社会资本积累。

第三章

西部地区实物资本积累与产业创新力培育

基础设施建设对建设地的产业创新力增强具有动态累积效应。西部大开发十年来，国家持续推进和投入西部地区的基础设施建设，在增强西部地区实物资本积累的同时，产业创新力不断增强，以增强西部地区自我发展能力为目标的基础设施建设应更强调产业的带动和新产业的培育。资源型实物资本积累与制造型实物资本积累具有不同的产业创新效应，西部地区在传统发展路径、承接产业转移下形成了资源型产业为主的产业特征，资源型经济具有生产要素锁定效应，面临着产业升级和产业创新困境。我国培育战略性新兴产业的导向和部署，使西部地区能够跳出传统产业发展路径，推动西部资源型产业升级，形成产业集群，最终形成创新型产业体系。

第一节　文献评论

早期的大推进理论、低水平均衡陷阱理论、临界最小努力理论及经济增长阶段理论均认为资本积累是经济增长的源泉。20 世纪 80 年代以来，内生增长理论更强调技术进步对经济增长的重要性[1]。事实上，资本积累与创新是长期经济增长的两个方面，不应该被割裂开来[2]。发展是一个资本积累过程，

---

[1] Romer, P., "Endogenous Technological Change", *Journal of Political Economy*, Vol. 98, No. 5, 1990.

[2] Aghion P, Howitt P, *García-Peñalosa C. Endogenous Growth Theory*, MIT Press, 1998.

创新力是自我发展能力的核心。西部自我发展能力构建应以资本积累和创新力培育为核心①。

一　实物资本积累

经济发展离不开实物资本积累，实物资本投资是经济增长的重要引擎，实物资本积累能够影响经济体的生产效率和生产能力。早在亚当·斯密的《国富论》中就已阐述，实物资本的积累可以促进劳动力中生产性的部分占比，提高产量和有利于产业结构的合理发展，进而提高经济增长速度。李嘉图在《政治经济学及赋税原理》中比前人更为注重实物资本，提出"资本积累决定论"的思想。李嘉图认为，资本积累来自于资本家的利益，调高土地租金税率的税收政策，同时对资本生产的利润减税降费，能够提高实物资本积累。诺克斯的《不发达国家资本形成问题》、罗斯托的《经济成长的阶段》和《政治和成长阶段》等著作都从多个视角解释了实物资本积累在经济发展中的重要作用。哈罗德和多马的经济理论模型是实物资产投资对实物资本在经济增长中起到决定性作用的典型代表。在哈罗德和多马的经济增长计算公式中，经济增长只取决于实物资产的形成率。即便这个公式往往被适用于探究经济发达地区，它也可以用于研究欠发达地区的经济发展。思克特曾经提出 $g = g_w + g_L g = aps + \mu_{g_L}$ 的增长模型，认为实物资本的形成是科学水平发展、劳动力水平提高、高新技术创新等要素发展的基础条件。实物资本形成不仅仅对经济增长起到了关键的作用，同时还对科学水平发展、劳动力水平的提高和高新技术的创新起到了不可忽视的推动力。经济欠发达地区的发展往往要通过由第一产业向第二产业的转变和跨越式的发展，因而必须提高实物资本的形成。罗斯托的飞起理论就是确定通过固定资产形成总额和 GDP 的一个比率来探讨经济起飞的原因。罗斯托认为超过 GDP 总额 10% 的资本积累是经济飞速发展的决定性因素。露易丝认为，热衷于投资的居民数量提升是经济发展的主要动力。可以看出，实物资本的形成对经济增长具有关键作用。

---

① 梁双陆：《西部自我发展能力构建的理论思考》，载《西部省区市社科联第四次协作会议暨西部发展能力建设论坛论文集》2011 年。

在一些针对我国的实物资本积累对经济增长贡献的研究中，学者们从各个方面来阐述实物资本积累对我国经济快速发展的积极作用。实际生产效率和实物资产形成率二者有明显的联系，实物资本积累对经济增长的重要影响，实物资本积累的数量，决定了一个地区当前的产出率和将来经济发展的潜力。实物资本的积累会对中国工业化进程和经济转型产生明显的促进作用，而且也会对中国经济的起飞起到不可忽视的重要推动作用。我国区域间发展不均衡的问题也可以从实物资本积累的角度来解释，我国基础设施人均资本存量与人均生产总值之间大致呈线性关系，在人均生产总值较高的东部，其人均基础设施资本存量也处于全国领先位置，资本增长较慢的中西部地区其经济增长也相对较慢①。实物资本积累也对我国城市化进程有重要影响，在我国的城市化进程中，实物资本积累产生了较大影响，处于城市化五期的样本城市其投资额变化幅度比处于二、三、四期的样本城市的投资额大②。

我国高实物资本积累、高收益的发展模式，在一定时间内取得了巨大的成果。中国经济改革以来的运行模式中，经济增长与增量式转轨有关联，通过添加的生产要素资源配置对当前的经济发展模式进行改善，达到提高资源要素利用率和提高经济水平的效果③。

二　产业创新的内涵与模式

随着社会经济的发展，产业创新的思想逐渐引起学界和理论界的重视，特别是 20 世纪 40 年代以来，在经济发展和创新理论的推动下，产业创新的研究逐步走向深入。熊彼特所讲的创新实际上就是生产要素的"新组合"，就是把技术创新成果转化为商品的过程，也就是产业创新的过程。因此，我们可以说熊彼特的创新概念与产业创新的内涵是一致的，他所提出的五项创新内涵就是产业创新的内涵④。

---

① 金戈：《中国基础设施资本存量估算》，《经济研究》2012 年第 4 期。
② 王稳琴、王成军、刘亚虹等：《中国城市物质资本，人力资本和社会资本估算》，《经济问题探索》2011 年第 2 期。
③ 林毅夫、蔡昉、李周：《对赶超战略的反思》，《战略与管理》1994 年第 6 期。
④ 陆国庆：《产业创新：超越传统创新理论的新范式》，《江汉论坛》2003 年第 2 期。

（一）产业创新的内涵

英国经济学家弗里曼是第一位系统提出产业创新理论的人。他认为产业创新包括技术和技能创新、产品创新、流程创新、管理创新（含组织创新）和市场创新。他从历史变迁的角度，对电力、钢铁、石油、化学、合成纤维、汽车、电子和计算机等许多产业的创新做了实证研究，得到结论是：不同的产业，产业创新的内容是不一致的。如化学产业主要是流程创新；仪器仪表产业主要是产品创新；电力产业主要是市场创新。弗里曼指出产业创新是一个系统的概念，系统因素是产业创新成功的决定因素[1]。弗里曼在产业创新理论基础上，提出国家创新理论，指出国家创新的核心是产业创新。

产业创新在国民经济发展中具有重要地位和作用，产业创新就是要把产业自身及关联产业的生产要素重新组合并引入生产体系。就是以技术突破为基础的新产业的产生、发展并形成产业竞争力的过程。产业创新一般指特定产业在成长过程中或在激烈的国际竞争环境中，几个大型企业主动联手开展研发活动或单个技术领先企业通过技术扩散进而实现产业内的共同创新[2]。

澳大利亚国立大学道格森（Mark Dodgson）教授和英国苏塞克斯大学劳斯维尔（Roy Rothwell）教授合编的《产业创新手册》（*The Handbook of Industrial Innovation*）是目前国际上较有影响的产业创新论著，它汇集了不同学科领域的学者关于产业创新理论和实证研究成果，内容包括产业创新本质、源和产出，创新的部门和行业特征研究，影响创新的关键因素，创新的战略管理，以及全球视野中对创新的未来挑战的五个部分，它为系统研究产业创新理论提供了丰富的资料。

产业创新是把产业自身及关联产业的关联要素重新组合并引入体系[3]，产业创新包括产业组织创新、产业结构创新，其目的是实现产业的可持续发展，是特定产业在成长过程中或激烈的国际竞争环境中主动联手而开展的产业内

---

[1]　Chris. Freeman, Luc Soete, *The Economics of Industrial Innovation (Third Edition)*, London：Printer, 1997, pp. 18 - 80.

[2]　李梦学、张治河：《产业创新机制理论浅析》，《新材料产业》2007 年第 4 期。

[3]　张治河：《面向"中国光谷"的产业创新系统研究》，博士学位论文，武汉理工大学，2003 年。

企业间的合作创新①。陆国庆认为，产业创新就是企业突破已结构化的产业约束，运用技术创新、产品创新、市场创新和组合创新等来改变现有产业结构或创造全新的产业过程②，是在技术创新和要素创新的基础上推进产业升级和结构优化③。

可以看出，有关产业创新的研究从不同的视角给出产业创新的定义，但基本上围绕两个方面来阐述。从狭义上讲，产业创新指的是以技术创新为核心，创新主体之间通过协同作用，实现技术的创造发明和产业化应用，从而实现产业突破性的进步、企业竞争力的大幅度提升；从广义上来看，产业创新指的是产业创新主体通过制度创新、技术创新、组织创新、环境创新和组合创新，充分利用社会资源和能力，培育新兴产业，使得原有产业在一定区域内处于领先地位或使其获得突破性的发展，从而促使产业发展，实现质的飞跃的创新活动④。我们认为，产业创新既包括新产业的形成，又包括传统产业的改造，直接体现在企业的新产品开发与使用过程中，进而达到优化产业结构，促进产业升级的目的。

（二）产业创新的模式

罗斯韦尔（Rothwell）总结了产业技术创新从早期简单线性模式，演化出代表性的过程模式，即"技术推动模型""需求拉动模式""交互作用模型""链环回路模型"，对于系统理解产业创新的发展路径具有指导性作用。

20世纪70年代，美国哈佛大学的阿伯纳西和麻省理工学院的厄特拜克以产品创新为中心，提出了产业创新动态过程模型，即 Abernathy-Utterback 创新过程模型⑤，简称 A-U 模型，揭示了技术创新和产业发展之间的内在关系，提出技术生命周期模型，详细分析了各个阶段技术变化的特点。A-U 模型及

---

① 严潮斌：《产业创新：提升产业竞争力的战略选择》，《北京邮电大学学报》（社会科学版）1999年第3期。

② 陆国庆：《技术创新的产业特征研究——基于大中型工业企业的实证分析》，《广西经济管理干部学院学报》2004年第4期。

③ 赵修卫：《关于发展区域核心竞争力的探讨》，《中国软科学》2001年第10期。

④ 陈丹：《产业技术创新传导机理及测度模型研究》，博士学位论文，吉林大学，2006年，第32页。

⑤ J. Utterback, N. Abernathy, "A Dynamical Model Production Novation", *Omega*, Vol. 3, No. 6, 1975.

分析对于理解创新之间的关系、创新和产业演化之间的关系提供了线索，而且还具有较强的政策意义。

国外实践成功的几种产业创新模式值得西部地区借鉴：一是技术推动模式。日本战后到 20 世纪 80 年代，长期实行以引进、消化、吸收和创新为主线的产业技术政策非常成功，印证了技术在产业发展中的推动作用。二是政策拉动模式。美国、日本和韩国的产业创新都离不开一定时期内各国政府政策的拉动作用。二战后日本政府的工业政策和对各产业特别是支柱产业和战略性产业实施的管理措施；20 世纪 60 年代的机械工业振兴临时措施法、电子工业振兴临时措施法和飞机工业振兴法等；韩国在 20 世纪 90 年代后的产业政策、金融和税收对产业的创新活动进行支持。三是企业联动模式。韩国的成功在于政府和企业之间的互动支持，以及企业集团之间的战略结盟有着直接的联系，促进企业集团之间自行交流、交换、合并，推进现代、三星、大宇、LG、SK 等大企业主导的半导体、石油化工、船舶、汽车、发电设备、航空工业和铁路机车等产业的创新与发展。四是环境驱动模式。产业创新还受到经济环境、产业结构、竞争规则、文化背景、资源禀赋和人才等多因素的影响。营造良好的产业发展环境，也是创造产业竞争优势、增强产业竞争力的重要因素之一。日本工业迅速进步就是因为日本拥有优秀的企业家、技术人员和劳动力，具有发达的情报网，工业行会、产业行会发挥了较大的作用，正是配套环境或综合环境的驱动，才使产业资源可以重新配置和重新组合生产要素，使产业获得新的竞争优势或创造全新的产业。

国内关于产业创新的研究，张耀辉在《产业创新理论探索——高新产业发展规律研究》一书中，以产业经济学理论为基础，提出并研究了产业创新的"创新扩散"模式和"分工创新"模式[①]。胡树华教授在《产品创新管理》一书中，将产品创新的整体战略分为攻势战略与守势战略、速度战略、成功率战略和精益战略、专利战略，并提出目标、对象、力度、动力、主体、组织是支撑创新结构的六个基本维度，提出了与这些维度相对

① 张耀辉：《产业创新的理论探索——高新产业发展规律研究》，中国计划出版社 2002 年版，第 54—70 页。

应的目标模式、对象模式、力度模式、动力模式、主体模式、组织模式六大创新模式[①]。

(三) 产业创新与产业结构优化

产业结构优化是一个高附加值产业代替低附加值产业的过程，是高科技产业和新兴产业代替传统产业的过程，其基础是创新。所谓创新就是用新的技术或经营方式来满足新的需求。人们对需求的要求不仅在数量上是无限的，在内容上也是无限的，满足这种内容上不断更新的需求只能依靠创新。通过创新形成新的产品、新的经营方式、更低的产品价格，使需求更加丰富，高层的需求得到满足，由满足创新的企业组成一个新的产业。

产业结构优化的过程实质上是产业创新与产业替代的过程，没有产业创新就不可能满足人们更新的、更高层次的需求，也不可能实现传统产业的优化升级。按照熊彼特的思想，产业创新就是用新的产品和新的技术满足人们不断向高层次扩展的需求，其结果形成了一个新的产业。产业创新包括企业技术创新和行业内技术扩散两个过程，只有创新的技术在行业内得到了普及，才是最终的产业创新。由技术引起的产业创新有两种途径：一是首先一个企业完成产品创新并由此带动了相关的技术创新及管理创新，完成了相对比较完整的经营体系创新，获得了超额利润，对其他企业产生诱导作用，引致其他企业模仿，技术不断扩散到其他企业，最后形成新的产业。二是由多个企业同步创新，各企业在产业链不同环节实现新的突破，相互支持构成一个产业整体，并因各自创新而垄断了局部技术，又因分工而使资源使用更加集中，保证企业能够迅速获得规模效应，使产业创新得以迅速完成[②]。

西部地区大多数省份的主导产业和支柱产业以资源型产业为主，资源型产业属于不完全竞争市场结构下的产业，具有资源垄断性、技术垄断性特征，较高的垄断利润造成资源型产业对生产要素具有一定的锁定效应，会阻碍新产业的形成和旧产业的改造。

---

① 胡树华：《产品创新管理》，科学出版社 2000 年版。
② 张耀辉：《产业创新：新经济下的产业升级模式》，《数量经济技术经济研究》2002 年第 1 期。

三　实物资本积累与产业创新的关系

现有文献中直接针对实物资本积累与产业创新的研究相对较少，大部分都是在内生增长理论框架下对创新、资本积累与经济增长的关系进行研究[1][2][3][4][5]，是笼统的创新概念，并没有严格划分出产业创新、技术创新和组织创新。内生增长理论强调了创新和资本积累对长期经济增长的重要作用，但是资本积累和创新不仅仅是经济增长过程的两个方面，它们之间还存在着不可分割的联系，资本积累过程中也蕴含了巨大的技术进步[6]。Solow[7]在研究资本积累与技术进步相互融合关系的基础上，提出了"资本体现的技术进步"概念。随后许多学者针对"资本体现式技术进步"展开了研究[8]。

在创新对长期经济发展的重要性的问题上，经济学家们很少有分歧，从亚当·斯密、李嘉图、马歇尔、熊彼特、凯恩斯到罗伯特·梭罗，没有人反对生产力的长期发展与技术的引进、推广和组织创新密切相关这个观点。在度量技术变革（或其他因素）对工业或国家发展的明确贡献，尽管存在着很大困难，但仍然没有人怀疑创新对发展的重要性。当谈及行业的发展时，行业的研究与发展强度和行业的长期发展速度之间有很强的统计联系。这反映了科学技术的进步是世界范围的，对许多企业提供了相似的机会。帕维特1993年在《企业从基础研究中学到了什么》一文中有一个特别重要的观点是：基础科学对工业的贡献主要是间接的，主要通过具有新的、有价值的技术知识的年轻人的形式，而不是直接发表论文的形式（尽管这也是非常有用的）体现。耶鲁大学对650名美国工业研究经理

---

[1]　Aghion P，Howitt P，*García-Peñalosa C. Endogenous Growth Theory*，MIT press，1998.

[2]　笪凤媛、郑长德、涂裕春：《制度质量、资本积累与长期经济增长》，《经济经纬》2014年第6期。

[3]　严成樑、龚六堂：《R&D规模，R&D结构与经济增长》，《南开经济研究》2013年第2期。

[4]　严成樑、崔小勇：《资本投入，经济增长与地区差距》，《经济科学》2012年第2期。

[5]　严成樑、胡志国：《创新驱动，税收扭曲与长期经济增长》，《经济研究》2013年第12期。

[6]　赵志耘、吕冰洋、郭庆旺、贾俊雪：《资本积累与技术进步的动态融合：中国经济增长的一个典型事实》，《经济研究》2007年第11期。

[7]　Solow R M. "Investment and technical progress"，*Mathematical Methods in the Social Sciences*，Vol. 1，1960.

[8]　车松：《实物资本、资本体现式技术进步与经济增长的关系研究》，《财经理论研究》2013年第2期。

的调查显示，大多数行业中，所有学科的基础科学技术、技巧比专业研究成果更有价值。现在在许多行业中，直接或间接地吸收最近的科研成果的能力对创新和发展而言是必不可少的。[①]

强调实物资本对经济增长的作用并不否认科技进步的作用，实物资本投资是产业创新的基本投入，是通过新增投资促进新技术的扩散和新产品的开发。资本的逐利行为是研发新产品和产业升级的前提[②]。研发投入为资本积累、产业创新提供新的途径[③]。与其他研究的区别在于，我们发展了包含资源型实物资本积累与制造型实物资本积累的产业创新模型。西部地区在传统发展路径、承接产业转移下形成主要以资源型产业为主，制造业发展不足的产业特征，资源型经济具有生产要素锁定效应，面临着产业升级和产业创新的困境[④]。丰富的资源禀赋是工业化起步的基础和经济增长的引擎。但多数研究认为资源型产业的发展对创新活动存在挤出效应，因此在资源丰裕的地区应该加大创新投入，提升区域产业创新能力[⑤]。相比高技术含量、高技术溢出效应的制造业，资源型产业往往属于技术含量和技术进步率较低的产业。现实经济中，资源型产业与制造业之间具有直接的产业联系，资源型产业往往作为制造型产业的中间投入品而存在。

第二节　经验事实

一　西部地区的实物资本投资快速增长

西部大开发以来，国家加快实施了西电东送、西气东输、退耕（牧）还林（草）等重大工程和基础教育、特色产业培育等重大政策举措，有力地促

---

①　［澳］M. 道格森、［澳］R. 罗斯韦尔编：《创新聚集产业创新手册》，陈劲等译，清华大学出版社 2000 年版。

②　杨思远：《产业升级与研发资本》，《领导之友》2011 年第 1 期。

③　刘建利、杨思远：《创新资本、经济危机与产业演进》，《郑州航空工业管理学院学报》2011 年第 2 期。

④　梁双陆：《西部自我发展能力构建的理论思考》，《西部省区市社科联第四次协作会议暨西部发展能力建设论坛论文集》2011 年。

⑤　邵帅、杨莉莉：《自然资源开发、内生技术进步与区域经济增长》，《经济研究》2011 年第 2 期。

进了西部地区的实物资本积累。为了更好地比较东、中、西部实物资本投资差异，我们用东、中、西部实际的全社会固定资本投资表达实物资本投资①。东、中、西部实际全社会固定资产投资分别从 1998 年的 1.6 万亿元、0.6 万亿元、0.5 万亿元增加到 2013 年的 14.6 万亿元、8.5 万亿元、7.3 万亿元，分别增长了 9 倍、14 倍、15 倍，年均增长 14.7%、18.1% 和 18.2%。中西部地区投资规模剧增，增长速度明显快于东部。但从总量上看东部的实物资本投资规模仍远远高于中西部地区（见图 3—1）。

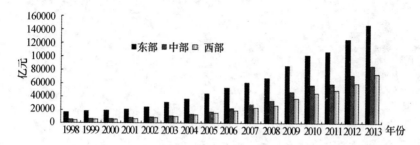

图 3—1　1998—2013 年我国东、中、西部实际全社会固定资产投资变化态势

　　我国整体上属于工业化中期阶段，发展相对滞后的西部地区处于工业化初期向中期过渡阶段，工业在这个时期的经济发展中处于核心地位，而西部地区以资源型工业为主，正处于推进资源型工业转型升级，促进制造业加快发展的过程中。因此，我们将各地区的工业内部行业划分为资源型工业和制造型工业两大类，资源型工业包含煤炭采选业、石油和天然气开采业、金属矿采选业、非金属矿采选业和电力、燃气及水的生产和供应业，其他工业行业为制造型工业。我们用实际的资源型工业全社会固定资产投资表示资源型实物资本投资，用实际的制造型工业全社会固定资产投资表示制造型实物资本投资②。2002—2013 年，全国以 2002 年为基期的制造型实物资本实际投资额和资源型实物资本实际投资额年均增长 25.8% 和 18.3%，反映出我国制造

---

① 这里的实际全社会固定资产投资是以 1998 年为基期计算。
② 由于只能找到 2002—2013 年的资源型工业和制造型工业全社会固定资产投资，因此这里的实际值是以 2002 年为基期计算的。

型工业的投资增长高于资源型工业的投资增长。分区域看，我国东部地区的制造型实物资本投资最高，西部最低；西部的资源型实物资本投资比中部高。2006 年以前东部地区的资源型实物资本投资最高，2006 以后西部的资源型实物资本投资额超过东部，中部的资源型实物资本投资一直低于东部和中部地区（见图 3—2）。2002—2013 年东、中、西部地区的制造型实物资本投资年均增长率分别为 22.2％、32.3％、25.8％，中部增长最快，其次是西部，东部增长最慢。2002—2013 年东、中、西部资源型实物资本投资年均增长率分别为 15％、17％、22.8％，西部增长最快，中部次之，东部增长最慢。

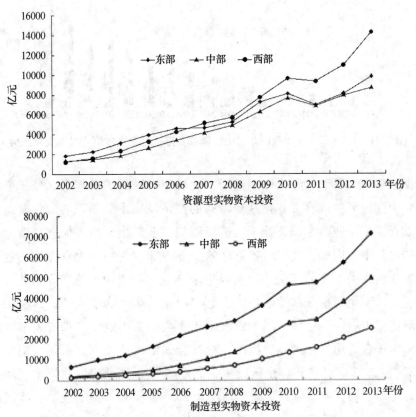

图 3—2　2002—2013 东、中、西部资源型实物资本投资及制造型实物资本投资变化趋势

我们用 Kernel 高斯核密度图分析实物资本投资在东、中、西部三个区域分布的差异。从人均实物资本投资上看，我们利用人口加权计算了全国、东部、中部、西部的加权平均人均实际资本投资额，从图3—3可以看出，西部的人均资源型实物资本投资变化幅度最大，增长最快，年增长率约22.6%。2013年，西部的人均资源型实物资本投资为3.9千元，东部最低大约是1.75千元，中部是2千元，东部地区增长最慢。从均值水平看，东部的人均实物资本投资、人均制造型实物资本投资均最高，高于全国平均水平，西部的最低，中西部的投资水平均低于全国平均水平。从峰值上看，中部的人均制造型实物资本投资水平年均增长率最快达到32%，东部增长最慢。2013年，东、中、西部平均人均制造型实物资本投资分别为12.7千元、11.7千元、6.9千元，平均人均实物资本投资水平分别为26千元、20千元、20千元。

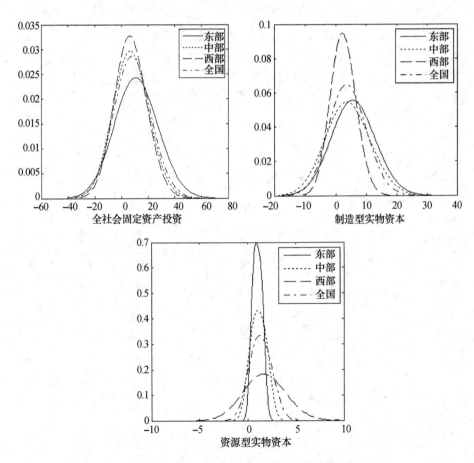

图3—3　我国东、中、西部人均实物资本投资的核密度分布

二　西部地区资源型产业投资比重大

纵向对比2003—2007年和2008—2012年两个时间段西部地区固定资产投资在各个行业的分布，可以看出西部地区的制造业、电力燃气及水的生产和供应业、房地产业等行业的固定资产投资占总固定资产投资比重发生了显著变化（见表3—1）。

表3—1　　　　　　　　　　西部固定资产投资行业分布　　　　　　　　　%

部门	西部地区			全国		
	2003—2007年	2008—2012年	变化	2003—2007年	2008—2012年	变化
农、林、牧、渔业	3.93	3.92	-0.01	2.18	3.98	1.80
采矿业	6.55	6.38	-0.17	1.52	2.05	0.53
制造业	19.34	23.40	4.06	17.60	26.45	8.85
电力、燃气及水的生产和供应业	12.57	8.78	-3.79	7.99	4.46	-3.53
建筑业	1.10	1.78	0.68	1.97	2.17	0.20
交通运输、仓储和邮政业	12.28	10.62	-1.66	10.66	10.48	-0.18
信息传播计算机服务和软件业	2.13	0.90	-1.23	2.42	1.03	-1.39
批发和零售业	1.73	1.94	0.21	1.10	1.00	-0.10
住宿和餐饮业	1.05	1.05	0.00	0.57	0.54	-0.03
金融业	0.16	0.17	0.01	0.14	0.07	-0.07
房地产业	20.29	23.64	3.35	32.90	30.66	-2.24
租赁和商务服务业	0.46	0.71	0.25	0.49	0.78	0.29
科学研究、技术服务和地质勘查	0.53	0.42	-0.11	0.17	0.22	0.05
水利、环境和公共设施管理业	9.53	9.71	0.18	12.58	10.93	-1.65
国民服务和其他服务	0.58	0.34	-0.24	0.08	0.31	0.23
教育	2.59	1.81	-0.78	2.99	1.68	-1.31

续表

部门	西部地区			全国		
	2003—2007年	2008—2012年	变化	2003—2007年	2008—2012年	变化
卫生、社会保障和社会福利	0.80	0.86	0.06	0.80	0.61	-0.19
文化、体育和娱乐业	0.85	0.92	0.07	0.85	0.91	0.06
公共管理和社会组织	3.53	2.66	-0.87	2.99	1.68	-1.31

资料来源：中国国家统计局历年地区数据库。

　　与全国同期相比，西部地区制造业投资占比偏低，西部的制造业固定资产投资占比从2003—2007年的19.34%增加到2008—2012年的23.40%，提高了4.06个百分点，而全国对制造业固定资产投资占比从2003—2007年的17.60%增加到2008—2012年的26.45%，提高了8.85个百分点；西部地区的电力、燃气及水的生产和供应业固定资产投资占比从2003—2007年的12.57%下降到2008—2012年的8.78%，降低了3.79个百分点，与此同时全国的电力、燃气及水的生产和供应业固定资产投资占比从2003—2007年的7.99%下降到2008—2012年的4.46%，降低了3.53个百分点，说明西部地区还需要加大对电力、燃气、水的生产和供应业的固定资产投资。

　　西部地区的交通运输、仓储和邮政业固定资产投资占比从2003—2007年的12.28%下降到了2008—2012年的10.62%，下降了1.66个百分点，而全国的交通运输、仓储和邮政业固定资产投资占比从2003—2007年的10.66%下降到了2008—2012年的10.48%，下降了0.18个百分点，2008年金融危机后，虽然国家加大了交通基础设施的建设力度，但西部地区的交通运输、仓储和邮政业固定资产投资的比重还是下降了，不利于西部地区的基础能力提升，还需要加大基础设施投资力度。西部地区的信息传输计算机服务和软件业固定资产投资占比从2003—2007年的2.13%降低到2008—2012年的0.90%，下降了1.23个百分点，而全国的信息传输计算机服务和软件业固定资产投资占比从2003—2007年的2.42%降低到2008—2012年的1.03%，下降了1.39个百分点，西部地区需要提高对信息传输计算机服务和软件工地资产投资的力度。西部地区的房地产业固定资产投资占比从2003—2007年的20.29%增加到2008—2012年的

23.64%，增长了 3.35 个百分点，而全国同期的房地产业固定资产投资占比从 2003—2007 年的 32.90% 下降到 2008—2012 年的 30.66%，降低了 2.24 个百分点。其他行业的固定资产投资比例相对较小而且变化也不大。

　　从两个时期看，西部地区的固定资产投资结构具有几个特点：一是西部地区第二产业的投资比重低于全国水平，第一产业的投资比重高于全国水平。二是西部地区的制造业固定资产投资占比低于全国水平，采掘业的固定资产投资占比高于全国水平。三是西部地区的交通运输、仓储和邮政业固定资产投资占比高于全国水平（见表 3—2）。

表3—2　　　　　　　　　两个时期西部地区固定资产投资的产业结构　　　　　　　（%）

	时期	第一产业	第二产业	第三产业
西部地区	2003—2007 年	3.93	39.17	55.40
	2008—2012 年	3.92	40.34	55.74
全国	2003—2008 年	2.65	42.31	55.04
	2008—2012 年	2.92	42.92	54.16

资料来源：中国国家统计局历年地区数据库。

　　横向对比看，西部地区采矿业的固定资产投资占比最高，中部次之，东部占比最低（见表 3—3）。西部经济对矿产资源的依赖较大。西部地区制造业的固定资产投资占比最低，中部其次，东部地区最高，说明西部地区的制造业发展水平过低。西部地区电力、燃气及水的生产和供应业的固定资产投资占比最高，东部次之，中部最低。西部地区交通、仓储和邮政业的固定资产投资占比最高的，中部次之，东部最低。

表3—3　　　　　　　两个时期三地区及全国固定资产投资主要行业占比　　　　　　（%）

部门	西部地区			中部地区		
	2003—2007 年	2008—2012 年	变化	2003—2007 年	2008—2012 年	变化
制造业	19.34	23.40	4.06	28.81	37.13	8.32
电力、燃气及水的生产和供应业	12.57	8.78	-3.79	7.88	4.54	-3.34

续表

部门	西部地区			中部地区		
	2003—2007年	2008—2012年	变化	2003—2007年	2008—2012年	变化
建筑业	1.10	1.78	0.68	1.17	0.84	-0.33
交通运输、仓储和邮政业	12.28	10.62	-1.66	10.36	7.11	-3.25
信息传播计算机服务和软件业	2.13	0.90	-1.23	2.10	0.74	-1.36
住宿和餐饮业	1.05	1.05	0.00	1.02	1.31	0.29
房地产业	20.29	23.64	3.35	20.57	21.54	0.97
水利、环境和公共设施管理业	9.53	9.71	0.18	7.22	8.18	0.96
教育	2.59	1.81	-0.78	2.61	1.43	-1.18

部门	东部地区			全国		
	2003—2007年	2008—2012年	变化	2003—2007年	2008—2012年	变化
采矿业	1.86	1.66	-0.20	1.52	2.05	0.53
制造业	35.65	35.65	-0.00	17.60	26.45	8.85
电力、燃气及水的生产和供应业	5.86	4.20	-1.66	7.99	4.46	-3.53
建筑业	1.24	0.74	-0.50	1.97	2.17	0.20
交通运输、仓储和邮政业	8.74	7.85	-0.89	10.66	10.48	-0.18
批发和零售业	1.92	2.49	0.57	1.10	1.00	-0.10
房地产业	25.74	27.97	2.23	32.90	30.66	-2.24
水利、环境和公共设施管理业	6.74	7.69	0.95	12.58	10.93	-1.65
教育	2.11	1.17	-0.94	2.99	1.68	-1.31

资料来源：中国国家统计局历年地方年度数据。

三 西部大部分行业投资效率低

通过数据包络分析（DEA）可以较好地反映西部地区分行业的投资效率。设有 n 个决策单元 DMU ｛DM：$j = 1, 2, 3, \cdots, n$｝利用 m 种输入变量 ｛$i = 1, 2, 3, \cdots, m$｝并由此得到了 s 种产出（$i = 1, 2, 3, \cdots, s$）。通过构建一个包含若干 DMU 的效率前沿面，处于这一前沿面的 DMU 被视为有效率，否则视为无效的。其模型为：

$$\min\theta s \cdot t = \begin{cases} \sum_{j=i}^{n} X_j \lambda_j \leqslant \theta X_r \\ \qquad j \neq r \\ \sum_{j=i}^{n} X_j \lambda_j \geq X_r \\ \qquad j \neq r \end{cases} \qquad (3.2-1)$$

式中，$X_j = (x_{1r}, x_{2r}, \cdots, x_{mr})$；$Y_j = (y_{1r}, y_{2r}, \cdots, y_{sr})$；$\theta$ 为效率指数。且当其为 1 时表示投资达到了最优效率；若其小于 1，则表示投资没有达到最优效率。

我们选取了西部各地区 2013 年各行业新增固定资产和固定资产投资额作为输入指标，行业总产值和行业增加值作为输出指标（数据来自中国及各省统计年鉴）。运用 DEAP2.1 对西部地区 2013 年农林牧渔业、工业（采矿业、制造业电力、燃气及水的生产和供应业）、建筑业、交通运输仓储和邮政业、住宿和餐饮业、金融业、房地产业等行业的整体技术效率、技术效益、规模效益（见表 3—4）。

表 3—4　　　　　　　　　西部地区 2013 年主要行业投资效率

行　　业	总和效率 （Crste）	技术效率 （Vrste）	规模效益 （Scale）
农、林、牧、渔业	0.133	1.000	0.142
工业	0.047	1.000	0.058
建筑业	0.215	1.000	0.236

行　业	总和效率 （Crste）	技术效率 （Vrste）	规模效益 （Scale）
交通运输、仓储和邮政业	0.130	0.724	0.180
住宿和餐饮业	0.062	0.318	0.195
金融业	1.000	1.000	1.000
房地产业	0.005	0.131	0.034

可以看出，投资效率最高的是金融业，金融业的综合效率和技术效率都为1，且处于规模报酬递增阶段。投资效率次优的是建筑业0.215、农林牧渔业0.133，交通运输、仓储和邮政业0.130，这些行业的技术效率为1，且处于规模效率递减阶段。技术效率较低的行业有交通运输、仓储和邮政业，住宿和餐饮业、房地产业，这些行业的固定资产投资应该着重于技术改造升级。

四　西部地区产业创新能力弱

熊彼特最早提出的创新是把一种新的生产要素和生产条件的"新结合"引入生产体系。产业创新是指企业突破已结构化的产业的约束，运用技术创新、产品创新、市场创新或组合创新等来改变现有产业结构或创造新产业的过程[①]，是在技术创新和要素创新的基础上推进产业升级和结构优化[②]。我们认为，产业创新既包括新产业的形成，又包括传统产业的改造，直接体现在企业的新产品实现中，进而达到优化产业结构，促进产业升级的目的。因此我们使用规模以上工业企业实际新产品销售收入[③]表示产业创新水平。1998—2013年，以人口加权的东、中、西部实际新产品销售收入年均增长率分别为20.1%、21.4%、17.9%，实际新产品销售收入规模和人均水平东部最高，中部次之，西部最低。中部和西部的人均新产品销售收入均低于全国平均水平（如图3—4所示）。

---

① 陆国庆：《产业创新：超越传统创新理论的新范式》，《江汉论坛》2003年第2期。
② 赵修卫：《关于发展区域核心竞争力的探讨》，《中国软科学》2001年第10期。
③ 这里实际新产品销售收入计算的是以1998年为基期的实际新产品销售收入。

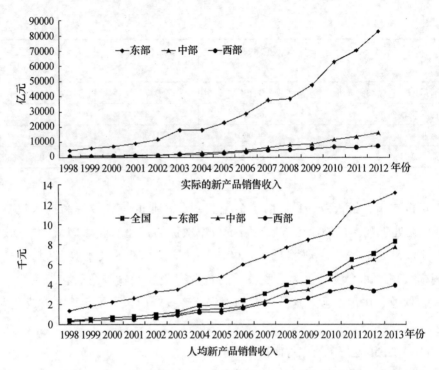

图 3—4 1998—2013 年东、中、西部实际新产品销售收入情况及趋势

第三节 理论模型:实物资本、产业创新 与经济增长

我们借鉴郭继强[①]在 MRW 模型基础上探讨技术进步外生情形下人力资本投资结构与经济增长关系的研究,和余长林[②]在 MRW 模型基础上探讨技术进步内生情形下人力资本投资结构与经济增长关系的研究,在 MRW 模型基础上构建实物资本投资结构模型,探讨实物资本结构对产业创新与经济增长的影响。

我们把实物资本分为资源型实物资本和制造型实物资本,假设实物资本

---

① 郭继强:《人力资本投资的结构分析》,《经济学》(季刊) 2005 年第 3 期。
② 余长林:《人力资本投资结构及其对经济增长的影响——基于扩展 MRW 模型的内生增长理论与实证研究》,《南方经济》2006 年第 12 期。

投资遵循柯布道格拉斯函数形式，即

$$I = \mu I_R^\lambda I_M^{1-\lambda} \quad (0 < \lambda < 1) \qquad (3.3-1)$$

式中，I 代表实物资本的形成；I_R 代表资源型实物资本投资；I_M 代表制造型实物资本投资；μ 为实物资本投资转化为实物资本存量的外生参数；λ 为实物资本形成中资源型物质投资的弹性。

这里探讨实物资本结构对产业创新与经济增长的影响，人力资本也是影响产业创新与经济增长的一个重要因素，因此我们把人力资本作为控制变量加入生产函数，并把生产函数设定为如下形式：

$$Y = K^\alpha H^\beta (AL)^{1-\alpha-\beta} \qquad (3.3-2)$$

式中，Y 代表经济体系的总产出；K 代表经济中的实物资本存量；H 代表经济中的人力资本存量；A 代表产业创新存量；L 代表经济中的劳动力数量，我们把劳动增长率设定为外生 n，即 $\dfrac{\dot{L}}{L} = n$。

实物资本的积累方程为：

$$\dot{K} = I - \delta K = \mu I_R^\lambda I_M^{1-\lambda} - \delta K \qquad (3.3-3)$$

式中，$\dot{K}$ 表示 K 对时间的微分，表示实物资本的积累；δ 代表实物资本的折旧率。在一个经济体系的实物资本投资总量不变的情形下，实物资本的形成可以分解为资源型实物资本投资和制造型实物资本投资，这种关系可以表示为：

$$I_R + I_M = s_K Y \qquad (3.3-4)$$

式中，s_K 代表实物资本的投资率，Y 为经济体系的总产出。我们令 $\varphi = \dfrac{I_R}{I_R + I_M}$，则有：

$$I_R = \varphi s_K Y, \quad I_M = (1 - \varphi) s_K Y \qquad (3.3-5)$$

假设产业创新来自于生产过程，实物资本既作用于传统产业的生产，也同时作用于新产业的生产，即产业创新，创新方程为：

$$\dot{A} = \eta K^\theta A^\gamma \quad (0 < \theta < 1, 0 < \gamma < 1, 0 < \theta + \gamma < 1) \qquad (3.3-6)$$

式中，$\dot{A}$ 代表新的产业创新；A 代表已有的产业创新存量。

假设人力资本的积累方程为：

$$\dot{H} = s_H Y - \delta H \qquad (3.3-7)$$

式中，$\dot{H}$ 为 H 对时间的微分，代表人力资本的积累；s_H 代表人力资本的投资率，我们这里假设人力资本与实物资本具有相同的折旧率。

将 $I_R = \varphi s_K Y$，$I_M = (1-\varphi) s_K Y$ 代入式（3.3-3）中，得到：

$$\dot{K} = \mu \varphi^{\lambda} (1-\varphi)^{1-\lambda} s_K Y - \delta K \qquad (3.3-8)$$

由式（3.3-6）、式（3.3-7）和式（3.3-8）分别得到产业创新率、人力资本增长率和实物资本增长率：

$$g_A = \frac{\dot{A}}{A} = \eta K^{\theta} A^{\gamma-1} \qquad (3.3-9)$$

$$g_H = \frac{\dot{H}}{H} = s_H K^{\alpha} H^{\beta-1} (AL)^{1-\alpha-\beta} - \delta \qquad (3.3-10)$$

$$g_K = \frac{\dot{K}}{K} = \mu \varphi^{\lambda} (1-\varphi)^{1-\lambda} s_K K^{\alpha-1} H^{\beta} (AL)^{1-\alpha-\beta} - \delta \qquad (3.3-11)$$

由式（3.3-9）、式（3.3-10）和式（3.3-11）可得：

$$\dot{g}_A = [\theta g_K + (\gamma-1) g_A] g_A \qquad (3.3-12)$$

$$\dot{g}_H = [\alpha g_K + (\beta-1) g_H + (1-\alpha-\beta)(n+g_A)](g_H+\delta) \qquad (3.3-13)$$

$$\dot{g}_K = [(\alpha-1)g_K + \beta g_H + (1-\alpha-\beta)(n+g_A)](g_K+\delta) \qquad (3.3-14)$$

当经济达到稳定均衡状态时，$\dot{g}_A = \dot{g}_H = \dot{g}_K = 0$，联立式（3.3-12）、式（3.3-13）和式（3.3-14）得到：

$$g_A^* = \frac{n\theta}{1-\gamma-\theta}, \quad g_K^* = g_H^* = g_A^* + n = \frac{n(1-\gamma)}{1-\gamma-\theta} \qquad (3.3-15)$$

由式（3.3-15）我们得到：

$$\frac{\partial g_A^*}{\partial \theta} = \frac{n(1-\gamma)}{(1-\gamma-\theta)^2} > 0, \quad \frac{\partial g_A^*}{\partial \gamma} = \frac{n\theta}{(1-\gamma-\theta)^2} > 0 \qquad (3.3-16)$$

在 $g_A^* = \frac{n\theta}{1-\gamma-\theta}$ 中，θ 和 γ 分别代表产业创新函数中实物资本和产业创新

存量的产出弹性，由式（3.3－16）可知，当实物资本在产业创新函数中的弹性变大时，产业创新率将变大，当产业创新存量在产业创新函数中的弹性变大时，产业创新率也是变大的。式（3.3－16）的含义是均衡时的产业创新率与实物资本和产业创新存量的产出弹性成正比，即弹性越大，产业创新率越高，它们呈现同向变化。

为了研究实物资本投资结构对平衡增长路径上产出的影响，我们令 $k = \dfrac{K}{AL}$，$h = \dfrac{H}{AL}$，$y = \dfrac{Y}{AL}$，那么我们得到：

$$\dot{k} = \mu\,\varphi^{\lambda}\,(1-\varphi)^{1-\lambda}\,s_K\,k^{\alpha}\,h^{\beta} - (n + g_A + \delta)k \qquad (3.3-17)$$

$$\dot{h} = s_H\,k^{\alpha}\,h^{\beta} - (n + g_A + \delta)h \qquad (3.3-18)$$

在平衡增长路径上，经济处于稳态时，$\dot{k} = \dot{h} = 0$，联立式（3.3－1）和式（3.3－18）得到：

$$k^{*} = \left\{ \frac{\left[\mu\,\varphi^{\lambda}\,(1-\varphi)^{1-\lambda}\right]^{1-\beta}\,s_K^{1-\beta}\,s_H^{\beta}(1-\gamma-\theta)}{\delta(1-\gamma-\theta) + n(1-\gamma)} \right\}^{\frac{1}{1-\alpha-\beta}} \qquad (3.3-19)$$

$$h^{*} = \left\{ \frac{\left[\mu\,\varphi^{\lambda}\,(1-\varphi)^{1-\lambda}\right]^{\alpha}\,s_K^{\alpha}\,s_H^{1-\alpha}(1-\gamma-\theta)}{\delta(1-\gamma-\theta) + n(1-\gamma)} \right\}^{\frac{1}{1-\alpha-\beta}} \qquad (3.3-20)$$

由 $k = \dfrac{K}{AL}$，$h = \dfrac{H}{AL}$，$y = \dfrac{Y}{AL}$ 和式（3.3－2）得到：

$$y = k^{\alpha}\,h^{\beta} \qquad (3.3-21)$$

将式（3.3－19）和式（3.3－20）代入式（3.3－21）得到：

$$y^{*} = \left\{ \frac{\left[\mu\,\varphi^{\lambda}\,(1-\varphi)^{1-\lambda}\right]^{\alpha}\,s_K^{\alpha}\,s_H^{\beta}\,(1-\gamma-\theta)^{\alpha+\beta}}{\left[\delta(1-\gamma-\theta) + n(1-\gamma)\right]^{\alpha+\beta}} \right\}^{\frac{1}{1-\alpha-\beta}} \qquad (3.3-22)$$

我们令 $\tilde{y} = \dfrac{Y}{L}$，则 $y = \dfrac{\tilde{y}}{A}$，那么

$$\tilde{y}^{*} = A \cdot y^{*} = A \left\{ \frac{\left[\mu\,\varphi^{\lambda}\,(1-\varphi)^{1-\lambda}\right]^{\alpha}\,s_K^{\alpha}\,s_H^{\beta}\,(1-\gamma-\theta)^{\alpha+\beta}}{\left[\delta(1-\gamma-\theta) + n(1-\gamma)\right]^{\alpha+\beta}} \right\}^{\frac{1}{1-\alpha-\beta}}$$

$$(3.3-23)$$

令 $\xi = A \left\{ \dfrac{\mu^{\alpha}\,s_H^{\beta}\,(1-\gamma-\theta)^{\alpha+\beta}}{\left[\delta\,(1-\gamma-\theta) + n\,(1-\gamma)\right]^{\alpha+\beta}} \right\}^{\frac{1}{1-\alpha-\beta}}$，显然 $\xi > 0$，则有：

$$\tilde{y}^* = \xi \cdot [\varphi^\lambda (1-\varphi)^{1-\lambda} s_K]^{\frac{\alpha}{1-\alpha-\beta}} \qquad (3.3-24)$$

对式（3.3-24）两边关于 φ 求偏导数，得到：

$$\frac{\partial \tilde{y}^*}{\partial \varphi} = \frac{\xi \alpha}{1-\alpha-\beta} \cdot [\varphi^\lambda (1-\varphi)^{1-\lambda} s_K]^{\frac{\alpha}{1-\alpha-\beta}} (\frac{\lambda}{\varphi} - \frac{1-\lambda}{1-\varphi})$$

$$(3.3-25)$$

由式（3.3-25）可知，当 $\varphi < \lambda$ 时，$\frac{\partial \tilde{y}^*}{\partial \varphi} > 0$；当 $\varphi = \lambda$ 时，$\frac{\partial \tilde{y}^*}{\partial \varphi} = 0$；

当 $\varphi > \lambda$ 时，$\frac{\partial \tilde{y}^*}{\partial \varphi} < 0$。其经济含义是：在实物资本投资结构中，资源型实物资本投资所占的实物资本投资比例小于实物资本形成中资源型实物资本投资弹性时，人均产出随着资源型实物资本投资比例的提高而提高；当资源型实物资本投资所占比例等于资源型实物资本投资弹性时，人均产出达到最大；当资源型实物资本投资比例大于实物资本形成中资源型实物资本投资弹性时，人均产出随着资源型实物资本投资比例的提高而降低。因此，我们得到的结论是存在最优的实物资本投资结构，在这个最优结构是资源型实物资本投资比例等于实物资本形成中资源型实物资本投资弹性。

对式（3.3-24）两边关于 s_K 求偏导数，得到：

$$\frac{\partial \tilde{y}^*}{\partial s_K} = \frac{\xi \alpha}{1-\alpha-\beta} \cdot [\varphi^\lambda (1-\varphi)^{1-\lambda} s_K]^{\frac{\alpha}{1-\alpha-\beta}} \frac{1}{s_K} > 0 \qquad (3.3-26)$$

式（3.3-26）的经济含义是：随着经济体系中实物资本投资率的提高，人均产出也随之提高。

由式（3.3-25）和式（3.3-26）可知，实物资本投资的数量和结构都对经济增长产生重要影响。此外，就 ξ 的影响因素而言，所有直接或间接影响参数 A、μ、s_H、δ、n、θ、γ 的因素都将影响 ξ，进而影响人均产出 $\tilde{y}^*$ 的水平。

第四节　西部实物资本对产业创新的影响

一　检验模型设定

根据经济增长理论中的知识生产函数设定及大部分学者对物质资本积累

与创新的研究，设定如下回归方程式：

$$\ln NP = \alpha_0 + \underbrace{\alpha_1 \ln KS + \alpha_2 \ln PC + \alpha_3 (\ln PC)^2}$$
$$+ \underbrace{(\alpha_4 \ln RD\_L + \alpha_5 RD\_E + \alpha_6 MD + \alpha_7 FDI)} + \varepsilon \qquad (3.4-1)$$

式中，NP 表示用以衡量产业创新水平的人均新产品销售收入；KS 为知识存量，PC 为实物资本积累；控制变量为 RD_L、RD_E、MD、FDI 分别表示研发劳动投入、研发经费投入、市场化程度和企业利用外资水平。

为进一步研究资源型实物资本和制造型实物资本对产业创新的影响，设定以下回归方程式：

$$\ln NP = \alpha_0 + \underbrace{\alpha_1 \ln KS + \alpha_2 \ln PC\_M + \alpha_3 \ln PC\_R}$$
$$+ (\alpha_4 \ln RD\_L + \alpha_5 RD\_E + \alpha_6 MD + \alpha_7 FDI) + \varepsilon \qquad (3.4-2)$$

式中，NP、KS 分别表示用以衡量产业创新水平的人均新产品销售收入和知识存量；PC_M 表示制造型实物资本积累，PC_R 表示资源型实物资本积累；控制变量为 RD_L、RD_E、MD、FDI 分别表示研发劳动投入、研发经费投入、市场化程度和企业利用外资水平。

二　变量选取及数据说明

中国科技统计年鉴中的新产品是指采用新技术原理、新设计构思研制生产的全新产品，或在结构、材质、工艺等某一方面比原有产品有明显的改进，从而显著提高了产品性能或扩大了使用功能的产品。我们使用人均实际新产品销售收入反映产业创新水平，新产品销售收入取自《中国科技统计年鉴》公布的规模以上或大中型工业企业的新产品销售收入（1998—2010 年以前是大中型工业企业的新产品销售收入，2011—2013 年是规模以上工业企业的新产品销售收入），表示为 NP（New products）。实物资本投资使用的是全社会固定资产投资，运用永续盘存法[①]计算实物资本积累，表示为 PC（Physical capital）。因此，我们用人均实际全社会固定资产投资存量表示实物资本积累。用采矿业和电力、燃气及水的生产和供应业全社会固定资产投资完成额计算的资本积累存量表示资源型实物资本积累，表示为 PC_R；用制造业全社

[①]　永续盘存法计算表达式为 $W_t = W_{t-1}(1-\delta) + I_t/P_t$，$W_t$ 为当期资本存量，δ 为折旧率，I 为投资额，P 为价格指数。

会固定资产投资完成额计算的资本积累存量表示制造型实物资本积累，表示为PC_M。由于只能找到 2002 年以后的各省份行业的全社会固定资产投资总额，所以，我们的资源型及制造型实物资本均是以 2002 年为基期计算的人均资本积累。我们还用规模以上或大中型企业申请的专利数量表示每年生产的知识，并通过永续盘存法构建知识存量，回归模型使用的是每千人的知识存量，表示为 KS（Knowledge storage）。我们分别计算了以 1998 年为基期和以 2002 年为基期的两种实际新产品销售收入、实际资本积累、知识存量。同时，我们假设实物资本折旧率为 0.1[①]，知识资本存量的折旧率为 0.05[②]。

我们还选取了四个可能影响产业创新的重要影响因素作为控制变量引入回归模型。首先，规模以上企业的研发劳动力投入无疑是实现产业创新的重要因素，我们使用大中型或规模以上的 R&D 人员的全时当量衡量产业创新部门的劳动力投入，表示为 R&D_L（R&D labor force）。其次，规模以上企业研发经费的投入对产业创新来说也是一个重要的影响因素，我们使用规模以上企业内部研发经费投入占规模以上企业主营业务收入的比重表示规模以上企业研发经费的投入规模，表示为 R&D_E（R&D expenditure）。再次，生产配置效率也是影响产业创新的重要因素，然而生产配置效率是个抽象概念，直接度量较为困难。但是市场机制是推动生产要素流动和优化资源配置的基本机制。市场机制是否完善，可以用市场化程度来衡量，所以市场化程度可以作为生产配置效率的替代性变量。我们用非国有单位职工数占总职工数的比重作为度量市场化程度的近似替代指标[③④]，表示为 MD（Marketization degree）。最后，在经济全球化和对外开放形势下，外商直接投资对产业创新的影响也是不容忽视的，用实际吸收利用外资占实际 GDP 比重来度量外商直接

---

① 龚六堂、谢丹阳：《我国省份之间的要素流动和边际生产率的差异分析》，《经济研究》2004年第 1 期。

② 严成樑：《我国知识生产投入产出关系的动态分析》，《经济理论与经济管理》2011 年第 11 期。

③ 王文剑、仉建涛、覃成林：《财政分权、地方政府竞争与 FDI 的增长效应》，《管理世界》2007 年第 3 期。

④ 邵帅、杨莉莉：《自然资源开发、内生技术进步与区域经济增长》，《经济研究》2011 年第 2 期。

投资水平，表示为 FDI。我们使用的数据均来自于中国统计局公布的数据。

使用面板数据模型中的混合回归模型、时间个体双固定效应模型、随机效应模型进行估计，并进行豪斯曼（Hausman）检验。

三　实物资本对产业创新的影响

实证检验结果显示，实物资本积累对产业创新水平具有显著影响。图 3—5 展示了全国、东部、中部、西部人均实物资本积累与人均新产品销售收入的散点图（纵轴为人均新产品销售收入的对数值，横轴为人均实物资本积累的对数值）。从图中可看出，无论从全国还是分东、中、西部，人均实际新产品销售收入与人均实物资本积累均表现出正向的相关关系，说明实物资本积累越多，产业创新水平越高。

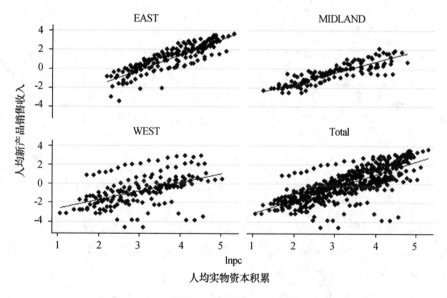

图 3—5　实物资本投资与产业创新的散点图

在不考虑控制变量的情况下，从全国整体上看，实物资本积累对产业创新具有促进作用（表 3—5），且实物资本积累与产业创新水平的关系呈现"倒 U 形"关系；分区域看，东、中、西部三个区域的实物资本积累与产业创新的关系也均呈现为"倒 U 形"关系；东部实物资本积累对产业创新的系数均显著为正，中西部实物资本积累对产业创新的作用并不显著；在东、中、西部，人均实物资本积累对人均新产品销售收入的系数分别为 1.581、1.408、0.511，人均实物资本积累增加 1%，东部的人均新产品销售收入增加 1.581%，西部增加 0.511%，中部增加 1.408%，说明东部实物资本积累对产业创新的促进作用强于中西部地区。

表 3—5　　　　　　　实物资本对产业创新的影响分析（无控制变量）

	西部	全国	东部	中部
PC	0.511	0.623 **	1.581 **	1.408
	(1.34)	(2.34)	(2.30)	(1.43)
KS	0.339 **	0.177 *	0.151	0.489
	(2.55)	(1.70)	(1.42)	(1.49)
PC^2	−0.094	−0.054	−0.160 *	−0.161
	(−1.63)	(−1.41)	(−2.05)	(−1.68)
常数项	−2.582 ***	−2.672 ***	−3.958 **	−3.901 **
	(−4.76)	(−5.94)	(−2.83)	(−2.41)
N	174	478	176	128
R^2	0.883	0.829	0.778	0.882
Hausman 检验值（P）	13.16 (0.004)	36.92 (0.000)	11.46 (0.0095)	6.63 (0.085)
模型设定	固定效应	固定效应	固定效应	固定效应

注：括号内数值为 t 统计量；*** 、** 和 * 分别表示在 1%、5% 和 10% 的水平上显著。

　　加入控制变量后，全国、东部地区的实物资本积累对产业创新的促进作用仍显著为正，而中西部实物资本积累对产业创新的促进作用变得显著（表 3—6），全国实物资本积累对产业创新的促进作用从 0.623 提高到 1.220，中部地区实物资本积累对产业创新的作用从 1.408 提高到 2.581，西部地区的实物资本积累对产业创新的作用从 0.511 提高到 0.803。说明市场化程度、外商直接投资、研发劳动力和研发经费的投入，均能大幅度提升实物资本对产业创新的促进作用。同时，实物资本积累与区域产业创新水平仍然存在稳定的"倒 U 形"关系。

表3—6　　　　实物资本对区域产业创新的影响分析（加入控制变量）

	西部	全国	东部	中部
PC	0.803 ***	1.220 ***	1.563 **	2.581 **
	(3.35)	(3.96)	(2.33)	(2.88)
KS	0.226 **	0.105 *	0.118 *	− 0.033
	(2.99)	(1.81)	(1.83)	(− 0.10)
PC^2	− 0.170 ***	− 0.131 ***	− 0.149 *	− 0.319 ***
	(− 3.19)	(− 3.34)	(− 1.94)	(− 3.62)
MD	0.001	0.011 *	0.007 *	0.026 ***
	(0.06)	(1.91)	(2.03)	(3.96)
FDI	0.089 *	0.005	− 0.026 *	− 0.541
	(1.98)	(0.31)	(− 1.85)	(− 1.37)
R&D_L	0.281	0.314 **	0.063	0.985 ***
	(0.95)	(2.71)	(0.38)	(3.80)
R&D_E	0.265 **	0.058	0.159	− 0.511
	(2.31)	(0.68)	(1.32)	(− 0.31)
常数项	− 3.208 ***	− 3.874 ***	− 4.179 **	− 6.397 ***
	(− 5.35)	(− 6.29)	(− 2.80)	(− 4.23)
N	174	478	176	128
R^2	0.897	0.838	0.783	0.908
Hausman 检验值（P）	104.06（0.000）	22.03（0.003）	21.39（0.002）	38.77（0.000）
模型设定	固定效应	固定效应	固定效应	固定效应

注：括号内数值为 t 统计量；***、** 和 * 分别表示在1%、5%和10%的水平上显著。

四　资源型与制造型实物资本的产业创新效应

我们进一步将实物资本积累划分为资源型实物资本积累和制造型实物资本积累，检验资源型实物资本积累与制造型实物资本积累的产业创新效应差异和东、中、西部差异。图3—6展示东部、中部、西部人均资源型及制造型实物资本积累与人均新产品销售收入的散点图（纵轴为人均新产品销售收入的对数值，横轴分别为人均制造型实物资本积累和人均资源型实物资本积累）分别取得对数值。可以看出，不管是在全国、东部、中部还是西部，资源型实物资本积累及制造型实物资本积累对人均新产品销售收入均呈现出明显的正相关关系。

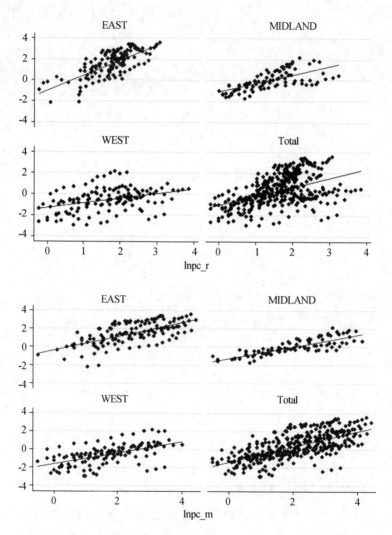

图3—6   资源型与制造型实物资本积累与产业创新的散点图

检验结果显示，在不考虑控制变量的情况下，全国整体上的资源型实物资本积累对产业创新作用并不显著，而制造型实物资本积累对产业创新的促进作用则是显著的（表3—7）。分区域看，西部地区资源型实物资本积累对产业创新的影响很微弱，而且不显著，人均实物资本积累增长 1%，其人均新产品产出增加 0.089%。东部和中部资源型实物资本积累与产业创新呈负相关关系，因此，资源型实物资本对产业创新促进作用并不明显。西部地区以资源型产业为主，但资源型实物资本积累并不能有效促进产业创新，因而资源型产业为主的西部产业结构特征是制约西部地区产业创新力的重要障碍。西部地区制造型实物资本积累对产业创新的作用系数为负，表明西部开发以来，西部地区的制造型实物资本积累并没有促进西部地区产业创新水平，反映出西部地区制造业发展不足，创新能力弱；而东部和中部的制造型实物资本积累与产业创新呈正相关关系，中部地区的促进最强，制造型实物积累增加 1%，其人均新产品销售收入增加 0.504%。从表中还可以看出知识存量对产业创新的影响，西部地区的知识存量对产业创新的影响不显著，而全国整体水平和东部地区则是显著的，东部知识存量对产业创新的系数显著为正，知识存量增加 1%，人均新产品销售收入增加 0.35%，说明东部地区知识生产存在显著的溢出效应，但西部地区的这种效应不明显。

表3—7　　资源型与制造型实物资本对产业创新的影响（无控制变量）

	西部	全国	东部	中部
PC_R	0.089	0.088	−0.251	−0.158
	(0.33)	(0.78)	(−1.20)	(−0.93)
PC_M	−0.211	0.257 **	0.261	0.504 **
	(−1.10)	(2.27)	(1.56)	(2.39)
KS	0.204	0.399 ***	0.350 **	0.289
	(0.67)	(3.68)	(2.91)	(1.25)
常数项	−2.051 ***	−1.450 ***	−0.237	−1.400 ***
	(−7.96)	(−10.99)	(−0.51)	(−6.65)
N	132	360	132	96
R^2	0.798	0.691	0.609	0.797
Hausman 检验值（P）	14.40（0.002）	33.38（0.000）	7.78（0.05）	3.50（0.320）
模型设定	固定效应	固定效应	固定效应	随机效应

注：括号内数值为 t 统计量；***、** 和 * 分别表示在 1%、5% 和 10% 的水平上显著。

在加入控制变量的情况下，全国整体上的资源型实物资本积累对产业创新的作用依然不显著，而制造型实物资本积累对产业创新的促进作用则是显著的（表3—8）。加入控制变量后，西部资源型实物资本积累对产业创新的作用由原来的促进作用转变为抑制作用，制造型实物资本积累对产业创新的影响始终表现出稳健的负相关关系。东部和中部地区资源型实物资本积累对产业创新的影响始终存在抑制作用，而制造型实物资本积累对产业创新的影响，依然显著为正，说明东部和中部制造型实物资本积累与产业创新的关系是稳健的。检验结果表明，由于西部地区产业结构的失衡，增强市场化程度、提高利用外资水平、扩大研发投入都不能有效促进产业创新，结合前面的西部投资效率分析，我们认为加快西部地区的产业结构调整，尤其是加快西部地区的资源产业转型升级，抑制资源型实物资本投资与积累，扩大制造型实物资本投资与积累，是改善西部地区实物资本投资无效，提高西部产业创新能力，进而增强西部自我发展能力的关键环节。

表3—8   资源型与制造型实物资本对产业创新的影响（加入控制变量）

	西部	全国	东部	中部
PC_R	-0.004	0.105	-0.146	-0.101
	(-0.01)	(0.78)	(-1.18)	(-0.50)
PC_M	-0.340 *	0.229 **	0.222 **	0.492 *
	(-1.99)	(2.05)	(2.26)	(2.05)
KS	0.089	0.350 **	0.747 ***	-0.175
	(0.43)	(2.55)	(13.45)	(-0.47)
R&D_L	0.077	0.066	-0.175 **	0.492 *
	(0.23)	(0.47)	(-2.39)	(2.36)
MD	0.010	0.007	0.005	0.014
	(1.01)	(1.32)	(1.45)	(1.01)
FDI	0.131	0.022	0.036	0.083
	(1.51)	(0.69)	(1.05)	(1.07)
R&D_E	0.165	0.035	0.453 **	-0.190
	(0.90)	(0.32)	(2.07)	(-1.12)

续表

	西部	全国	东部	中部
常数项	− 2.493 *** (− 4.56)	− 1.720 *** (− 4.95)	− 2.364 *** (− 7.09)	− 1.296 ** (− 3.20)
N	132	360	132	96
R^2	0.818	0.694	0.612	0.812
Hausman 检验值（P）	17.42（0.015）	19.94（0.006）	11.21（0.13）	37.78（0.000）
模型设定	固定效应	固定效应	随机效应.	固定效应

注：括号内数值为 t 统计量；*** 、** 和 * 分别表示在 1%、5% 和 10% 的水平上显著。

第五节　西部地区资源型产业的锁定效应与升级

西部地区在传统发展路径、承接产业转移下形成了资源型产业为主的产业特征，资源型经济具有生产要素锁定效应，面临着产业升级和产业创新困境。我国培育战略性新兴产业的导向和部署，使西部地区能够跳出传统产业发展路径，推动西部资源型产业升级，形成产业集群，最终形成创新型产业体系。

一　资源型产业概念的界定

资源型产业是指以开发利用资源为主要基础原料的产业；立体产业分类理论将以开发利用自然资源为主的资源型产业称为"零次产业"。基于不同的研究和分析的目的，对资源型产业也有不同的理解和提法，如资源产业、资源开发产业、自然资源产业、矿产资源产业和资源型产业等，同时其内涵也不同。

关于资源型产业的解释有四种：一是专指矿业，即采掘业资源型产业或称资源开发[1]。资源型产业主要是以矿产资源、能源资源为基础原料的产业。

---

[1] 胡春力：《我国资源开发型经济的形成与对策》，《战略与管理》2003 年第 2 期。

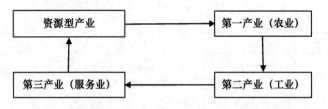

图3—7　添加资源型产业（零次产业）的产业链环

二是把开发所有自然资源，包括农业资源产业、旅游资源产业、矿产资源产业等称为资源型产业。张复明（2006）认为是以开发自然资源为劳动对象的经济活动部门，比如农业、林业、牧业、渔业、采矿业等，这类产业运行特点和效果与自然资源赋存状况密切相关，在整个产业体系中处于基础地位。三是从产业链看，认为资源型产业是指以资源发现、采掘、保护和再生并使资源型资产增值为目的的经济部门。包括资源勘查评价业、资源采选业、资源保护业和资源再生业四个层次[①]。四是以能源、矿产资源开发为主的产业称为资源型产业，包括采掘业和制造业的资源加工业，是重工业的重要组成部分。而资源型经济则是以资源型产业为主导的经济体系，是资源繁荣而产生的一种独特现象。

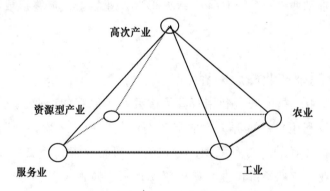

图3—8　立体产业分类理论图示

二　西部地区资源型产业的锁定效应

我国东、中、西部各地区的经济发展水平、资源禀赋状况和人力资源状况差异性较大。首先，西部地区存在着很多资源优势，比如煤炭、石油、天然气等，同时在有色金属和稀有金属方面也具有优势，尤其是铬矿，有98%都分布在西南地区。其次，西部地区国土面积大，农业用地资源大，人均可耕地面积大，多样性的生物资源总量大。再次，西部地区劳动力成本低，中心城市也聚集了较多的高素质人才。最后，西部地区多为少数民族聚集区，一直以来都有西部大开发的政策支持。资源型产业作为一个原始的零次产业，是基础性和高后向关联度的上游产业，为其他产业直接或间接的提供能源、原材料等物质，支撑着第一产业、第二产业、第三产业以及高次产业的发展。由于自然资源在一定程度上都是不可再生的、有限的，而且在空间上往往具有固定性和相对集中性。源于这些特性，由此形成的资源型产业具有一定的自然垄断性，企业在此可以获得高额的垄断经济租，由于临近资源地区，可以节省相当大的运输成本。这些条件的具备足以支撑目前西部地区资源型产业的形成与发展。

产业形成的关键是技术进步的影响，也可以理解为使科技发明创造的价值实现过程，技术进步影响产业形成的机理：第一，技术进步影响需求结构，技术的发明使产品成本下降，市场扩大，需求随之发生变化。第二，技术进步影响供给结构。技术进步提高社会劳动生产率，从而导致大产业的细分化，出现新的产业。比如西部煤炭产业、石油产业机械化的应用，使得开采的成本大大降低，并且使得产量攀升，分工更加精细，逐渐拉长资源型产业的产业链条。

锁定效应本质上是产业集群在其生命周期演进过程中产生的一种"路径依赖"现象。阿瑟（Arthur W B）最先做出关于技术演变过程中路径依赖的开创性研究。阿瑟认为，新技术的采用往往具有收益递增的机制，先发展起来的技术通常可以凭借先占的优势，实现自我增强的良性循环，从而在竞争中胜过自己的对手。与之相反一种较其他技术更具优势的技术却可能因晚到一步，没有获得足够的支持者而陷于困境，甚至"锁定"（lock-in）在某种恶性循环的被动状态之中难以自拔。由此，锁定效应的演化过程为：空间集聚形成，后集聚经济体的创新网络推动的产业集群不断演化，在一定阶段形成"路径依赖"的特征，促进产业集群不断成长并走向成熟。而"路径依赖"特征则将诱发产业集群生命周期演化中的"锁定效应"，并导致产业集群衰亡。在对产业集群锁定效应的研究中，刘力和程华强将产业集群的"锁定效应"概括为四种类型：技术性锁定效应、功能性锁定效应、认知性锁定效应和政治性锁定效应①。

（1）技术性锁定效应。西部地区在技术水平上较发达国家以及发达的东部地区存在技术上的滞后性，在发达地区先发展起来的新技术的基础上，再引进和采用，产生了技术的路径依赖，失去先发优势，并且西部地区缺乏有效创新机制，导致技术的溢出效应弱，正如阿瑟所认为的那样，因为技术的滞后性，陷入"技术锁定效应"的被动状态中。而且资源型产业总是在政府的保护和干预下，这种"父爱主义"的"关怀"使资源型产业企业失去创新的动力和自主性。

（2）功能性锁定效应。资源型产业内在结构单一以及外在政府方面的干预，西部资源型地区产业发展无形地限定在资源的开发开采上，使得系统功能表现出单一的导向性，忽视了其他产业的发展，这种产业结构的不均衡严重阻碍了该地经济的发展，并且带来严重的生态环境以及社会问题。比如山西煤炭产业，大规模的煤炭开采与生态环境的耗损是共生伴存的。

（3）认知性锁定效应。中央政府投入大量的资金支持资源型产业的建设和开发，导致资源型产业企业的过度依赖，逐渐丧失了判断力，对环境的认知变得不敏感，陷入一个"认知的锁定效应"中。认知的锁定效应使人们迷失对未来发展趋势的认识，阻碍人们以开创性的精神去进行必要的结构变革。山西经济在"取之于煤，用之于煤"政策指导下，陷入认知锁定中，阻碍了其他一些具有增长前景的新兴产业的发展。认知锁定将资源型产业的结构和功能进一步限制在单一产业结构和生产导向上。

目前就整体上讲，西部地区资源型产业集群仍处于发展的初期，而集群的主体则是国有资源型企业，存在着产品结构单一、内部治理结构不合理以

---

① 刘力、程华强：《产业集群生命周期演化的动力机制研究》，《上海经济研究》2006年第6期。

及综合发展不足等问题。随着资源储量的减少，它们面临着生存危机，像煤炭、石油等资源型产业一直都存在着效率低下的问题。虽然经济总量在不断提升，但是资源经济内部矛盾突出，呈现出"有增长无发展"的现状，陷入了一种"资源内卷化"困境。

从生态的角度分析，产业集群实质上是由具有相似特征的企业，以及与之有共生关系的其他机构组成的一个企业群落。从种群生态的观点来解释组织与环境的关系，是对过去一直以适应观点来观察组织与环境关系的一个替代。组织结构内部压力的力量说明了该模型的应用是依赖于组织种群的竞争与选择机制。坎贝尔将演化描述为由变异、选择和保持（遗传）三个阶段组成的一般过程。资源型产业的演化也是这三个阶段不断复制的结果，资源型产业衰退的内在机理在于其变异、选择和保持所形成的"锁定效应"。

（1）资源型产业变异。首先，西部资源型产业内企业间仅仅是简单的供需关系，相互合作非常少，内部信息流和知识流弱，技术溢出效应不显著，缺乏创新来源。其次，变异的另一个来源是企业家基于对未来环境的预见而积极进行创新活动，但是，如前所述，西部资源型产业长期在政府的保护和干预下，逐渐丧失了认知和创新的能力，形成企业家精神的缺失，最终导致资源型产业产生了路径依赖而缺乏变异。

（2）资源型产业选择。根据汉南（Hannan）对组织惯性演化的研究，选择机制倾向于那些成熟的组织，当预见到变化的结果有限时，有利于结构惯性的选择强度将比较大。也就是说结构惯性越强，选择机制越有可能在选择那些有较高惯性的组织方面发挥关键作用。由于资源型产业长期的路径依赖而产生的变异很少，对组织内惯例的遵循使它逐渐积累起很高的结构惯性。由于资源型产业相对较高的成熟度和较强的结构惯性，选择机制自然选择出很多最能适应静态、简单环境的组织，它们的结构简单、功能单一。

（3）资源型产业保持。保持机制是讲通过选择机制选择出来的有利于种群生产的变异保留下去。资源型产业内的认知极限和文化因素就是扮演着重要的保持机制，将产业内结构单一和生产过程导向单一性保持下来，从而更进一步的加剧了产业的"锁定效应"。

资源型产业发展倾向于已有的行为模式——组织惯例开展活动。弗里曼和汉南通过研究发现组织的结构惯性与组织惯例有着直接联系。路径依赖对组织创新有副作用，使组织习惯于经验。加上创新行为的缺乏，使得这种单一的产业结构惯性就不可避免的产生了，组织倾向于保持它原有的内部结构和功能，结构惯性加剧了组织对外界变化的抵抗。长久以来就导致了组织的"锁定效应"，从技术到制度、从认知到文化，通过正反馈效应，"锁定效应"可以进一步加剧结构惯性，最后产业内思想僵化，对未来缺乏预见力。整个反馈具有自我加强的正反馈效应，从而强化了产业的固有行为模式。

如图3—9所示，资源型产业衰退首先是由于产业内部长期形成的路径依赖，并进一步导致的结构惯性，进而陷入"锁定效应"的结果。在资源型产业演化过程中，基于组织惯例的选择机制事实上并未形成优胜劣汰机制，而是进一步加强了组织的结构惯性，成为一种"逆向选择"，从而使得资源型产业出现退化的趋势。

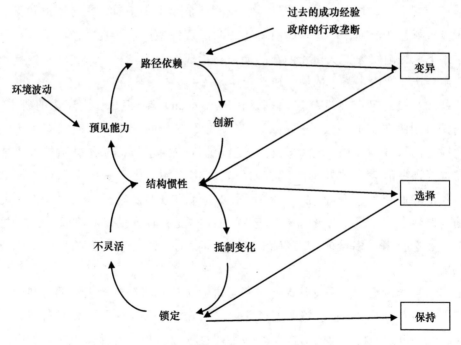

图3—9 资源型产业退化的系统动力学模型

三 西部资源型产业升级困境

资源型产业有效的升级是资源型产业可持续发展的途径。资源型产业升级具有两个方面的含义：一是在资源禀赋丰裕的形态下，资源型产业的产业链条横向不断拉长，纵向不断延伸，形成完善的内外耦合涌现动力机制，牵引着产业不断升级；二是资源匮乏、不足以支撑原有资源型产业的生存和发展时，产业内系统动力机制能够及时有效地推动资源型产业转型。这种升级与转型实质上是产业内基于资源禀赋的比较优势，发展成为基于创新的竞争优势过程。

正如上述分析的，资源型产业内部"锁定效应"严重阻碍着西部资源型产业的升级，使得产业陷入升级困境。实现升级与转型实质是要以利用产业内系统自主的能动性，辅以政府的干预、认知等外部动力机制。但是，资源型产业因为政府的外部动力机制更进一步加剧了产业的"锁定效应"，使之升级更加变得不可能，最终导致产业还没走向成熟就已经衰退。

西部资源型产业是计划配置资源的典型产物，在长期的发展中，逐步形成了一系列不利于该产业升级与转型的制约因素。

（1）区位因素。西部城市，比如攀枝花、克拉玛依等位于内部或边远的荒漠地区，远离经济发达地区和国际国内市场。源于资源型产业的发展而形成聚集区，都是临近资源禀赋地区，难以进行科学的规划。西部地区生态环境脆弱，资源的大规模开发和利用带来严重的环境破坏，不利于高新技术产业、环境产业、旅游产业等新兴产业的发展。

（2）体制因素。资源型产业长期受到中央政府的垂直领导，自成体系，与地方政府协调性差，大企业与小政府的格局使得该产业升级变得更加困难。

（3）资金匮乏。首先，资源型产业是上游基础性的零次产业，产品附加值远远低于下游加工工业，盈利能力远不及下游产业，导致资本积累速度慢；其次，由于下游加工工业是国民经济的重要支柱，对资源产品的价格进行行政干预和管制。比如改革开放以前，我国一直以优先发展重工业为主，牺牲农业，采取价格剪刀差，来帮助工业的资本积累。

（4）人力资源禀赋不足。西部地区除了高技术人员、管理人员和部分技术工人从外部迁入，大多数劳动力来自于周边的农村，受教育程度低，导致了该地区劳动力素质偏低。而且由于西部地区生活环境明显不如东部沿海地区，长期以来不仅难以吸引外部人才，而且还出现大批人才外流的现象，导致产业升级所急需的高层次人才短缺。

（5）产业内结构单一。由于历史、体制等原因，资源型产业企业结构单一，功能单一，资源型产业主体都是国有大中型资源型企业，其他类型的企业和中小型企业发展明显滞后，而且数量相对较少，缺乏有效的竞争机制，使得产业升级更加困难。

综上所分析的结果，资源型产业内部"锁定效应"以及一系列的制约因素，都使得资源型产业升级变得几乎不可能，陷入产业"升级困境"当中。

第六节　战略性新兴产业培育与西部创新型产业体系构建

我国培育战略性新兴产业的导向和部署，使西部地区能够跳出传统产业发展路径，推动西部资源型产业升级，形成产业集群，最终形成创新型产业体系。

一　战略型新兴产业与西部资源型产业升级

按照熊彼特经济周期理论，2007 年美国金融危机引发、至今尚未走出复苏的全球性经济危机实质上是创新不足导致的经济危机。新科技革命与全球产业变革是当今世界的基本特征。当今世界新技术、新产业迅猛发展，孕育着新一轮产业革命。新兴产业正在成为引领未来经济社会发展的重要力量，世界主要国家纷纷调整发展战略，大力培育新兴产业，抢占未来经济科技竞争的制高点。我国从抢占未来经济科技竞争制高点出发，在 2010 年发布的《国务院关于加快培育和发展战略性新兴产业的决定》（国发〔2010〕32 号）部署中，将节能环保、新一代信息技术、生物、高端装备制造、新能源、新材料、新能源汽车等产业列为战略性新兴产业，并加快培育和发展。

战略性新兴产业培育是我国抓住新机遇，跳出传统工业化演进模式，跳出西方传统的产业转换路径，实现跨越发展、实现赶超的重大战略举措。这一重大举措，也为西部地区实现赶超，跳出资源型产业升级困境带来了机遇。因此，西部各地加快了培育战略性新兴产业的步伐。有的几乎是"无中生有"抢占新兴产业制高点，如贵州省率先推进大数据产业发展。率先建立起了全国首个大数据交易所，在全国省级层面首先制定了《贵州省大数据产业发展规划》，在大数据产业上，全国各地都才刚起步，贵州省在不违背国家安全和个人隐私的前提下，率先作出彻底的数据开放，率先进行各部门之间数据整合，创造一个好的数据环境，富士康贵州第四代绿色产业园，以及电信、移动、联通三大运营商的云计算和大数据中心的加快建设，将为贵州省大数据产业发展提供新动力，贵州省正以贵安新区、贵阳市为主要承载地，推动电子信息产业高端化、集群化、快速化发展。贵州省正是通过大数据产业这一战略性新兴产业的赶超，努力跳出煤炭等资源产业锁定的产业发展路径。有的立足于自身资源优势和产业优势培育战略性新兴产业，如云南省立足于自身的生物多样性优势加快培育生物产业，立足于自身的冶金工业优势加快培育稀贵金属新材料产业。甘肃省则依托自身的冶金工业基础，加强与东部地区的合作，加快培育稀土功能材料、应用材料，逐步形成混合氧化物→混合稀土金属→稀土贮氢合金粉→镍氢动力电池、电动汽车电池系列等产业链，形成以新能源材料、电子信息材料、功能结构材料为主要特色的产业基地，形成从矿产资源到终端电池的完整产业链。陕西省则是利用自身在西部地区制造业基础好的优势，着力推进半导体、智能终端、生物医药、软件和信息服务等战略性新兴产业的集群化发展。2015 年上半年陕西省战略性新兴产业就实现增加值 778.4 亿元，比上年同期增长 11.9%，成长为良好的增长引擎。

　　战略性新兴产业是一类创新驱动的产业。创新就要淘汰旧观念、旧技术、旧体制，培育新观念、新技术、新体制。发展战略性新兴产业的核心是科技创新，科技创新的前提是制度和机制创新。科技制度的创新可以通过降低创新活动的"交易成本"和有效的"产权"保护，实现对创新的激励，促使更多的科技成果转化。因此，制度创新是战略性新兴产业发展的原动力。西部地区通过培育战略性新兴产业跳出资源性产业升级困境的关键在于强抓机遇和制度创新。例如贵州省为了鼓励大数据产业的发展，在先后出台的《贵州省人民政府关于加快培育和发展战略性新兴产业的若干意见》《关于加快信息产业跨越发展的意见》《"宽带贵州"行动计划》《贵州省促进信息消费实施方案》《贵州省信息化和工业化深度融合专项行动计划实施方案（2014—2017）》等文件基础上，又出台了《关于加快大数据产业发展应用若干政策的意见》，率先开放了数据。将与大数据关系密切的软件、集成电路、物联网、下一代互联网、云计算等均列为发展重点。在全国第一个推出信息基础设施法规——《贵州省信息基础设施条例》，对信息基础设施的定位、建设统筹规划、资源共建共享、发展环境保障、设施安全保护、用户权益保护、设施信息安全防护等进行了明确规定。贵州省培育大数据产业的案例为西部地区通过制度创新发展战略性新兴产业，走出资源型产业升级困境提供了良好的启示。如果贵州省在面对全国各地的大数据产业刚刚起步之时不是主动创新体制机制，而是等待东部某省发展起来形成经验后再借鉴模仿，就不会有贵州省大数据产业的率先发展。

以资源型产业为主的西部地区在传统工业化模式和区域产业分工中处于产业链的原材料环节，从产业链前端到产业链后端需要经过长期的演化。而3D打印技术的快速发展将打破传统的产业区域分工模式，使传统工业化模式下的复杂供应链变得简单便捷，尤其是零部件的开发周期和开发速度很快能够完成，原材料与零部件之间的产业分工会消失或同步完成，西部资源型工业为主的地区能够从原材料环节，通过率先引进或开发3D打印技术，直接实现向高端装备制造和日用消费品制造的延伸，快速实现资源型工业的转型升级。在技术、资金和人才高度流动的当今时代，实现这种产业升级的关键只取决于西部地区领导人对机遇选择的魄力、决策能力和制度创新能力。

二　战略性新兴产业集群化

战略性新兴产业集群化发展是西部地区资源型产业转型升级的持续推动力。选择了战略型新兴产业，启动了资源型产业转型升级步伐，是否能够推进产业的集群化发展，就成为西部地区资源型产业转型升级能否完成的关键。战略性新兴产业集群是指以战略性新兴产业为核心，相关辅助机构为支撑，在同一产业的地域范围内高度集聚，相互之间存在密切的垂直和水平联系，区域综合竞争力不断提升的企业和相关机构所构成的地域产业综合体。根据波特的产业集群思想，战略性新兴产业集群发展的条件应该包括产业内部企业、支撑机构、配套产业群、市场需求及政府环境①。利费夫通过对加拿大魁北克地区的新材料产业集群研究发现，充足的供应体系、良好的知识转移环境、公共资金的支持条件、基础设施的完善程度、特定服务的出现、技术知识集群是形成新材料产业集群的影响因素，而知识集群的发展显得更为重要②。

西部地区大部分省份都是在高新技术产业发展相对滞后和发展不充分，以及在资源型产业体系的基础上培育战略性新兴产业，产业发展上存在较大跨越，所以需要整体上的打造，全产业链构建，相关服务配套。仅靠扶持 1～2 家核心企业难以形成带动和引领。首先要创造战略性新兴产业集群化发展的条件。

（1）全产业链构建主体企业。主体企业包括水平和垂直方向上产业链上下游的所有企业。西部各地一旦选择了某个战略性新兴产业，就要在产业链的水平和垂直方向制定上下游各环节打造核心企业，本地有基础的企业可重点扶持，本地无基础的重点引进。本地和外地都无基础的，可创新体制机构筹建新企业，通过规划布局，形成全产业链统一推进的格局。

（2）完善支撑机构。支撑机构包括合作机构、金融机构、大学或培训机构以及科研机构等。国家在推进西部大开发中确定了东部支援西部，国家部委支持西部的对口支援与合作机制，为西部地区在培育战略性新兴产业上与东部建立合作机构创造了良好条件。西部地区可进一步完善这种合作机制，针对培育的产业加强与对口支援方的相关科技机构合作，为战略性新兴产业培育提供技术支撑；西部地区的金融体系已经不断得到完善，可有针对性地确定专门支持战略性新兴产业培育的金融机构，推进深度产融结合，获得投融资保障；战略性新兴产业是从科学研究到产品开发，直至产业化的一系列过程，大学和科研机构必须在其中发挥重要支撑作用，西部大开发使西部地区的高校得到长足发展，结合本地的优势特色形成了一些优势学科，这些学科在基础研究方面形成了特色，在应用研究方面积累了较好的成果亟待转化，

①　Porter, E., "The Ausalrtian Renewable Energy Cluster", *The Harvadr Business School*, 2008.

②　Lefevre, M, "Advanced Materials Cluster", *The Communaute Metropolitaine de Montreal*, 2004.

在培育战略性新兴产业过程中可通过政府的引导，形成"产学研"结合模式。

（3）引进配套产业群。配套产业群是指与产业链上下游主体企业相关配套的产业群。西部很多地区选择的战略性新兴产业都是围绕自身的优势和特色展开的，但各种类型的加工型配套产业都集中在东部沿海地区，这些产业基本上是劳动密集型产业，随着东部沿海地区劳动力成本的上升，这些产业正向外转移，西部地区可结合各地自身特点，在劳动力成本相对较低，经济发展相对滞后的小区域努力营造产业发展环境，承接东部的产业转移，为战略性新兴产业培育引进配套产业群。

（4）培育市场需求。市场需求包括政府采购和零售。不同的战略性新兴产业面临不同的市场需求主体，生物、信息、高端装备制造等产业具有现实的市场需求，面向广大消费者和厂商，而新能源、节能环保则更多体现为潜在需求，需要通过政府采购等方式营造市场需求，而新材料等产业虽有现实市场需求，但可能更多体现在航天、军工等领域，不能完全通过市场机制来发展，需要政府主动开拓市场。因此，西部地区要通过科学的规划确立市场需求培育对策，在产业培育前期更多地发挥政府的引导作用，更多地倾向于政府采购的扶持，在产业走向成熟逐步退出。

（5）改革创新政府环境。制度创新是战略性新兴产业发展的重要动力。首先是地方政府的领导是否具有开拓创新的意愿和改革制约战略性新兴产业制度环境的魄力，战略性新兴产业是当前我国各地政府竞争最为激烈的领域，只有率先改革创新者才能获得竞争优势；其次是政府的政策对战略性新兴产业能否成长具有决定性作用，需要在技术创新、投融资、知识产权、产业标准等方面出台激烈政策，并且要能够在战略性新兴产业培育中根据产业发展变化适时调整优化政策。

三　西部创新型产业体系构建

依托战略性新兴产业集群构建创新型产业体系，是西部地区通过产业创新实现赶超的重要路径。国务院和各部委都提出要大力推进创新型产业体系建设，西部地区的任务更为迫切。西部地区要立足发展战略性新兴产业，加强政府引导、发挥市场作用、按照专业特色和产业链关系集聚各类生产要素和创新资源，完善产业培育体系，创新产业发展模式，形成以战略性新兴产业集群为引擎的创新型产业体系。

（一）制定发展战略规划，明确创新型产业体系的发展定位

科学规划是合理配置区域资源、优化空间和产业布局、产业发展要素的根本前提。西部地区要发挥战略性新兴产业在创新型产业体系构建中的引领、辐射和带动作用，通过规划对区域发展战略进行全面提升，明确创新型特色产业的发展方向、布局及功能分区。

首先，要突出高新高端特色，确定主导产业群。根据区域特色确立发展目标，明确提出做强的主导产业群，在先进装备制造、生物、医药、光电子、新材料、新能源、特色食品加工等新兴产业形成示范带动。

其次，突出集约集聚发展，构筑创新平台和产业基地。按照布局集中、用地集约、产业集聚、功能互补、融合发展的产业格局，合理布局产业，创造知识和就业的外溢环境。为构筑品牌优势突出、集群效应明显的战略性新兴产业集群搭建载体和平台。

最后，要强化科技支撑与服务，构建产业创新服务平台。按照建立现代产业体系的要求，规划建立科技创新中心、商务中心和现代物流中心，承担科技创新服务、现代商务和高品位的生活配套服务，以及科技产品集散物流服务，加快整合创新资源，集聚创新要素。

（二）实施创新驱动战略，构建创新型产业的科技服务体系

培育和发展创新型产业体系，关键是要提高自主创新能力，建立要素有效配置、机制运行顺畅的科技创新体系。要健全完善政、企、研、金"四位一体"的产业技术创新战略联盟，积极搭建载体和平台。加快集聚创新要素，建立了以集约、集聚、集成创新为特征的区域创新体系，成为支撑和引领区域发展的创新中枢。

首先要加快科技创新中心建设。通过西部各地高新区与高校和科研机构的合作，组建创新战略联盟，采取"政府引导、多元投入、企业管理、市场运营"的模式，联合建设科技创新中心，重点打造产业孵化、科研教育等功能区，根据特色产业建设专业技术平台，以及政务、金融、信息、人才、科技企业孵化、知识产权及国际合作等公共服务平台，打造创新集群和知识集群。

其次要打造科技企业孵化体系。建立以科技园、创业园、长春软件园、科技产业园、孵化器等为支撑的创业孵化体系。发挥东部高校与西部高校的对口支援作用，柔性引进东部高校的创新人才，与本地战略性新兴产业主体企业结合，打造集基础研发、科技孵化、创新加速和总部办公等为一体的科技示范园区。

最后要努力提升企业自主创新能力。制定出台扶持企业自主创新和产业发展政策，设立各类专项资金，引导和鼓励企业加大研发投入，增强企业创新和发展能力。对国家认定的高新技术企业、自主创新型、处于初创期的中小科技企业的科技成果转化给予奖励和专项资金支持。建设集成果展示、技术交易、设备共享、信息服务、合作交流等功能于一体的科技市场，展示、交易各类科技创新成果，为企业搭建技术交流与合作平台，促进科技资源共享。

（三）加快创新服务机制，优化创新型产业体系发展环境

必须充分发挥政府主导作用，健全配套设施，搭建服务平台，完善服务体系，为企业生产运营提供全方位服务，努力营造良好的创新创业环境。

首先是优化产业配套环境。深入开展产业链研究，针对产业链关键环节和薄弱环节，全力推进专业化、产业化招商。

其次是提升区域承载功能。围绕新型城镇化进程推进产城融合，完善城市公共服务设施，改善创业生活环境。

最后是构建企业服务网络。不断创新管理体制和运行机制，围绕产业发展需要设置机构，建立投资促进、建设发展、经济与科技运行、社会服务等的支撑和服务体系，完善政务、金融、技术、人才、信息等服务平台。建立政策支撑体系，制定出台扶持产业、企业、投融资发展及企业服务等方面的政策，不断加强区域软环境建设。

第七节　本章小结

在内生增长理论框架下检验实物资本积累与产业创新的关系发现，实物资本积累与产业创新存在稳定的"倒U形"关系，西部地区实物资本积累对产业创新的促进作用并不显著，而全国及东部地区实物资本积累对产业创新的系数均显著为正，而市场化程度、外商直接投资、研发劳动投入和研发经费投入，均有效提升了实物资本积累对产业创新的促进作用。将实物资本积累划分为资源型实物资本积累与制造型实物资本积累，检验其对产业创新的影响时发现，在未考虑控制变量时，西部地区资源型实物资本对产业创新的促进作用很小，也不显著，人均实物资本积累增长1%，其人均新产品产出增加0.089%；全国层面的资源型实物资本积累对产业创新的影响并不显著；东部和中部地区的资源型实物资本对产业创新则存在一定抑制作用。在加入市场化程度、外商直接投资、研发劳动和经费投入等控制变量后，西部资源型实物资本积累对产业创新的作用由促进作用转变为抑制作用，而制造型实物资本积累对产业创新的影响则始终表现出稳健的负相关关系；全国层面的资源型实物资本积累对产业创新的影响依然不显著；东部和中部地区的资源型实物资本积累对产业创新的作用仍表现出负相关关系，而制造型实物资本积累对产业创新的促进作用是稳健的。因此，总体上资源型实物资本积累并不能有效提升区域产业创新水平，而制造型实物资本积累则可以有效提升区域产业创新水平。西部地区产业结构不合理，以资源型产业为主，制造业发展不足，资源型实物资本积累过多，制造型实物资本积累不足，导致西部地区的产业创新能力明显弱于东中部地区，加快西部地区的资源型产业转型升级是构建西部自我发展能力的重要途径。

资源型产业是指以开发利用资源为主要基础原料的产业。由于自然资源地理分布的特殊性和资源产品的垄断性特征，使资源开发地区往往形成资源型经济体系，资源富裕期的资源开发所获得的高收益，使资源型产业对资本、劳动、土地和技术等生产要素产生锁定，锁定效应抑制了其他产业获取生产要素，进而在资源型地区资源枯竭和资源型产业衰退后新产业仍然无法得到快速成长。西部地区正面临这样的格局，在我国之前的出口导向型发展模式中，西部地区向东部和中部地区提供了大规模的原材料，在全国区域产业分工布局中形成了具有生产要素和发展模式"锁定效应"的资源型产业体系，当外需不足和东部地区进行产业结构调整，东部地区对西部地区的原材料需求下降，以及西部地区资源丰度下降而资源开发成本上升后，西部地区陷于了资源型产业转型升级的困境。

虽然西部大开发使西部地区的基础设施得到了巨大改善，但西部地区基础设施制约的问题仍然十分突出，基础设施对西部产业创新的动态累积效应表明，持续扩大向西部地区基础设施的投资，能逐步增强西部地区的产业创新力。

我国培育战略性新兴产业的导向和部署，使西部地区能够跳出传统产业发展路径，推动西部资源型产业升级，形成产业集群，最终形成创新型产业体系。通过战略性新兴产业培育来摆脱资源型产业困境的实践已经在西部各地积极探索，如贵州省"无中生有"地率先在全国推动发展大数据产业就体现出这种模式的生命力。战略性新兴产业是我国面对当前世界范围内的新科技革命与全球产业变革，为抢占经济科技制高点而实施的重大战略。西部与东中部地区处于同一起点，这就要求西部地区在培育战略性新兴产业时要具有制度创新的能力和行动。推进战略性新兴产业集群化发展才能使西部地区跳出资源型产业锁定，需要西部地区针对所选择的战略性新兴产业的水平和垂直方向上全产业链构建主体企业、完善合作机构、科技机构和金融机构等支撑机构，引进配套产业群，以政府采购为先导的市场需求培育和改革创新政府环境。同时，西部地区构建创新型产业体系需要多措并举。首先要通过制定发展战略规划明确创新型产业体系的发展定位，重点是确定主导产业群、构筑创新平台和产业基地、构建产业创新服务平台。其次要通过实施创新驱动战略构建创新型产业的科技服务体系，重点是加快科技创新中心建设、打造科技企业孵化体系、努力提升企业自主创新能力。最后要通过加快创新服务机制优化创新型产业体系发展环境，重点是优化产业配套环境、提升区域承载功能、构建企业服务网络。

第四章

西部地区人力资本积累与技术创新力培育

近年来，国内外不少学者对人力资本积累与技术创新能力之间的关系进行了研究，但是针对人力资本积累对技术创新能力的作用及其机制的研究较少。西部地区技术创新能力低于东部地区，很大程度上源于人力资本不足。本章在评述相关文献基础上，将西部地区人力资本积累路径细划为知识储备型教育和产业集群过程两大模块，分析了知识储备型教育和产业集群在人力资本积累中的作用。基于知识储备型教育和产业集群分析西部地区人力资本积累现状，运用因子分析法分析西部地区技术创新能力现状。从西部地区人力资本积累的角度研究知识储备型教育对西部地区技术创新能力增强的动态累积效应，分析产业集群对西部技术创新能力扩散的内在机制，从而探讨西部地区人力资本积累对技术创新能力的作用机理。

第一节 文献评论

随着世界科技的迅猛发展，技术创新已成为各界学者关注的热点。"技术创新是各国保持经济持续稳定增长的重要动力"的观点已经成为共识。

西部大开发战略实施以来，西部地区取得了较快的经济增长速度，但与东部沿海地区相比：无论是人均 GDP 还是在人均收入上，西部与东部地区还存在很大差距。《2012 年中国区域创新能力报告》指出，西部地区技术创新能力不足，且西部地区创新能力水平远低于东部沿海地区和中部地区。技术创新能力的落后致使西部创新能力的整体水平不高，从而影响了西部区域经济竞争力。人是技术创新的实施主体，只有具备一定知识技能的人才才能促进技术的创新，人力资本积累是影响区域技术创新能力的重要因素。区域人力资本积累对技术创新能力起着主动性和决定性的作用，人力资本为技术创新奠定基础，而人力资本积累正是提升区域技术创新能力的重要途径。

在人力资本积累与技术创新能力关系的文献中，大部分把人力资本作为一个整体因素进行定性分析，或是将人力资本和其他实物资本作为平行的变量，通过分析这些资本与技术创新能力的关系来强化人力资本积累的重要性。

一　人力资本积累

很多学者也就经济增长的方式展开了广泛的讨论，其中的一些学者分别从人力资本和技术进步的角度论证经济增长的原因，人力资本的概念由舒尔茨提出，自从舒尔茨提出人力资本的概念以来，已经有大量关于人力资本对经济增长的研究。罗默[1]和卢卡斯[2]将人力资本作为内生变量引入经济增长模型，罗默建立了一个包含最终产品生产、资源产品和研发部门的三部门经济，突出了人力资本在经济增长中的重要作用，卢卡斯将经济增长归因于人力资本积累，提出了一个人力资本积累模型。加里·贝克尔研究了人力资本水平与个人收入的关系，建立了投资收益模型。爱德华·丹尼森（Edward Fulton Denison）测算了1929—1957年美国经济增长中人力资本的贡献，发现教育对经济增长的贡献大约为23%，这一研究结果引致全球教育费用的激增。国内对人力资本的研究多从实证的角度展开，胡永远的估算表明人力资本对产出具有显著的影响，但是不具有长期产出效益，伴随着对人力资本的研究，人力资本理论也得到了丰富和迅速的发展[3]。技术进步对经济增长论述最早可以追溯到斯密[4]的《国民财富的性质和原因的研究》，斯密指出，劳动分工和专

---

[1]　Paul M. Romer. , "Increasing Returns and Long-Run Growth", *The Journal of Political Economy*, Vol. 94 , No. 10 , 1986.

[2]　Lucas, Robert. , "On the Mechanic of Economic Development", *Journal of Monetary Economics*, 1988 , 22.

[3]　胡永远：《人力资本与经济增长：一个实证分析》，《经济科学》2003年第1期。

[4]　[英] 亚当·斯密：《国富论》，郭大力，王亚南译，商务印书馆2015年版。

业化促进技术进步，提高了劳动生产率从而引起了经济增长。其后，熊彼特[①]对"创造性破坏过程"的论述指出，追求利润最大化的厂商的创新驱动引起了经济增长。索罗[②]建立的新古典经济增长理论，把技术进步当作一个外生变量纳入增长模型中，认为产出受到技术进步的影响。阿罗[③]和谢辛斯基[④]提出的边干边学模型，开创了内生增长的先河。内生增长理论认为，人力资本积累通过技术进步作用于经济增长，同时经济增长又促进人力资本积累带来技术进步，从而进一步促进经济增长，形成良性循环的过程。

人力资本是体现在人们身上的知识技能的存量，而人力资本积累正是这些知识技能的累积过程，舒尔茨认为人力资本积累可通过正规的和非正规的教育来促进[⑤]；阿罗则认为可以不经过正规与非正规的学校的教育，不脱离生产岗位，通过在岗训练、师徒教授或在工作过程中积累经验技能，也能形成积累人力资本[⑥]。卢卡斯则认为人力资本积累可以通过以下两种途径获得：一是通过脱离生产的正规、非正规学校教育；二是通过生产中边干边学、工作中的实际训练和经验积累，并以阿罗的"干中学"模型为基础，建立了人力资本积累模型，强调了外部溢出效应对人力资本积累的作用。

不同的学者从不同的角度给出了人力资本积累的定义。综合这些专家、学者的观点，我们对人力资本积累给出如下定义：人力资本积累是指体现在人体之中，能够投入生产中的知识、技术、能力等因素的价值累积过程。人力资本积累主要可以通过以下两种途径：一是通过非生产性的知识储备型教育；二是通过生产性的产业集群所带来的"干中学"环境和"知识外溢"现象。

---

① ［美］熊彼特：《经济发展理论》，郭武军、吕阳译，华夏出版社 2015 年版。

② Solow R. M. "Technical Change and the Aggregate Production", *The Review of Economics and Statistics*, Vol. 371957.

③ Arrow, K. "The Economic lmplications of Learning by Doing", *Review of Economic Studies*, Vol. 29, 1962.

④ Sheshi nski, E., *Optimal Accumulation with Learning by Doing*, *Essays on the theory of Optimal Economic Growth*. Cambridge：MIT Press, 1967.

⑤ ［美］舒尔茨：《论人力资本投资》，吴珠华等译，北京经济学院出版社 1991 年版。

⑥ Arrow, K., "The Economic lmplications of Learning by Doing", *Review of Econom ic Studies*, Vol. 29, 1962.

教育是知识形成和积累的重要方式，教育包括正规的在校教育和其他的培训教育。而我们所说的知识储备型教育则是教育的重要组成部分，其由两部分构成：一是入学前的家庭教育；二是入学后的正规在校教育，其中正规的在校教育包括初等在校教育、中等在校教育和高等在校教育三部分。

波特将产业集群视为一组通过垂直或水平关系连接的产业①。20 世纪 70 年代末以来，新经济地理学家克鲁格曼把区位特点作为分析市场竞争的一个重要因素，构建了区域经济聚集的理论模型。克鲁格曼认为产业集群是由规模报酬递增所引起的，地区集中和专业化可以扩大生产规模并产生规模经济，而规模经济将带来更大规模的企业集中——从而形成产业集群②。

随着我国改革开放的逐步进展，国内许多学者对产业集群也进行了探索性的研究。曾忠禄认为产业集群是指同类产业的企业以及该产业的相关产业和支持产业的企业在地理区域内的集中③。王缉慈认为新的产业集群观念是企业间以及和相关机构之间的地理接近可能促进"学习型经济"，在区域中企业之间存在贸易的和非贸易的相互依赖，交流隐含经验类知识，使区域成为有利于学习和知识溢出的环境④。

上述国内外学者对产业集群的定义，较全面地体现了产业集群的外在特征。产业集群是产业发展过程中的一种区域地理上的集中现象，是以知识共享、专业化分工和协作为基础的同类企业或机构在一定区域地理内的集中所形成的区域创新系统，并能够形成"干中学"和"知识外溢"的良好环境。

随着人力资本理论的应用和发展，国内学者对衡量西部地区人力资本水平现状问题给予了高度的关注和研究。闫淑敏、段兴民在对已有人力资本存量测度方法分析的基础上，遵循全面性、资料的可获得性和可操作性的原则，选取了反映人力资本存量的教育、研究与开发以及健康等方面的因素，研究

---

① ［美］迈克尔·波特：《国家竞争优势》，李明轩、邱如美译，中信出版社 2007 年版。

② Fujita M，Krugman P，Venables J，*The Spatial Economy：Cities，Regions and International Trade*，Cambridge，Mass：MIT Press，1999.

③ 曾忠禄：《产业群集与区域经济发展》，《南开经济研究》1997 年第 1 期。

④ 王缉慈：《关于中国产业集群研究的若干概念辨析》，《地理学报》2004 年第 10 期。

发现中国西部人力资本存量为三大经济地带中最低的，西部人力资本存量不仅与东部差距很大，而且与中部也有较大的差距①。卓越从西部人力资本的数量、质量、劳动生产率等方面比较分析了西部地区人力资本的现状，得出西部地区人力资本落后的结论，指出西部地区人力资本落后的主要原因是人口教育水平偏低②。雷鹏通过对历年《中国统计年鉴》和《中国劳动年鉴》的数据整理，得到1998—2008年中国东西部地区从业人员的学历人数总量，并计算得到2008年东部的平均受教育年限是8.93年，西部地区是7.67年，东部地区比西部地区高1.26年，而且2008年东部地区的人力资本存量是239055.33万人/年，西部是149241.6万人/年，东部是西部的1.6倍③。西部地区人力资源数量相对较少，地广人稀之处甚多；教育水平低是西部的一块短板，西部地区的高等院校、在校学生数占全国的比例较小；西部地区经济发展实力弱、政策激励不够也是导致西部地区人力资本存量少，人力资本质量偏低的重要原因。

从前人对西部地区人力资本现状的研究文献可知，大多学者主要是从人力资源数量、教育投资规模、在校学生数量等方面对西部地区人力资本的现状作简要的概述，而对西部地区人力资本水平核算的有关文献较少，还未形成统一的定律，研究方法还在进一步完善中。但是总体可以得出：西部地区人力资本不及东部沿海地区，人力资本水平还有待于进一步提升。

人力资本积累是指在一定时空范围内累积形成的人力资本存量，西部地区人力资本积累受许多因素的影响，国内有关学者从不同的角度对西部地区人力资本积累问题进行了相关研究。钟丽霞、郑长德认为，通过制度创新，加强人力投资力度，促进劳动力的自由流动，改革人才配置制度，就能有效地促使西部地区人力资源的开发和人力资本的积累，进而促进西部地区的经

---

①　闫淑敏、段兴民：《中国西部人力资本存量的比较分析》，《中国软科学》2001年第6期。

②　卓越：《我国西部人力资本与教育投资分析》，硕士学位论文，西南交通大学，2006年，第32—45页。

③　雷鹏：《人力资本、资本存量与区域差异——基于东西部地区经济增长的实证研究》，《社会科学》2011年第3期。

济发展①。蒲艳萍通过对西部资本结构状况分析，得出结论：西部人力资本与自然资本的不匹配，阻碍了西部经济的发展，并认为人力资本投资与积累是西部大开发的关键②。刘琰、连玉君运用相关的人力资本理论和制度经济学理论，对阻碍西部发展的相关要素进行了分析，提出西部真正缺乏的不是物质资本，而是人力资本，而限制西部地区人力资本积累的关键因素是制度安排的不合理，并建议西部大开发应着眼于人力资本的积累和制度创新的协调③。

金妮以人力资本的一般理论为前提，从人力资本投资中引入教育投资的基本理论，结合西部地区人力资本存量及教育投资的具体情况，分析得出：西部地区教育投入的不足是西部地区与东部地区的差距所在④。赵娟论述了西部农村人力资本积累的总体设想，指出要在巩固和完善九年义务教育的基础上，大力发展农村劳动力的职业技能教育，还要加强对农村劳动力的转移培训，同时西部地区还应加大人才引进的力度。在医疗卫生方面，要继续完善新型农村合作医疗，从根本上提高农村劳动力的素质⑤。贾冀南考虑在开放经济条件下，在东部地区对西部地区人力资本存在巨大"引力"的条件下，如何加快西部地区的人力资本积累，认为西部地区除了利用教育形式促进人力资本的形成外，还可以利用产业集群和城市化等方式来促进西部地区人力资本积累，因此从理论和实证上进一步完善西部地区人力资本积累的路径依赖⑥。徐璐对人力资本的相关理论和测度方法，以及产业集群的相关理论和测度方法分别进行阐述和分析，然后选用以平均受教育年限标准为测量基础的人力资本集聚指数，和产业区域集聚程度指数来分别测度西北五省区人力资

---

① 钟丽霞、郑长德：《论西部人力资源的开发与人力资本的积累》，《四川大学学报》2005年第5期。

② 蒲艳萍：《人力资本投资于积累是西部大开发的关键》，《重庆工学院学报》2001年第6期。

③ 刘琰、连玉君：《西部大开发中人力资本积累与制度创新的协调》，《云南财贸学院学报》2004年第1期。

④ 金妮：《西部地区教育投资对人力资本的影响分析及对策研究》，硕士学位论文，重庆大学，2003年。

⑤ 赵娟：《西部农村人力资本积累机制研究》，硕士学位论文，西北农林科技大学，2007年，第1页。

⑥ 贾冀南：《中国西部地区经济增长的人力资本集聚机制——增长理论和国际经验》，博士学位论文，河北大学，2009年。

本集聚程度和产业集聚程度，再对两者的年平均变化率求相关系数，通过相关系数的高低与两者相关关系的经济学分析相结合，得出西北五省人力资本和产业集群是高度相关的，并在此基础上提出提升人力资本与产业集群集聚效应的优化措施[①]。

前人对西部地区人力资本积累方面的研究，主要是集中在西部地区人力资本积累的不足对西部经济发展的影响、西部地区人力资本积累的方式路径及促进西部地区人力资本积累的对策建议等方面。通过前人对西部人力资本积累方面的研究可知：教育投入和产业集群是影响西部地区人力资本积累的重要因素。

二　技术创新力

人们对技术创新的研究早在 20 世纪 50 年代就逐步开始。随着技术创新在经济发展中的作用不断增强，关于技术创新的研究越来越成为学术研究中的热点之一，涉及学科领域不断拓展。技术创新能力是技术创新的重要体现方式，研究技术创新能力也就成了区域技术创新的主流。近些年，国内学者对技术创新能力研究不断深入，对西部地区技术创新能力的研究也随之增多，综观西部地区技术创新能力的研究成果，主要是通过对比分析来解释说明西部地区的技术创新能力，也即是通过分析中国各区域技术创新能力来对西部地区技术创新能力作进一步的了解。

拉里认为技术创新能力是创新能力、组织能力、技术与信息的获得能力和适应能力的综合体现[②]；巴顿（Barton DL）从企业技术创新行为主体层面出发，认为技术创新能力由技术人员的技能、管理能力、技术系统的能力等内容组成[③]。国内著名学者傅家骥把技术创新能力划分为创新资源投入能力、创新管理能力、创新倾向、研究开发能力和制造能力[④]。国内学者在对中国区

①　徐璐：《西北五省区人力资本与产业集群的相关关系研究》，硕士学位论文，西北大学，2010 年。

②　Larry E. WestPhal. Yung W. Rhee, Garry Pursell, *Sources of Technological Capability in the Third World*, Edited by M. Fransman and K. King, 1981.

③　Barton DL., "Core Capability & Core Rigidities: A Paradox in Managing New Product Development", *Strategic Management*, 1992.

④　傅家骥：《技术创新学》，清华大学出版社 1998 年版。

域技术创新能力进行实证分析时，一般是通过区域之间的对比分析进行验证，来分析西部地区技术创新能力。丁巨涛通过对 2000 年 31 省、市、区的技术创新绩效、科技成果、技术市场成交量及专利授权数进行综合测算，并进行各项指标排名，排名结果显示：在西部地区各省市区中，除了四川省、陕西省、重庆市三省市排名处于全国中等水平，其余西部地区均排在后面位置[①]。综合这些指标的对比分析得出，西部地区技术创新能力不足，有待于进一步提升。刘杰运用 SPSS 进行聚类和因子分析 2005 年中国各地区的技术创新能力，实证发现：除了重庆外、西部各地区技术创新能力均处于聚类的最底层；用因子计算的各地区技术创新能力的综合得分，西部地区技术创新能力得分均处于全国落后水平[②]。惠树鹏基于技术创新投入、技术创新产出和创新成果转化三方面来分析区域的技术创新能力，通过 2000—2007 年的数据对比分析得出：东部地区在技术创新的投入、产出和技术创新成果转化方面都要优于中西部地区，且差距有逐年拉大的趋势，这体现我国西部地区技术创新能力与东部存在明显的差异性[③]。张经强选取 19 个原始指标对我国 31 省市的技术创新能力进行综合评价，研究结果表明：西部地区除了四川省和陕西省的技术创新能力相对较高，其余地区的技术创新能力均相对不足[④]。

由于对技术创新能力的研究处于探索阶段，研究方法及理论尚未成熟，学者一般都是通过因子分析和聚类分析来测算各地区的技术创新能力，然后通过排序或者对比分析来解释说明西部地区技术创新能力的现状，而单独针对西部地区技术创新能力的研究文献较少。

三 人力资本与技术创新力的关系

随着人力资本对技术创新能力作用的不断凸显，有关人力资本与技术创新能力之间关系的研究不断增多，但针对西部地区人力资本与技术创新能力的研究较为薄弱。

---

① 丁巨涛：《技术创新促进西部经济发展研究》，博士学位论文，西北大学，2002 年。
② 刘杰：《区域技术创新能力比较研究》，《科技与经济》2006 年第 2 期。
③ 惠树鹏：《技术创新与我国区域经济增长的差异性研究》，《甘肃社会科学》2009 年第 3 期。
④ 张经强：《区域技术创新能力评价：基于因子分析法的实证分析》，《科技管理研究》2010 年第 5 期。

尼尔森和菲尔普斯构建了两个人力资本与技术扩散模型，分析了人力资本对技术创新的作用，结果表明：平均受教育年限的提高将会促使实际技术水平与理论技术水平的差距缩小，且这种差距会随着时间而减少[①]。卢卡斯对人力资本积累与技术创新之间的关系分别建立了"两种商品的模型"。卢卡斯利用其构建的"两商品模型"论证了生产某种商品的人力资本积累不是通过正规的在校教育获得的，而是通过"干中学"环境形成的外部效应而形成的；同时也说明生产某一种商品所需要的特殊或专业性的人力资本是技术创新和经济增长的动力源[②]。雅各布·明塞尔在研究劳动力市场中人力资本对于技术变化的反应时认为，在经济增长过程中人力资本发挥了双重效果：一是作为一种由教育和培训产生的知识技能存量，是一种生产要素，在生产过程中与实物资本和劳动力相协调；二是作为一种知识储备，是技术创新的源泉——经济增长的重要动力[③]。科恩和赫尔普曼[④]，科恩、赫尔普曼和哈斯米迪尔等研究学者通过实证分析得到了 OEDC 国家向发展中国家技术扩散的理论依据[⑤]。

尼尔森和菲尔普斯构建了一个人力资本对发展中国家实现技术追赶的经典理论模型。在其构建的模型中，技术进步有两种形式：一种是理论上的技术进步，其为技术前沿的发达国家的技术水平，这种技术相对于发展中国家而言是外生的；另一种是实际应用的技术进步，其为发展中国家通过技术扩散所获得的技术水平。其中理论技术水平大于实际应用技术水平，即实际应用技术水平与理论技术水平存在一定的技术缺口。通过相关研究发现，发展中国家与发达国家的技术缺口，决定于发展中国家的人力资本水平和发达国家的技术进步率，只要发展中国家的人力资本水平提升，发达国家的技术进

① Nelson, Phelps, "Investment in Humans, Technology Diffusionand Economic growth", *American Economic Review*, Vol. 56, 1966.

② Lucas, Robert., "On the Mechanic of Economic Development", *Journal of Monetary Economics*, Vol. 22, 1988.

③ [美] 雅各布·明塞尔：《人力资本研究》，张凤林译，中国经济出版社 2001 年版。

④ Coe, D. E. Helpman, "International R&D Spillovers", *European Economic Review*, Vol. 39, No. 5 1995.

⑤ Coe, D. E. Helpman, A. Hoffmaister, "North-South Spillovers", *Economic Journal*, Vol. 107, 1997.

步率降低，两者之间的技术缺口将减小。尼尔森和菲尔普斯在分析发展中国家人力资本与技术创新之间的关系时，强调人力资本是实现发展中国家对发达国家技术和经济赶超的决定性力量。人力资本积累对发展中国家的技术创新能力有着决定性作用，发展中国家在技术创新过程中，走的是一条技术赶超型技术进步之路。

综合国外学者对人力资本与技术创新能力之间关系的研究发现，人力资本是技术创新的重要决定性因素，促进区域人力资本的积累是提升区域技术创新的必经之路。

国内学者主要对人力资本与技术创新开展了交叉性的研究，研究视角和研究范围不断深化。李建民以内生经济增长模型为基础，通过相关分析得出：人力资本是科学和技术进步的重要原因；人力资本是技术扩散的必要条件；人力资本是技术应用的基础。同时还提出：人力资本的积累将会促进技术创新能力的培育，而技术创新是人力资本促进经济增长的根源①。由此可见，人力资本、技术创新和经济增长的关系是人力资本——技术创新——经济增长。王金营引入技术势、技术势差和技术能量等概念，通过对人力资本在技术能量转换中的作用研究发现，人力资本积累是一种动态累积过程，这种过程一旦达到一定程度并得以释放，将会产生技术的创新、促进生产率的提升。其研究结论是由于技能主要以人力资本的形式予以贮存，技术水平的高低体现了人力资本存量的高低②。人是人力资本的载体，人是有主观能动性的，这决定了人力资本存量就整体而言在人类的代与代之间不断得到提高，保证了人类科学技术水平得以延续和提高。又由于人力资本在技术创新进程中使技术能量得到增值，因此才使技术创新源和技术采用者的技术势都得到提高。

吴玉鸣利用空间计量经济学模型，通过相关分析得出：区域创新能力与当地的人力资本的存量关联密切。其在道格拉斯生产函数中引入人力资本变量进行标准化，分析结果显示：人力资本与创新的回归系数在 1.02～1.38，人力资本对区域创新具有较高的贡献，表明创新活动离不开掌握并积累一定

① 李建民：《人力资本与经济持续增长》，《南开经济研究》1999 年第 4 期。
② 王金营：《人力资本在技术创新、技术扩散中的作用研究》，《科技管理研究》2000 年第 1 期。

技能的以及受到良好教育的人力资本支撑①。周万生认为人力资本具有积累性和流动性，人力资本的积累提升了区域知识创造、获取、消化吸收和再创新能力，人力资本的流动有利于技术创新的扩散，有利于缩小创新能力发展的区域差距。并提出提升区域人力资本水平，促进技术创新能力提高的三种方式：一是通过教育投资促进人才资本积累；二是通过一定的激励机制和"干中学"环境，促进人才培养，提升人力资本的生产效率；三是通过跨区域引进人才，建立适应区域经济发展需要的复合型区域人力资本结构，提升区域综合创新能力②。王立平、王乃静在对山东技术创新能力与全国其他省区进行横向比较的过程中，通过因子分析法，发现教育经费和高校毕业生人数两个指标是区域技术创新能力的重要因素③。由此得出，扩大高校在校人数规模和加大教育经费是提升我国技术创新能力的主要途径。

前人研究成果对于人力资本积累与技术创新能力关系的结论基本一致，那就是人力资本的积累能够正向地促进技术创新能力的提高，并且这种促进作用是巨大的。

第二节　经验事实

本节从数量、质量和结构三个方面分析西部地区人力资本的现状。在指标方面考虑三个因素：教育因素、研发因素和健康因素。其中，研发因素是一个关键因素，因为研发水平无论在研究国家和地区科技发展中，还是在测算人力资本的质量上都是首选指标。在健康因素中，健康不仅仅是人力资本中自然人的寿命长度，各地区医疗水平优劣，还是人力资本就业环境的优劣。用就业人总数和就业人员工资总额来直接反映人力资本数量，之前就有学者采用工资这一指标，王德劲、向蓉美采用收入法估计我国人力资本，收入增长率作为预期收入法的一项重要指标④；朱平芳、徐大丰也指出劳动者之间工

①　吴玉鸣：《空间计量经济模型在省域研发与创新中的应用研究》，《数量经济技术经济研究》2006 年第 5 期。

②　周万生：《人力资本与区域创新能力研究》，博士学位论文，四川大学，2007 年。

③　王立平、王乃静：《山东省技术创新能力的比较研究》，《技术经济》2008 年第 3 期。

④　王德劲、向蓉美：《我国人力资本存量估算》，《统计与决策》2006 年第 10 期。

资水平的差异能够反映人力资本的差异①。我们在此基础上增加对各地失业人数和失业率的刻画，间接反映人力资本数量。张帆在研究人力资本存量时，选取研发费用作为一项重要指标②；焦斌龙、焦志明同样用教育费用、科研投入费用来刻画人力资本③。基于此，我们从教育和科研两大因素出发，用教育因素中各地区教育经费和从业人员受教育程度以及研发因素中各地 R&D 学历构成、各地工业企业技术获取技术改造能力、新产品开发与生产情况直接反映人力资本质量，通过对教育经费支出、各地研发经费强度以及研发经费内外部经费支出的分析间接反映各地人力资本质量情况。Romer 等使用成人识字率指标代表人力资本，在 Barro 和 Levine 等的研究中，使用了学校入学率指标代表人力资本，Barro 和 Lee 提出了以受教育年限为载体的测算人力资本的方法。在此基础上，我们选择各地不同层次教育的在校生数、15 岁及以上人口文盲所占人口比重分析各地区的人力资本的构成结构。

一　西部地区人力资本数量不足

地区人口数量是地区劳动力从事生产生活劳动，创造经济价值的基础。西部地区人口总数在 2001 年年末为 35630 万人，到 2012 年年末达到 36428 万人。11 年间人口增长 798 万人。东部地区人口总数在 2001 年年末为 49053 万人，至 2012 年年末人口总量已达到 55850 万人，人口在 11 年内增长 6797 万人，近十年的人口增量几乎是西部地区的九倍。

东部地区人口增长快而西部地区人口增长缓慢，主要原因是相比于西部地区，以劳动密集型为发展导向的东部地区，需要吸收大量的劳动力来保障其经济发展速度，这样与西部地区相比，东部地区给西部地区大量的廉价劳动力提供了更多的就业机会。具体地，2012 年，我国东部地区年末就业人员为 7824 万人，年末工资总额 40998.6 亿元，平均工资为 52952 元，而与东部地区相比整体水平相差甚远，西部地区年末就业人员不足东部地区 1/2，仅有 3351 万人，而在平均工资水平上差距将近 10000 元，仅

① 朱平芳、徐大丰：《中国城市人力资本的估算》，《经济研究》2007 年第 9 期。
② 张帆：《中国的物质资本和人力资本估算》，《经济研究》2000 年第 8 期。
③ 焦斌龙、焦志明：《中国人力资本存量估算：1978—2007》，《经济学家》2010 年第 9 期。

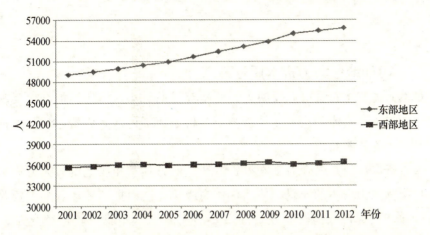

图4—1 东、西部地区2001—2012年年末人口数增长情况

资料来源:《中国统计年鉴》2013年。

为43293元,年末工资总额也仅为14136.5亿元。东部地区更多的就业就会,更高的工资对西部地区劳动力有一定的吸引力。与此同时,通过教育培育出的部分高质量人力资本往往由于更好的工作机会和更高的工资,或是本身所具备的高学历与当前在西部地区的工作不相匹配而纷纷向东部迁移。因此,导致西部人口总量不及东部的动因是人口增长率较低以及人口迁移。尽管随着近两年西部地区经济发展速度的不断加快,人力资本也会出现回流,西部地区人口总量及增速都会逐步提高,但东、西部人口总量的巨大缺口在短时间内很难平衡。

通过对2005—2012年各地区的失业人数和失业率分析不难发现,东部地区失业人数在300万上下浮动,变动较小。西部地区2005年的失业人数为162.4万,失业率为4.1%,到2012年失业人数为176.6万,失业率为3.4%,总量上增加了14.2万人次,但是失业率下降了0.7%。但与东部地区相比,从2005—2012年西部地区的失业率均高于东部地区(2005年和2012年的失业率分别为3.6%和3.0%)。东、西部地区就业形势差异较大,这与我国东部地区良好便利的地理条件、改革开放对东部地区大量人力、物力的投资是分不开的,东部地区良好的就业环境、生活环境间接影响了东、西部人口增长差异。总之,西部地区无论是劳动力数量还是从业人员工资和就业环境都与东部地区存在巨大差异,表现为东、西部地区人力资本数量上的失衡。

二　西部地区人力资本质量不高

虽然人力资本总量可以反映人力资本存量的大小，但还不能全面反映人力资本，对人力资本的进一步分析需要分析东西部地区人力资本质量，探究西部地区人力资本特点。

人力资本价值是由人力资本投资所产生的各项费用决定的，人力资本投资可以提高人力资本的质量，使其价值高级化，进而提高劳动者的工资收入水平。教育投资是人力资本投资的重要形式，2000 年我国教育经费为 3849 亿元，经过 10 年的投入，2011 年我国教育经费投资为 23869 亿元，增长 520.14%。其中，东部地区 2011 年教育经费总额为 10347.6 亿元，西部地区同年教育经费仅为 5610 亿元，是东部地区教育经费的 54.2%。东、西部地区在教育投入上的差距也决定了东西部人力资本质量不可能处在相同水平。在东部地区就业人员中，未上过学的仅占就业人口的 1.2%，而西部地区未上学的占就业人口的 3.8%，比东部地区高了 2.6 个百分点。东部地区小学毕业、初中毕业所占就业人口比例分别为 13.5%、44.9%，而西部地区小学毕业、初中毕业所占就业人口比例分别为 28.1%、42.5%。西部地区初中学历以下就业者（含未上学、小学毕业、初中毕业）占就业人数的 74.4%，而专科以上学历（含专科、本科、研究生学历）就业者占就业人数的 12.5%。东部地区专科以上学历（含专科、本科、研究生学历）就业者占就业人数的 20.9%，相差 8.4 个百分点。就业人员的知识结构反映人力资本学习、工作能力的高低并决定从业人员对技术的研发、模仿、吸收能力。由此可见，西部地区就业人员教育水平集中在初级水平，而东部地区就业人员教育水平普遍比西部地区高，人力资本质量较高。

改善人力资本最有效的方式是增大教育投入，提升国民教育程度。表 4—2 给出了 2012 年东西部地区教育经费的投入情况，东部地区的教育经费总投入是西部地区的将近一倍，而投资在西部地区的国家财政性教育经费，也仅有占东部地区的 58%。由此可见东西部教育经费投入的巨大差异。与 2001 年相比，西部地区在教育经费上的比重虽然有所上升，但增长速度较为缓慢，人力资本投入仍是东西部差异的重大缺口。

表4—1　　　　　　　　2001 年东、西部地区教育经费　　　　　　　　亿元

地区	教育经费	国家财政性教育经费	教育经费社会捐赠经费	教育经费学杂费	其他教育经费
东部地区	2485.72	1590.89	73.14	388.82	343.00
西部地区	1001.11	724.71	15.98	137.48	106.44
西部投入占东部比重	0.40	0.46	0.22	0.35	0.31

资料来源：《中国统计年鉴》2002 年。

表4—2　　　　　　　　2012 年东、西部地区教育经费　　　　　　　　亿元

地区	教育经费	国家财政性教育经费	教育经费社会捐赠经费	教育经费学杂费	其他教育经费
东部地区	10347.61	8022.65	58.10	1558.67	266.77
西部地区	5610.04	4672.76	17.00	589.84	111.15
西部投入占东部比重	0.54	0.58	0.29	0.38	0.42

资料来源：《中国统计年鉴》2013 年。

在一个国家中，研发能力的高低代表了人力资本质量的优劣。科研能力高、对技术吸收能力强、新产品生产开发能力优秀的国家和地区往往能创造更多的经济价值，带动经济飞速发展。因此，我国长期实施科教兴国和人才强国战略，重视对科研的投资建设。

从图4—2 可以看出，我国财政科研投入力度不断增强，反映出我国现阶段对研发的重视。2000 年国家财政科技拨款 575.6 亿元，占公共财政支出的3.62%，以后每年增速达到 100 亿元，至 2013 年，国家财政科技拨款达到6184.9 亿元，占公共财政支出的 4.41%，所占比例比 2000 年提高了 0.79 个百分点。研发人员全时当量也由 2000 年的 92.21 万人/每年上升到 2013 年的353.26 万人/每年，比 2000 年增长了 283.13%。其中，东部地区的研发全时人员 213.58 万人/每年，西部地区的研发全时人员为 38.74 万人/每年。东部地区研发全时人员是西部地区的近 6 倍。研发人员中，东部地区博士毕业

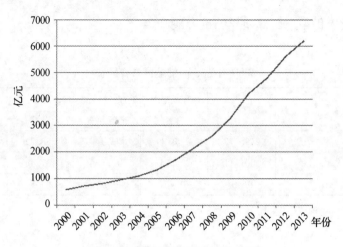

图4—2　国家财政科研支出走势

资料来源：《中国科技统计年鉴》2014年。

18.54万人、硕士毕业39.67万人、本科毕业89.12万人，西部地区博士毕业4.44万人、硕士毕业11.53万人、本科毕业20.99万人。从不同学历人员数在东西部的分布（东西部比为4）看，东、西部人力资本质量上存在显著差异，这一差异表现在高级人力资本数量上的巨大差异，研发投入低、科研人员数量少体现了西部地区人力资本质量较弱。由此，对研发因素分析的作用在于：第一，是对西部地区人力资本现状的有效解读；第二，是在国家政策为导向的西部地区人力资本积累中存在问题。西部地区研发经费外部支出总额①为71.63亿元，东部地区（430.71亿元）是西部的6倍多。西部地区研发经费内部支出总额②为1420.44亿元，东部地区（8370.58亿元）是西部的近6倍。

　　由图4—3可以看出，2006—2013年，东部地区研发经费投入强度逐年增强，由2006年的1.67%上升至2013年的2.4%。西部地区研发经费投入强度在0.5%到1%之间，最高投入强度为2013年的0.93%，但仍低于2006年东部地区研发经费投入0.74个百分点。东、西部地区在研发经费的投入差距

———————

①　研发经费外部支出总额包含了对境内研究机构支出、对境内高等学校支出、对境内企业支出以及对境外机构支出。

②　研发经费内部支出总额包含基础研究、应用研究和试验发展。

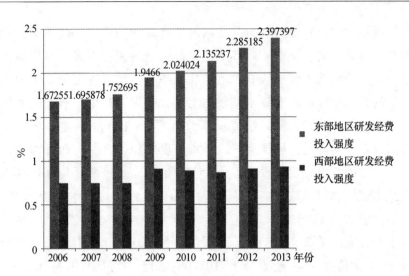

图4—3　分地区研发经费投入强度比较

资料来源:《中国科技统计年鉴》2014年。

一方面说明了东、西部地区对研发重视程度的差异，另一方面表现出东、西部地区对技术选择的路径不同，作为经济发展较好的东部地区拥有成熟的技术和较高的人力资本质量，能够通过研发创新推动当地的经济增长，而西部地区与东部地区存在技术差距，对技术的模仿与吸收是现阶段西部经济发展的技术选择，与之相匹配的人力资本类型为中级人力资本驱动，所以在研发经费投入中，东部远远高于西部。在研发经费的分析中，虽然东、西部发展呈现出不同的技术路径，对东、西部人力资本质量的要求也不尽相同，未来应在研发经费投入中逐步缩小东西部差距，增加西部地区高等人力资本的积累，使西部地区逐步走上由模仿吸收到自主创新的发展之路。

各地工业企业新产品开发和生产是一个地区研发成果的具体体现，2013年我国东部地区规模以上工业企业新产品开发项目254200项，新产品开发经费支出6801.25亿元，新产品销售收入达94434.49亿元，其中出口达到19209.91亿元。同期，西部地区规模以上工业企业新产品开发项目38533项，新产品开发经费支出877.96亿元，新产品销售收入达10480.67亿元，其中出口达到609.58亿元。东部地区新产品开发经费支出是西部地区的8倍多，东部地区在相同资金的投入上有更大的产出，一个地区工业企业新产品的开发体现当地的创新能力,东部地区对新产品的高投入伴随着高产出,高投入和高产出都从侧面反映了东部地区比西部地区拥有更多的高质量人力资本。同时,东、西部地区在这一比值上相差不大。很大程度是因为西部地区对新产品的开发往往在已有技术基础之上进行开发,减少了研发的费用和成本。注入研发技术的新产品能够带来高于投资很多的利润收益,能够给工业企业带来效益,这也是我国加大研发投资力度的原因之一。西部地区研发能力大小,一方面考虑经费的投入,另一方面也要立足于西部地区规模以上工业企业技术获取和技术改造能力,2013 年西部地区引进技术经费支出 57.73 亿元,消化吸收经费支出 22.86 亿元,购买国内技术经费支出 21.96 亿元,技术改造经费支出 762.21 亿元。而东部地区在 2013 年,引进技术经费支出 292.96 亿元,消化吸收经费支出 100.06 亿元,购买国内技术经费支出 158.17 亿元,技术改造经费支出 2194.46 亿元。由此可见,西部地区工业企业对技术获取和技术改造能力的投入远远落后于东部地区,人力资本质量低,对引进的高技术不能有效吸收促进经济增长,人力资本对技术的获取存在门槛效应是主要原因。

通过对研发因素的分析得出,不仅是在各项经费投入中西部地区与东部地区存在巨大差异,还在高技术人员数量上东、西部地区也相差悬殊。从各项研发经费投入的投入分析和从事科研人员数量及产品的产出分析都反映出我国东、西部地区人力资本质量的差异。同时,一个地区人力资本质量可以从该地区人员健康程度得出,通过对东、西部地区健康程度的比较,得出西部地区质量的相关结论。

一个地区的出生率、死亡率和平均寿命可以体现一个地区人口的健康程度。用上述三个指标对东、西部地区的人力资本健康水平进行刻画。

由图 4—4 可以得到,西部地区出生率自 2001 年以来不断下降,这与我国实施计划生育政策有关,在 2012 年,西部人口同东部人口都有一个小幅回升。东部地区出生率较为平缓,起伏不大,并没有因为人口基数大而出现高出生率,并且出生率始终低于西部地区。通过与人口的死亡率走势以及人口的净出生率走势进行对比,并对 2010 年度的人均寿命进行分析发现,与东部地区相比,西部地区人口呈现高出生率、高死亡率的特点,波动较大,这体现了西部地区人口的亚健康发展状态。西部地区人口死亡率高,可以间接反

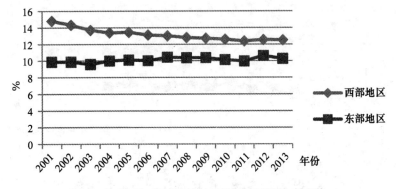

图 4—4　2001—2013 年东、西部地区出生率走势

资料来源:《中国统计年鉴》2014 年。

映出该地区在医疗水平方面落后于东部地区，从而反映西部地区人力资本质量相比不高。

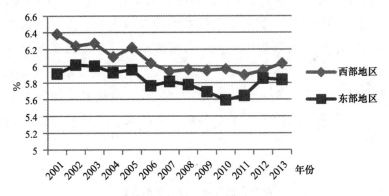

图 4—5　2001—2013 年东、西部地区死亡率走势

资料来源:《中国统计年鉴》2014 年。

东部地区 2010 年平均预期寿命 77.28 岁，其中平均预期寿命最大的为上海市，平均预期寿命为 80.26 岁，其次为北京市，平均预期寿命为 80.18 岁。而西部地区 2010 年平均预期寿命只有 72.62 岁，其中平均预期寿命最小的为西藏自治区，平均预期寿命只有 68.17 岁，与上海市、北京市相差 12 岁。一个地区经济发展水平高，意味着该地区拥有良好的医疗健康水平，同样，人力资本水平高的地区对健康、医疗更加重视，由此可以得出东部地区人力资

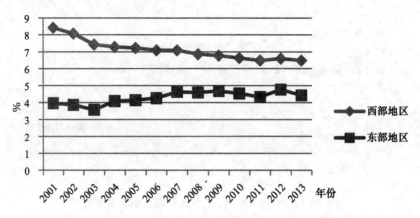

图4—6　2001—2013年东、西部地区人口净出生率走势

资料来源：《中国统计年鉴》2014年。

本健康水平即人力资本质量高于西部地区。

对东西部地区医疗卫生的比较通过每万人拥有卫生技术平均人数测算。2004年，东部地区每万人拥有卫生技术平均人数为538人，西部地区每万人拥有卫生技术平均人数为401人，东西部地区每万人拥有卫生技术平均人数相差137人；2011年，东部地区每万人拥有卫生技术平均人数为720人，西部地区同期为508人，两地相差212人。两地卫生技术人数的差距不断扩大，体现两地医疗卫生水平差距不断扩大，进而人力资本健康水平有一定差距。

表4—3　　　　　　　　　每万人拥有卫生技术平均人数　　　　　　　　　人

地区	2011年	2010年	2009年	2008年	2004年
东部地区	720	689	655	613	538
西部地区	508	481	465	423	401

资料来源：《中国统计年鉴》2005—2012年。

图4—7描述了2001—2013年东、西部地区医疗卫生机构床位数，东西部地区医疗卫生机构床位数在13年间都有较快的增长，但是东西部的差距没有减小。

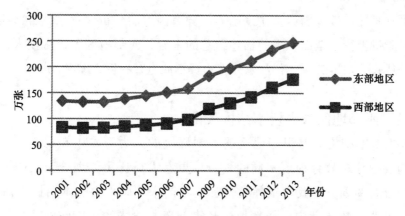

图4—7　2001—2013年东、西部地区医疗卫生机构床位数

资料来源:《中国统计年鉴》2014年。

图4—8描述了2001—2013年东、西部地区医疗卫生机构数,2008年之前,东西部地区水平相近,2009年出现急速增长,东西部地区差距变大。

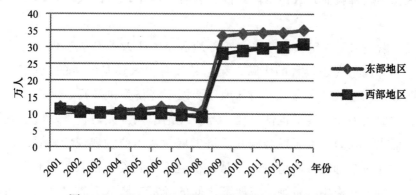

图4—8　2001—2013年东、西部地区医疗卫生机构数

资料来源:《中国统计年鉴》2014年。

通过对东西部地区每万人拥有卫生技术平均人数、医疗卫生机构床位数、医疗卫生机构数的比较,得出东西部地区医疗卫生水平还存在很大差距,医疗卫生投入较低也是导致西部地区死亡率较高的原因之一,以上指标共同反映了西部地区健康因素与东部地区的差距,体现了西部地区的人力资本质量较低。

本节通过对教育因素、研发因素、健康因素的分析，对东、西部地区人力资本质量进行了全面客观的描述，总的来看，西部地区无论从投入角度分析还是从收入角度分析，都与东部人力资本质量存在巨大差异。

三　西部地区人力资本结构失衡

人力资本结构能够很好地反映不同层次的人力资本内在比重。人力资本结构的划分有教育程度不同的划分、男女人员比重的划分和人力资本在三产中分布的划分。我们选择教育程度不同来刻画人力资本结构。在 2012 年年末就业人数统计中，西部地区从事初等教育人数为 1920547 人，中等教育人数为 2025504 人，高等教育人数为 472859 人，东部地区从事初等教育人数为 2134840 人，中等教育人数为 2928369 人，高等教育人数为 1014981 人。东部地区初等教育、中等教育、高等教育就业人员分别是西部地区同等教育就业人员的 1.11 倍、1.45 倍、2.15 倍。东部地区教育发展程度高，西部地区初等教育就业人数比例高于高等教育。两个地区的人力资本结构大不相同。

经济发展水平决定教育水平，东部地区得益于改革开放实现经济的快速飞跃，同时也实现了教育的飞跃，无论是教育投入还是学生的数量和质量，都将西部地区远远甩在身后。西部地区受限于经济发展滞后，教育投入相对较少，因此人力资本存量也低。现代经济理论中强调人力资本对经济发展的作用，低水平人力资本无疑会制约经济发展。从当前发展现状来看，西部地区正在发起对东部地区的追赶。但是，在追求物质资本投入的同时，也不能忽略人力资本的作用，否则，东西部之间的经济差距只会越来越大。西部地区要实现产业优化升级、加快城镇化进程、发展知识经济、促进经济转型和产业结构调整，就必须重视人力资本建设。事实上，在改革开放初期，东西部地区人力资本差距并不明显，但是随着沿海地区的快速发展，东西部人力资本存量以及结构差异越来越大。

通过 2012 年东西部地区在校人数的比较，可以看出东西部人力资本构成的差异。东部地区高等教育在校生人数为 947.5 万，占总人口数的 1.87%；西部地区高等教育在校生人数为 472.4 万，占总人口数的 1.56%；在高等教育方面，无论从绝对数还是占人口比重，都差距很大。东部地区中等教育高中在校生人数为 841.9 万，占总人口数的 1.66%；西部地区中等教育高中在校生人数为 609.2 万，占总人口数的 2.0%；西部地区绝对数与东部地区差232.7 万人，但是在人口占比上超越了东部地区。东部地区中等教育中职在校生人数为 603.4 万，占总人口数的 1.19%；西部地区中等教育中职在校生人数为 417.8 人，占总人口数的 1.38%；东部地区初等教育小学在校生人数为 3190.6 万，占总人口数的 6.28%；西部地区初等教育小学在校生人数为239.73 人，占总人口数的 7.9%；由初等教育可以看出，西部地区的初等教育比例远远高于高等教育比例。西部地区中等在校生人数比例高于东部地区。

表 4—4　　　　　　　　2005 年各级学校在校生人数及比例

地区	人口数 十万人	普通高等学校		中等职业学校		普通高中		普通小学	
		学生数 十万人	比例 %	学生数 十万人	比例 %	学生数 十万人	比例 %	学生数 十万人	比例 %
东部	4631.73	64.45	1.39	53.60	1.16	87.29	1.88	346.64	7.48
西部	2993.08	27.65	0.92	24.86	0.83	51.56	1.72	292.81	9.78

资料来源：《中国统计年鉴》2006 年。

　　表 4—4、表 4—5 比较 2005 年和 2012 年各级学校在校生人数及比例可以看出，西部地区在初、中等教育的人数高于高等教育人数。当把这一数据细化发现，在教育方面，西部地区与东部地区仍有很大的差距。

表 4—5　　　　　　　　2012 年各级学校在校生人数及比例

地区	人口数 十万人	普通高等学校		中等职业学校		普通高中		普通小学	
		学生数 十万人	比例 %	学生数 十万人	比例 %	学生数 十万人	比例 %	学生数 十万人	比例 %
东部	5077.27	94.75	1.87	60.34	1.19	84.19	1.66	319.06	6.28
西部	3035.67	47.24	1.56	41.78	1.38	60.92	2	239.73	7.9

资料来源：《中国统计年鉴》2013 年。

　　表4—7是2012年我国东西部地区受教育程度的比较，东部地区人口总量是西部地区的1.3倍，未上学、上小学、上初中、上高中及大专及以上比重占人口比重分别是2%、22%、39%、14%、12%；西部地区分别为6%、31%、34%、13%、8%。横向看，西部地区受教育程度在绝对数上存在差异，但从结构上来看，初、中等教育比重高、高等教育比重低，这一受教育程度结构，能否促进我国西部地区经济增长将在下一章展开讨论。纵向看，与2002年比，我国西部地区受教育程度有了较大的提高，不论是绝对数的增长还是占人口比重的比例，都有很大的提升。在十年的发展中，不断缩小与东部地区的差距。

表4—6　　　　　　　　　2002年东、西部地区教育程度比较

地区	人口数 千人	6岁及以上 人口及比例%		未上过学 人口及比例%		小学人口及比例%	
东部	475436	448186	94.27	400010	84.14	142112	29.89
西部	362758	336093	92.65	45154	12.45	132611	36.56
地区	人口数 千人	初中人口及比例%		6岁及以上高中 人口及比例%		6岁及以上大专 人口及比例%	
东部	475436	17585	3.70	75560	15.89	26387	5.55
西部	362758	109600	30.21	35679	9.84	13051	3.60

资料来源：《中国统计年鉴》2003年。

表4—7　　　　　　　　　2012年东、西部地区教育程度比较

地区	人口数 千人	6岁及以上人口 及比例%		未上过学人口 及比例%		小学人口及 比例%	
东部	466004	436607	93.69	9530	2.05	102318	21.96
西部	303946	281826	92.72	19719	6.49	93528	30.77
地区	人口数 千人	初中人口及比例%		6岁及以上高中 人口及比例%		6岁及以上大专 人口及比例%	
东部	466004	183167	39.31	63829	13.70	56035	12.02
西部	303946	104368	34.34	38639	12.71	25575	8.41

资料来源：《中国统计年鉴》2013年。

表4—9是2012年东西部地区15岁及以上文盲人口的比较（同样抽比0.831‰），与2002年相比，文盲人口比重下降了8.39%，与东部地区的5.17个百分点的差距下降到2.77个百分点。由此可以看到，近两年西部地区教育普及度有所提升，初等教育普及度不断提高，为经济发展储备了初等人力资本积累。

表4—8　　　　　　　　　　2002年东、西部15岁及以上文盲人口

地区	15岁及以上人口万人	文盲人口万人	15岁及以上人口的文盲比%
东部	34842.45	3488.64	10.01
西部	23363.92	3547.58	15.18

资料来源：《中国统计年鉴》2003年。

表4—9　　　　　　　　　　2012年东、西部15岁及以上文盲人口

地区	15岁及以上人口万人	文盲人口万人	15岁及以上人口的文盲比%
东部	36192.64	1455.55	4.02
西部	20708.75	1406.25	6.79

资料来源：《中国统计鉴》2013年。

通过对东、西部地区间就业人员受教育程度、不同层次在校生人数、6岁及以上人口受教育程度以及15岁及以上文盲人口比重的比较分析可以看出，东部地区就业人员知识结构优于西部地区，东部地区各级教育在校生人员结构更加合理。东部人力资本受教育程度高于西部且西部地区的文盲比重远远高于东部。东、西部教育在高等教育方面差距还是很大，但是在初、中等教育方面，西部呈现不断提高之势，逐渐缩小与东部地区的绝对差距。教育普及度不断提高，为经济发展储备了初级和中级人力资本。

四　西部地区人力资本积累不足

基于前人的分析和研究可知：西部地区人力资本水平不足，投资积累相对缓慢。人力资本的积累体现为人的知识技能水平的提升，而知识技能则是通过学习获取，学习可以分为生产过程中的学习和非生产过程中的学习，所

以生产过程中的"干中学""知识外溢"和非生产过程中的知识储备型教育对人力资本的积累起到决定性作用。知识储备型教育、产业集群是形成人力资本的重要方式，因此我们主要是从知识储备型教育和产业集群视角来分析西部地区人力资本现状。

（一）基于知识储备型教育的人力资本积累

知识储备型教育是人力资本积累的方式之一。知识储备型教育的类型多样，各国对知识储备型教育的认识也不同。

1. 知识储备型教育的划分形式

知识储备型教育是一种非生产性、有成本的教育。我们把知识储备型教育划分为知识储备型的家庭教育和正规的在校教育。

（1）知识储备型的家庭教育。人一出生就具备了知识储备的功能，知识储备型教育一开始来源于家庭。家庭教育促进人力资本的积累，家庭教育具有许多其他教育没有的优点，家庭教育不须花费过多的实物成本，它花费的更多是机会成本。家庭教育是通过父母或者家庭其他成员的无形言教来进行，它不受经济基础的制约。

（2）知识储备型教育的正规在校教育。正规的在校教育是继承家庭教育后的知识储备的重要方式，正规在校教育和家庭教育基本包括了整个的知识储备型教育。正规的在校教育包括初等在校教育、中等在校教育和高等在校教育三种形式。初等教育和中等教育主要是侧重对基础知识文化的学习和掌握，所以这里对初等教育和中等教育归为一个层次，初等教育和中等教育为后续的教育提供理论基础。完成初、中等在校教育之后，一部分人会进入高校进行深造，另一部分则会选择就业。进入高校教育的人接受更系统的学习，其专业知识技能将会取得更大的提高，进而促进人力资本的积累。而选择就业的人群则会处于"干中学"的环境，这样也将促进人力资本的积累。

2. 知识储备型教育对人力资本积累的作用

知识储备型教育是人力资本积累的重要途径，知识储备教育对人力资本积累具有较强的促进作用，从前人的研究可知：知识储备型教育也是人力资本理论的一个中心，它是人力资本积累研究中较为完善的一种方式。

知识储备型教育分为家庭教育与正规的在校教育，本书在分析知识储备型教育对人力资本积累的研究中，由于家庭教育形式较为复杂，所以主要是分析正规的在校教育对人力资本积累的影响。正规的在校教育可以分为三个层次：初等教育、中等教育和高等教育，因此正规的在校教育对人力资本积累的作用主要体现在初、中等教育和高等教育对人力资本的影响。

初、中等在校教育对人力资本积累的影响体现在：初、中等在校教育提高了人们知识技能存量，促进了人力资本的积累，进而为学习掌握更多的知识技能奠定基础，加快了人力资本的增长速度。

高等教育对人力资本的影响在于，首先高等教育为人们提供了更加系统的思维方式和学习技巧，知识技能越来越深入，专业化和理论化的学习促进了人力资本积累速度的加快。其次，高等在校教育为人们提供了更多、更好的直接教育机会，教师的能力更加专业，因此系统化地促进人力资本积累速度的提升。

3. 西部地区知识储备型教育现状

为了更好地定量分析西部地区的教育水平，我们主要是从在校教育（初等在校教育、中等在校教育和高等在校教育）来分析西部地区知识储备型教育的现状和发展趋势。知识储备型教育是知识积累的基础，而地区知识储备型教育发展水平高低的依据有许多方面，基于《中国统计年鉴》及各地区统计年鉴的数据来定量对比分析西部地区知识储备型教育发展水平，主要是从在校老师数量、在校学生数和教育经费情况三个方面来分析西部地区知识储备型教育的发展状况。

在校学生数、在校老师数和教育经费是衡量区域内知识储备型教育的关键因素。初等教育、中等教育和高等教育是知识储备型教育在不同层次上的不同体现形式。所以在校学生数、在校老师数和教育经费的数据主要是体现在这三个方面。为了统计的方便，知识储备型阶段是以小学教育到高等大学教育为主。根据各省统计年鉴可知近十年来，从这些方面来反映西部地区知识储备型教育发展趋势。

西部地区在校生总人数呈现平稳趋势，而全国在校学生数比重则先呈上升趋势，后呈下降趋势（见图4—9）。西部地区在校学生数与全国相比呈现不稳定趋势。但是从与全国在校学生数比重份额数来看，这些年基本保持在

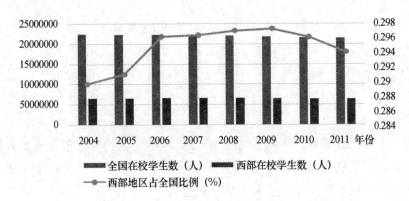

图4—9 2004—2011 年西部地区与全国在校学生人数情况

资料来源:《中国统计年鉴》。

29%左右,在校学生数所占比重不足,西部地区在校学生数规模有限,教育力度欠缺。

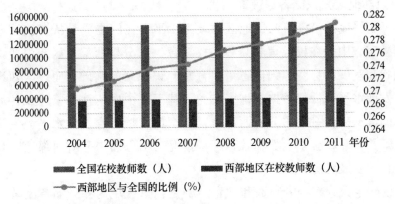

图4—10 2004—2011 年西部地区与全国在校教师人数情况

资料来源:《中国统计年鉴》。

西部地区在校教师数呈现上升趋势;全国在校教师数 2004—2010 年呈现上升趋势,之后 2011 年教师数下降,增长趋势不稳定;西部地区在校教师数与全国比重逐年增加,但是比重不高,一般保持在 27% ~ 28%。所以西部地区在校教师资源不足,须进一步加大西部教师资源,提升西部地区教育力度。

西部地区教育经费从 2003—2010 年逐年增长,增长幅度也较大;全国教

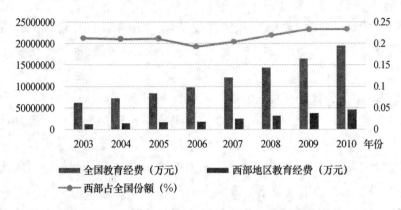

图4—11 2004—2010年西部地区与全国教育经费情况

资料来源：《中国统计年鉴》和《地区统计年鉴》。

育经费也逐年增长，从2003年到2010年基本翻了两番，增长趋势较大；西部地区地区教育经费占全国比重呈现先下降后上升趋势，但是教育经费还未达到全国水平的1/4，教育经费支出须进一步加大。

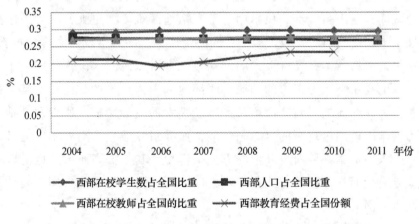

图4—12 2004—2011年西部地区与全国教育状况比重

资料来源：《中国统计年鉴》和《地区统计年鉴》。

西部地区在校学生数比重始终高于西部地区人口比重；西部地区在校教师数比重是先高于西部地区人口比重，后低于西部地区人口比重；西部地区教育经费比重始终低于西部地区人口比重，教育经费支出不足；西部地区在校学生数、在校教师数和教育经费基本是呈现递增趋势，但占全国比重不高，基本处于20%的水平，教育势头良好，但教育处于明显不足的地位。

4. 知识储备型教育视角下的西部人力资本积累

从上述西部地区知识储备型教育状况进行对比分析可知：西部地区教育投入不断加大，但是整体水平不及全国平均水平，西部地区知识储备型教育的投资力度还有待于进一步加大。从非生产性的知识储备型教育对人力资本积累的作用可知：知识储备型教育是人力资本积累的重要方式之一，由于西部地区知识储备型教育水平不足，且远落后于全国平均水平，致使通过非生产性的知识储备型教育形成的人力资本水平不足。

（二）基于西部地区产业集群的人力资本现状

产业集群是人力资本积累的重要方式之一。产业集群所营造的"干中学"和"知识外溢"环境能够促进人力资本的积累。

1. 西部地区产业集聚对人力资本积累的作用

非生产性的知识储备型教育是形成人力资本的主要方式，而对于落后的西部地区而言，人力资本的积累相对于富裕地区难度要更大，落后地区的经济发展水平制约着对教育投资规模；同时由于大量的资金投入高等学校教育，而高水平的人力资本又具有极大的流动性，富裕地区的区位优势促使了西部地区培育的高水平人力资本的外流。西部地区人力资本的外流，尤其是高水平创新型人才的流失对其经济增长产生了极大的负面影响。所以西部地区积累人力资本应该通过自身的努力来完成，而吸引专业化人力资本，尤其是引进高水平人力资本则要通过其他的方式来实现，其中提高西部地区的产业集聚规模是有效而又便捷的方式，产业集群对人力资本积累的作用主要体现在以下两个方面。

（1）产业集聚对各类的人力资本积累具有引力作用。首先，西部地区产业集群将吸引大量的基础人力资本。西部地区在形成产业集聚的过程中，形成了区域产业整体的竞争优势；较强的产业竞争优势又会刺激各种要素进入西部地区产业集聚区的核心和相关产业，东部沿海富裕地区物质资本的流入使得西部地区产业集聚区内的社会物质资本总量增加，相应节约了区内企业的私人成本，而产业集聚的地域性和不可模仿性使区外要素、企业只有流入落后地区的产业集聚区内才能享有集聚带来的竞争优势。所以，西部地区的产业集聚可以促使各种资本、各种专利及技术大量流入，资本的流入为西部地区创造了更多的就业机会。这对于人力资本，尤其是基础人力资本的吸引力是巨大的。

其次，西部地区产业集聚对专业化人力资本的吸引也具有吸水泵的作用。在产业集聚初期，良好的创业环境有利于专业化人力资本，尤其是高水平人力资本的创业。而产业集聚到一定的规模后，就会对人力资本产生极化效应，如同磁场一般吸纳区外的各种人力资本。随着集聚规模的扩大，伴随分工深化而来的创业机会的增加，生产分工的专业化趋势的加强，必然吸引更多专业化人力资本尤其是高水平人力资本的流入。经验表明，产业集聚发展到一定规模后就会集聚大量的专业化人力资本，大批高水平人力资本的流入和由此产生的经营活动还可以派生出对各种服务的需求。产业集聚的扩大还使得集聚区内形成完善的基础设施，方便的各种服务业和良好的工作生活环境，这也会对专业化的人力资本形成强大的吸引力。因此，在产业集聚的吸引下，西部地区在产业集聚区内就会形成一个人力资本蓄水池，各种层次的人力资本在集聚区内共同努力、勤奋工作，对落后地区的经济增长起着至关重要的作用。

（2）"知识外溢""干中学"在产业集聚中提高人力资本水平的作用。知识会在实际生活中逐渐积累，劳动者可以不通过正规和非正规的学校教育，以不脱离工作而通过职业训练、学徒的方式也可以积累工作经验，形成人力资本。西部地区由于经济发展落后，对教育普遍缺乏资金的支持，从而限制了当地人力资本水平的提高。所以，在西部地区许多人并不能从正规教育中获取足够的知识，但是西部地区通过产业集聚却可以大大提高"知识外溢"水平、改善"干中学"环境，从而促进西部地区人力资本的积累。

由于西部地区产业的集群发展，同一产业或相关产业的企业集聚在一起，在西部地区会营造起良好的地方产业氛围，激发身处其中的人的求知欲望，使得他们对该产业的相关知识与信息保持高度敏感性。西部地区的人由于在集聚区内的各种企业中进行工作，在工作过程中不断进行摸索，对于生产中出现的问题经常进行探讨，就会逐渐提升了劳动者自身的素质和生产技术水平，开阔了视野，提升了各自的学习能力。"知识外溢"为"干中学"环境提供良好的外部资源，而"干中学"又会进一步促进西部地区人力资本积累。

2. 西部地区产业集群发展现状

随着西部大开发的进一步拓展，近些年来，西部地区不断加大产业结构的调整，充分利用西部地区的资源优势，形成了一些较有特色的产业集群。以下是西部地区具有代表性的产业集群：四川省德阳市的装备机械业的产业集群；重庆市的摩托车产业集群；陕西省西安市的电子信息和航空航天制造产业集群；新疆维吾尔自治区克拉玛依市和乌鲁木齐市的石油化工产业集群；四川省宜宾市及贵州省仁怀市的酒产业集群；云南省的烟草产业集群；内蒙古自治区的羊绒加工和乳品产业集群等，其中以成都市、重庆市和西安市为代表的西部发达地区的产业集群规模具有较好的发展态势。虽然目前西部地区产业集群发展势头良好，但是与东部地区相比，还有较大的差距。

（1）东西部产业集群数量存在较大差距。根据传统制造业集群的区域分布状况统计，区域内的行业产量占全国该行业产量的比重前十位的区域为产业集群区，东部和西部地区的产业集群数量比例约为 26∶3①，西部地区的产业集群数量远远不及东部。

（2）东西部产业集群发展水平存在较大差距。选取区位熵值对各地区的相对优势产业进行比较，区位熵值大于 1 的优势产业分布在东部和西部地区的比例约为 2∶1.2，西部地区优势产业发展不及东部地区，且东部地区的优势产业种类多样，包含了从技术含量低的初级产品加工到技术含量较高的产业。而西部地区的优势产业主要为资源初加工的产业，如农产品加工业、烟草加工业、矿产采选加工业，这些行业大多为资源依赖型产业。

从总体上看，虽然西部地区产业集群发展相对于东部沿海地区存在较大差距，西部地区产业集群还处于初级阶段，不够成熟，并且区域产业集群发展极不平衡。一是产业集群的数量上不平衡，东部地区比西部地区多得多；二是产业集群发展的质量不平衡，东部地区比西部地区好得多。所以西部地区应该抓住新一轮西部大开发的机遇，突出重点，提升优势，进一步促使西

---

① 数据根据《2008 中国产业集群发展报告》整理。

部地区的产业布局朝着健康有序的产业集群方向发展。

西部地区产业集群发展势头较好，具有极好的发展机遇，但是相对东部沿海地区来说，还存在相当大的差距。从产业集群对人力资本积累的作用看，产业集群发展会直接促使人力资本的积累，也可以通过"知识外溢""干中学"环境的营造间接提升区域内人力资本的积累。由于西部地区产业集群发展水平远远落后于东部沿海地区，致使通过产业集群积累的人力资本在一定程度上也不及东部沿海地区。

五 西部地区技术创新能力相对较弱

区域技术创新能力作为区域创新及经济增长的源泉和着力点，对促进区域内产业优化、结构升级起着重要的作用，其高低直接影响着区域经济的发展和竞争的实力。

（一）从技术创新评价指标体系看，西部地区的技术创新能力远低于东部和中部地区

我们借鉴前人的研究成果，充分考虑区域间的差异，参考陈艳艳[1]及李晓露、周志方[2]的评价体系，确定选取 21 个指标建立技术创新能力评价体系。区域技术创新能力评价指标体系见表 4—10：

表 4—10　　　　　　　西部地区技术创新力评价指标体系

选取的指标	指标单位	指标符号
政府财政支出	亿元	x_1
社会固定资产投资	亿元	x_2
居民消费水平	元	x_3
高科技企业数	个	x_4
研发机构数	个	x_5

---

[1] 陈艳艳：《基于因子分析模型的区域技术创新能力体系评价及地域差异化研究》，《软科学》2006 年第 3 期。

[2] 李晓露、周志方：《我国区域技术创新能力体系评价及提升——基于因子分析法的模型构建与实证检验》，《科学管理研究》2006 年第 2 期。

选取的指标	指标单位	指标符号
高等院校数	个	x_6
研发经费支出	亿元	x_7
发明专利申请授权数	项	x_8
国际科技论文数	篇	x_9
技术市场成交额	亿元	x_{10}
技术市场技术流向地域合同金额	亿元	x_{11}
外商投资企业个数	个	x_{12}
规模以上工业企业研发项目人员数	人	x_{13}
规模以上工业企业研发项目经费支出	亿元	x_{14}
规模以上工业企业技术改造经费支出	亿元	x_{15}
规模以上工业企业新产品产值	亿元	x_{16}
高科技产业总产值	亿元	x_{17}
高科技产业总产值占生产总值比重	%	x_{18}
人均地区生产总值	元	x_{19}
城镇就业人员平均工资	元	x_{20}
城镇居民登记就业率	%	x_{21}

在指标数据的选取上，由于西藏自治区指标数据的不完整，因此选取了中国 30 个省市区的统计数据来分析，资料来源于《2010 年中国统计年鉴》和《2010 年中国科技统计年鉴》，运用 SPSS16.0 软件对数据进行整理分析。首先得到 21 个指标之间的相关系数，相关系数的结果表明，它们之间的相关系数都较大，适合做因子分析。KMO 经验值为 0.761，一般认为 KMO 的值大于 0.7 时，各指标做因子分析效果较好。运用主成分分析法进行主成分提取，前三个主成分的特征值都大于 1，第一个主成分解释了变量总方差的61.18%，前三个主成分解释了变量总方差的 88.85%，可以得出，用前三个主成分作为公共因子是合适的。通过旋转后的因子负荷矩阵可得：x_4、x_7、x_{12}、x_{13}、x_{14}、x_{16}、x_{17} 及 x_{18} 及在第一公因子上的载荷较高；x_3、x_8、x_9、x_{10}、x_{11}、x_{19}、x_{20} 及 x_{21} 在第二公因子上的载荷较高；x_1、x_2、x_5、x_6 及 x_{15} 在第三公因子上载荷较高。根据指标内容，设第一公因子为企业创新因子，第二公

因子为创新绩效因子，第三公因子为创新支持因子。最后进行因子评分，以各主因子的贡献率为权重计算区域技术创新能力的综合评分公式：$F = 0.3596F_1 + 0.3385F_2 + 0.1904F_3$。

表4—11　　　　2010年各地区技术创新能力因子得分
和技术创新能力综合得分排名

地区	省份	F_1	排名	F_2	排名	F_3	排名	F	排名
东部	北京	0.1874	6	3.9672	1	0.9874	6	1.5982	3
	天津	0.1708	7	0.6503	4	-0.7855	23	0.132	8
	河北	-0.3975	15	-0.4093	18	0.4376	11	-0.1982	15
	上海	1.0475	5	2.2061	2	0.0275	13	1.1287	4
	江苏	3.0492	2	0.6157	5	2.3792	1	1.7578	2
	浙江	1.2939	3	0.513	6	0.7102	9	0.7741	6
	福建	0.1524	8	-0.1989	10	-0.286	19	-0.067	11
	山东	1.1937	4	0.1484	7	1.9988	2	0.86	5
	广东	3.6279	1	1.0807	3	1.4922	3	1.9545	1
	海南	-0.7411	27	-0.6099	28	-1.7898	28	-0.8137	30
东北	辽宁	0.0148	9	0.1174	8	1.0176	5	0.2388	7
	吉林	-0.4021	16	-0.3646	17	-0.4849	20	-0.3603	18
	黑龙江	-0.5652	20	-0.4178	20	0.0268	14	-0.3396	17
中部	山西	-0.5682	21	-0.4278	21	-0.0684	15	-0.3622	19
	安徽	-0.3446	14	-0.3591	16	0.2858	12	-0.1911	14
	江西	-0.4104	17	-0.5684	25	-0.2626	18	-0.3899	20
	河南	-0.2212	12	-0.4116	19	0.7769	8	-0.071	12
	湖北	-0.2011	11	-0.1896	9	0.7978	7	0.0154	10
	湖南	-0.303	13	-0.3461	14	0.5916	10	-0.1135	13
西部	内蒙古	-0.6451	24	-0.2313	12	-0.491	21	-0.4037	21
	广西	-0.5838	22	-0.5701	26	-0.2052	17	-0.442	22
	重庆	-0.4657	19	-0.3517	15	-1.0198	27	-0.4806	23
	四川	-0.1388	10	-0.3104	13	1.1117	4	0.0567	9
	贵州	-0.6243	23	-0.639	30	-0.9287	24	-0.6176	26
	云南	-0.6911	25	-0.6225	29	-0.6058	22	-0.5745	24

续表

地区	省份	F_1	排名	F_2	排名	F_3	排名	F	排名
西部	陕西	-0.4532	18	-0.2221	11	-0.0839	16	-0.2541	16
	甘肃	-0.7149	26	-0.4983	23	-0.9575	25	-0.608	25
	青海	-0.7652	30	-0.4763	22	-1.8964	30	-0.7994	29
	宁夏	-0.7446	28	-0.5002	24	-1.7981	29	-0.7794	28
	新疆	-0.7564	29	-0.574	27	-0.9773	26	-0.6523	27

从表4—11可以看出，西部地区技术创新能力严重不足，除了四川省外，其余地区的技术创新排名都处于落后位置。技术创新能力排名在后十位的都是西部省份。西部地区技术创新能力与东部相比存在很大的差距，不论是企业创新因子、创新绩效因子、还是创新支持因子，西部地区省份的各项因子得分排名均靠后，说明西部技术创新能力较弱，与东部地区相比还存在很大的差距。

（二）从专利衡量的技术创新能力看，西部地区的技术创新能力也远低于东部地区

以劳动就业人口衡量的专利数对比看，从西部大开发实施的1998年到2013年，西部地区的劳均专利数从0.64件提高到11.44件，年均增长21.13%，增长速度高于中部（18.49%），也高于东部（20.61%），说明西部开发对西部地区的技术创新力增强产生了一定的作用，西部地区的技术创新能力增强的步伐加快，但西部地区的技术创新能力还远低于东部地区，2013年西部12省（区、市）平均为11.44件，远低于东部11省（市）平均的50.77件（见图4—13），东部地区平均是西部地区的4.44倍，差距很大。

其中：西部地区的劳均发明专利数从1998年的0.12件提高到2013年的4.23件，年均增长26.56%，增长速度高于中部（23.10%），接近东部（26.78%），说明西部开发对西部地区的技术创新力增强产生了一定的作用，西部地区的技术创新能力增强的步伐加快，但西部地区的技术创新能力还远低于东部地区，2013年西部12省（区、市）平均为4.23件，远低于东部11省（市）平均的18.16件（见图4—14），东部地区平均是西部地区的4.29倍，差距很大。

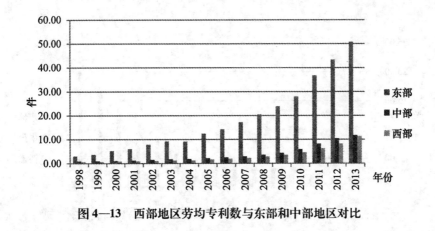

图4—13 西部地区劳均专利数与东部和中部地区对比

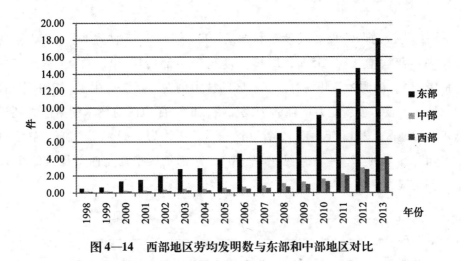

图4—14 西部地区劳均发明数与东部和中部地区对比

西部地区的劳均新型实用专利数从 1998 年的 0.38 件提高到 2013 年的 5.09 件，年均增长 18.97%，增长速度高于中部（16.47%），也略高于东部（18.86%），说明西部开发对西部地区的技术创新力增强产生了一定的作用，西部地区的技术创新能力增强的步伐加快，但西部地区的技术创新能力还远低于东部地区，2013 年西部 12 省（区、市）平均为 5.09 件，远低于东部 11 省（市）平均的 20.39 件（见图4—15），东部地区平均是西部地区的 4 倍，差距很大。

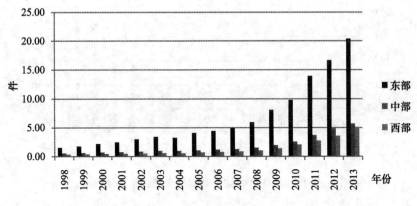

图4—15　西部地区劳均新型实用专利数与东部和中部地区对比

西部地区的劳均外观设计专利数从1998年的0.15件提高到2013年的2.11件，年均增长19.55%，增长速度高于中部（18.32%），也高于东部（18.08%），说明西部开发对西部地区的技术创新力增强产生了一定的作用，西部地区的技术创新能力增强的步伐加快，但西部地区的技术创新能力还远低于东部地区，2013年西部12省（区、市）平均为2.11件，远低于东部11省（市）平均的12.24件（见图4—16），东部地区平均是西部地区的5.79倍，差距很大。

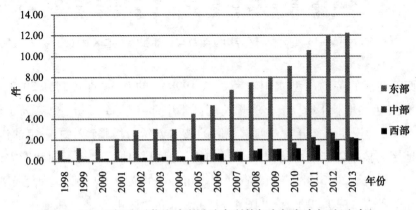

图4—16　西部地区劳均外观设计专利数与东部和中部地区对比

因此，无论是构建指标体系衡量的技术创新能力，还是从发明、新型实用和外观设计专利衡量的技术创新能力，都直观反映出西部地区技术创新能力还与东部地区具有很大差距，西部地区技术创新能力弱的现实问题十分严峻。

第三节　理论模型：人力资本、技术创新与经济增长

人力资本积累是一种能量的积累，这种能量积累一旦达到相当程度并得以释放，则会产生出技术创新和生产率的提高。人力资本是增强西部地区技术创新能力、提升西部地区核心竞争力、实现西部地区社会经济持续稳定发展的核心要素之一。

舒尔茨将人的能力分为创造能力、学习能力、完成有意义工作的能力、进行文娱和体育的能力和应付非均衡的能力。舒尔茨认为，体现在人身上的这种能力是通过对人的教育、培训、保健、医疗等方面投资形成的[1]。因此我们认为人力资本积累对技术创新能力的作用主要可划分为两种类型：内在知识储备型教育对技术创新进步率提升作用和产业集群对技术创新扩散的作用。若将人力资本积累的路径划分为生产过程中的人力资本积累和非生产过程中的人力资本积累，非生产性知识储备型教育对西部技术创新能力增强的动态累积效应，而生产性的产业集群中"知识溢出"和"干中学"对技术创新能力扩散具有内在深化机制。

一　人力资本、技术创新与经济增长

综观人类经济史，不难发现，每一次经济发展水平的提高都伴随着科学和技术的进步，技术进步在经济增长中一直发挥着重要的作用，要保持持续增长，必须具有先进的技术，而人力资本是影响技术进步的一个重要因素。教育投资能够使人通过知识、信息、观念和思维方法等内容的传播和学习，不仅丰富人们的知识，同时还提高和增强了人们解决问题的能力和素质，是

---

① Schultz, T. W, "Investment in Human Capital", *American Economic Review*, Vol. 51, 1961.

人力资本形成的重要途径，这里我们把通过教育投资形成的人力资本称为教育人力资本，尝试从内生增长理论出发，探讨人力资本对技术创新进而对经济增长的作用。

（一）基本框架

参照 Romer[①] 的人力资本模型，我们在该模型的基础上构建包含人力资本和知识创新的内生增长模型。经济中包含四种要素投入：资本、劳动、竞争性人力资本和非竞争性技术存量；经济中包含三个部门：最终产品生产部门、中间产品生产部门和研发部门。假定：人力资本在研发部门和最终产品生产部门分配使用，中间产品生产部门不使用人力资本；研发部门不需要投入物质资本和劳动，中间产品生产部门也不需要劳动，劳动力全部用于最终产品的生产；最终产品生产部门和研发部门均使用全部技术存量进行各自的生产。

1. 最终产品生产部门

最终产品生产部门通过经济中分配的人力资本以及雇佣劳动和中间产品来进行最终产品的生产，中间产品用资本来生产，并假设生产一单位中间产品需要从市场上租赁一单位的资本品，最终产品生产部门是完全竞争的，假设最终产品生产部门采用扩展的柯布－道格拉斯生产函数进行生产：

$$Y = \eta\, H_Y^\alpha L^\beta \int_0^A x(i)^\gamma di \qquad (4.3-1)$$

式中，Y 代表产出水平，η 代表最终产品生产的全要素生产率参数，H_Y 代表配备到最终产品生产部门的人力资本存量，L 代表经济中的劳动力数量，$x(i)$ 代表第 i 种中间产品的投入量，$\eta \int_0^A H_Y^\alpha L^\beta x(i)^\gamma di$ 表示以单位价格衡量的最终产品生产部门的总收入，最终产品部门的生产目标为：

$$\max \int_0^A \left[\eta H_Y^\alpha L^\beta x(i)^\gamma - p(i)x(i) \right] di \qquad (4.3-2)$$

式中，$p(i)$ 表示第 i 种中间产品的价格，$\int_0^A p(i)x(i)di$ 表示购买中间产品

① Romer, P., "Endogenous Technological Change", *Journal of Political Economy*, Vol. 98, No. 5, 1990.

的成本。求解该目标的优化问题，可以得到：

$$p(i) = \gamma \eta H_Y^\alpha L^\beta x(i)^{\gamma-1} \tag{4.3-3}$$

2. 中间产品生产部门

中间产品部门由一系列具有垄断势力厂商组成，他们的目标是：

$$\pi = \max[p(i)x(i) - rx(i)] \tag{4.3-4}$$

对式（4.3-4）求解优化得到：

$$r = \eta \gamma^2 H_Y^\alpha L^\beta x(i)^{\gamma-1} \tag{4.3-5}$$

将方程式（4.3-3）和式（4.3-5）代入中间产品的利润最大化等式（4.3-4），得到中间产品的利润为：

$$\pi = \eta(\gamma - \gamma^2) H_Y^\alpha L^\beta x(i)^\gamma \tag{4.3-6}$$

3. 研发部门

研发部门通过配备的人力资本和经济中已有的技术存量生产新技术，新技术研发函数设定为：

$$\dot{A} = \delta A^\theta H_A^\varphi \tag{4.3-7}$$

式（4.3-7）中，$\dot{A}$ 代表新研发的技术，δ 代表技术生产率参数，A 代表经济中的技术存量，H_A 代表配备到研发部门的人力资本存量。

研发出的技术价格为：

$$P_A(t) = \int_t^{+\infty} \pi(t) e^{-\int_t^\tau r(s)ds} d\tau \tag{4.3-8}$$

4. 家庭

$$\max \int_0^{+\infty} \ln C e^{-\rho t} dt \tag{4.3-9}$$

约束条件为：

$$\dot{K} = rK + W_H H + W_L L + \int_0^A \pi_i di - P_A \dot{A} - C \tag{4.3-10}$$

式（4.3-10）中，r、W_H、W_L 分别代表物质资本的租赁价格、人力资本报酬率和劳动的报酬率，H 代表经济中的人力资本存量，且 $H = H_A + H_Y$。定义现值的汉密尔顿方程：

$$F = \ln C + \lambda(rK + W_H H + W_L L + \int_0^A \pi_i di - P_A \dot{A} - C) \tag{4.3-11}$$

一阶条件、欧拉方程和横截面条件分别为：

$$\frac{\partial F}{\partial C} = \frac{1}{C} - \lambda = 0 \qquad (4.3 - 12)$$

$$\dot{\lambda} = \rho\lambda - \frac{\partial F}{\partial K} = \rho\lambda - \lambda r \qquad (4.3 - 13)$$

$$\lim_{t \to +\infty} \lambda K e^{-\rho t} = 0 \qquad (4.3 - 14)$$

由一阶条件和欧拉方程得到：

$$\frac{\dot{C}}{C} = r - \rho \qquad (4.3 - 15)$$

(二) 均衡求解

资本市场出清时，家庭部门对资本的供给总量等于中间产品部门对资本的需求总量，在市场均衡状态下，最终产品部门对中间产品的需求量相同，并且具有对称性，因此有：

$$K = \int_0^A x(i)\,di = Ax \qquad (4.3 - 16)$$

在均衡增长中，C、K、Y 和 A 的增长率相同，假设为 g，那么：

$$g = \frac{\dot{C}}{C} = \frac{\dot{Y}}{Y} = \frac{\dot{K}}{K} = \frac{\dot{A}}{A} \qquad (4.3 - 17)$$

将式（4.3 - 16）代入式（4.3 - 1）式得到：

$$Y = \eta\, H_Y^\alpha L^\beta A\, x^\gamma = \eta\, H_Y^\alpha L^\beta A^{1-\gamma} K^\gamma \qquad (4.3 - 18)$$

对式（4.3 - 8）关于时间求微分，并令其等于 0 得到：

$$P_A(t) = \frac{\pi(t)}{r(t)} \qquad (4.3 - 19)$$

人力资本在最终产品生产部门和研发部门之间进行配置，由无套利均衡条件，它们的收益应相等，因此：

$$P_A\delta\varphi A^\theta H_A^{\varphi-1} = \eta\alpha H_Y^{\alpha-1} L^\beta x^\gamma \qquad (4.3 - 20)$$

将式（4.3 - 19）代入式（4.3 - 20）并化简得到：

$$\delta A^{\theta-1} H_A^\varphi = \frac{\alpha r H_A}{H_Y(\gamma - \gamma^2)\varphi} \qquad (4.3 - 21)$$

由式（4.3 - 8）得到：

$$g = \frac{\dot{A}}{A} = \delta A^{\theta-1} H_A^{\varphi} \qquad (4.3-22)$$

将式（4.3-21）代入式（4.3-22）整理得到：

$$g = \frac{\alpha \varphi H_A}{(\gamma - \gamma^2) \varphi H_Y - \alpha H_A} \qquad (4.3-23)$$

令 $H_A = uH$，$H_Y = (1-u)H$，其中 u 代表配备到研发部门进行知识生产的人力资本的比例；$1-u$ 代表配备到最终产品生产部门的人力资本比例，将它们代入式（4.3-23）得到：

$$g = \frac{\alpha \rho u}{(\gamma - \gamma^2) \varphi (1-u) - \alpha u} \qquad (4.3-24)$$

（三）参数讨论

由式（4.3-24）得到：

$$\frac{\partial g}{\partial \alpha} = \frac{\rho u \varphi \gamma (1-\gamma)(1-u)}{\Delta}, \frac{\partial g}{\partial u} = \frac{\alpha \rho \varphi \gamma (1-\gamma)}{\Delta},$$

其中 $\Delta = [(\gamma - \gamma^2) \varphi (1-u) - \alpha u]^2 > 0$

当 $0 < \gamma < 1$ 时：

$$\frac{\partial g}{\partial \alpha} > 0 \qquad (4.3-25)$$

$$\frac{\partial g}{\partial u} > 0 \qquad (4.3-26)$$

式（4.3-25）的经济含义是：当最终产品生产部门人力资本的弹性变大时，均衡的经济增长率将变大；式（4.3-26）的经济含义是：当研发部门的人力资本的配备比例增大时，均衡的经济增长率也将变大。

当 $\gamma > 1$ 时：

$$\frac{\partial g}{\partial \alpha} < 0 \qquad (4.3-27)$$

$$\frac{\partial g}{\partial u} < 0 \qquad (4.3-28)$$

式（4.3-27）的经济含义是：当最终产品部门的人力资本弹性变小时，均衡的经济增长率将变大；式（4.3-28）的经济含义是：当研发部门的人力资本的配备比例减小时，均衡的经济增长率将变大。

二   知识储备型教育对技术创新力的动态累积效应

知识储备型教育是人力资本积累的基础，西部地区知识储备型教育是促进西部技术创新力增强的强劲路径。在我国西部地区，知识储备型教育投入所导致的人力资本积累，一直处于相对滞后的状态，尤其是教育体制的改革一直不彻底，教育投入比重也一直较低，这些都导致了西部地区的人力资本水平状况较差，进而制约了西部地区的技术创新。

西部地区的在校学生规模、在校教师的数量和质量及教育经费的支出状况等方面都处于较弱状态，西部地区知识储备型教育不足。西部地区知识储备型教育的不足严重影响着西部地区人才的培养和区域知识体系的构建，缺乏为技术创新所具备的知识技能水平是致使西部地区创新能力不足的根本原因。所以为了提升西部地区技术创新能力提供理论基础，当前最基本的任务是揭示知识储备型教育对技术创新能力增强的动态累积效应的内在机制。

（一）动态累积模型的构建

人力资本积累对技术创新和技术扩散过程中的消化、吸收起到重要作用，技术创新本身对人力资本水平提出了要求。参考克雷诺和罗德里格兹·克莱尔的技术进步诱发型人力资本模型[1]，我们假设在宏观经济体中，存在确定的利率水平 r，理性经济人在有限的生命中参加工作并获得收入，而且在消费和人力资本投资之间进行决策（是否延长受教育年限），以达到效用最大化，即：

$$\text{Max} \int_0^T e^{-\rho t} c(t)^{1-1/\sigma}/(1-1/\sigma) dt \qquad (4.3-29)$$

约束条件为：

$$w(t) = w(s) e^{g_A(t-s)} \qquad (4.3-30)$$

式中，人生命长度为 T；消费量为 c；w 为单位人力资本的工资水平；h 表示个体人力资本水平；s 表示个体接受正规知识储备型教育的年限；$\mu-1$

---

[1]   Klenow, Rodriguez-Clare., "The Neoclassical Revival in Growth Economics: Has It Gone too Far?", *NBER Macro-economics Annual*, Vol. 12, 1997.

表示学费和机会成本的比率。个体在校接受 s 年的正规教育，从 s 岁到 T 岁参与工作。假设知识储备型教育是个体人力资本积累的唯一途径，个体的人力资本积累情况为：

$$h(t) = \begin{cases} e^{\beta+f(t)} ; 0 < t < s \\ h(t) = h(s) = e^{\beta+f(t)} ; t > s \end{cases} \quad (4.3-31)$$

在上式中，β 表示初始人力资本水平；$f(s)$ 表示从每一年知识储备型教育增加中所获得的人力资本增加。

上述的最大化效益问题等同于：

$$\text{Max } F(s) = \int_s^T e^{-rt}w(t)h(s)dt - \int_s^T e^{-rt}c(t)dt - \int_0^s e^{-rt}(\mu-1)w(t)h(s)dt$$

$$(4.3-32)$$

对式（4.3-30）两边的 S 求导可得：

$$\frac{dF(s)}{ds} = -e^{-rs}w(s)e^{\eta+f(s)} + f'(s)e^{\eta+f(s)}\int_s^T e^{-rt}w(t)dt - e^{-rs}(\mu-1)w(s)h(s)dt$$

效益最大化的条件是上式等于零，则可以得出：

$$\mu e^{-rs}w(s) = f'(s)\int_s^T e^{-rt}w(t)dt \quad (4.3-33)$$

从式（4.3-33）可以看出：当接受最后一年教育的机会成本与学费之和（等于左边）等于因知识储备型教育而增加的未来收益折现值时，个体从接受教育与参与工作之间的选择中来实现效用最大化。为了得到技术创新培育过程中个体接受知识储备型教育的年限 S 和技术创新之间关系，须确定技术进步条件下单位人力资本的工资变化。设在 t 时间里，企业利用人力资本、物质资本和技术进行生产，生产函数为：

$Y(t) = K(t)^\alpha [A(t)H(t)]^{1-\alpha}$，其中 $K(t)$ 表示物质资本，技术进步 $A(t)$，技术进步率为 g_A，则有：$A(t) = e^{g_A t}A(0)$。

理性企业都是追求利润最大化为目标，则它的目标函数为：

$$\text{Max}\pi = K(t)^\alpha (A(t)H(t))^{1-\alpha} - rK(t) - w(t)H(t) \quad (4.3-34)$$

为了得到企业利润最大化目标，上式分别对物质资本 K 和人力资本 H 求导后可以得到：

$$\begin{cases} \dfrac{d\pi}{dK} = \alpha K(t)^{\alpha-1} (A(t)H(t))^{1-\alpha} - r \\[3mm] \dfrac{d\pi}{dH} = (1-\alpha)K(t)^{\alpha}A(t)^{1-\alpha}H(t)^{-\alpha} - w(t) \end{cases} \quad (4.3-35)$$

上两等式都为零，并进行化简后得到的一阶条件为：

$$\begin{cases} \alpha \dfrac{Y(t)}{K(t)} = r \\[3mm] (1-\alpha) \dfrac{Y(t)}{H(t)} = w(t) \end{cases} \quad (4.3-36)$$

将上方程组恒等变换可得：

$$w(t)^{1-\alpha} = (1-\alpha)^{1-\alpha}Y(t)^{1-\alpha}H(t)^{\alpha-1} \quad (4.3-37)$$

从企业的生产函数得出：

$$A(t)^{1-\alpha} = \frac{Y(t)}{K(t)^{\alpha}H(t)^{1-\alpha}} \quad (4.3-38)$$

将式（4.3-37）和式（4.3-38）相比可得：

$$\frac{A(t)}{w(t)} = \frac{1}{1-\alpha} \left[\frac{Y(t)}{K(t)} \right]^{\alpha/(1-\alpha)} \quad (4.3-39)$$

从上述式（4.3-39）可知：人力资本工资 w 与技术进步 A 是同阶的，所以可知人力资本工资随技术进步的变化而发生变化，即有：

$$w(t) = w(s)e^{g_A(t-s)} \quad (4.3-40)$$

将人力资本工资和技术进步率之间的关系式代入到式（4.3-33），可得：

$$\mu e^{-rs}w(s) = f'(s) \int_s^T e^{-rt}w(s)^{g_A(t-s)}dt \quad (4.3-41)$$

对上式进行积分并化简后得出：

$$e^{(r-g_A)(T-s)} = \frac{f'(s)}{f'(s) - \mu(r-g_A)} \quad (4.3-42)$$

对式（4.3-42）两边取对数可得受教育年限与技术创新进步率之间的恒等关系：

$$g_A = r + \frac{1}{T-S} - \frac{f'(s)}{\mu} \quad (4.3-43)$$

（二）模型分析和数值模拟

为了分析西部地区平均受教育年限对技术创新进步率的影响，就须对平均受教育年限与技术创新能力之间的恒等关系中的其他变量进行界定。从上述研究分析中可知：r 为确定的利率；$f'(s)$ 为每一年的知识储备型教育的增加对所获得的人力资本的增加，假设 $f'(s)$ 不存在区域差别，$\mu-1$ 表示学费和机会成本的比率，也不存在区域差别；其中人的生命长度为 T。这样我们可以得出：（1）西部平均受教育年限对西部地区的技术创新能力有正反应作用；（2）在进行区域之间的技术创新能力对比分析中，其他变量对区域之间技术创新能力的差距不存在影响，唯一影响区域之间技术创新能力差距的因素为平均受教育年限。为了对平均受教育年限与技术创新能力之间关系做进一步的定量分析，就应该对地区平均受教育年限的大小有具体的计量数据。

由于统计的口径不同，得到的地区平均受教育年限也不同，所以为了统计数量的一致性和可对比性，以下地区的受教育年限主要是用各地区 6 岁及以上人口的平均教育年限来衡量。借鉴前人对地区平均教育年限的计算方法，受教育年限的计算方法为：

$$\bar{S} = (H_1 \times 6 + H_2 \times 9 + H_3 \times 12 + H_4 \times 16)/H \quad (4.3-44)$$

式中，$\bar{S}$ 表示各地区的平均受教育年限；H_1 为地区小学在校学生数；H_2 为初中在校学生数；H_3 为高中在校学生数；H_4 为大专及以上在校学生数；H 为 6 岁及以上人口总数。通过《中国统计年鉴》及各地区统计年鉴，对 2003—2010 年近八年的数据进行整理可得各地区平均受教育年限水平。

表4—12　　　　　　　2003—2010 年各地区平均受教育年限情况　　　　　　　年

	2003 年	2004 年	2005 年	2006 年	2007 年	2008 年	2009 年	2010 年
全国	7.91	8.01	7.83	8.04	8.19	8.27	8.38	8.79
上海	10.13	10.11	10.03	10.44	10.45	10.55	10.65	10.47
山东	7.85	7.94	7.72	8.09	8.23	8.28	8.31	8.64
山西	8.40	8.38	8.42	8.70	8.78	8.81	8.88	9.08
广东	8.01	8.13	8.36	8.44	8.68	8.77	8.87	9.10

续表

	2003 年	2004 年	2005 年	2006 年	2007 年	2008 年	2009 年	2010 年
天津	9.25	9.64	9.51	9.73	9.81	9.88	10.05	10.27
北京	10.35	10.56	10.69	10.95	11.09	10.97	11.17	11.58
辽宁	8.92	8.84	8.75	8.92	8.99	9.08	9.24	9.31
吉林	8.70	8.80	8.47	8.66	8.78	8.89	8.90	9.16
安徽	7.66	7.49	7.04	7.34	7.24	7.44	7.62	7.96
江西	8.29	7.98	7.53	7.71	8.25	8.26	8.52	8.46
江苏	7.69	7.81	8.13	8.25	8.43	8.44	8.55	9.05
河北	8.38	8.38	8.17	8.13	8.17	8.36	8.42	8.79
河南	7.97	8.22	7.99	8.05	8.18	8.34	8.39	8.48
浙江	7.76	7.95	7.61	8.06	8.11	8.24	8.40	8.55
海南	8.19	8.41	8.11	8.17	8.32	8.35	8.44	8.80
湖北	7.92	8.10	7.82	8.26	8.42	8.49	8.49	8.89
湖南	8.05	8.16	7.99	8.17	8.42	8.43	8.47	8.78
黑龙江	8.41	8.49	8.46	8.53	8.70	8.70	8.75	9.05
福建	7.59	7.49	7.54	7.73	7.75	7.80	8.35	8.75
广西	7.77	8.02	7.66	8.03	8.03	7.98	8.10	8.33
云南	6.04	6.82	6.38	6.66	6.79	6.90	6.91	7.48
内蒙古	7.77	8.17	8.22	8.19	8.36	8.37	8.49	8.90
四川	7.42	7.45	6.84	7.24	7.43	7.51	7.69	8.05
宁夏	7.35	7.70	7.37	7.63	7.82	8.13	8.22	8.36
甘肃	7.04	7.24	6.86	6.78	7.06	7.17	7.29	7.88
西藏	3.87	4.40	3.74	4.16	4.62	4.71	4.55	5.14
陕西	8.11	8.26	8.06	8.30	8.40	8.51	8.58	9.02
青海	6.72	6.80	6.76	6.99	7.18	7.26	7.45	7.56
贵州	6.89	6.98	6.42	6.59	6.84	7.05	7.08	7.27
重庆	7.67	7.25	7.39	7.57	7.72	7.79	7.93	8.42
新疆	8.38	8.49	8.20	8.30	8.51	8.56	8.66	8.84
西部平均	7.80	7.30	6.99	7.20	7.40	7.49	7.58	7.94

从上述整理的各地区平均教育年限的数据可知：（1）西部地区各省市的

平均教育年限的总体水平处于上升阶段；（2）西部地区各省市的总体水平（除了陕西省、新疆维吾尔自治区）都低于全国平均受教育年限水平，更低于东部地区；（3）西部地区加总得到的平均教育年限差不多比全国平均水平小0.8。

从上式受教育年限和技术创新进步率之间的恒等关系可以看出，随着受教育年限 S 的增加，技术创新进步率 g_A 会提高，即技术创新进步率 g_A 是受教育年限的增函数。假设 $r = 0.05$；$T = 74.83$①；$\mu \gg f'(s)$。根据2003—2010年全国和西部地区平均受教育年限的数据，通过计算得出全国和西部技术创新进步率。

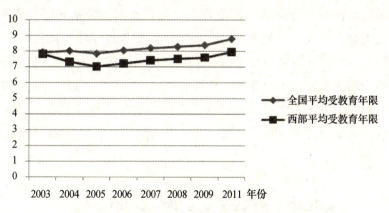

图4—17　西部地区和全国平均受教育年限趋势状况

从图4—17可知：（1）西部地区技术创新进步率与西部地区平均受教育年限一样呈现先减后增的趋势；（2）全国技术创新进步率与西部地区技术创新进步率之间的差距从2003年到2005年逐步增大，之后保持一定水平的差距；（3）区域间平均受教育年限差距的缩小会导致区域间技术创新进步率的趋同。

从上述分析可知：受教育年限是人力资本积累的重要方式，区域受教育年限的大小是影响区域技术创新进步率高低的重要因素。所以知识储备型教

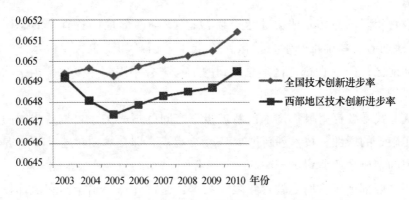

图4—18   西部地区和全国技术创新进步率趋势

育对西部技术创新能力的动态累积效应体现在西部地区平均受教育年限上，随着区域内教育投入水平的增大，区域的平均受教育年限也随之增加，而受教育年限的提高将导致区域技术创新能力的提升。因此为了促进西部地区技术创新能力的累积，缩小西部地区与其他地区的技术创新进步率之间的差距，应该加大对西部地区人力资本的投资力度，特别是延长受教育的年限，缩小西部地区与其他地区的平均受教育水平，从而弥补西部地区技术创新能力的不足。

三　产业集群对技术创新扩散的内在深化机制

技术创新能力是区域获得持续竞争力的关键，也是地区实现经济增长的主要动力。产业集群是产业发展过程中的一种区域地理上的集中现象，是以知识共享、专业化分工和协作为基础的同类企业或机构在一定区域地理内的集中所形成的区域创新系统，并能够形成"干中学"和"知识外溢"的良好环境。因此，产业集群促进人力资本积累主要是生产过程中构建的"知识外溢"环境和"干中学"平台的作用，产业集群为区域技术创新能力扩散提供动力。所以产业集群过程形成的"知识外溢"环境和"干中学"平台对培育产业集群区域内的技术创新能力、促进西部地区技术创新扩散有着重大的推进作用。

（一）产业集群、"干中学"环境与技术创新

在区域产业集群发展过程中，"干中学"环境是相对普遍的，这种环境在产业集群尚未形成就已存在，但此时的"干中学"是一种模仿学习和拷贝式

学习的辅助学习模式。在产业集群逐步发展过程中，"干中学"将会潜意识地突破原有技术基础实现自主学习。

"干中学"对经济增长的作用众所周知，自阿罗提出"干中学"的概念后，众多学者认为从外部环境所引入的学习模式可以解释落后地区的后发优势问题，但目前的研究一般只强调人力资本的积累对经济增长的作用。学习是实现技术扩散的重要方式，这种方式一般是通过投资来实现的，所以也可以称为"投资中学"。

产业集群区域内的企业在技术创新上能够获取更加丰富的资源，主要体现在企业间能够享有更有效的知识传递与知识共享的权力，这样就便于企业进行"干中学"的学习模式。在产业集群生产过程中，由于生产要素的流动和交流平台的构建，先进的知识技能才能有效地传递、扩散和学习。由于产业集群区域内的相关技术与系统整合过程如此广泛而复杂，使得知识技能的模仿和获取比知识技能的创造更有优势，这样就会促使相关产业的核心知识技术通过产业集群环境进行"干中学"来学习而流通。产业集群学习的基础能够促使"干中学"环境形成的规模经济效果，而西部地区的原始技术创新能力相对较弱，因此通过产业集群创造的"干中学"环境，更能为西部地区技术创新力提供源源不断的内生动力。

（二）产业集群、"知识外溢"环境与技术创新

产业集群中的"知识外溢"是指企业在产业集群下相互交流时，其知识技术自动流动，"知识外溢"是促使区域内产业集聚的主要动力。"知识外溢"是知识的非自愿性扩散，是产业集群发展过程中的一种外部性的表现。"知识外溢"能够促进产业集群内部成员的技术创新和产业集群整体区域的技术升级，使微观个体和宏观区域整体的综合技术创新能力都能够得以提升，是区域技术创新的动力和主要源泉。

"知识外溢"是知识的接受者或需求者吸收、消化和创新知识促进技术创新而形成的关联效应。"知识外溢"对技术创新的效应体现在：产业集群区域内的先进知识技术一旦产生并得到应用，就会提高相关行业的技术水平，促进经济结构的优化及区域技术创新能力提升。"知识外溢"是经济外部性的一种表现形式，从区域整体角度看，"知识外溢"带来了整个区域范围内新知识技术扩散。但由于外部性的存在，"知识外溢"会使知识技术的创造者不能获得新知识技术的全部收益，制约企业知识技术创造的积极性。在产业集群区域内，知识技术创造者收益不及知识技术生产的成本时，知识技术创造者就会丧失生产新知识技术的积极性，这样就造成产业集群区域内的技术创新速度减慢。一般，产业集群所带来的"知识外溢"环境是正外部效应，这种积极的外部效应会促进产业集群区域内的技术创新能力的增强。

（三）动态模型构建

当产业集群区域内一开始出现一项技术创新时，在产业集群区域内的技术扩散过程中，促使技术扩散的驱动力会随着扩散时间的变化而变化。首先当技术创新刚刚产生，产业集群区域内的采用者较少，产业集群内使用该项技术创新的竞争较小，而在产业集群区域内的潜在采用该技术创新的企业将会增多，技术扩散的动力将会扩大；然后随着时间的递进、技术创新的扩散，越来越多的企业将采纳该项技术创新，由于利益的驱使，产业集群区域内的企业将会跟进模仿，使技术创新扩散速度加快，使用技术创新的企业进一步增多；最后随着产业集群区域内竞争的逐步加剧，企业能够获得的利润将逐渐变小，该项技术创新的使用对企业的吸引力将减弱，技术扩散动力减小，扩散速度降低。

在区域技术创新扩散中，产业集群区域内采用技术创新的企业数量将随时间和空间变化而改变，使用该项技术创新的企业是时间和空间的函数，即 $Q(t,d)$。其中 d 是技术创新使用者与技术创新生产者之间的距离。在产业集群区域内，由于产业的集群效果使得大量企业集中在较小的地理空间范围内，距离 d 的影响较小，可以忽略，所以在产业集群区域内的技术创新扩散只考虑时间变量 t。

假设产业集群区域内的企业均为理性的，且分布均匀，技术创新扩散是通过产业集群所形成的"干中学"和"知识外溢"环境来促使企业间的相互交流和信息沟通，及人才流动和知识技术的合作等多种方式实现的。我们认为技术创新扩散具有马尔可夫性质[①]，即在 $t+\Delta t$ 时刻技术创新扩散只与 t 时刻有关，因此技术创新扩散满足以下差分方程：

---

① 马尔可夫性质是概率论中的一个概念，当一个随机过程在给定现在状态及所有过去状态情况下，其未来状态的条件概率分布仅依赖于当前状态，那么此随机过程即具有马尔可夫性质。

$$Q(t + \Delta t) - Q(t) = r(t)Q(t)\Delta t \qquad (4.3 - 45)$$

式中，$r(t)$ 为在 t 时刻内，平均单位时间里，产业集群区域内一个企业采用该项技术创新的速率。

假设 k 为产业集群区域内采用该项技术创新的能够达到的最大企业数量，且受产业集群规模的限制，在 $0 \sim t$ 时刻里，k 是一个常数。设 r_0 为产业集群内某项技术创新刚出现时，产业集群中一个企业采用该项技术创新的速率，则集群内企业采纳该项技术创新的速率为：

$$r(t) = r_0 \left[\frac{k - Q(t)}{k} \right] \qquad (4.3 - 46)$$

表明 $r(t)$ 随着产业集群内潜在采用技术创新的企业数量 $k - Q(t)$ 的减少而减少，$r(t)$ 是 $Q(t)$ 的减函数，将式（4.3 – 45）对时间进行微分可得：

$$\frac{dQ(t)}{dt} = r(t)Q(t) = r_0 Q(t) \left[1 - \frac{Q(t)}{k} \right] \qquad (4.3 - 47)$$

式（4.3 – 47）表示任意时间 t，产业集群区域内技术创新力扩散速度，也即技术创新扩散的速度方程。

对式（4.3 – 47）求解微分方程可得，区域内产业集群 t 时刻累计采用该项技术创新的企业数量 $Q(t)$ 为：

$$Q(t) = k - \frac{k}{1 + e^{r_0 t + c}} \qquad (4.3 - 48)$$

式（4.3 – 48）中，c 为常数，为了模型的简单化，假设 c = 0，则集群区域内采用技术创新的企业数量随着时间的函数为：

$$Q(t) = k - \frac{k}{1 + e^{r_0 t}} \qquad (4.3 - 49)$$

区域产业集群程度决定了产业集群内采用该项技术创新的最大企业数 k 的大小和产业集群内一个企业采用该项技术创新的刚出现时的速率 r_0，即 k、r_0 与区域产业集群程度成正比。从上述等式可知：集群区域内采用技术创新的企业数量 $Q(t)$ 与 k、r_0 成正比，随着时间 t 的增加而增加。

式（4.3 – 49）对时间 t 求导，可得产业集群区域内技术创新的扩散速度，也即技术创新扩散的速度方程：

$$\frac{dQ(t)}{dt} = \frac{k r_0 e^{r_0 t}}{(1 + e^{r_0 t})^2} \qquad (4.3 - 50)$$

从式（4.3-50）可知：$\dfrac{dQ(t)}{dt} > 0$，产业集群区域内的技术创新扩散的速度恒为正，这表明产业集群区域内采用技术创新的企业数量函数是时间的增函数。

（四）模型分析及数值模拟

基于上述模型构建的分析，某项技术创新采用者是时间 t 的函数方程，即产业集群区域内 t 时刻累计使用该项技术创新的企业数量为：

$$Q(t) = k - \frac{k}{1 + e^{r_0 t}} \qquad (4.3-51)$$

而该项技术创新在 t 时刻的采用者，或者说在 t 时刻该项技术创新的扩散速度可以表示为：

$$\frac{dQ(t)}{dt} = \frac{k r_0 e^{r_0 t}}{(1 + e^{r_0 t})^2} \qquad (4.3-52)$$

根据前文西部地区产业集群发展现状可知，西部地区产业集群程度不及东部沿海地区，西部地区产业集群发展不足，为了进一步说明西部地区产业集群与东部沿海的差距和产业集群对技术创新能力扩散的内在机制，基于本模型，分析西部地区产业集群对技术创新能力扩散的内在作用机制，利用西部地区产业集群与东部沿海地区的差异程度来分析区域间技术创新扩散程度的差异，进而定位西部地区的技术创新能力扩散机制。

由于时间变量 t 取两年共 730 天（技术创新的周期越来越短），$e =$ 2.71828，根据产业集群规模假设：西部地区的变量：k = 1000，$r_0 = 0.02$；东部地区的变量：k = 5000，$r_0 = 0.05$。利用 Excel 软件绘制东西部累积使用技术创新企业数量图和技术创新能力扩散图。

从上述累积使用技术创新企业数量图可知：（1）产业集群区域内累积使用技术创新企业数量随着时间的递增而逐步增加，随着时间的变化将逐渐接近产业集群内的最大企业数；（2）区域内开始使用技术创新的企业数是区域内集群企业总数的一半；（3）西部地区产业集群区域内累积使用技术创新企业数的增加慢于东部地区；（4）产业集群规模影响技术创新的使用者的数量，随着产业集群规模的增大，区域内技术创新使用者的数量也会随着增多。

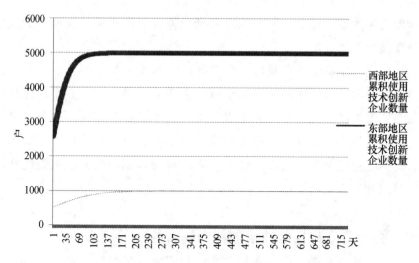

图4—19　西部地区和东部地区累计使用技术创新企业数量

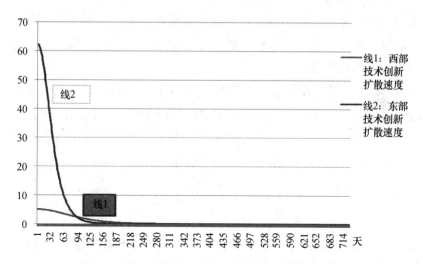

图4—20　西部地区和东部地区技术创新扩散速度

从技术创新能力扩散图可以看出：（1）随着时间的递增，技术创新能力扩散速度递减，而且随着时间变化，开始一段时间，产业集群规模大的区域比规模小的区域技术创新能力扩散速度大，而后产业集群规模小的区域比产业集群规模大的区域的技术创新能力扩散速度快；（2）区域技术创新能力扩散速度随着时间的逐步增大，技术创新能力扩散将消失；（3）产业集群规模大的区域的技术创新能力扩散速度的下降趋势大于产业集群规模小的区域的技术创新能力扩散速度。

总之，技术创新能力扩散与产业集群程度的大小息息相关，产业集群程度越高，产业集群区域内使用技术创新的企业数量越多。产业集群区域内的技术创新能力扩散的速度与产业集群程度的关系是：开始时，产业集群程度大的区域内的技术创新能力扩散速度快；而后产业集群程度小的区域内的技术创新能力扩散速度快，所以西部产业集群对技术创新能力扩散的内在机制体现在时间和产业集群规模上。

四　人力资本积累对技术创新力培育的传导模式

我们主要是研究人力资本积累方式：知识储备型教育和产业集群对西部地区技术创新能力的作用机制，由于两种方式具有不同的研究背景，研究方法与模型具有差异性，所以接下来是综合分析西部地区知识储备型教育、产业集群形成的人力资本对技术创新能力培育的传导机制，为提升西部地区技术创新能力提供理论指导。

假设落后企业 i 一开始的技术创新只来源于知识储备型教育的人力资本 $H_i(t)$，之后通过产业外部环境的影响，也即产业集群所带来的"知识外溢""干中学"等所产生的人力资本的积累，从而促进集群区域内领先企业 m 会向落后企业 i 扩散技术。所以可以假设西部技术创新扩散模型为：

$$\dot{A}_i(t)/A_i(t) = g(H_i(t)) + c(H_i(t))(A_m(t)/A_i(t) - 1)$$

$$(4.3 - 53)$$

式中，$A_i(t)$ 代表技术创新；$g(H_i(t))$ 为来源于知识储备型教育 $H_i(t)$ 的技术创新；$c(H_i(t))(A_m(t)/A_i(t) - 1)$ 表示从产业集群中，领先企业 m 向企业 i 的技术扩散速度。假设 $c(\cdot)$ 和 $g(\cdot)$ 是递增函数，产业集群程度影响技术差距 $(A_m(t)/A_i(t) - 1)$ 缩小的速度。如果来源于知识储备型教育的技术创新保持不变，或者来源于知识储备型教育的人力资本 $H_i(t)$ 是常数，那么在一定的时间的产业集群内，技术领先者就会出现，并且 $g_m = g(H_m(t)) > g(H_i(t)) = g_i$。在产业集群过程中，技术领先者会以增长率 g_m 增长，产业集群内的技术落后者在达到 g_m 之前，在技术创新水平上是落后的。当 $H_i(t)$ 是恒定不变时，解上述方程可以得到：

$$A_i(t) = (A_i(0) - \Omega A_m(0))e^{(g_i - c_i)t} + \Omega A_m(0)e^{gmt} \qquad (4.3-54)$$

其中 $c_i = c(H_i)$，$g_i = g(H_i)$，并且有：

$$\Omega = \frac{c_i}{c_i - g_i + g_m} > 0 \qquad (4.3-55)$$

上述公式显然成立的，因为 $g_m = g(H_m(t)) > g(H_i(t)) = g_i$，并且有：

$$\lim_{t \to \infty} \frac{A_i(t)}{A_m(t)} = \Omega \qquad (4.3-56)$$

对所有的参数，这是在西部地区知识储备型教育及产业集群过程中，技术领先者充当技术扩散的平衡增长路径。尽管有教育差距和产业集群规模效应，技术创新和技术扩散最终将确保西部区域内所有企业以相同的增长率增长。

西部地区技术创新扩散速度反映了创造新发现被创造的速度，但是技术创新率却取决于这些发现的实施过程，并且技术创新随着技术前沿和区域内当前人力资本水平之间距离的变化而变动，在研究西部人力资本积累与技术创新培育模型中，西部地区产业集群内领先企业的技术创新代表了技术的前沿，西部地区技术创新与集群区域内经济增长速度减小的差距取决来源于知识储备型教育和产业集群所积累的人力资本。这里的人力资本是一种非生产性的知识储备型教育形成的人力资本和生产性过程中产业集群产生的人力资本的结合。

从上述西部地区人力资本积累对技术创新能力作用机制的研究中，技术创新主要来源可分为两种类型：一种是耗费成本的储备型教育的有意识的人力资本积累的创新活动；另一种是来源于产业集群所创造的"干中学"和"知识外溢"环境所带来的人力资本积累的技术创新。从上述西部人力资本积累对技术创新能力作用机制分析可知：西部地区的知识储备型教育的教育投入和西部地区产业集群的程度都与西部地区的技术创新能力有直接或间接的关系，所以西部地区技术的发展、进步、创新反过来又使西部地区人的知识、技能不断得到积累和丰富，西部地区人力资本积累和产业进一步增强。这时西部地区技术创新力的培育反过来对人力资本产生"派生效应"，使人力资本存量得以提高。

从西部地区人力资本积累与技术创新培育的长期动态机制来看，人力资本还存在一定的传承联系。一方面，随着劳动者拥有的人力资本水平的提高，会使家庭内生育潜在成本上升，导致对下一代的人力资本投资力度加大，增加正规在校教育的年限；另一方面，随着产业集群平台的构建，"干中学""知识外溢"等产业集群内部的学习效果会促进劳动者人力资本的培育与积累，营造更好的人力资本形成环境，进而加速区域的技术创新扩散。如此动态传导过程，促进人力资本积累，人力资本发挥"时际效应"，从而对培育技术创新力保持着长期持续的推动力。

第四节　西部人力资本对技术创新的影响

在理论模型基础上，我们构建计量模型检验教育人力资本对技术创新以及经济增长的影响，探究我国西部地区和东部地区经济发展出现差距的原因。

一　检验模型

（一）检验模型设定

对式（4.3 - 7）两边分别取对数，并令 $\ln\delta = \alpha_0 + \varepsilon$ 得到：

$$\ln\dot{A} = \alpha_0 + \alpha_1\ln H + \alpha_2\ln A + \alpha_3 lnu + \varepsilon \qquad (4.4 - 1)$$

对式（4.3 - 18）两边分别取对数，并令 $\ln\eta = \beta_0 + \varepsilon$ 得到：

$$\ln Y = \beta_0 + \beta_1\ln H + \beta_2\ln A + \beta_3\ln L + \beta_4\ln K + \beta_5\ln(1 - u) + \varepsilon$$

$$(4.4 - 2)$$

（二）检验变量选取与数据说明

对回归方程式（4.4 - 1）、式（4.4 - 2）中的变量进行如下的界定和说明：

1. 新技术 $\dot{A}$：对于新技术指标的选取是一个较难的问题，考虑到专利授权时间滞后的不确定性和授权过程中的人为因素，这里用专利申请受理量作为新技术的衡量指标。专利同时包括发明、实用新型和外观设计。

2. 教育人力资本存量 H：教育人力资本的衡量是本章的重点。现有文献对人力资本存量的衡量归纳起来可以分为三类，累积成本法、教育存量法和未来收益法。累积成本法投资于人身上以提高智力和劳动能力的各种花费之和表征人力资本存量，国内学者张帆[1]就曾经用过这个方法测算过教育人力资本；教育年限法通常用受教育年限或者受过某一教育层次的人口占总人口的比例来间接衡量人力资本；未来收益法用未来预期收入的现值来确定人力资本的货币价值。实际上，随着我国高等教育的扩招和成人学历教育的增多，虽然在一定程度上扩大了受教育人口比例和提高了人均受教育年限，但实际上人口素质并没有同比例提高，因此教育存量法在一定程度上高估了教育人力资本存量，由于未来预期收入的不确定性，用未来收益法来衡量人力资本存量也有一定的弊端。为了使人力资本与物质资本保持一致性和可比性，这里采用累积成本法。教育人力资本的度量指标选取了教育经费，因为教育经费中既包括了政府对人力资本的投资（财政教育支出），也包括了个人（学杂费等）和社会对人力资本的投资，是一个较全面的教育投入指标。一些学者，如 Kendrich[2] 等认为，教育人力资本应该包括机会成本，考虑到与物质资本支出的一致性，这里没有包括机会成本。人力资本存量的计算方法采用永续盘存法。计算公式为：

$$H_{it} = (1 - \delta) H_{it-1} + E_{it}$$

式中，δ 代表人力资本的折旧率，由于教育投入形成的各种技能会随着时间的推移而下降，我们把这部分等同于实物资本的折旧，这里的折旧率的选取参照侯风云[3]研究中的方法，取折旧率为 10%；E_{it} 代表 i 地区 t 年的教育经费投入；H_{it-1} 代表 i 地区 $t-1$ 年的教育人力资本存量；H_{it} 代表 i 地区 t 年的教育人力资本存量，

　　3. 技术存量 A：这里用永续盘存法来计算，计算公式为：

$$A_{it} = (1 - \delta) A_{it-1} + \dot{A}_{it}$$

式中，δ 代表技术的折旧率，参照严成樑[4]的文献，这里取技术的折旧取为

　　[1]　张帆：《中国的物质资本和人力资本估算》，《经济研究》2000 年第 8 期。

　　[2]　Kendrick，J，*The Formation and Stocks of Total Capital.* New York：Columbia University Press，1976.

　　[3]　刘泽、侯风云：《我国基础教育投入地区差异的量化分析》，《华东经济管理》2007 年第 9 期。

　　[4]　严成樑、沈超：《知识生产对我国经济增长的影响》，《经济科学》2011 年第 3 期。

10%；$\dot{A}_{it}$代表研发部门 i 地区 t 年生产的新技术；A_{it-1} 代表 i 地区 $t-1$ 年的技术存量；A_{it} 代表 i 地区 t 年的技术存量。

4. 产出水平 Y：真实 GDP 的水平是衡量经济是否繁荣的一个良好标准，因此这里用真实 GDP 水平来衡量经济发展水平。

5. 物质资本 K：这里用固定资产投资代表物质资本投资，并用永续盘存法计算各年的物质资本存量，计算公式为：

$$K_{it} = (1 - \delta) K_{it-1} + I_{it}$$

式中，I_{it} 代表 i 地区 t 年的物质资本投资，K_{it-1} 代表 i 地区 $t-1$ 年的物质资本存量，K_{it} 代表 i 地区 t 年的物质资本存量，参照张军①计算的固定资产投资的折旧率，这里取物质资本的折旧率为 9.6%。

另外，这里以科技人员占全部劳动力的比例衡量配备到研发部门的教育人力资本比例，以生产部门劳动力占总劳动力的比例来衡量配备到最终产品生产部门的教育人力资本比例。

借鉴钱雪亚②将人力资本区分为"潜在资源总量"（蕴藏于适龄劳动人口身上的人力资本存量）和"实际运行总量"（蕴藏于在业人口身上的人力资本存量）的划分方法，我们把投资于教育，形成教育人力资本作用于经济产出做了 9 年的时滞。原因在于当年的教育经费投入后，按照我国的小学、初中、高中、专科以及大学本科的学制，平均要 8.5 年的时间才能完成知识储备教育人力资本并具有生产和创新的潜力，其中在中小学主要接受基础知识的教育，在高等学校主要接受专业知识的教育。基于数据的可得性，这里以 1995—2004 年教育经费几何累积存盘量的数值作为 2004—2013 年的教育人力资本存量，以 2003—2012 年几何累积存盘量的各种专利数据衡量技术存量，新技术、物质资本、劳动力、科技人员占劳动力比例的年份为 2004—2013 年。

相关数据均是根据《中国统计年鉴》计算整理得到。为了使数据具有可比性，我们把各种指标调整到以 1998 年为基期。表 4—13 是文中涉及的主要变量的简单统计描述：

---

① 张军、吴桂英、张吉鹏：《中国省级物质资本存量估算：1952—2000》，《经济研究》2004 年第 10 期。

② 钱雪亚、邓娜：《人力资本水平计量体系研究》，《浙江学刊》2004 年第 6 期。

表4—13　　　　　　　　　　　　　变量的统计描述

变量名称	单位	西部				东部			
		均值	最大值	最小值	标准差	均值	最大值	最小值	标准差
实际GDP	亿元	4192.97	18476.58	181.22	3548.21	14862.60	45353.17	765.50	10275.14
人力资本	亿元	3.27	13.70	0.19	2.63	9.00	31.83	0.63	6.13
物质资本	亿元	11671.21	55821.88	571.7703	10649.77	33113.17	109526.5	1515.282	23987.58
劳动	万人	1659.35	4817.3	137.32	1259.494	2841.11	6580.40	371.10	1956.48
技术存量	项	28809.52	279011	251	44878.57	236930.1	1689226	1953	287465.5
专利数量	项	8697.78	82453	62	14235.46	67444.22	504500	375	88435.74
发明数量	项	2616.58	26487	12	4499.00	18188.09	141259	137	22944.34
实用新型	项	3636.842	33488	13	5998.439	23273.89	128898	135	27147.1
外观设计	项	2444.36	25455	28	4444.27	25982.24	255474	103	44128.02
研发人力资本比例	%	0.150	0.593	0.029	0.088	0.591	2.127	0.031	0.539

资料来源：由《中国统计年鉴》各年相关数据统计整理而来。

（三）模型形式选择

在模型形式的选择方面，运用 F 检验在常截距模型和变截距模型之间做出选择，该检验是基于以下假设：

H_0：常截距模型（截距和斜率在不同界面相同）

H_1：变截距模型（斜率在不同界面相同，但截距不同）

构造 F 统计量如下：

$$F = \frac{(R_u^2 - R_p^2)/(N-1)}{R_p^2/(NT - N - k)} \sim F[(N-1),(NT - N - k)]$$

如果通过计算得到的 F 统计量小于相应的临界值，则接受假设 H_0，模型形式确定为常截距模型；反之，则接受 H_1，模型设定为变截距模型。

式中，R_u^2 和 R_p^2 分别代表常截距模型和变截距模型的残差平方和；N 为截面成员个数；T 为时期数；k 为模型中解释变量的个数，经过检验所有模型均接受 H_1，确定为变截距模型。

豪斯曼（Hausman）检验是确定应该建立个体随机效应回归模型还是个体固定效应回归模型。一般的做法是，先建立随机影响的模型，然后检验该模型是否满足个体影响与解释变量不相关的假设,如果满足就将该模型确定为随机效应模型,反之则将模型确定为固定效应模型。构造 W 统计量:$W = [b-\hat{\beta}]'[b-\hat{\beta}] / \mathrm{var}[b-\hat{\beta}]$,式中,$b$ 为固定效应模型的估计系数,$\hat{\beta}$ 为随机效应模型的估计系数,在原假设下,W 统计量服从自由度为 k 的 χ^2 分布,k 为模型中解释变量的个数。这里运用 eviews7.2 软件实现对式(4.4 – 1)、式(4.4 – 2)的计量估计。

二 西部人力资本趋向于低水平创新

表 4—14 给出了西部地区和东部地区教育人力资本对创新影响的检验结果。这里首先考察了人力资本对总体创新的影响,以专利申请受理量作为被解释变量,从表中可以看出,教育人力资本对创新的影响显著为正,西部地区的系数为 0.995,这说明西部地区人力资本存量每增加 1%,新技术将增加0.995%,东部地区的系数为 0.472,这说明东部地区人力资本每增加 1%,技术存量将增加 0.472%,可以看出,在西部地区人力资本数量和质量都弱于东部地区的情况下,总体上西部地区人力资本对技术创新的影响要远大于东部地区,反映出西部地区加大教育人力资本投资能够有效提升西部地区的技术创新力。

表 4—14 　　　　　　　　　　教育人力资本对创新的影响

被解释 变量	专利		发明		实用新型		外观设计	
	西部	东部	西部	东部	西部	东部	西部	东部
人力资本	0.995 *** (4.309)	0.472 *** (4.133)	0.640 *** (2.716)	0.197 * (1.782)	0.843 *** (4.581)	0.533 *** (4.523)	0.893 ** (2.392)	– 0.273 (– 1.595)
技术存量	0.453 *** (2.848)	0.578 *** (7.358)	0.751 *** (5.568)	0.831 *** (10.323)	0.703 *** (5.149)	0.742 *** (7.851)	0.279 (1.236)	0.631 *** (6.614)
研发部门 人力资本 比例	– 0.079 (– 0.431)	0.258 *** (3.690)	0.109 (0.603)	0.092 (1.243)	– 0.084 (– 0.524)	0.167 *** (2.754)	– 0.205 (– 0.540)	0.499 *** (3.484)
常数项	– 6.629 *** (– 2.809)	– 0.146 (– 0.142)	– 4.774 * (– 1.917)	– 0.958 (– 1.182)	– 7.806 *** (– 3.814)	– 3.490 *** (– 4.177)	– 5.859 (– 1.208)	8.250 *** (3.764)

续表

被解释变量	专利		发明		实用新型		外观设计	
	西部	东部	西部	东部	西部	东部	西部	东部
样本容量	120	110	120	110	120	110	120	110
Hausman 检验（W 统计量）	固定效应（16.482）	固定效应（23.008）	固定效应（10.176）	随机效应（6.009）	固定效应（15.484）	随机效应（7.031）	固定效应（12.428）	固定效应（42.673）
R-squared	0.97	0.99	0.98	0.96	0.98	0.96	0.89	0.97

注：各变量回归系数下面的括号内为 t 统计量的值，*** 和 ** 分别表示在 1% 和 5% 的水平上显著，* 表示在 10% 的水平上显著。

资料来源：由《中国统计年鉴》各年相关数据统计整理而来。

专利包括发明、实用新型和外观设计，其中发明含有的技术含量最高，可以认为是高水平的创新，实用新型和外观设计所包含的技术含量较低，可以认为是较低水平的创新。为了探究人力资本对这三者的影响是否存在差异，分别考察人力资本对这三者的影响。从回归结果可以看出，西部地区人力资本对外观设计和实用新型的影响最大，对发明的影响最小；东部地区人力资本对实用新型的影响最大，对发明的影响较小，而对外观设计没有显著影响。这说明教育人力资本对高水平的创新影响较小，如果将发明表达为原始创新，则可以反映出，我国整体上人力资本的原始创新力还不足。对于配备到研发部门的人力资本比例，西部地区对创新均没有显著影响，东部地区的显著影响来源于实用新型和外观设计，说明不管是西部还是东部，人力资本倾向于低水平创新。因此，在扩大人力资本数量基础上进一步提高人力资本质量，是增强西部地区技术创新力进而增强西部自我发展能力的重点之一。

三　西部人力资本对产出的影响相对较小

表 4—15 是人力资本对产出水平影响的检验结果。这里分别用专利、发明、实用新型和外观设计作为技术存量进行回归。从回归结果看，人力资本对产出均有正向影响，并且西部地区人力资本对产出的影响小于东部地区，具体而言，在以专利衡量的技术存量中，西部地区人力资本对产出的影响为

0.158，说明西部地区人力资本每增加1%，产出将增加0.158%；东部地区人力资本对产出的影响为0.240，说明东部地区人力资本每增加1%，产出将增加0.24%，东部地区人力资本弹性大于西部地区。技术存量对产出的影响，在西部地区，专利对产出没有显著影响，发明对产出的影响为0.028，在10%的水平上显著，实用新型和外观设计对产出没有显著影响；东部地区，专利对产出也没有显著影响，发明对产出的影响为0.063，在1%的水平上显著，实用新型对产出具有抑制作用，外观设计对产出没有显著影响，结合西部和东部地区，我们发现对产出有显著影响的是高水平的创新。劳动和物质资本对产出的影响均在1%的水平上显著为正，西部地区劳动对产出的影响小于东部地区，东部地区物质资本对产出的影响大于西部地区。对于配备到生产部门中的人力资本比例，西部地区对产出没有显著影响，东部地区的影响显著为负，产生这种结果的可能原因是西部地区的人力资本质量较低，对创新和产出都没有产生显著影响，而东部地区的人力资本质量较高，配备到研发部门的人力资本越高，经济增长率就越大，这与上一节的理论模型是一致的。

表4—15　　　　　　　　教育人力资本对产出水平的影响

解释变量	实际GDP		实际GDP		实际GDP		实际GDP	
	西部	东部	西部	东部	西部	东部	西部	东部
人力资本	0.158 ***	0.240 ***	0.166 ***	0.185 ***	0.163 ***	0.299 ***	0.171 ***	0.252 ***
	(4.098)	(5.577)	(4.722)	(4.437)	(4.358)	(7.072)	(4.692)	(6.813)
专利	0.030	0.017						
	(1.599)	(0.639)						
发明			0.028 *	0.063 ***				
			(1.702)	(3.155)				
实用新型					0.027	-0.067 **		
					(1.487)	(-2.039)		
外观设计							0.016	0.013
							(1.214)	(0.928)
劳动	0.172 ***	0.416 ***	0.166 ***	0.495 ***	0.171 ***	0.371 ***	0.177 ***	0.423 ***
	(3.450)	(4.327)	(3.328)	(5.662)	(3.413)	(4.468)	(3.523)	(4.552)

续表

解释变量	实际GDP		实际GDP		实际GDP		实际GDP	
	西部	东部	西部	东部	西部	东部	西部	东部
物质资本	0.478 ***	0.370 ***	0.467 ***	0.338 ***	0.479 ***	0.393 ***	0.479 ***	0.366 ***
	(18.388)	(14.594)	(17.705)	(13.589)	(18.363)	(16.579)	(18.260)	(14.344)
生产部门人力资本比例	−15.883	−16.045 ***	−15.630	−11.679 ***	−16.630	−26.461 ***	−16.697	−15.586 ***
	(−1.246)	(−3.081)	(−1.228)	(−2.700)	(−1.308)	(−4.694)	(−1.305)	(−3.203)
常数项	5.357 ***	5.245 ***	5.559 ***	5.456 ***	5.328 ***	5.324 ***	5.303 ***	5.192 ***
	(17.601)	(10.911)	(16.395)	(12.732)	(17.574)	(12.100)	(17.472)	(10.795)
样本容量	120	110	120	110	120	110	120	110
Hausman检验（W统计量）	固定效应	固定效应	固定效应	固定效应	固定效应	固定效应	固定效应	固定效应
	(61.919)	(26.225)	(62.829)	(17.967)	(51.857)	(22.944)	(65.376)	(20.902)
R-squared	0.99	0.99	0.99	0.99	0.99	0.99	0.99	0.99

注：各变量回归系数下面的括号内为 t 统计量的值，*** 和 ** 分别表示在 1% 和 5% 的水平上显著，* 表示在 10% 的水平上显著。

资料来源：由《中国统计年鉴》各年相关数据统计整理而来。

在西部地区，人力资本对产出的影响与劳动相当，而与物质资本相差很大，说明在西部地区的经济增长中，主要依赖于物质资本投资，而人力资本对经济增长的贡献较小，知识存量中只有发明对产出具有显著的正向影响，但影响仅为 0.028，还有很大的拓展空间。因此，改善西部地区的资本结构，尤其是加大人力资本投资，是西部地区转变发展方式，增强自我发展能力的关键环节。

通过以上面板数据模型检验可以看出，由于西部地区人力资本趋向于低水平技术创新，而低水平技术创新对产出没有显著影响，西部地区的能力建设显然在提升加大人力资本投资，提高人力资本的质量，把更大比例的人力资本配备到研发部门。由于高水平的创新对经济增长的影响更大，西部地区应通过制定优惠政策，创造良好的环境鼓励高水平创新，特别要通过增加教育经费投入，结合西部高校实际来合理整合高等教育资源，培养高端人才，增强原始创新能力。当然，这里只从教育人力资本和创新因素阐述了经济增长，但实际上，好的制度也会激励创新，不好的制度会抑制创新，因此将在第五章研究制度因素。

第五节　提升西部地区技术创新能力

西部地区知识储备型教育的投入力度不大、产业集群规模不足是造成西部地区技术创新能力不强的重要原因。随着新一轮的西部大开发和国家政策的调整，西部地区应该抓住这良好的时机，大力解放和发展生产力。为促进西部地区技术创新力的培育，提高西部地区经济发展的原动力，须加大西部地区知识储备型教育的规模，加快西部区域产业集群建设，加强培育西部地区的政府制度创新环境，从而提升西部地区技术创新能力。

一　加强知识储备型教育的规模

西部地区知识储备型教育的不足制约了西部地区人力资本积累，从而阻碍了西部地区技术创新能力的培育。西部地区知识储备型教育的不足体现在：在校受教育学生规模不足；教师人才队伍薄弱，特别是高校创新型教师人才不足；教育经费的支出不够等。这些方面的不足严重影响了西部地区的教育水平，为了提升西部地区知识储备型教育的水平，促进西部地区技术创新能力的提高，须做到以下几点。

（一）加大西部地区在校学生规模

西部地区在初、中等教育上，可以减免学生的学费，提升学校基础设施的建设。特别是在西部边远山区的地方，可以由地方或者中央财政补贴，全免学生的九年义务教育的学费。例如西藏地区全面实现了 15 年免费教育，即从学前教育到高中教育。学费减免措施的普及，可以让西部更多贫困地区的孩子能够上得起学，让更多本可以在校受教育的贫困孩子不因学费而辍学，提升西部地区初、中等教育的学生数量。在高等教育上，加大西部地区高等学校的招生力度。利用学费减免、奖学金制度和一些其他政策吸引更多优秀学生来西部地区的高校进行深造，提高西部地区高校的在校学生数。

（二）加大西部地区教师人才建设，特别是高校创新型教师队伍建设

西部地区教师不论在数量上，还是在质量上，与东部沿海地区相比都存在很大的差距。因此须加大西部地区教师人才建设，特别是高校创新型教师队伍建设。为更好地建设一支创新型教师队伍，特别是高校创新型教师队伍建设，在西部地区现实的状况下，西部地区高等学校可采取以下措施：

1. 加强西部地区校企合作，推进专兼结合教师队伍建设

一方面，在西部地区高校教师队伍建设的理念上，要将培养创新型教师、提高教师的创造性素质作为工作的核心目标。促进西部地区在职教师的反思意识、研究意识和实践意识的增强。另一方面，西部地区各高校应加强与企业或研究院（所）的合作，聘请企事业单位具有丰富实践经验的科技人员作为教师，为学生讲授新技术、新工艺的应用与推广，指导学生具体实践，这样既有利于教学过程中理论与实践的结合，又有助于应用型、创新型人才的培养。与此同时，校企互动还可以促进教师不断改进教学方式，创新教学模式，增强学校的竞争力。此外，西部地区高校也可以选派教学、科研人员与企事业单位的科技人员联合申报科技项目，参与新技术攻关、新产品研发、新工艺推广等一系列科研工作，促进高校科研成果转化为实际生产力，进而达到校企双方资源共享、优势互补、互利双赢的良好局面。

2. 加强团队建设，提升西部地区教师队伍整体创新能力

在西部地区高校教师队伍建设的形式上，致力于创新型的学术团队建设，并使科研与教学相结合。大师是大学的根基，这已成为经典的大学规律，学者是大学的脊柱，这也是大学的根本要求，大师和学者的有机结合形成教学团队。现代科技的交叉性、融合性、综合性、复杂性决定了从事科学研究必须由个体研究向团队研究转变，科技的创新越来越依赖于研究团队的协作。培养创新型团队对高校创新型人才培养具有极为重要的影响。要在学科交叉和学术自由的前提下，积极引导搭建具有创新力的教学科研团队，鼓励教师以科研团队、课题组等形式开展教学科研工作，通过组合教师个体的优势，实现优势互补，产生级数性能量。

3. 注重在职培训，提升西部地区青年教师个人的创新教学能力

青年教师的成长和进步对西部地区高校的未来有着至关重要的作用，

是高校提升人才培养质量、实现可持续发展的关键所在。因此,针对西部地区高校目前青年教师比例较高,而且不少青年教师没有经历师范教育的问题,必须进一步加强西部地区教师队伍建设,促使青年教师迅速成长,尽快成为教学骨干,除了进行短期的岗前培训,提高青年教师教育教学的基本理论水平之外,还应注重后续培养和继续教育,制订在职培养计划。

(三) 加大西部地区教育的投资经费

作为教育投资比例衡量标志的财政性教育投资占国内生产总值的比例,在过去几十年中,无论是西部地区还是全国其他地区,都还未达4%的目标,直观地看是由于西部地区教育投资的增长率低于国内生产总值的增长率,而其深层的原因在于财政性预算内教育经费支出在财政支出中所占比例偏低,没有达到应有的比例;同时,预算内教育经费拨款增长不能持续高于财政经常性收入的增长也是其中重要的因素。因此,国家"十二五"规划再次明确提出,"加大教育投入,保证财政性教育经费的增长幅度明显高于财政经常性收入的增长幅度,逐步使西部地区财政性教育经费占国民生产总值的比例达到4%"的目标。

二 加快西部地区产业集群体系建设

产业集群为区域人力资本的积累提供积极促进作用,产业集群是培育西部地区技术创新能力的重要方式。因此,加快西部地区产业集群建设是区域技术创新能力体系的重要载体,从某种意义上为区域技术创新能力的培育提供良好的基础,产业集群是提升西部地区技术创新能力的重要方式和活力所在。实施西部地区产业集群,引导西部地区产业良性发展,促进西部地区产业集群和区域技术创新能力的提升,是构建基于产业集群的西部地区技术创新能力提升的出发点和重要路径。西部产业集群的发展应遵循西部地区区位特点,寻求平衡稳定的发展路径,并不断完善西部地区产业集群的发展方式,不断优化西部地区创新环境,提升西部区域技术创新能力。

(一) 加快西部地区的市场化进程

市场化进程是影响产业集群发展的重要因素,一般来说,产业高度集聚的地区则是市场化进程最快的地区。据《中国市场化指数：各地区市场化相对进程 2011 年报告》可知：西部地区各省份市场化指数均偏低，市场化进程较慢。市场化程度越高，区域内行业越发达，产业结构越优化，产业集群发展程度越高。东部沿海地区随着市场化进程的加快，产业集聚特征已十分明显，凭借东部沿海的区位优势，东部沿海地区的产业集群发展也越成熟。由于西部地区市场化进程的缓慢，致使西部地区产业集群不够成熟，为了促进西部地区产业集群的健康快速发展并逐步强大，提升西部地区技术创新能力，必须加快西部地区市场化进程，营造良好的产业集群效应环境，构建西部区域创新环境，努力提升产业集群的创新效应。

（二）培育西部地区对内交流、对外开放的良好环境

在经济全球化背景下，西部地区的产业发展须立足于强大的国际、国内市场，在新一轮的西部大开发战略和东部地区产业转移的前提下，西部地区应当以国内外市场需求为向导，积极利用西部地区的区位优势，参与到国际经济当中，大力发展具有西部区域特色的产业集群。同时，西部地区应该抓住目前东部地区产业转移所带来的优势，并积极借鉴东部沿海地区产业集群发展的经验教训，摒除以往仅从资本形成方面考虑产业转移对经济发展作用的局限，以更为广泛与全面的角度，把握西部地区产业集群发展的核心重点，通过培育西部地区对内交流、对外开放的良好发展环境，充分利用国内外资源，促进西部地区产业集群良性发展。

三　加强西部地区的研究成果转化

经过国家和西部地方政府对西部高校的持续支持，尤其是近年来的"中西部高校能力提升工程"等西部高校支持计划的实施，使西部各高校在特色优势学科上形成了明显的优势，产生了大批创新性成果，是西部地区实施创新驱动战略的重要基础。但成果转化能力还严重不足，很多成果仅是满足科研人员的职称晋升、各类人才申报、学校排名、学科排名等的需要，还没能很好实现产业化应用。我国目前每年取得科技成果 3 万多项，最后转化为现实生产力的只有 6% ~ 8%，科技对经济的贡献率远远低于发达国家。西部地区的成果转化能力远低于东部地区，而西部地区内部也非常不平衡，西部地区的科技成果转化大致可以划分为两个梯队：四川省、陕西省、重庆市属于第一梯队，甘肃省、云南省、内蒙古自治区、新疆维吾尔自治区、广西壮族自治区、贵州省、青海省和宁夏回族自治区属于第二梯队。处于第一梯队的科技成果转化超过第二梯队绝大多数省区的一倍以上①。

第一，西部高校要加快推进成果转化。西部高校应根据所在地的经济社会发展总体布局和各校的学科优势，围绕当地国民经济的战略重点、热点、难点等重大问题开展多学科的综合研究，在农业、工业以及人口、资源、环境、医药等社会发展的重点领域开展科技联合攻关。既要在当地的新兴产业和支柱产业发展关联度大，对未来经济、社会发展有重要影响的前沿领域所取得的独创性成果加快推广，更要在新技术、新工艺、新方法的应用研究和高新技术及其产业化取得重大进展。

第二，政府要为西部高校做好科技成果转化的机制建设。要构建适合西部高校科技产业的经济运行模式、资本市场的培育以及风险投资及其退出机制。结合西部高校的特点，科技转化机制创建的核心是一方面推动高校将科技成果向社会企业转让和扩散，构建高校和企业联合的技术研发主体；另一方面是利用高校的技术资源推动建立高校科技企业。完善高校科技企业的管理体制，理顺高校与企业的关系，按照国家有关法律法规建立资产经营管理公司的股东会、董事会、监事会，并制定议事规则和决策程序，完善其运行机制②。高校行政不能干涉高校科技企业的管理，这样既能减少行政对企业经营管理的干扰，也能使学校有效规避企业因经营管理不完善而带来的风险。建立合理的高校企业内部激励机制，鼓励教师和科研人员积极参与高校科技成果转化和产业化工作。

第三，要加快推进西部地区的产学研合作。国内已有众多学者的研究成果提出了适合西部发展的产学研合作模式与合作体系建设。应当把以高校为主的技术创新推动模式和以企业为主的市场化拉动模式结合起来，选择产学

---

① 柴国荣、许崇关、闵宗陶：《科技成果转化评价指标体系设计及应用研究》，《软科学》2010年第2期。

② 谢梅、贾玲：《西部大开发中四川高校科技成果转化的对策分析》，《重庆工学院学报》（社会科学版）2007年第7期。

研共建联盟的技术和市场双向推动的产学研合作模式。通过建立有效的分工合作机制，推动区域创新能力的提高。基于区域创新能力的产学研合作新模式从内部要建立动力机制、利益分配机制和组织机制，从外部要建立社会机制、政策机制和调节机制，更需要建立完善的社会化投入支持体系、体制创新支持体系和政策创新支持体系。

第四，加快西部军民深度融合的技术创新。西部是国防科技经济集中区域，聚集着大量与航空、航天、核能、兵器、船舶等研究、开发、制造相关的科研院所、企业和高等院校，是重要的国防科技工业基地。而西部地区的机械、电子、化工等工业基础薄弱，国防科技工业辐射作用不明显，经济发展滞后。因此，西部地区的军地（民）产学研合作开展技术创新，是国防科技工业集中区域开发高新技术、发展高新技术产业的重要举措。但由于体制、机制与利益分配等多方面原因，西部地区的军地产学研合作技术创新相对滞后。目前全国各地都在制定军民深度融合发展规划，西部地区应更好地发挥军地（民）在技术创新和成果产业化方面的深度融合，使西部军地两种资源在合作共赢、互惠互利的基础上快速、紧密结合起来，为国防科技工业、西部以至整个国民经济发展提供科技与产业支持，形成高新技术产业高地。

第六节　本章小结

国内外研究文献表明，人力资本在区域经济增长中的作用是巨大的，人力资本积累通过正向地促进技术创新能力的提高，来提升实物资本的投资效率。

经验分析发现，虽然加强基础教育是西部大开发的重要领域，但与东部地区相比，西部地区人力资本数量不足，人力资本质量不高，人力资本结构失衡，人力资本积累不足等问题还十分突出。无论是构建指标体系的创新能力测算，还是以专利和发明衡量的技术创新，西部地区都还存在着技术创新能力相对较弱，与东部地区相比还存在很大差距的问题。

理论模型和数值模拟分析结果显示，知识储备型教育和产业集群是人力资本积累的重要方式，知识储备型教育对西部地区技术创新能力增强具有动态累积效应，产业集群构建对西部技术扩散具有内在机制。西部地区知识储备型教育的落后和产业集群规模的不足抑制了西部地区人力资本积累，西部地区人力资本积累缓慢进一步制约着西部地区技术创新能力的培育，致使西部创新能力不足。

通过面板数据模型检验西部地区人力资本、技术创新与经济增长的关系发现，西部地区人力资本对低水平技术创新的影响更大，而西部地区人力资本对经济增长的影响小于东部地区；在技术创新对经济产出的影响中，高水平的创新对经济增长具有显著影响，低水平的创新对经济增长没有显著影响，说明增强西部地区自我发展能力的核心是提升人力资本质量，配置更多高层次人力资本到研发部门，增强高水平技术创新，才能有效提高经济产出。

因此，为增强西部地区技术创新力，必须加大西部地区知识储备型教育的投资力度，加强西部地区的产业集群。同时还要加强西部地区的研究成果转化，重点是发挥高校的作用，推进产学研合作模式和运行机制，推进军地（民）在技术研发和产业化方面的深度融合。

第五章

西部地区社会资本积累与组织创新力培育

随着社会资本理论的发展，社会资本在中国区域经济发展中的作用的研究越来越多。本章在借鉴前人研究基础上，从信任、社会网络、文化三个维度探讨微观层社会资本对西部经济增长的影响和作用，分析社会资本对组织创新力培育的作用机制；从制度与组织两个维度分析中观层社会资本投资对政府组织、企业组织、中介组织创新的影响，以及对微观层社会资本形成的影响。探讨公共服务投入对社会资本积累和组织创新力增强的效应。

第一节　文献评论

一　社会资本

社会资本首先由法国学者皮埃尔·布迪厄提出，认为"社会资本是现实或潜在的资源的集合体，它们与或多或少制度化的相互认识与认可的持续关系网络结合在一起。也就是说，社会资本与一个群体和社会网络有关，社会网络之间认知、信任是最重要的资源"①。布迪厄的概念是工具性的，他认为社会网络是其他收益的来源，因此社会资本通过经济资本和人力资本在社会网络的运转中无休止的增进这两者的效能。后经科尔曼②的发展使其概念逐步的系统化。科尔曼从理性行动理论出发，提出社会资本产生于某种社会结构，是解决集体

---

① ［法］布尔迪厄：《实践理性：关于行为理论》，谭立德译，生活·读书·新知三联书店2007年版。
② Coleman J.，"Social Capital in the Creation of Human Capital"，*American Journal of Sociology*，Vol. 94，1988.

行动问题的重要资源。具体地说，它产生于人际交往中，并且其作用是为了更方便人与人之间的关系，因此他认为社会资本与实物资本和人力资本一样，也能推动生产性活动的进行。因为诚信与负责的社会组织更容易完成一项工作①。随着罗伯特·D. 普特南②《使民主运转起来》的出版，经济增长与社会资本的相关性得到了广泛的关注。从普特南的视角可以将社会资本解释为："社会组织的某种特征，诸如人际网络、规范和社会信任感之类的一些特征，为了促进共同利益而进行协同合作、降低交易成本，通过协调社会互动提高社会效率。"福山指出，"社会资本是这个社会中的成员共同遵守的一套非正式的价值观和行为规范③，它们包括诚实、互惠和信任"。普特南强调社会网络，福山强调信任，目前信任、市民规范、社会网络作为社会资本的维度得到了普遍认同，有关社会资本与经济增长的经验研究也都是围绕着这三个维度展开。

（一）信任

福山认为决定经济效率一个至关重要的因素就是社会体系内的信任，信任本身更是文化对经济影响的表现和作用方式④。张维迎，柯荣住通过相关分析认为地区间信任关系的建立与交易参与主体的受教育水平、经济活动交往的可重复性有重要联系⑤。很多关于社会资本理论的研究中建立企业层面信任的指标多采用张维迎，柯荣住的数据。文建东认为诚信与经济发展之间呈现"U 形"曲线关系，并判断中国正处在"U 形"曲线的底部，仅仅是理论分析上的推断并没有给出定量的证明⑥。徐晟探讨了社会资本重要组成部分的诚信与经济发展之间的关系，通过对文建东提出模型的修改，实证检验诚信与市场活跃度、房地产投资、福利、金融市场发展等变量之间的关系，表明作

① ［美］科尔曼：《人力资本创造中的社会资本》，载《达斯古普特、撒拉格尔丁：社会资本——一个多角度的观点》，中国人民大学出版社 2005 年版。

② Putnam, R., Leonardi, R. Na, netti, R. Y., *Making Democracy Work*, Princeton：Princeton University Press, 1993.

③ Fukuyama, F. Trust, *The Social Virtues and the Creation of Prosperity*, New York：The Free Press, 1995a.

④ Ibid. .

⑤ 张维迎、柯荣住：《信任及其解释：来自中国的跨省调查分析》，《经济研究》2002 年第 10 期。

⑥ 文建东：《社会诚信体系与经济发展》，《湖南社会科学》2004 年第 5 期。

为社会资本重要内容的诚信从不同层面对经济发展有促进作用①。张爽、陆铭、章元以农村贫困为例，认为公共信任能显著地减少贫困，而且在社区层面的作用尤为明显，以贫困线设定非线性 Probit 模型并用他们自己的程序给出了准确的偏效应估计，但对公共信任的研究应当扩大到城市范围内②。我们拟运用涵盖城市和农村的 CGSS2006 调查问卷中的问题及主成分分析法构造自己公共信任指标，考察公共信任与经济增长的关系。杨宇、沈坤荣③借用熊俊④对索洛模型的扩展将社会资本内生化，基于中国省级的面板数据对中国社会资本与制度之间的关系进行了实证检验，发现信任对地区间经济增长具有积极的正影响，但是将市场化程度加入回归方程中发现信任的作用不显著。他们所使用的信任指标为张维迎，柯荣住的数据反映了企业层面的信任，我们一方面借鉴杨宇、沈坤荣的方法设定了企业信任指标，同时构造自己的公共信任指标，在这两个指标的基础上考察信任与市场化程度的关系。赵家章⑤首先借鉴前人的研究中异质道德风险一般均衡模型，得出了信任能够影响经济增长的结论，提出了社会资本影响全要素生产率，进而影响经济增长的分析框架，运用基于曼奎斯特指数的 DEA 方法将全要生产率分解为技术效率和技术进步，通过回归得出了个人层面的信任对全要素生产率和技术效率均有着显著的正影响，这种影响会随着市场化、城市化、政府对经济活动的参与以及对外开放因素而减弱，尤其受城市化影响较大；企业层面的信任对全要素生产率有着正向的影响，但这种影响在引入控制变量后并不显著，并且这种影响并不是通过对技术效率的影响而产生的。实证结果正如理论模型预期的一样，信任更多的是通过投资（要素投入）进而对经济增长产生影响。但

①　徐晟：《诚信与区域经济发展的实证研究——基于社会资本的考虑》，《财贸研究》2007 年第 S1 期。

②　张爽、陆铭、章元：《社会资本的作用随市场化进程减弱还是加强？——来自中国农村贫困的实证研究》，《经济学》（季刊）2007 年第 2 期。

③　杨宇、沈坤荣：《社会资本、制度与经济增长——基于中国省级面板数据的实证研究》，《制度经济学研究》2010 年第 2 期。

④　熊俊：《经济增长因素分析模型：对索洛模型的一个扩展》，《数量经济技术经济研究》2005 年第 5 期。

⑤　赵家章：《社会资本与中国区域经济差异研究》，首都经济贸易大学出版社 2011 年版，第 9—13 页。

是赵家章并没有就信任是如何通过要素机制对经济增长产生影响给出说明，并认为信任是通过降低交易成本，制度实施成本等对区域经济增长产生积极影响。我们也通过规范分析对信任对区域经济增长机制进行探索和尝试，并运用赵家章的数据作为个人信任的指标。耐克和基弗运用世界价值观调查的29个市场国家的数据，通过计量检验认为信任与经济绩效之间有着很强的联系，在那些正式制度能够有效保证财产权利、合同权利和阶层、种族间的两极化不明显的国家里，信任与经济绩效之间有着很强的联系[①]。保罗·扎克和斯蒂芬·莱克表明了那些高信任社会的社会、经济、制度特征，并且低信任社会有着更低的投资率。在一个信任极低的社会里，储蓄很低以至于不足以维持积极产出增长，由此陷入低信任贫困陷阱中。发现在标准的巴罗（Barro）模式增长回归中，一旦控制了个人信任水平，两极化变量对经济增长的影响是很弱的。在实证检验中，包含了耐克和基弗一半左右的样本同时添加了经济上并不发达的国家作为样本，检验结果清楚地表明，制度经过对信任的影响进而对经济增长造成影响，实证进一步表明了相比于耐克和基弗在存在设定和时期转变时，信任与增长之间的关系一般更稳定，并且对异常变量并不敏感。最终得出结论，制度和社会异质性是通过信任对经济增长造成影响[②]。伯格斯迪克和斯哈克应用欧洲价值观调查的54个欧洲区域的横截面数据来进行检验分析认为，在区域层次上没有发现信任与增长是相关的，认为出现这样的情况并不是理论上的问题，而是信任的代理变量选择问题[③]。佩尔·欧拉尔、奥拉·奥尔森和大卫·伊纳吉沙瓦全合约模型，来描述贷款人与生产者之间的投资博弈行为，表明当正式制度处于低水平时，社会资本对博弈中总资金剩余有很大的影响，当制度的加强时，社会资本的作用开始变弱，在跨国的经验分析中，也表明随着制度作用的增加，用个人信任作为变量的社会资本的边际效应在递减。当社会资本按照增加1个标准差时，对于制度环境相对较弱的尼日利亚经济增长就会提高1.8个百分点，对于制度环

①　Stephen Knack, Philip Keefer, "Does Social Capital Have an Economic Payoff? A Cross-country Investigation", *The Quarterly Journal of Economics*, Vol. 112, No. 4, 1997.

②　Pau J. Zak, Stephen Knack., "Trust and Growth", *The Economic Journal*, Vol. 111, 2001.

③　Beugelsdijk, S. Schaik, T. V., "Social Capital and Growth in European Regions: An Empirical Test", *European Journal of Political Economy*, Vol. 21, 2005.

境较强的加拿大经济增长就会提高 0.3 个百分点[1]。最终他们得出的结论是，社会资本与正式制度之间的关系主要是替代关系。

我们采用张维迎、柯荣住[2]的数据构造企业层面的信任指标，通过 CGSS2006 问卷问题运用主成分分析法来合成公共信任指标，以此来代表中国省级层面的信任水平，通过已有相关经济学、社会理论进行规范分析，探索信任与区域经济增长之间的关系，通过计量分析定量的考察信任与经济增长、区域初始经济发展水平以及市场化程度之间的关系。

（二）社会网络

诺杨和普里切特运用坦桑尼亚的社会资本与贫困调查数据 SCPS，发现社区层面的网络能显著提高用家庭人均消费支出衡量的福利水平[3]。葛鲁塔特发现，贫困水平在拥有社会网络的家庭能够显著降低，并且认为社会资本在不同经济环境有着不同的含义，应当在具体的情况下构建社会资本变量[4]。奈特和岳采用中国的城市调查数据研究表明，基于社会网络和协会活动衡量的社会资本与个人收入积极相关，随着市场程度的加深社会资本的作用将会不断变大[5]。姚毅、王朝明运用 CGSS 数据计量检验表明，社会网络规模可以在一定程度上改善家庭贫困的状况[6]。杨宇、沈坤荣[7]借用熊俊[8]对索洛模型的扩展将社会资本内生化，基于中国省级的面板数据对中国社会资本与制度之间

① Pelle Ahlerup, Ola Olsson, David Yanagizawa, "Social Capital vs Institutions in the Growth Process", *European Journal of Politcal Ecnomy*, Vol. 9, 2008.

② 张维迎、柯荣住：《信任及其解释：来自中国的跨省调查分析》，《经济研究》2002 年第 10 期。

③ Narayan, D. L. Pritchett, "Cents and Sociability-Household Income and Social Capital in Rural Tanzania", *Policy Research Working Paper*, Washington DC：World Bank. No. 1796, 1997.

④ Grootaert, C., Social Capital, "Household Welfare and Poverty in Indonesia", *Local Level Institutions Working Paper*, Washington DC：World Bank. No. 6, 1999.

⑤ John Knight, Linda Yueh., "The Role of Social Capital in the Labour Market in China", *Economics of Transition*, Vol. 16, No. 3, 2008.

⑥ 姚毅、王朝明：《中国城市贫困发生机制的解读——基于经济增长、人力资本和社会资本的视角》，《财贸经济》2010 年第 10 期。

⑦ 杨宇、沈坤荣：《社会资本、制度与经济增长——基于中国省级面板数据的实证研究》，《制度经济学研究》2010 年第 2 期。

⑧ 熊俊：《经济增长因素分析模型：对索洛模型的一个扩展》，《数量经济技术经济研究》2005 年第 5 期。

的关系进行了实证检验，认为协会网络对中国经济增长的影响不显著。赵家章提出社会资本通过影响全要素生产率进而影响经济增长的分析框架，通过计量检验没有发现个人层面的社会网络显著地通过影响技术效率的提高进而对全要素生产率产生影响，该层面的社会网络对经济增长的影响可能更多的是通过要素投入机制；尽管发现社区层面的网络对提高技术效率有所帮助，但却没有发现该层面的网络对全要素生产率有着正的影响①。我们通过借鉴上述前人的思路，运用 CGSS2008 问卷问题构造个人层面社会网络，通过借鉴张爽、陆铭、章元的方法构造了社会层面的社会网络以尽可能减轻模型的内生性问题②。

严成樑运用全国省际的面板数据检验社会资本对增长与创新之间的关系，认为社会资本对经济增长与知识创造有促进作用③。耐克和基弗运用世界价值观调查的 29 个市场国家的数据得出了与普特南④对意大利区域经济增长差异分析相反的结论，即用注册会员数来衡量的协会活动与经济绩效之间没有联系⑤。伯格斯迪克和斯哈克应用欧洲价值观调查的 54 个欧洲区域的横截面数据来检验以一般化的信任和协会活动来代表的社会资本是否与区域经济增长差异相关，结果表明，在区域层次上经济增长与协会活动是呈正相关的，尤其是在那些没有工资支付、积极主动的志愿活动中尤为明显⑥。因此，普特南在对意大利地区的社会资本分析得到的结论可以加以一般化的推广。我们借鉴杨宇、沈坤荣⑦构造协会社会网路指标考察在协会交往层面的社会网络与经

---

① 赵家章：《社会资本与中国区域经济差异研究》，首都经济贸易大学出版社 2011 年版，第 9—13 页。

② 张爽、陆铭、章元：《社会资本的作用随市场化进程减弱还是加强？——来自中国农村贫困的实证研究》，《经济学》（季刊）2007 年第 2 期。

③ 严成樑：《社会资本、创新与长期经济增长》，《经济研究》2012 年第 11 期。

④ Putnam, R., Leonardi, R. Na, netti, R. Y., *Making Democracy Work*, Princeton：Princeton University Press, 1993.

⑤ Stephen Knack, Philip Keefer, "Does Social Capital Have an Economic Payoff? A Cross-country Investigation", *The Quarterly Journal of Economics*, Vol. 112, No. 4, 1997.

⑥ Beugelsdijk, S. Schaik, T. V., "Social Capital and Growth in European Regions：An Empirical Test", *European Journal of Political Economy*, Vol. 21, 2005.

⑦ 杨宇、沈坤荣：《社会资本、制度与经济增长——基于中国省级面板数据的实证研究》，《制度经济学研究》2010 年第 2 期。

济增长之间的关系。因此，我们将运用所建立社会网络的三个指标全面考察社会网络与初始经济发展水平之间的关系、市场化程度水平之间的关系。

（三）文化

马歇尔首先认识到了文化对经济发展的重要影响[①]。马克斯·韦伯认为新教伦理是促进资本主义经济不断向前发展的重要因素[②]。哈耶克认为在经济交往活动中形成的道德加深了经济合作的基础[③]。熊彼特认为传统思维对创新活动形成制约，最终对社会的经济发展产生阻碍[④]。道格拉斯·C. 诺思文化对经济合约的履行有重要影响进而对经济产生影响[⑤]。阿马蒂亚·森实现经济社会交往活动的顺畅必须要有一定的共同道德基础作为保证，因此共同形成的价值观与隐含的行为规范就显得尤为重要[⑥]。伊斯特利和莱文发现种族的多样性减缓了增长，并报告了种族多样性和增长联系多种政策措施的简单相关关系[⑦]。伊斯特利将上述结果做了扩展，两极化变量中的收入不平等也是影响减缓增长的原因[⑧]。周德翼、杨海娟指出陕西省商业文化的不足所导致的社会资本缺失，从而形成生产要素的低效使用是陕西省经济增长缓慢的主要原因[⑨]。郭熙保、张克中认为，制度是通过文化、社会网络关系对经济发展产生影响

---

① ［英］马歇尔：《经济学原理》，朱志泰、陈良璧译，商务印书馆1981年版，第27—39页。

② ［德］马克斯·韦伯：《新教伦理与资本主义精神》，彭强、黄晓京译，陕西师范大学出版社2002年版，第174页。

③ ［英］哈耶克：《哈耶克论文集》，邓正来编译，首都经济贸易大学出版社2001年版，第602—617页。

④ ［美］约瑟夫·熊彼特：《经济发展理论》，何畏、易家详等译，商务印书馆1990年版，第53—85页。

⑤ ［美］道格拉斯·C. 诺思：《经济史上的结构和变革》，厉以平译，商务印书馆1999年版，第195—203页。

⑥ ［印］阿马蒂亚·森：《以自由看待发展》，任赜、于真译，中国人民大学出版2002年版，第261—265页。

⑦ Easterly, W. and Levine, "R. Africa's Growth Tragedy: Policies and Ethnic Divisions", *Quarterly Journal of Economics*, Vol. 112, No. 4, 1997.

⑧ Levine, Ross, "Law, Finance, and Economic Growth", *Journal of Finance Intermediation*, Vol. 8, No. 1 – 2, 1999.

⑨ 周德翼、杨海娟：《论陕西省社会资本形态对经济增长的影响》，《中国软科学》2002年第6期。

的[①]。郭少新、何炼成也得出了相似的结论，认为在进行制度分析时应该注重对非正式制度的分析[②]。陈雨露、马勇通过计量检验认为社会资本中的社会信任对金融结构和效率有重要影响，信任关系的强化能够促进运行成本的降低[③]。结合莱文[④]的观点，只要能确保金融体系的整体效率，就能促进经济增长。因此一个"更加信任"的社会更有利于经济增长。高波、张志鹏指出，文化的迁移与转变对经济发展有重要影响，即对制度变迁和技术变革有重要影响[⑤]。

我们尝试将文化纳入社会资本的分析框架内，从民族和宗教两个角度来分析文化与经济增长之间的关系，一方面民族文化的传承对于人们思想意识观念有着重要的影响，另一方面宗教文化对于人们的信仰、价值观念、道德规范有着深刻的影响，这两个在文化层面的因素对于人们行为特征有着至关重要的影响，进而对区域经济增长绩效产生影响。这里通过省际少数民族人口数量占比构造民族文化变量，运用 CGSS2008 问卷调查问题构造宗教文化变量，并在一定程度上考虑个体对宗教活动参与程度所产生的个体异质性。运用这两个因素考察文化对区域经济增长的影响。

（四）社会资本与组织的关系

根据普特南的定义"社会资本是指能够通过促进集体行动进而提高社会效率的社会组织特征，诸如信任、规范、社会网络等"，一个社会组织或者区域所形成的市民行为规范与当地的文化有着紧密的联系，正是长期以来积淀的文化在潜移默化中影响了当地人们的信仰、行为特征、契约精神、对待信任的态度，进而影响当地的经济发展绩效。

奥尔森在研究集体行动成功与失败的原因时指出，集体行动需要解决"搭便车"这样的道德风险问题。个人在集体内部如果抱着由别人努力，

---

①　郭熙保、张克中：《社会资本、经济绩效与经济发展》，《经济评论》2003 年第 2 期。

②　郭少新、何炼成：《社会资本：解释经济增长的一种新思路》，《财贸研究》2004 年第 4 期。

③　陈雨露、马勇：《社会信用文化、金融体系结构与金融业组织形式》，《经济研究》2008 年第 3 期。

④　Levine, Ross, "Law, Finance, and Economic Growth", *Journal of Finance Intermediation*, Vol. 8, No. 1 – 2, 1999.

⑤　高波、张志鹏：《文化与经济发展：一个文献评述》，《江海学刊》2004 年第 1 期。

自己享受成果的心态；集体行动就会无法形成统一的行动效果。因此需要在集团内部建立赏罚分明的激励机制，以确保个人的付出努力可以得到相应的回报。① 奥尔森虽然没有直接提出社会资本的概念，但是集体行动人际关系遵守共同道德规范的主张与社会资本的作用是一样的。奥斯特罗姆同样在研究集体行动时特别指出，信任作为社会资本的一种形式是促进志愿合作的一个基础因素，集体行动的成功就是因为团体内外部信任合力的结果。

特纳对社会资本的定义是"那些在一个社会中通过创造和维持社会关系和社会模式来增强经济发展潜力的因素"②。换句话说，社会资本真实存在，只是它隐藏在组织中，只有在激发组织潜力时才显现出来。林南从资本的观点提出"期望在市场中得到回报的社会关系投资即社会资本"③。这些学者对社会资本理解各有侧重，但是都把社会资本与组织、团体以及社会关系联系在一起。因此我们把社会资本理解成"那些改善组织内部社会关系的因素或投资。"社会资本的表现形式为权威和信任。社会资本存在于人与人之间、组织之间，因为权威导致的服从会带来组织行动的统一，而信任则是组织行动的基础。这两种形式的社会资本贯彻在集团和组织的所有行动中，从而不断激发社会关系和组织模式的潜力。

二　组织创新

罗晓梅定义自我发展能力为"以制度创新为基础的区域创新力和竞争力"④，鱼小强虽然对自我发展能力的理解不一样，但也指出制度创新力是自我发展能力的重要组成部分，特别是对西部地区来说，制度环境已经成为经济发展的瓶颈⑤。制度创新是指系统和经济主体行为规则的变化，其内容包括

① ［美］奥尔森：《集体行动的逻辑》，陈郁译，上海人民出版社2006年版，第64—80页。
② ［美］特纳：《社会资本的形成》，载《达斯古普特、撒拉格尔丁：社会资本——一个多角度的观点》一书，中国人民大学出版社2005年版。
③ ［美］林南：《社会资本——关于社会结构与行动的理论》，张磊译，上海人民出版社2005年版，第18—28页。
④ 罗晓梅：《论生存方式的变革与西部自我发展能力的提升》，《求实》2007年第4期。
⑤ 鱼小强：《对增强西部地区自我发展能力的思考》，《商洛师范专科学校学报》2002年第3期。

政府制度创新、企业制度创新以及其他管理组织的制度创新。周其仁把组织创新看成制度创新的前提①，虽然他把组织视作独立于政府的民间团体。诺斯的制度变迁理论包括国家理论、产权理论和意识形态理论②，其中讨论的政治、法律和产业组织，正是组织创新的内容，只是他的研究隐含在他那庞大的理论体系中。但是从组织创新的角度来把握西部地区的自我发展能力的研究还不多见。

组织是由两人及两人以上组成的社会团体，而组织创新是指组织结构和管理的变革。我们把组织限定在政府、企业和中介组织三类。

科斯在其经典文献《企业的性质》③突破了新古典经济学把企业视为生产函数"黑箱"的樊篱，打开了现代企业理论把企业视为内部组织的"大门"。他认为市场和企业是资源配置的两种可相互替代的手段，市场上的资源配置通过非人格化的价格机制来实现，企业内的资源配置则通过权威关系来完成。对企业和市场的选择依赖于对市场交易的成本和企业内部组织运营成本的权衡。威廉姆森④进一步发展了交易费用理论，他沿用阿罗的交易费用定义，即"利用经济制度的成本"，并把交易成本进一步细分为事先的交易成本和事后的交易成本两种。通过用资产专用性、交易频率和不确定性三个维度刻画交易成本并建立了一种对市场混合形式和科层官僚组织分立的结构选择分析法，将交易成本作为制度安排，极大地深化了我们对组织的理解。

组织创新理论的发展，可以分成组织层级阶段、行为主义阶段以及系统论阶段。马克斯·韦伯⑤提出官僚制组织的核心就是形成权威，泰勒的科层制管理观点认为组织管理中要提高效率科层制的设置必不可少。在行为主义阶段着重研究的是人和组织活动过程，如群体和个体行为，人和组织的关系、

①　周其仁：《产权与制度变迁：中国改革的经验研究》，社会科学文献出版社2002年版，第51—72页。

②　[美]诺斯：《经济史中的结构与变迁》，陈郁、罗华平等译，上海人民出版社2003年版，第1—3页。

③　Ronald Coase, "The Nature of the Firm", *Economica*, Vol. 4, 1937.

④　[美]威廉姆森、温特：《企业的性质：起源演变和发展》，姚海鑫、邢源源译，商务印书馆2007年版，第94页。

⑤　[德]马克斯·韦伯：《经济与社会》，林荣远译，商务印书馆2005年版，第278页。

沟通、参与、激励、领导艺术等。经济学家赫伯特·西蒙认为管理即决策，因此决策者受到何种因素影响对组织的效率和创新至关重要。在系统论阶段，这一派的观点把组织看成一个系统，从系统的互相作用和系统同环境的互相作用中考察组织的生存和发展，目的是通过研究找到组织在这种互相作用中保持平衡的方法。这三种观点都或隐或显地提到了组织内外部的社会关系对组织创新的重要性，但并不是一个重点。

组织创新必须要在某种来自内外部的压力下推动，组织结构和管理的变革往往是组织内外部的社会关系决定的。如果把社会关系看成一张网络，组织则是这个网络的联结点。组织与其他组织的关系和互动就成了组织生存发展的外部社会环境，而组织内部的人际社会关系的互动就构成了组织的内部社会环境。组织与其内外部社会关系的互动对组织创新具有重要作用，而社会资本正是对这种社会关系的描述。

一个国家的社会经济组织是一个由不同功能的政府组织、企业组织、中介组织构成的组织体系。其中，政府组织的主要经济功能是提供制度规制、公共产品和安全保障。企业组织的主要经济功能是按照市场需求进行产品的生产和交换活动。中介组织的主要经济功能是向政府组织、企业组织提供服务。因此，我们将西部地区组织创新划分为政府组织创新、企业组织创新和中介组织创新。

第二节　经验事实

通过上述对社会资本的讨论，从信任、社会网络、文化三个维度，借鉴以往社会资本研究中的数据选取与构造方法，运用 CGSS 中国综合社会调查问卷①以及中国统计年鉴的数据对三个维度的社会资本构建八个指标（详见附件），从不同方面评估社会资本在东、中、西部地区各省份的差异性，对比反映西部地区的社会资本现状。我们将运用上述基于社会资本的信任、社会网络、文化三个维度所构建的八个指标逐一分析西部地区的社会资本现状，并

① 这里使用的数据（CGSS2005、CGSS2006、CGSS2008）均来自中国人民大学中国调查与数据中心主持之《中国综合社会调查（CGSS）》项目，感谢此机构及人员提供数据协助，研究内容由作者自行负责。

与东中部地区进行对比。

一　西部地区的信任程度有待加强

以下分别评述从个人信任、企业信任、公共信任三个方面来对西部地区与东中部地区的信任社会资本现状做对比描述，并分析西部地区在信任层面社会资本与经济增长的关系。

（一）个人信任

众多的学者研究了社会资本是如何作用于一个国家或者地区经济增长与经济发展，研究角度都是从微观和宏观两个层面来展开，信任中的个人信任主要是从微观层面对地区经济增长产生影响。首先借鉴赵家章[①]运用CGSS2005 的数据对个人信任指标的设计，并将各个省份的得分值以图表的形式呈现并给出描述性分析，并通过东、中、西部地区的比较着重分析个人信任对西部经济增长的作用。

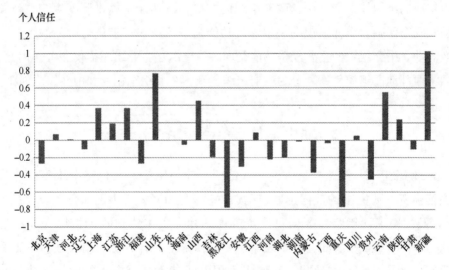

图5—1　2005 年 CGGSS 调查数据各省份个人信任得分

资料来源：赵家章：《社会资本与中国区域经济差异研究》，2011 年 9 月；数据中不含西藏自治区、青海省、宁夏回族自治区的数据。图中省份依次按照东、中、西部地区排开，以下图形说明做相同处理。

---

① 赵家章：《社会资本与中国区域经济差异研究》，首都经济贸易大学出版社 2011 年版，第 9—13 页。

通过各省份的个人信任得分值可以看出，东部地区得到正的分数有四个省份，分别是上海市、江苏省、浙江省、山东省；中部地区仅山西省和江西省得到正的分数；西部地区得到正的分数的有四川省、云南省、陕西省、新疆维吾尔自治区。尽管新疆维吾尔自治区的得分是最高的，但是由于东部地区得分为正的省份整体得分较高，所以东部地区平均值是最大的，而且由标准差所代表的变异程度是最小的。

表5—1 三地区个人信任描述性统计

地区	最小值	最大值	平均值	标准差
东部	− 0.273	0.771	0.098	0.311
中部	− 0.780	0.452	− 0.149	0.352
西部	− 0.771	1.021	0.014	0.544

资料来源：根据赵家章《社会资本与中国区域经济差异研究》的数据计算整理。

西部地区个人信任的得分与东部地区一样均值为正，但西部地区在三个地区中个人信任得分的变异程度最大，即西部地区有最大标准差，并且个人信任得分值的最大值数值最大，实际上西部地区的最小值与从全国来看的最小值相差不大。尽管西部地区个人信任得分处于三个地区的中游水平，但是西部地区省区之间的内部差异极大。

我们认为一方面个人信任主要通过微观层面直接作用于地区间的经济增长，首先个人之间的信任加强了参与经济活动主体之间的交往，而在交往过程中又强化了信任，实现经济活动中的信息对称，对逆向选择和道德风险的情况实现有效的抑制，在一定程度上避免了信息不对称导致的市场失灵，实现市场机制对资源的有效配置；另一方面个人信任通过个体间建立的联系实现信息共享和知识传播，加强个体遇到问题时解决问题的能力，而信息和知识的溢出效应激励了创新活动，尤其是技术创新活动，创新对地区的经济增长有着重要作用，因此个人信任通过共享信息和知识，对地区经济增长产生了重要作用。尽管对于西部地区个人信任整体上处于中游水平，但是西部地区省份内部的个人信任差异很大，使得西部地区个人信任对地区经济增长作用就有限，因此如何实现西部地区各个省份水平个人信任整体的趋同，是促进个人信任更好地推动地区经济增长的重要问题。

（二）企业信任

福山[1]认为文化能够作为新古典经济学所不能解释部分的补充，其中社会信任是文化的重要表现形式和对经济活动影响的重要途径。对于地区经济发展，信任中最为重要的便是企业层面的信任，因为企业信任一方面可以极大地降低交易成本，实现企业层面资源的有效组织，通过合作和并购的方式扩大企业规模，降低生产成本，实现规模收益递增；另一方面是企业信任有效推动分工的加深，引发分工的动力是市场需求所引致生产效率的提升，而企业层面的信任犹如催化剂一样促使分工向着更深层次进行，在经济活动协调组织的过程中，企业信任在正式法律约束之外，以一种无形但有效成本更低的方式监督契约的执行，保证分工带来的效率提升，最终实现经济效率的提升。

我们将运用张维迎、柯荣住于 2000 年委托中国企业家调查系统的调查数据来描述，东、中、西部地区企业信任的社会资本差异现状，以及企业信任对西部地区经济增长的作用。

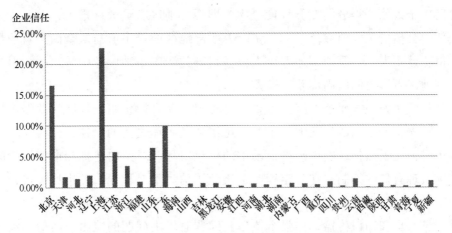

图 5—2   2000 年中国企业家调查系统各省份企业信任情况

资料来源：张维迎、柯荣住《信任及其解释：来自中国的跨省调查分析》2002 年 10 月。

---

①   Fukuyama, F. Trust, *The Social Virtues and the Creation of Prosperity*, New York: The Free Press, 1995a.

对企业信任指标的设定，我们采用中国企业家调查系统中受访者回答一个地区被受访者①认为是最值得信赖的比例进行分析，并给出了东、中、西部地区的描述性统计。同时给出 2000 年的各省区生产总值柱状图与企业信任进行对比。

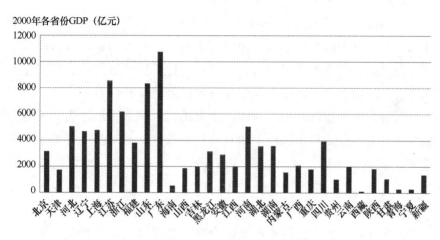

图5—3　2000 年各省份生产总值

资料来源：国家统计局，《中国统计年鉴》2001 年。

表5—2　　　　　　　　　　　三地区企业信任描述性统计

地区	最小值	最大值	平均值	标准差
东部	0.10%	22.70%	6.45%	0.072771
中部	0.20%	0.70%	0.51%	0.001727
西部	0.10%	1.40%	0.58%	0.00407

资料来源：根据张维迎、柯荣住《信任及其解释：来自中国的跨省调查分析》的数据计算整理。

通过对各省企业信任的分析发现，受访者中东部地区各省份被认为是最值得信赖的比例超过 10% 的有三个省份（上海市、北京市、广东省），超过 5% 的有五个省份（再加上江苏省、山东省），而西部地区各省份中比例最高

―――――――――

① 受访者中有 60% 以上是企业的负责人和领导。

的是 1.4% (云南省)，中部地区比例最高的是 0.7% (吉林省和黑龙江省)，但由于东部地区各省份企业信任的水平较高，地区内部差异较大。我们将各省份的企业信任得分值及 2000 年生产总值对比发现，整体上信任程度高的东部地区各省份的总产出也很高。尽管西部地区企业信任均值为 0.58%，要大于中部地区的 0.51%，但是西部地区反映离散程度的标准差却是中部地区的两倍以上，同时更为明显的是 2000 年中部地区各省份的生产总值总量要大于西部地区。对各省份的生产总值差距，要素投入、产业结构、区域政策、地理因素、技术创新因素更具解释力，但是各省份的生产总值趋势图与企业信任高度吻合，一定程度反映出企业信任对地区经济增长的影响，这一点将在后面的计量分析部分加以验证。西部与中部的比较说明，地区内部各省份的企业信任差异对企业信任作用经济增长有重要影响，只有尽可能缩小西部地区内部的企业信任差距，才有可能让信任社会资本更有效地促进西部经济增长。

（三）公共信任

公共信任非常重要，代表着普通民众对正式制度的信任程度，这种信任是整个社会稳定的根基。如果说个人信任在微观层次，企业信任在中观层面，那么公共信任在宏观层次上影响地区经济发展。一个地区或者国家经济发展离不开经济交往的活跃与包容开放、维护公正的制度环境，而这些都与公共信任息息相关，只有具备公共信任的政府部门会采取措施抑制腐败和寻租行为，建立公平的社会管理制度对产生消极外部性的个人或单位予以惩罚，同时对于产生积极外部性的个人或单位予以支持鼓励，进而维护司法公正，创造稳定的社会治安环境，而这一切都是激发经济交往活动活跃的制度保证，民众对公共机构所建立的公共信任都是基于实现上述制度保证的预期，这样从事经济活动交往的主体就能预期自身拥有的产权能够得到保护，才能在多重的法律与社会约束下自主运用产权创造经济价值，这种预期从个人到整个社会群体的扩散才能最终有助于地区的经济增长。

我们使用 CGSS2006 调查数据设计公共信任指标，具体是指通过受访者对八个有关民生问题的回答来代表对四类公共机构的信任程度，四类公共机构分别是政府机构、中央级媒体、相关领域的专家学者、法律机构人员，其中"相关领域的专家学者"往往都是在高校、科学研究机构工作专家学者，所

以将他们看成一类公共机构的代表，通过主成分分析法可得到各省区的公共
信任得分情况。

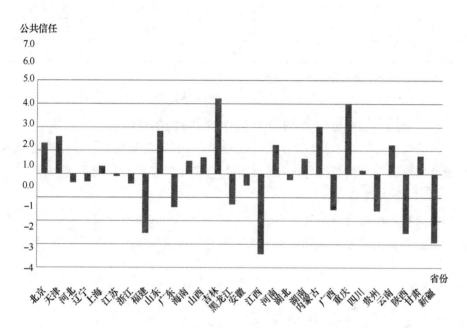

图5—4 2006 年 CGSS 调查数据各省份公共信任得分

资料来源：根据中国人民大学主持的 2006 年中国综合社会调查数据计算整理。

西部地区与东中部地区相比较而言，公共信任得分为 - 0. 149，是最低的，
并且是负值，标准差为 2. 099，是三个地区中最大的，说明西部地区有着最低
的公共信任得分且变异程度最大，西部地区在三个地区中公共信任水平最低。
尽管东部地区的公共信任得分落后于中部地区，但是东部地区有着更低的标准
差约为 1. 304，与中部地区的标准差约 1. 955 有一定的差距，而中部地区与西部
地区的标准差相差不多。西部地区在均值上为负，整体表现出对公共机构信任
的降低，同时西部地区内部省份对公共机构的信任差距即离散程度很大。

信任中的公共信任对于经济发展落后地区尤为重要，西部地区想要实现
对东部地区的追赶甚至赶超，就必须建立起的良好的公共信任，让民众对公
开公正的社会制度环境形成积极的预期，经济交易活动才能被激发，外来投
资与技术引进才能真正成为西部地区推动经济增长的动力。

表5—3   三地区公共信任描述性统计

	最小值	最大值	平均值	标准差
东部	-2.54066	1.83169	0.041267	1.303981
中部	-3.4411	3.232118	0.050476	1.955121
西部	-2.93972	3.028714	-0.14853	2.099111

资料来源：根据2006年中国综合社会调查数据计算整理。

二　西部地区的社会网络不利于现代经济增长

我们从个人网络、社区网络、协会网络三个方面分析东、中、西部地区的社会网络，并分析西部地区社会网络社会资本对经济增长的作用。

（一）个人网络

中国有关社会资本尤其是对劳动力市场作用和减少农村贫困的研究表明，基于家庭亲友关系的个人网络是个人所拥有的社会资本的一个重要方面。

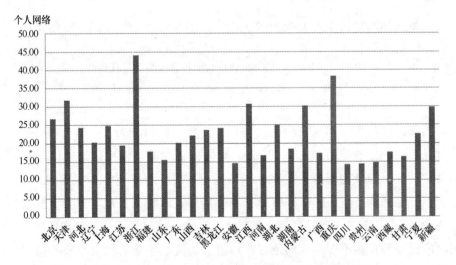

图5—5　2008年CGSS调查数据各省份个人网络得分

资料来源：根据中国人民大学主持的2008年中国综合社会调查数据计算整理。

我们通过CGSS调查数据构造的个人网络指标发现，东部地区在个人网络平均值上比中西部地区高，同时中西部地区的均值较为接近，尽管东部地区的个人网络的离散程度较大。

表5—4　　　　　　　　　　三地区个人网络描述性统计

地区	最小值	最大值	平均值	标准差
东部	15.575	44.135	24.513	8.367
中部	14.507	30.772	21.950	5.236
西部	14.175	38.382	21.525	8.452

资料来源：根据2008年中国综合社会调查数据计算整理。

西部地区与中部地区的比较发现，两者的均值比较接近都是21，但是离散程度差别很大，西部地区的标准差大约为中部地区的1.6倍，可以看出个人网络在水平较高时离散程度对于地区经济影响较小，但是当个人网络在较低水平时，个人网络的离散程度所起到的作用明显。

（二）社区网络

与个人网络相比，社区网络最大的特点是更能体现个体与社区成员的互动关系。社区网络相比于个人网路更能有效地实现网络关系对信息和资源的共享，提高了整体社区的互动效率，由于社区网络的存在，使个人解决问题的能力得到扩展，一些相关研究证实了社区网络更能影响劳动力市场和减少

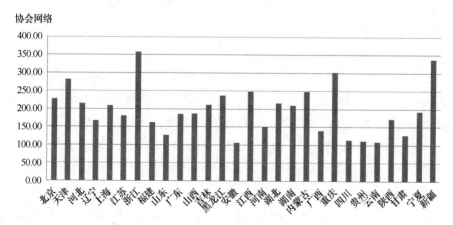

图5—6　2008年CGSS调查数据各省份社区网络得分

资料来源：根据中国人民大学主持的2008年中国综合社会调查数据计算整理。

农村贫困。社区网络是对个人网络在一定程度上的放大，一方面实现更多的
交往需要耗费个体拥有的时间精力和经济资源，另一方面由交往产生的网络
对个人获取经济资源的能力形成提升。

我们通过CGSS2008年的社会调查数据构建社区网络指标，发现东部地区
拥有的社区网络是最多的，均值为211.911，西部地区的均值为185.818，是
三地区中最低的，中部地区的均值为196.332，同时西部地区的离散程度最
大，标准差为47.141。社区层面的社会网络整体上与三地区经济发展水平相
一致。

表5—5　　　　　　　　　　　　三地区社区网络描述性统计

地区	最小值	最大值	平均值	标准差
东部	127.466	359.244	211.911	66.740
中部	106.342	248.765	196.332	47.141
西部	109.366	338.285	185.818	83.652

资料来源：根据2008年中国综合社会调查数据计算整理。

通过以上描述性分析可以看出，西部地区社区层面社会网络的不足，且
西部地区各省份的社会网络差异程度较大，可能在一定程度上影响了社区网
络对经济增长的作用。

（三）协会网络

关于社会网络中的协会网络的研究存在较大争议。Putnam研究意大利南
北区域经济增长差异后，认为一个区域的经济增长很大程度上依靠水平结构
的社会网络[1]，Beugelsdijk and Schaik 认为一些协会活动衡量的社会资本对区
域经济增长产生积极作用[2]，因此Putnam的理论可以被一般化。但没有发现
信任与增长是相关的，认为出现这样的情况并不是理论上的问题，而是信任

---

[1] Putnam, R., Leonardi, R. Na, Netti, R. Y., *Making Democracy Work*, Princeton：Princeton U-niversity Press，1993.

[2] Beugelsdijk, S. Schaik, T. V., "Social Capital and Growth in European Regions：An Empirical Test"，*European Journal of Political Economy*，Vol. 21，2005.

的代理变量选择问题。奥尔森①认为由于搭便车行为的存在，理性的个人参与集体行动的动机不强，集体行动形成困难。但是奥斯特罗姆②通过制度供给和自治原则的设定，认为可以实现公共资源的有效管理。

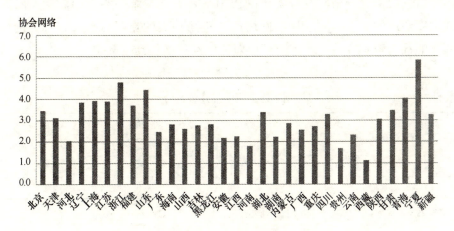

图5—7 协会网络

资料来源：国家统计局，《中国统计年鉴》，中国社会组织网。

在协会网络对地区经济增长的作用方面，有的理论认为协会网络的形成可以加强个体之间的联系，扩展个体拥有的经济资源和解决问题的能力，提高人们参与公共事务的热情，使得一些消极外部性通过组织活动解决，比如一些慈善机构对社会的善举，志愿者对社会提供的无偿服务，这些协会网络活动都有利于社会进步和社会中消极外部性的解决。但是另一些理论则认为，个体通过共同的利益形成团体，当规模扩大之后形成利益集团，集团内部成员的行为都基于集团的利益行事，甚至游说立法过程左右政治进程，利益集中在集团内部，但是由此产生的社会成本却要由集团外的社会成员承担，于是产生消极的负外部性，对地区经济增长产生不利影响。

---

① ［美］奥尔森：《集体行动的逻辑》，陈郁、郭宇峰、李崇新译，上海人民出版社1995年版，第32页。

② ［美］埃莉诺·奥斯特罗姆：《公共事物的治理之道——集体行动制度的演进》，余逊达、陈旭东译，上海译文出版社2012年版，第11页。

　　我们采用各个省份每万人口中拥有社会组织数来代表对应的协会网络，由于协会网络是一组面板数据，为了便于在二维图形上呈现协会网络社会资本在各个省份之间的分布，将各省份 2005—2012 年的协会网络进行平均处理，分析发现协会网络对经济增长的作用暗含着正面影响和负面影响，随着正式制度建设的完善，对于协会网络产生正面积极的规范与约束，协会网络所代表的社会资本在一定程度上可以对地区经济增长产生影响。

表 5—6   三地区协会网络描述性统计

地区	最小值	最大值	平均值	标准差
东部	2.0	4.8	3.5	0.8
中部	1.8	3.4	2.5	0.5
西部	1.1	5.9	3.0	1.2

　　资料来源：根据中国统计年鉴和中国社会组织网的数据计算整理。

　　通过对东、中、西部地区协会网络对比发现，尽管西部地区协会网络的均值为 3，不是三地区最小的，但是却有着最大标准差 1.2，即西部地区各省份内部的协会网络差异很大。

三　西部地区民族文化和宗教文化的影响

　　我们从民族文化、宗教文化两个方面对东、中、西部地区的文化方面的社会资本进行描述性分析，并分析西部地区在文化方面的社会资本对经济增长的作用。

（一）民族文化

　　国内外学者都认为文化与经济增长之间存在着重要联系。Easterly and Levine[1] 认为民族的多样性延缓地区的经济增长。文化传承对人们的思想观念、传统习俗和行为方式都产生了重要影响，文化是一种对地区经济发展影响更为深层次的因素。经济的繁荣表征为经济交往活动的频繁，地区的道德

---

　　[1]　Easterly, W., Levine, R., "Africa's Growth Tragedy: Policies and Ethnic Divisions", *Quarterly Journal of Economics*, Vol. 112, No. 4, 1997.

准则、行为规范、思想意识形成对地区从事经济交往个体的约束，保证了经济交易合约在低成本环境下得到实施，这在一定程度推动了地区经济活动的繁荣，所以文化对地区经济发展有着重要的影响。

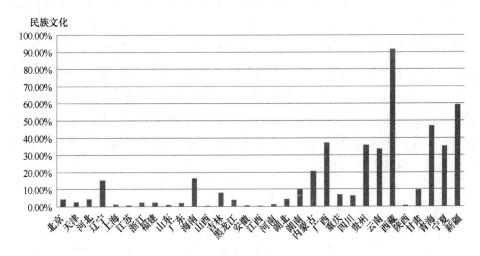

图5—8 各省份少数民族人口占比

资料来源：国家统计局，第六次人口普查，2010年。

我们以第六次人口普查数据构造反映民族异质性的文化指标，通过各个省份少数民族人口占比的分布图可以看出，西部地区少数民族人口占比较多，平均值为31.91%，东部地区为4.66%，中部地区为3.54%，东中部地区都没有达到5%的水平。西部地区各省份少数民族人口的占比差异性极大，最小值仅为0.51%，最大值达到91.83%，西部地区的标准差几乎是东部地区的5倍，是中部地区的7倍。

表5—7　　　　　　　　　三地区民族文化描述性统计

地区	最小值	最大值	平均值	标准差
东部	0.49%	16.44%	4.66%	0.056427
中部	0.26%	9.97%	3.54%	0.037084
西部	0.51%	91.83%	31.91%	0.262128

资料来源：根据2010年第六次人口普查数据计算整理。

由于西部地区的少数民族人口比重大，人们的思想意识、行为习惯、传统风俗都有着各自民族特征，较难形成一致的思想观念与行为模式。

（二）宗教文化

宗教文化是人类文化历史发展进程中最为重要的组成部分之一，宗教文化深刻影响人们的思想意识、行为观念、风俗习惯。马克斯·韦伯①认为新教伦理是促进资本主义经济不断向前发展的重要因素。一方面宗教文化往往在法律之外形成特有的道德约束，降低经济交往活动的执行与监督成本，促进经济繁荣。另一方面现代社会的经济发展形成了一套商业准则，这与传统文化尤其是宗教文化形成一定的反差，正是这种差异导致了宗教文化形成的思想观念、行为习惯与现代经济社会发展要求不相适应的情况，这种判断将在后面的计量检验中加以验证。

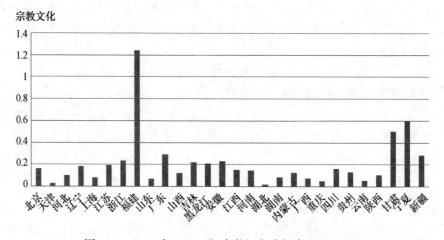

图 5—9 2008 年 CGSS 调查数据各省份宗教文化得分

资料来源：根据中国人民大学主持的 2008 年中国综合社会调查数据计算整理。

宗教文化一开始有利于初始经济发展水平落后的地区，在经济发展的早期，各种正式制度不完善，宗教文化作为正式制度的补充，建立一种有效的

---

① ［德］马克斯·韦伯：《新教伦理与资本主义精神》，彭强、黄晓京译，陕西师范大学出版社2002 年版。

道德约束实现对不规范行为的制约，经济活动可以在一定程度上得以展开，但是随着经济制度的不断完善，需要相适应的规则来约束和激励参与经济活动的主体，这时原有的宗教文化所代表的非正式制度对经济发展的补充作用可能会逐渐减弱。

表5—8　　　　　　　　　三地区宗教文化描述性统计

地区	最小值	最大值	平均值	标准差
东部	0.0250	1.2417	0.2565	0.3555
中部	0.0146	0.2271	0.1454	0.0725
西部	0.0458	0.5917	0.2059	0.1928

资料来源：根据2008年中国综合社会调查数据计算整理。

通过各省份的宗教文化分布图，可以看出东部地区整体的宗教活动参与程度最大，其均值为0.2565，但如果除去东部省份中的最大值——福建省，东部地区参与宗教活动的平均得分是0.1471，标准差为0.0859。这种情况下参与宗教活动程度最为频繁的是西部地区，地区内部各省份之间差距最大的也是西部地区，通过数据可以看出，西部地区人们的行为更多受到宗教文化的影响。

四　西部地区组织创新力慢于东中部

从法人组织的变化一定程度上可以反映出组织创新能力。西部大开发以来，西部地区的组织创新明显慢于东部地区和中部地区，从全部法人单位数看，全国的法人单位数从1996年的440.23万个增加到2013年的1082.50万个，增长了145.9%，其中，西部地区的全部法人单位数从1996年的102.49万个增加到2013年的196.65万个，增长了91.88%，低于全国平均水平；而东部地区的全部法人单位数从1996年的213.62万个增加到2013年的642.07万个，增长了200.6%；中部地区的全部法人单位数从1996年的124.12万个增加到2013年的243.84万个，增长了96.5%。西部地区法人组织的增长变化速度可以反映出西部地区的组织变化创新慢于东部和中部地区，也慢于全国平均水平。我国的历次经济普查数据可以反映全国及三个地区在不同时期的组织变化（见表5—9），从各个时期的比较看，西部地区的全部法人单位数年均变化率都小于东部地区，也小于全国平均水平。2008—2013年这个时期是法人组织变化最大的，全国的法人组织数年均增长了8.8%，而东部地区变化最大，年均增长9.7%，但西部地区的全部法人组织数年均增长只有7.6%。

表5—9　　　　　　不同时期全国及三个地区的全部法人组织年均增长率

	1996—2004 年	1996—2008 年	2004—2008 年	1996—2013 年	2004—2013 年	2008—2013 年
全国	2.0	4.1	8.3	5.4	8.6	8.8
东部	3.9	5.5	8.6	6.7	9.2	9.7
中部	-0.5	2.6	9.1	4.1	8.3	7.6
西部	0.5	2.4	6.4	3.9	7.0	7.6

资料来源：根据中国统计网站 http：//data. stats. gov. cn 经济普查数据整理。

五　西部地区政府组织创新力弱

政府在经济发展中的作用，很多经济学家都做出了充分的研究。林毅夫从国家发展战略指出，一个国家的发展必须遵照自身的资源禀赋结构，其发展计划就是在此基础上制订出来的。如果一个国家的经济发展战略适应其自身资源禀赋结构，该国的经济发展就能挖掘出自身的比较优势，从而实现经济的可持续发展，否则该国经济会出现衰退甚至崩溃。地方政府发挥作用是围绕对民间组织与制度安排的经济协调开始的。也就是说，政府在制定经济规则时，要尊重本地民间的自发秩序，而不能强加一套政府自认为对的法律法规。政府制度创新对于落后地区显得尤为重要，政府制度创新在现实层面意味着政府将上一级政府的文件、政策以及要求结合本土的经济社会状况，提出一套适合于本地区发展的政策文件，为地方经济发展提供规划。在国家之间存在资源禀赋结构差异以及由此决定的比较优势差异，在一国内部不同区域之间也存在资源禀赋结构差异以及由此决定的比较优势差异。因此中国西部地区在制定本区域政策时应考虑这种资源禀赋的约束。

（一）西部地区政府创新现状

我们以省级政府为研究对象，以每两年评选一次，一次10名优胜奖的

"中国地方政府创新奖"① 中，东西部省份历届所占比率来测度地方政府的创新力。该项目从 2000 年开始到 2012 年已经举办了 6 届。它由独立的团队评选，旨在发现地方政府在制度创新、机构改革和公共服务中的先进事迹，宣传、交流并推广地方政府创新的先进经验；鼓励地方党政机关进行与社会主义市场经济相适应的改革，推进地方治理；建立一套客观、科学的政府绩效评估体系，对地方政府的创新行为进行独立的评估和奖励，对地方政府创新行为进行研究和理论总结，推进中国政治发展。东西部地方政府创新力对比见表 5—10。

表 5—10　　　　　　第一届—第六届中国地方政府创新奖东西部比重

届数	西部省份获奖个数	东部省份获奖个数	西部省份获奖比率	东部省份获奖比率
第一届	3	5	30%	50%
第二届	2	6	20%	60%
第三届	2	6	20%	60%
第四届	1	7	10%	70%
第五届	3	7	30%	70%
第六届	2	7	20%	70%

注：中国地方政府创新奖每一届评选的 10 名优胜奖中，来自全国各级地方政府。这里只是从省份的角度做出统计。某级获奖政府属于哪一省，该省又属于东、中、西部的哪一区域，这样对应统计。

从中国地方政府创新奖看，西部地区创新力低于东部地区。东部是改革开放和外资涌入最多、最集中的地区，市场化程度较高的地区要求政府做好规制和市场服务。民营经济自发生长能力很强的"浙江模式"，就是以市场化为先导和根本动力，通过民营经济高速发展带动社会成长和政府治理转型，从而形成企业、市场、政府和社会的良性互动的区域发展模式。

---

① 中国地方政府创新奖由中央编译局比较政治与经济研究中心、中央党校世界政党比较研究中心和北京大学中国政府创新研究中心于 2000 年联合创办，每两年举行一次。评奖活动由以上机构联合组织，全国专家委员会依据科学的评审程序和评估标准对申请项目进行严格的评选，最后由全国选拔委员会选举产生 10 名优胜奖。这里选取的数据就是来自这 10 名优胜奖。

从中国地方政府创新奖 60 个优胜奖项目①统计数据可以看出，东部地区的政府创新更多地集中在干部选拔、民众参与、民间组织发展、对党委政府的监督、财政预算的公开透明等方面。中西地区大多集中于党内民主、基层民主、干部选拔等方面（见表 5—11）。

表 5—11　第一届—第六届中国地方政府创新奖中东西部获奖项目占比

创新内容	西部	东部
行政改革	21.7%	30.8%
政治改革	26.5%	22.9%
公共服务	54.1%	35.6%

在中国不断推进政府职能转变和机构改革的背景下，机关法人单位数的变化一定程度上反映了广义的政府组织创新能力。全国的机关法人单位数从 1996 年的 28.05 万个减少到 2013 年的 25.06 万个，下降了 10.7%。其中，西部地区的机关法人单位数从 10.46 万个下降为 9.24 万个，下降了 11.7%，下降幅度高于东部地区和中部地区，也高于全国平均水平。东部地区的机关法人单位数从 8.84 万个下降为 7.95 万个，下降了 10.1%；中部地区的机关法人单位数从 8.76 万个下降为 7.87 万个，下降了 10.2%。东部和中部的政府组织下降幅度都小于西部地区。从不同时期划分比较看（见表 5—12），1996—2004 年西部地区政府组织年均下降幅度为 1.9%，低于全国平均水平，也低于东部和中部地区；2004—2008 年西部地区政府组织年均增长幅度为 0.9%，低于全国平均水平，也小于东部和中部地区；2008—2013 年西部地区政府组织数是下降的，年均下降 0.1%，但全国是上升的，年均增长 0.1%，东部地区更是年均增长了 0.4%，说明 2008 年以后西部地区加快了机构精简和调整的步伐，政府组织创新力明显增强。

①　根据六届 60 个获奖项目，分东、中、西部省份分别统计每个区域创新项目中各占三类创新内容的个数，然后算出比重。

表5—12　　　　　不同时期全国及三个地区的机关法人组织年均增长率

机关法人	1996—2004 年	1996—2008 年	2004—2008 年	1996—2013 年	2004—2013 年	2008—2013 年
全国	-2.1	-1.0	1.4	-0.7	0.7	0.1
东部	-2.4	-1.0	1.7	-0.6	0.9	0.4
中部	-2.1	-0.9	1.7	-0.6	0.7	-0.1
西部	-1.9	-1.0	0.9	-0.7	0.4	-0.1

资料来源：根据中国统计网站 http：//data. stats. gov. cn 经济普查数据整理。

从法人组织结构看，西部地区的行政法人组织占全部法人组织的比重高，高于东中部地区，也高于全国水平，但占比在不断下降，且下降幅度一直高于东中部地区和全国平均水平。分不同时期对比看，西部地区在各个时期的行政法人组织占比下降幅度都是最大的（见表5—13），说明西部地区行政体制改革的步伐在不断加快。

表5—13　　　　　不同时期全国及三个地区行政法人组织占比变化

	1996 年	2013 年	2004 年比 1996 年提高	2008 年比 2004 年提高	2013 年比 1996 年提高	2013 年比 2004 年提高	2013 年比 2008 年提高
全国	6.37	2.31	-1.80	-1.06	-4.06	-2.26	-1.20
东部	4.14	1.24	-1.63	-0.58	-2.90	-1.27	-0.69
中部	7.06	3.23	-0.87	-1.52	-3.83	-2.96	-1.44
西部	10.20	4.70	-1.80	-1.61	-5.50	-3.70	-2.09

资料来源：根据中国统计网站 http：//data. stats. gov. cn 经济普查数据整理。

（二）西部地区政府创新问题

西部地区政府组织创新主要存在以下问题：

1. 行政审批制度和政府信息化改革落后

行政审批制度决定着市场经济主体的制度成本，对于市场准入起着关键作用。在完全竞争市场的理想假设下，企业获取市场信息是没有成本的，消费者在公平的市场环境中进行消费。由于西部地区行政审批制度与市场的脱节，甚至有意识为政府部门创收，企业进入市场的成本高，从而削减了市场的公平性，形成垄断市场。政府信息化是政府决策透明化的表现形式，对居民和企业观察政府、了解政府提供窗口。从西部地区的政府门户网站看，更多的只是政绩宣传和政策宣导，向民众公开经济政策信息的内容相对较少，甚至还有地方政府对经济数据不发布，影响企业决策。

2. 政府服务意识淡薄

与东部地区相比，西部地区政府服务于企业和民众的意识更为淡薄，在经济决策中以权压法、以官意号民、经济指标大于社会和谐、官员个人前途大于地方社会进步的行为经常出现在媒体上。由于经济落后、财政困难，有些地方政府把企业和民众当成摇钱树，使企业承担了过高的交易成本。有些政府官员漠视市场对自身改革的要求，不能很好地为企业创造有利的政策和经营环境。

3. 偏重于服务国有经济或国有企业

与东部地区相比，西部地区的非国有经济相对落后，政府的行为依然主要围绕国有经济运转，使西部落后地区政府服务于国有经济或国有企业的特征更为突出。具体表现在以下三个方面。第一是经济成分以国有经济或国有企业为主；第二是就业去向以国有经济或国有企业为主；第三是西部地区集中了资源、能源、烟草等领域的国有企业，这些国有企业既是当地政府税收的主要来源，又是当地消费的主体，还承担着解决当地就业的重任，因此西部地方政府更偏重于服务国有经济或国有企业，对民营经济和民营企业形成了不公平的竞争环境。

4. 行政性垄断问题突出，政府创新的压力较小

行政性垄断在西部更为突出，市场管理部门滥用手中的管理权，对市场主体实施不当干预或限制，并直接造成市场主体间的不公平竞争，从而破坏公平的市场竞争秩序。其突出表现为地区壁垒、行业壁垒、政府限定交易以及行政性公司。由于垄断市场不可避免地会使自身利益受损失，作为垄断行业的决策者与利益主体之一的地方政府就会用各种行政手段构筑准入壁垒，维护本地国有企业的垄断地位。行政性垄断问题不仅严重制约了政府的职能转变，更与市场经济规则不符，政府进行改革的压力越来越小，创新的动力

严重不足。

5. 人才短缺，政府创新能力低下

人才是第一资源，是政府创新的根本保证。西部地区创新人才一直处于短缺状态。人才不足，政府创新能力将会受到极大的制约，具体表现在三个方面：一是政府创新的效率较低、质量不高；二是政府创新的技术含量较低、成本增加；三是政府创新的后劲不足、力量薄弱。可见，西部地区严重的人才短缺已极大地制约了政府的创新能力。

六　西部地区企业组织创新力很弱

企业组织创新包括价值链上企业组织间联系方式的创新、企业内部组织结构创新以及企业组织内外部运行机制的创新。从价值链看，通过企业组织间联系方式的创新，上游企业能够及时向下游企业提供原材料和中间成品，下游企业能够及时将产品提供给顾客。从单个企业看，通过企业内部组织的创新，能及时准确地获取顾客的信息，制订精确的采购和生产计划组织生产，及时向顾客提供产品。企业内部组织创新是在内部管理体制创新的基础上，根据内外部环境变化所开展的组织结构创新和运行机制创新，更好地协调企业组织内部的活动。企业内部组织结构创新的核心是打破原有组织结构，进行以流程再造为中心的组织创新，既包括对流程本身的再造，也包括流程的运行方式和流程负责人的调整。如针对信息化的渗透，借助信息技术，对业务流程进行重新设计，以消除非增值活动和调整核心增值活动。组织结构创新的方式很多，如组织结构小型化，使决策尽可能分散，将权力下放到基层、车间等，将大公司尽可能分散成若干小公司、小企业或部门，使组织的基层充满活力；如组织结构简单化，无论是规模很小的小微企业还是规模巨大的集团公司，都追求结构简单、条理清楚、责任分明、联系链短，从企业最高层的董事会到企业最低层班组的中间层次不多；如组织结构弹性化，面对激烈竞争的市场，企业发展战略目标的修正频率越来越高，要求企业的组织结构能及时调整以适应企业新的战略动态变化和反应的灵活性，以新的产品满足市场需求，组织结构的弹性化主要体现在新产品开发上，当一种新的产品设计要进行时，必须调集到一批各种专业人才，集中进行项目攻关，企业组织结构的设计就要能够及时重组新产品开发小组，以集中人力物力。运行机制创新通常是在企业内部引入市场机制。市场机制在企业内部发挥作用，需要有效的组织架构和科学的管理方式。企业信息化平台的建设是在企业内部模拟市场经营的技术基础，海尔的流程再造、上海易初通用公司的"全员精细量化管理模式"就是这方面的典型案例。

1. 西部地区企业组织创新力弱但近年来有所增强

在法人单位中，企业法人单位数量的变化反映出企业组织在市场竞争中兼并、整合和新企业产生等组织创新变化情况。全国企业法人单位数从1996年的262.81万个增加到2013年的817.83万个，增长了211.19%。其中，西部地区的企业法人单位数从43.91万个增加到120.73万个，增长了175.0%，高于中部地区但低于东部地区，东部地区企业法人单位数从149.13万个增加到536.50万个，增长了259.8%，说明东部地区企业组织创新能力强，中西部地区的企业组织创新能力弱。分时期看，2008年以前西部地区的企业组织创新能力弱，但2008年后西部地区的企业组织创新能力明显增强。1996—2004年西部地区的企业组织年均变化率仅0.6%，远低于东部地区，也低于全国平均水平和中部地区，但2004年后西部地区的企业法人单位数增长加快（见表5—14），2004—2013年西部地区企业法人单位数年均增长为11.3%，高于全国平均水平及东部地区；2008—2013年西部地区企业法人单位数年均增长为11.3%，高于全国平均水平，也高于东部和中部地区。反映了西部大开发以来，西部地区的组织创新能力显著增强。

表5—14　　　　不同时期全国及三个地区的企业法人组织年均增长率

	1996—2004年	1996—2008年	2004—2008年	1996—2013年	2004—2013年	2008—2013年
全国	2.7	5.4	11.2	6.9	10.8	10.5
东部	4.9	6.7	10.2	7.8	10.4	10.7
中部	-2.0	3.2	14.5	5.0	11.7	9.5
西部	0.6	4.1	11.4	6.1	11.3	11.3

资料来源：根据中国统计网站 http://data.stats.gov.cn 经济普查数据整理。

从结构上看，西部地区企业法人组织占全部法人组织的比重低于东部和中部地区，也低于全国平均水平（见表5—15）。从结构变化看，西部大开发以来，西部地区企业法人组织占比提高很快，1996—2013年，西部地区企业法人组织占比提高了18.55个百分点，提高幅度高于东部和中部，也高于全国；分时期看，西部地区企业法人组织占比提高主要在2004年以后，反映出西部大开发给西部地区的企业发展营造了良好的环境，西部地区的企业组织相对其他组织的发展更为迅速。

表5—15　　　　　不同时期全国及三个地区企业法人组织占比变化　　　　　%

	1996年	2013年	2004年比1996年提高	2008年比2004年提高	2013年比1996年提高	2013年比2004年提高	2013年比2008年提高
全国	59.70	75.55	3.17	7.00	15.85	12.68	5.68
东部	69.81	83.56	5.62	4.50	13.75	8.12	3.63
中部	56.22	65.86	-6.41	10.52	9.65	16.06	5.54
西部	42.84	61.39	0.36	8.68	18.55	18.19	9.51

资料来源：根据中国统计网站http://data.stats.gov.cn经济普查数据整理。

2. 西部地区企业组织创新存在的主要问题

（1）企业内部交易成本高。西部地区市场经济规模较小，企业组织对于国家的政策无法做出与东中部同样的反应，中央政策到西部后，作为市场经济主体的企业组织缺乏良好的硬软件。导致企业组织为了享受政策优惠，还需要在人力资本、实物资本以及管理上先行投入，加大了企业组织自身的交易费用。

（2）组织创新的外部压力不足。西部私营企业由于规模小，其经营范围较窄，对市场竞争的压力不敏感。上一级政府制定的政策往往在西部地区没有对应的企业组织。西部的私营企业整体上小、散、弱，对组织创新的需求小。

（3）企业边界模糊，无法专业化。西部地区企业大而全、小而全的组织形式制约着企业提高技术创新的能力，也制约着产业内部分工深化。产业内部企业间缺乏分工协作，使企业组织机构的演进缺乏动力。西部大型企业很多都是全能式的企业，零部件的外包率很低，在各个环节上都很难具备竞争优势，一定程度上制约了西部企业组织结构的演进。

（4）企业家的见识和雄心欠缺。西部地区很多企业家主要立足于资源开发，缺乏长期经营企业和壮大企业的理念，在市场竞争中容易淘汰消亡，无法为长期生存做出企业制度变革。此外，企业家多依附于政府，企业家不是为了经营而对自身企业组织进行改革，而是通过游说政府获得某种政策照顾。

七　西部地区中介组织规模大但创新力弱

中介组织一般是指那些介于政府与企业之间、商品生产者与经营者之间，为市场主体提供服务的经济单位和组织。中介组织作为政府、企业与市场之间的中介，在一定程度上弥补市场缺陷和政府缺陷。在我国目前体制下，从统计角度看，我们将事业法人组织、社团法人、民办非企业法人组织、基金会、居委会、村委会、社区管理型机构等其他法人组织都归为中介组织，从属性上看，它们都发挥着服务于政府与企业的功能。

（一）西部地区中介组织创新力现状

西部地区的中介组织数量比东部地区少，并且具有极强的地域特征。由于西部地区企业多为中小型企业，因此对中介组织的需求意愿不强。而且在西部省会城市集中了绝大多数市场中介组织，越往次一级地区市场中介组织数量越少。中介组织的功能是联结沟通政府和企业，越到地州，中介组织的规模也越小。中介组织内部缺乏有机的组合，因此中介组织监督政府和服务企业的职能无法充分发挥。

事业法人单位数的变化反映事业单位组织创新变化水平。全国的事业法人单位数从1996年的61.02万个增加到2013年的78.58万个，增长了28.8%。其中，西部地区事业法人单位数从22.78万个增加到24.69万个，只增长8.4%，远低于全国平均水平和东部及中部地区，东部地区事业法人单位数从20.87万个增加到27.19万个，增长了30.3%；中部地区事业单位法人数从17.38万个增加到26.70万个，增长了53.6%。从划分的不同时期比较看，西部地区在各个时期的事业法人组织年均增长变化幅度都很小，远低于全国平均水平，更远低于东部地区和中部地区（见表5—16）。反映出西部地区事业组织创新慢于东部和中部，也慢于全国平均水平。

表5—16　　　　不同时期全国及三个地区的事业法人组织年均增长率　　　　　%

	1996—2004 年	1996—2008 年	2004—2008 年	1996—2013 年	2004—2013 年	2008—2013 年
全国	1.0	1.3	1.7	1.5	1.9	2.1
东部	1.2	1.5	2.2	1.6	1.9	1.7
中部	2.3	2.2	1.9	2.6	2.8	3.5
西部	-0.1	0.2	0.9	0.5	1.0	1.2

资料来源：根据中国统计网站 http：//data. stats. gov. cn 经济普查数据整理。

从结构上看，西部地区事业法人组织占全部法人组织的比重高于东部和中部地区，也高于全国（见表5—17），但从结构变化看，西部地区事业法人组织下降的幅度高于东中部和全国平均水平。而事业法人组织占比下降主要集中在 2004 年以后，反映出随着西部大开发的实施，西部地区事业单位的市场化改革进程明显加快，程度高于全国平均水平，也高于东部和中部地区。

表5—17　　　　　　不同时期全国及三个地区事业法人组织占比变化　　　　　%

	1996 年	2013 年	2004 年比 1996 年提高	2008 年比 2004 年提高	2013 年比 1996 年提高	2013 年比 2004 年提高	2013 年比 2008 年提高
全国	13.86	7.26	-1.03	-2.85	-6.60	-5.58	-2.72
东部	9.77	4.23	-1.88	-1.70	-5.53	-3.66	-1.96
中部	14.00	10.95	3.47	-4.16	-3.05	-6.52	-2.36
西部	22.23	12.56	-1.09	-4.05	-9.67	-8.58	-4.53

资料来源：根据中国统计网站 http：//data. stats. gov. cn 经济普查数据整理。

随着市场经济的深入发展，以服务社会和公众的社团组织迅速扩大。全国社团法人单位数从 1996 年的 4.44 万个快速增加到 2013 年的 26.27 万个，增长了 491.7%。其中，西部地区社团法人单位数从 1.47 万个增加到 8.06 万个，增长了 448.3%，但低于全国平均水平，更低于东部地区和中部地区。东部地区社团法人组织从 1.95 万个迅速增加到 11.78 万个，增长了 504.1%；

中部地区社团法人组织从 1.01 万个迅速增加到 6.43 万个，增长了 536.6%。从不同时期划分比较看，西部地区社团组织在前期比较慢，2004 年后明显加快（见表 5—18），1996—2004 年西部地区社团组织年均增长 10.2%，低于全国平均水平，更低于东部和中部地区；2004—2008 年西部地区社团组织年均增长 16.0%，已高于全国平均水平和东部地区；2008—2013 年西部地区社团组织年均增长 6.7%，低于全国平均水平和东部地区。反映出西部地区的中介组织创新能力较弱。

表 5—18　　　　不同时期全国及三个地区的社团法人组织年均增长率　　　　%

	1996—2004 年	1996—2008 年	2004—2008 年	1996—2013 年	2004—2013 年	2008—2013 年
全国	11.3	12.7	15.5	11.0	10.7	7.1
东部	11.8	12.4	13.6	11.2	10.6	8.2
中部	12.1	14.0	18.0	11.5	11.0	5.7
西部	10.2	12.1	16.0	10.5	10.8	6.7

资料来源：根据中国统计网站 http：//data. stats. gov. cn 经济普查数据整理。

在法人组织结构中，社团法人组织在全部法人组织的比重高于东中部地区，也高于全国水平。但西部地区社团法人组织占比提高幅度高于东中部地区，也高于全国水平。2008 年以后，社团法人组织占比逐步下降，但下降幅度小于全国平均水平（见表 5—19）。

表 5—19　　　　不同时期全国及三个地区社团法人组织占比变化　　　　%

	1996 年	2013 年	2004 年比 1996 年提高	2008 年比 2004 年提高	2013 年比 1996 年提高	2013 年比 2004 年提高	2013 年比 2008 年提高
全国	1.01	2.43	1.02	0.60	1.42	0.40	−0.20
东部	0.91	1.83	0.72	0.33	0.92	0.20	−0.13
中部	0.82	2.64	1.29	0.78	1.82	0.53	−0.25
西部	1.44	4.10	1.57	1.25	2.66	1.08	−0.16

资料来源：根据中国统计网站 http：//data. stats. gov. cn 经济普查数据整理。

除企业法人组织、事业法人组织、行政法人组织和社团法人组织，还有民办非企业法人组织、基金会、居委会、村委会、社区管理型机构等其他法人组织。2013 年全国的其他法人单位数占全部法人单位数的 12.45%，但部分省份占更大比重，如青海省占 24.53%，而北京市只占 3.04%。全国的其他法人单位数从 83.90 万个增加到 134.82 万个，增长了 60.7%。其中，西部地区的其他法人单位数从 23.87 万个增加到 33.93 万个，增长了 42.1%，远低于全国平均水平，也低于东部地区和中部地区。东部地区的其他法人单位数从 32.84 万个增加到 58.66 万个，增长了 78.6%，增幅远高于西部地区，中部地区的其他法人单位数从 27.19 万个增加到 42.23 万个，增长了 55.3%，增幅也高于西部地区。反映出西部地区在基层社会管理和服务组织创新方面的能力弱于东部和西部。分不同时期比较看，西部地区的其他法人单位数年均增长在各个时期都低于东部、中部和全国平均水平（见表 5—20），尤其是 2004 年以来，各地都加强了基层管理机构和服务组织的建设步伐，基层管理机构和基层服务组织数的增长加快，但西部地区的增长速度慢于东部和中部地区。

表 5—20　　　　　不同时期全国及三个地区的其他法人组织年均增长率　　　　　%

	1996—2004 年	1996—2008 年	2004—2008 年	1996—2013 年	2004—2013 年	2008—2013 年
全国	1.1	1.4	2.1	2.8	4.4	6.3
东部	1.3	1.7	2.6	3.5	5.4	7.8
中部	0.9.	1.3	2.2	2.6	4.2	5.8
西部	1.0	1.1	1.4	2.1	3.1	4.5

资料来源：根据中国统计网站 http://data.stats.gov.cn 经济普查数据整理。

从法人组织结构看，西部地区的民办非企业法人组织、基金会、居委会、村委会、社区管理型机构等其他法人组织占全部法人组织的比重高于东部地区，也高于全国水平。从结构变化看，其他法人组织占比在不断下降，但西部地区下降的幅度小于全国平均水平，2008 年以前低于东部地区，2008 年以后，西部地区其他法人组织占比下降的幅度高于东部、中部和全国水平（见表 5—21）。反映出近年来西部地区的基层管理组织和服务组织创新步伐在加快。

表5—21　　　　　　　不同时期全国及三个地区其他法人组织占比变化　　　　　　%

	1996 年	2013 年	2004 年比1996 年提高	2008 年比2004 年提高	2013 年比1996 年提高	2013 年比2004 年提高	2013 年比2008 年提高
全国	19.06	12.45	-1.36	-3.69	-6.61	-5.24	-1.55
东部	15.37	9.14	-2.84	-2.55	-6.24	-3.39	-0.85
中部	21.91	17.32	2.52	-5.63	-4.59	-7.11	-1.49
西部	23.29	17.25	0.96	-4.26	-6.04	-7.00	-2.74

资料来源：根据中国统计网站 http：//data. stats. gov. cn 经济普查数据整理。

(二) 西部地区中介组织创新存在的主要问题

1. 准入门槛高，多头管理

中介组织的管理实际上相当于部分责任和权力分散到各级各类业务主管部门，造成中介组织要取得合法身份，需要多头审批，增加中介组织的成本。多部门分工协作的管理体制，导致主管部门职权模糊，部门之间矛盾和不正当竞争加剧，造成利益上的摩擦与冲突。

2. 缺乏独立性，扭曲市场秩序

政府行政部门与中介组织不分，两者之间存在利益共谋，使中介组织的服务和监督功能无法有效发挥。政府部门设立中介机构时，就试图把这些中介机构当作政府部门的衍生物。中介组织也有挂靠政府的需求，以便谋求特权和保护。这样政府和中介组织之间形成相互利用，共谋利益的局面，最终扰乱市场经济秩序。云南省153家工商行业的协会中，有131家行业协会和22家商会，其中70%的行业协会挂靠在各委、厅、局，12%挂靠在大公司，只有18%挂靠在中介组织。中介组织的依附性必然导致政府与中介组织混同不分的问题。

3. 法律监管不到位

西部地区政府对社会中介组织的管理既缺乏完善的法律规定，又缺乏规范的行政管理，造成中介组织经营秩序不够规范。虽然国家针对一些重要的社会中介组织已经颁布了相应的法律或行政法规，但在西部地区没有得到全面的贯彻执行，西部地区政府没有根据社会经济的发展状况而对适合本地区的市场中介组织给予法律规范。

4. 专业化不足，人员素质不高

中介组织业务要求的专业知识性很强，具有知识密集型特征，要求其从业人员必须具有较高的文化知识素质，精通专业业务，通晓国际惯例。西部地区的中介组织从业人员的专业训练不足，无法应对专业化分工日益细化的现代经济社会，难以体现中介组织的服务质量和效果。

5. 职能缺失，效能低下

中介组织的职能就是要为企业和政府沟通服务，西部地区的中介组织由于资金渠道的单一匮乏，依附于政府和企业，使得自身独立的服务功能没有展开。西部地区中介组织的效能已经弱化为政府和企业的办事机构。

6. 组织创新的内外部动力缺乏

中介组织的创新是在内外部压力的作用下实现的，对于西部地区来说，政府、企业和中介组织之间没有形成良好的互动。中介组织的内部成员和领导者没有主动改革的意愿，而且从知识结构和视野上没有相应的能力应对企业和政府需求。

总之，西部地区三种组织之间的界限是模糊的，西部地区国大私小的所有制结构，导致了政府与市场的关系不明确，政府参与企业的经营活动，政府对企业的干预过度，受计划经济体制的影响较强；中介组织的依附性特征，又使得本该独立于政府的身份被打破，变成政府的办事机构，无法维持公正的市场经济秩序。不管是企业、政府还是中介组织都存在法治化程度不高的情况。市场经济是遵循法治化轨道运行的现代经济制度，组织团体必须在法律法规的约束下进行活动，但西部地区的组织活动经常处在有法不依或无法可依的状态，导致组织之间行为不可预期，增加了交易成本，且无法形成信任和权威。企业家缺乏组织创新的知识准备，面对新的政策经营环境无法及时变革企业组织模式来承接政策带来的正效应。

第三节　理论模型：社会资本、组织创新与经济增长

本节借鉴严成樑[1]的方法，在罗默[2]的基础上构建包含社会资本的内生增

---

[1]　严成樑：《社会资本、创新与长期经济增长》，《经济研究》2012 年第 11 期。

[2]　Romer, P. , "Endogenous Technological Change", *Journal of Political Economy*, Vol. 98, No. 5, 1990.

长模型，社会资本会增加区域的创新能力，同时社会资本也能增加社会代表性个体的福利水平。假设区域经济体具有四个部门：最终产品生产部门、中间产品生产部门、知识生产部门和代表性家庭。

一 最终产品生产部门

最终产品生产部门通过购买中间产品 $x(i)$，$i \in [0, A]$，并雇佣劳动 (L_y) 来生产最终产品 Y。最终产品市场为完全竞争市场，最终产品的生产是规模报酬不变的，总产出函数如下：

$$Y = L_y^a \int_0^A x(i)^{1-a} di \qquad (5.3-1)$$

最终产品生产部门通过选择雇佣劳动及中间产品的数量来使其实现利润最大化：

$$\max \left\{ L_y^a \int_0^A x(i)^{1-a} di - wL - \int_0^A p(i)x(i)di \right\} \qquad (5.3-2)$$

式中，$L_y^a \int_0^A x(i)^{1-a} di$ 表示总产出，也是最终产品生产部门的总收入；w 表示劳动力的工资；$p(i)$ 为第 i 种中间产品的价格；wL 为劳动力成本；$\int_0^A p(i)x(i)di$ 为中间投入成本。

通过求解上述利润最优化问题，可以得到最终产品生产部门对劳动及中间产品的需求函数：

$$w = aL_y^{a-1} \int_0^A x(i)^{1-a} di \qquad (5.3-3)$$

$$p(i) = (1-a)L_y^a x(i)^{1-a} \qquad (5.3-4)$$

二 中间产品生产部门

中间产品生产部门通过在市场上租借资本，并购买知识产品进行生产。假设每生产一单位的中间产品需要从市场上租借 1 单位资本，利率为 r。中间产品生产部门厂商通过选择雇佣资本的数量以及购买专利的数量最大化其利润。

$$\max \{ p(i)x(i) - rx(i) \} \qquad (5.3-5)$$

式中，$p(i)x(i)$，$rx(i)$ 分别为 $x(i)$ 单位商品的市场价值和生产成本（主要是资本租借成本）。

将方程式（5.3-4）代入中间产品利润最大化函数，求解中间产品部门的最优性问题，可得：

$$r = (1 - a)^2 L_Y^a x(i)^{-a} \qquad (5.3-6)$$

将方程式（5.3-4）代入，求解中间产品生产部门的利润最大化问题，可求得中间产品部门的利润：

$$\pi = a(1 - a) L_Y^a x(i)^{1-a} \qquad (5.3-7)$$

三　知识生产部门

根据 Romer[①] 关于知识生产函数的设定，知识生产取决于 R&D 人员的数量，以及经济中知识的存量。社会资本能影响创新，它通过增加组织创新力，从而增加知识的生产速度，故将社会资本引入创新能力即知识生产函数。结合相关文献，构建如下知识生产函数[②][③]：

$$\dot{A} = \delta L_A A S \qquad (5.3-8)$$

式中，δ 表示知识生产部门的生产效率；L_A 表示知识生产部门的劳动数量；A 表示知识存量；S 表示经济中的社会资本水平。这里需要说明，很多学者，如 Akcomak & Weel（2009）强调社会资本主要是指人们之间的相互信任对创新有促进作用，基本作用机制为信任可以增加风险资本家（Venture capitalist）在信息不对称、监督缺位的情况下对 R&D 人员的信任，从而增加投资，进而促进创新。严成樑[④]文中的社会资本则是信息共享与相互沟通，他是通过信息共享与相互沟通视角衡量的社会资本对创新的外溢效应，例如信息共享和相互沟通启发人的思维，推动整个社会创新的灵感，R&D 人员获得的信息越多其生产效率越高；同时，信息共享和相互沟通也可以使创新产品得到更好地推广，进而激励创新。然而，这里所指的社会资本为通过国家投入对社会成

① Romer, P., "Endogenous Technological Change", *Journal of Political Economy*, Vol. 98, No. 5, 1990.

② Ibid. .

③ 严成樑:《社会资本、创新与长期经济增长》,《经济研究》2012 年第 11 期。

④ 同上。

员价值观、人生观、世界观的塑造，进而形成的信任（普遍信任）、社会参与、社会规范、社会制度与社会网络结构，主要是宏观层面的社会资本。社会资本不仅仅是支撑一个社会的制度的加总，它更是把它们合在一起的黏合剂，社会资本是高效创新、公民社会和有效政府的重要前提条件。

根据罗默（Romer）的研究[1]，假设知识生产部门面对的劳动力市场与产品市场是完全竞争的，劳动力是完全流动的，从而有如下的均衡条件：

$$P_A \dot{A} = w L_A \qquad (5.3-9)$$

方程式（5.3-9）表示知识生产部门生产的价值增值等于其雇佣的劳动力成本。根据相关文献[2][3]，我们假设劳动者在知识生产部门与最终产品部门工作都能获得相同的工资（劳动力自由流动假定）。

$$w = w_y = w_A \qquad (5.3-10)$$

由式（5.3-3）可知：

$$w_A = a L_y^{a-1} \int_0^A x(i)^{1-a} di \qquad (5.3-11)$$

中间产品生产部门需要从知识生产部门购买创新产品（知识或专利）来生产耐用品（最终产品生产部门的投入品，类似于资本品），因此，知识或专利的数量 A 为中间部门生产耐用品的总和。根据 Romer，知识生产部门生产知识的价格等于中间产品生产部门的垄断利润的贴现值：

$$P_A(t) = \int_t^{+\infty} \pi(T) \exp\left(-\int_t^T r(s) ds\right) dT \qquad (5.3-12)$$

四　家庭

无论是传统的根据信任水平，还是根据信息共享与相互沟通，还是本书所指的宏观信任、社会规范、社会价值、社会网络等来衡量的社会资本，都有利于经济中代表性家庭提高其福利水平。生活在一个法制、文明、信任的

---

① Romer, P., "Endogenous Technological Change", *Journal of Political Economy*, Vol. 98, No. 5, 1990.

② Ibid..

③ C. I. Jones, "R&D - Based Models of Economic Growth", *Journal of Political Economy*, Vol. 103, 1995.

社会，更有安全感，也更有幸福感。本书研究借鉴 Zou（1995），严成樑[①]的思路，将社会资本引入代表性家庭个体的效用函数，从而得到代表性个体的效用函数，作为目标函数，并使其最大化：

$$\max U = \int_t^{+\infty} (\ln C + \beta \ln S) e^{\rho t} dt \qquad (5.3-13)$$

方程式（5.3-13）中，C 和 S 分别代表消费水平与社会资本水平；$\rho > 0$ 表示主观贴现率；$\beta > 0$ 代表相对于消费而言，社会资本对个体福利的影响程度。

由于本书所指的社会资本为宏观信任、社会规范、社会价值、社会网络等，因此，可以通过政府的公共支出引导、形成宏观社会资本。而政府收入通常以税收形式获得，我们可以将政府用于公共服务支出的占 GDP 的比例表示为代表性家庭对于社会资本积累的贡献，用 I 表示家庭用于积累社会资本的支出，从而家庭的约束方程为：

$$\dot{K} = rK + w(L_Y + L_A) + \int_0^N \pi_i di - P_A \dot{A} - C - I \qquad (5.3-14)$$

式中，$rK + w(L_Y + L_A) + \int_0^N \pi_i di$ 表示家庭的资本收入、劳动收入以及利润收入之和。

社会资本积累取决于政府公共支出的比例，社会资本有如下积累方程：

$$\dot{S} = I = P_G \qquad (5.3-15)$$

式中，P_G 为政府的公共服务支出。家庭的问题是，如何在既定的收入约束条件和政府社会资本积累倾向条件下，选择其每期消费与储蓄最大化福利水平。我们构建现值的 Hamiltonian 函数来求解上述最优化问题：

$$H = \ln C + \beta \ln S + \lambda_1 \{ rK + w(L_y + L_A) + \int_0^A \pi_i di - P_A \dot{A} - C - I \} + \lambda_2 I$$

$$(5.3-16)$$

式中，λ_1 和 λ_2 分别表示物质资本和社会资本的影子价格，我们可以得到如下条件：

---

① 严成樑：《社会资本、创新与长期经济增长》，《经济研究》2012 年第 11 期。

$$H_c = 1/C - \lambda_1 = 0 \qquad (5.3-17)$$

$$H_I = -\lambda_1 + \lambda_2 = 0 \qquad (5.3-18)$$

$$H_K = \lambda_1 r = \rho\lambda_1 + \dot{\lambda}_1 \qquad (5.3-19)$$

$$H_s = \beta/S = \rho\lambda_2 - \dot{\lambda}_2 \qquad (5.3-20)$$

和横截性条件：

$$\lim_{t\to\infty}\lambda_1 K e^{-\rho t} = \lim_{t\to\infty}\lambda_2 S e^{\rho t} = 0 \qquad (5.3-21)$$

通过求解上述优化问题，并依据平衡增长路径（Balanced Growth Path）的定义可知：

$$\dot{C}/C = r - \rho = g \qquad (5.3-22)$$

式中，g 为经济收敛于平衡增长路径（Balanced Growth Path）时的经济增长率。

$$r/C = \beta/S \qquad (5.3-23)$$

五 求解竞争性均衡

资本市场出清，家庭的资本总供给等于厂商对资本的总需求：

$$K = \int_0^A x(i)\,di \qquad (5.3-24)$$

为了简化问题，假定经济处于均衡状态时，最终产品部门对每一种中间产品的需求量相同，由于市场出清的条件，每种中间产品的供给量也相同，$x(i) = x$，$i[0, A]$，将 $x(i) = x$ 代入方程

$$x = K/A \qquad (5.3-25)$$

将方程代入总产出函数，我们可以得到：

$$Y = (AL_Y)^a K^{(1-a)} \qquad (5.3-26)$$

将方程式（5.3-26）代入式（5.3-3）、式（5.3-6）、式（5.3-7）、式（5.3-14），我们可以得到社会资本的约束方程：

$$\dot{K} = (AL_Y)^a K^{1-a} - C - I \qquad (5.3-27)$$

当经济处于平衡增长路径（Balanced Growth Path）时，C、K、A、S、Y 和 I 具有相同的增长率，记为 g；L_Y、L_A、P_A 和 x 均为常数。

根据方程式（5.3-6）、式（5.3-25）、式（5.3-26）可知：

$$r = (1 - a)^2(Y/K) = (1 - a)^2(AL_y/K)^a = \rho + g \quad (5.3 - 28)$$

对式（5.3 - 12）对时间 t 求微分，当 P_A 为常数时，有

$$\dot{P}_A(t) = \pi(t) - P_A(t)r(t) = 0 \quad (5.3 - 29)$$

由此，可得

$$P_A(t) = \frac{\pi(t)}{r(t)} \quad (5.3 - 30)$$

将方程式（5.3 - 30）、式（5.3 - 8）、式（5.3 - 11）代入式（5.3 - 9），并化简得：

$$L_Y \delta S(1 - a) = \rho + g \quad (5.3 - 31)$$

结合平衡增长路径的定义及式（5.3 - 8），可得：

$$g = \frac{A}{} = \delta L_A S = \delta(L - L_Y)S = \delta LS - \delta L_Y S \quad (5.3 - 32)$$

可得：

$$\delta L_Y S = \delta LS - g \quad (5.3 - 33)$$

将式（5.3 - 33）代入式（5.3 - 31），可推出：

$$g = \frac{\delta LS(1 - a) - \rho}{2 - a} \quad (5.3 - 34)$$

由此，分别对 L，S，δ，ρ 和 a 求偏导数，可以得出：

$$\frac{\partial g}{\partial L} = \frac{\delta S(1 - a)}{2 - a} \quad (5.3 - 35)$$

$$\frac{\partial g}{\partial S} = \frac{\delta L(1 - a)}{2 - a} \quad (5.3 - 36)$$

$$\frac{\partial g}{\partial \delta} = \frac{SL(1 - a)}{2 - a} \quad (5.3 - 37)$$

$$\frac{\partial g}{\partial \rho} = -\frac{1}{2 - a} \quad (5.3 - 38)$$

$$\frac{\partial g}{\partial a} = \frac{-(\delta LS + \rho)}{(2 - a)^2} < 0 \quad (5.3 - 39)$$

由此，我们可以得出如下结论：

当 $a < 1$ 时，平衡路径上的增长率与人口、知识生产系数、社会资本呈正相关；

当 $1 < a < 2$，平衡路径上的增长率与人口、知识生产系数、社会资本呈负

相关；

当 $a > 2$，平衡路径上的增长率与人口、知识生产系数、社会资本呈正相关。

无论 a 的大小如何，平衡路径上的增长率与 a 系数呈负相关关系。

第四节 社会资本对西部经济增长的影响

一 计量模型选择与变量设计

（一）计量模型选择

借鉴熊俊[①]、杨宇、沈坤荣[②]的研究同时结合经济增长理论，将包含社会资本增长模型计设定为：

$$Y = A K^{\beta_1} H^{\beta_2} e^{\beta_3 SC + \beta_4 X} \qquad (5.4-1)$$

式中，Y 代表经济产出（GDP）；K 是物资资本存量；H 是人力资本存量；SC 代表社会资本的各个变量；X 是代表控制变量；A 则是索洛剩余并包含在截距项中。

将上述模型取对数后变为可计量模型的如下形式：

$$\ln GDP_{it} = \beta_0 + \beta_1 \ln K_{it} + \beta_2 \ln H_{it} + \beta_3 SC_{it} + \beta_4 X_{it} + \beta_5 Geow + \beta_6 Geom + \mu_{it}$$

$$(5.4-2)$$

式中，$\beta_0 = \ln A$ 为截距项，$\ln GDP_{it} = \ln Y$；$Geow$ 代表西部地区虚拟变量；$Geom$ 代表中部地区虚拟变量，在本模型中东部地区为对照组；μ_{it} 为随机干扰项；i 代表省际截面个体；t 代表时间序列。

（二）变量设计与核算

社会资本指标的构造详见附录 2，以下仅说明基础变量和其他控制变量的选取核算与来源。

---

① 熊俊：《经济增长因素分析模型：对索洛模型的一个扩展》，《数量经济技术经济研究》2005 年第 8 期。

② 杨宇、沈坤荣：《社会资本、制度与经济增长——基于中国省级面板数据的实证研究》，《制度经济学研究》2010 年第 2 期。

1. 基础变量的测算

各个省份生产总值（GDP）以 1978 年为基期的不变价格水平进行测算，数据来自《新中国 60 年统计资料汇编》和《中国统计年鉴》。

物资资本存量 K 按照张军、吴桂英、张吉鹏的方法测算[①]，其中《中国经济发展分地区电子数据库》公布了各个省份 1952 年至 2005 年并以 1952 年价格水平测算的物资资本存量水平，我们根据永续盘存法测算以 1978 年为基期的 2005 年至 2009 年各个省份物资资本存量。

人力资本 H 的测算采用彭国华的方法，即考虑了教育回报的人力资本数据[②]，计算公式为 $H_i = e^{\varphi(E_i)} L_i$，其中 L_i 为劳动力即各省区全社会从业人员，$\varphi(E_i)$ 为考虑劳动力平均受教育程度和教育回报的转换劳动力为人力资本的分段函数，其中全社会从业人员和劳动力平均受教育程度数据取自《中国统计年鉴》[③]。教育回报率采用 Psacharopoulos 等的测算方法[④]，高等教育为 0.151，中学教育 0.134，小学教育 0.18，相比较陈钊、陆铭、金煜直接将劳动力的平均受教育年限作为人力资本的方法[⑤]，主要是考虑了不同教育回报对经济增长的影响（参见彭国华，2005）。

2. 控制变量的选取

选取如下的控制变量，Trade 代表对外开放的贸易因素，用各个省份进出口总额与生产总值之比度量，如沈坤荣、马俊[⑥]；FDI 代表对外开放中外资因素，用外商投资企业投资总额与生产总值之比度量；Gov 代表政府在经济活动中的作用，用政府财政支出与生产总值之比度量，如刘生龙、王亚华、胡

---

① 张军、吴桂英、张吉鹏：《中国省际物质资本存量估算：1952—2000》，《经济研究》2004 年第 10 期。上海财经大学的张学良博士把数据库的数据按照张军等（2004）的方法更新到了 2005 年。海南经贸职业技术学院财经系的陈刚先生补充了西藏的数据。

② 彭国华：《中国地区收入差距、全要素生产率及其收敛分析》，《经济研究》2005 年第 9 期。

③ 劳动力平均受教育程度分为文盲（半文盲）、小学、初中、高中、大专及以上，我们把平均受教育年数分别定为 1.5 年、6 年、3 年、3 年、3.5 年，计算出各省区劳动力平均接受教育年限。

④ Psacharopoulos, G., A. Patrinos, "Returns to Investment in Education: A Further Update", *Education Economics*, Vol. 12, No. 2, 2004.

⑤ 陈钊、陆铭、金煜：《中国人力资本和教育发展的区域差异：对于面板数据的估算》，《世界经济》2004 年第 12 期。

⑥ 沈坤荣、马俊：《中国经济增长的"俱乐部收敛"特征及其成因研究》，《经济研究》2002 年第 1 期。

鞍钢[1]；Urban 代表城镇化水平，用各省份城镇人口占总人口的比重度量，如陈钊、陆铭[2]，金煜、陈钊、陆铭[3]；有关制度因素中的市场化程度方面，一些研究采用非国有化率作为指标，如金玉国[4]，但是我们采用樊纲、王小鲁、朱恒鹏的市场化指数作为制度方面的控制变量，市场化指数通过"市场中介组织发育和法律制度环境、产品市场的发育程度、非国有经济的发展、政府与市场的关系、要素市场的发育程度"五个方面的 23 个分指标，运用主成分分析法构造而成[5]，我们用 Mark 代表市场化指数变量，如张爽、陆铭、章元[6]，杨宇、沈坤荣[7]。为比较东、中、西部地区社会资本的差异，以及社会资本对地区经济增长的影响，在计量方程中我们引入地理哑变量，用 Geow 代表西部地区哑变量，用 Geom 代表中部地区哑变量，用东部地区作为对照组，如蔡昉、都阳[8]。各地区市场化指数取自《中国市场化指数 2011 年报告》，其他均取自历年《中国统计年鉴》和《新中国 60 年统计资料汇编》。

由于我们的社会资本指标多是根据调查问卷进行设计的，都是以截面数据的形式呈现，为了进行更准确的计量分析需要扩展样本容量，参考杨宇、沈坤荣等人的研究，这里引入一个关键假定：社会资本在短短几年时间内保持不变，将数据结构扩展为面板数据。但受限于这一关键假定无法使用面板的固定效应模型进行估计，鉴于目的在于考察西部地区与东中地区社会资本对经济增长影响的比较分析，因此在回归中引入地区虚拟变量，代表地区间

① 刘生龙、王亚华、胡鞍钢：《西部大开发成效与中国区域经济收敛》，《经济研究》2009 年第 9 期。
② 陈钊、陆铭：《城市化、城市倾向的经济政策与城乡收入差距》，《经济研究》2004 年第 6 期。
③ 金煜、陈钊、陆铭：《中国的地区工业集聚：经济地理、新经济地理与经济政策》，《经济研究》2006 年第 4 期。
④ 金玉国：《宏观制度变迁对转型时期中国经济增长的贡献》，《财政科学》2001 年第 2 期。
⑤ 樊纲、王小鲁、朱恒鹏：《中国市场化指数——各地区市场化相对进程 2011 年报告》，经济科学出版社 2011 年版。
⑥ 张爽、陆铭、章元：《社会资本的作用随市场化进程减弱还是加强？——来自中国农村贫困的实证研究》，《经济学》（季刊）2007 年第 2 期。
⑦ 杨宇、沈坤荣：《社会资本、制度与经济增长——基于中国省级面板数据的实证研究》，《制度经济学研究》2010 年第 2 期。
⑧ 蔡昉、都阳：《中国地区经济增长的趋同与差异——对西部开发战略的启示》，《经济研究》2000 年第 10 期。

的差异。将计量分析的时间区间设定为了 2005 年至 2009 年，一方面考虑社会资本变量中协会网络变量中分地区社会组织数是从 2005 年起公布，控制变量中市场化指数 mark 仅公布至 2009 年，另一方面通过上文分析发现在 2005 年前后西部地区经济总量的增速要快于东部地区，可能在计量分析中会出现结构性断点，因此将计量分析时间设定在 2005 年至 2009 年。

扩展我们所使用的数据结构是基于省际横截面个体的面板数据结构，考虑到省与省之间异质性，我们采用基于省际层面横截面个体加权最小二乘估计（GLS）来估计回归方程。

二　信任与西部地区经济增长

逐一引入信任的三个层面指标：个人信任、企业信任、公共信任，然后再同时引入以上信任指标，与引入控制变量后的模型对比，观察信任维度上的社会资本是否稳健。计量回归结果见表 5—22。

表 5—22　　　　　　　　　　信任与经济增长的回归分析

因变量	各个省份 GDP 的对数							
模型	1	2	3	4	5	6	7	8
常数	− 0. 4180 *	− 0. 2974 *	0. 0769	0. 3315	− 1. 7289 ***	− 1. 8776 ***	− 1. 3541 ***	− 1. 5474
	0. 2433	0. 1735	0. 2479	0. 2124	0. 2782	0. 2693	0. 2552	0. 3523
ln$K$	0. 2842 ***	0. 2684 ***	0. 2674 ***	0. 2824 ***	0. 2584 ***	0. 2006 ***	0. 2656 ***	0. 2492 ***
	0. 0200	0. 0153	0. 0181	0. 0143	0. 0160	0. 0164	0. 0152	0. 0179
ln$H$	0. 6201 ***	0. 6082 ***	0. 5826 ***	0. 5263 ***	0. 6882 ***	0. 7335 ***	0. 6583 ***	0. 6736 ***
	0. 0284	0. 0209	0. 0275	0. 0242	0. 0295	0. 0322	0. 0282	0. 0383
Geow	− 0. 5257 ***	− 0. 4954 ***	− 0. 5238 ***	− 0. 4265 ***	− 0. 0154	− 0. 3081 ***	− 0. 0412	− 0. 0325
	0. 0443	0. 0346	0. 0373	0. 0308	0. 0403	0. 0321	0. 0437	0. 0445
Geom	− 0. 4395 ***	− 0. 3404 ***	− 0. 4657 ***	− 0. 341 ***	− 0. 0940 ***	− 0. 2081 ***	− 0. 1202 ***	− 0. 0967 ***
	0. 0313	0. 0254	0. 0294	0. 0246	0. 0268	0. 0270	0. 0297	0. 032
Th	− 0. 1176 ***			− 0. 1107 ***	0. 0441 **			0. 0385
	0. 0278			0. 0245	0. 0227			0. 0275
Te		0. 0316 ***		0. 0382 ***		0. 0114 *		0. 006
		0. 0038		0. 0043		0. 0061		0. 0068
Tp			0. 0326 ***	0. 014 **			0. 0026	− 0. 0025
			0. 0058	0. 0058			0. 0059	0. 0065

续表

因变量	各个省份 GDP 的对数							
模型	1	2	3	4	5	6	7	8
Trade					1.1E−06	−9.4E−07	4.0E−06	−1.9E−06
					3.4E−06	4.0E−06	3.3E−06	5.1E−06
Urban					2.0318 ***	1.5107 ***	1.8243 ***	2.0083 ***
					0.1840	0.1679	0.1773	0.2077
FDI					−0.0060	−0.0673 ***	−0.0221	−0.0148
					0.0188	0.0217	0.0203	0.0205
Gov					−1.8146 ***	0.6755 ***	−1.8604 ***	−1.6939 ***
					0.2451	0.1910	0.3002	0.2958
Mark					−0.0063	0.0228 *	−0.0106	−0.0006
					0.0130	0.0123	0.0127	0.0145
观测值	145	155	140	140	145	155	140	140
调整R^2	0.9656	0.9816	0.9631	0.9766	0.9904	0.9877	0.9868	0.987
F 值	809.4 ***	1643.5 ***	725.8 ***	829 ***	1498.7 ***	1239.2 ***	1042.6 ***	881 ***

注：第一行是系数，第二行是标准差；*** 表示在 1% 水平上显著，** 表示在 5% 水平上显著，* 表示在 10% 水平上显著；E 代表科学计数法。如上说明对于以下的回归结果做相同解释。

从模型 1 发现，将个人信任 Th 引入回归方程后，个人信任 Th 显著为负。但是将控制变量同时引入回归方程后，在模型 5 中发现个人信任 Th 变量显著为正，说明个人之间的信任对于地区经济增长有着显著的促进作用。模型 1 中个人信任 Th 显著为负，一方面有可能在未引入控制变量的模型中遗漏了解释变量造成的，另一方面 Beugelsdijk and Schaik[1] 也曾得出信任与区域经济增长不显著的特征，并指出如果得出信任与区域经济增长影响不显著的结论，并不是理论上错误，而很有可能是信任的代理变量选择问题，这也正是我们选择三个指标从不同方面来衡量信任的原因。

在模型 2 中，在回归方程中引入企业信任 Te 后，其对地区经济增长作用

---

[1]　Beugelsdijk, S., Schaik, T. V., "Social Capital and Growth in European Regions: An Empirical Test", *European Journal of Political Economy*, Vol. 21, 2005.

显著为正。在模型 6 中同时引入控制变量，我们发现企业信任 Te 系数下降的同时显著性水平也下降了。这样的变化可以解释为，企业信任 Te 对区域经济增长的效应是相对稳健的，但是在控制住进出口、城镇化、FDI、政府支持、制度因素（市场化程度）等之后，企业信任 Te 对经济增长作用有所减弱，但仍是显著为正。

在模型 3 中，引入公共信任变量 Tp 后，其对经济增长作用显著为正。在模型 7 中同时引入控制变量，我们发现公共信任 Tp 一方面不再显著，另一方面系数有所变小。当对模型 7 进行调整时，把控制变量中的政府支出一项去掉后，公共信任 Tp 在 5% 的显著水平上是显著的。

将三个信任变量同时引入回归后，发现模型 4 中除了个人信任 Th 变量显著为负以外，企业信任 Te 和公共信任 Tp 都显著为正。在模型 8 中引入控制变量以后，我们发现个人信任 Th 和企业信任 Te 的符号是正的，公共信任 Tp 的符号负的。但是我们发现在模型 8 中除去政府支出变量后，三个信任的变量系数为正，而且个人信任 Th 在 1% 的显著水平上是显著的。

最后对比模型 5、模型 6、模型 7，这三个模型都引入了控制变量。但我们集中分析 Geow 变量，在模型 5 和模型 7 中，发现 Geow 不显著，由于对照组为东部地区，这就意味着在东西部之间，引入社会资本变量和控制变量后，地区间异质性消失了。对于社会资本变量的个人信任 Th 和公共信任 Tp，东部地区与西部地区之间没有太大差别，这其中的原因值得探索。欠发达地区和发达地区的个人信任 Th、公共信任 Tp 对经济发展影响没有地区间的异质性，同时 Geom 项对于 3 个模型来说都显著为负，我们认为可能存在这样的规律：在欠发达阶段，个人信任 Th 和公共信任 Tp 对经济增长与经济发展都是重要的；当经济有所发展后，由于制度建设的滞后，个人信任 Th 和公共信任 Tp 对区域经济增长的作用减弱；当经济发展到一定阶段后，个人信任 Th 和公共信任 Tp 对地区经济增长作用回到原来水平。

在模型 6 中，同时引入控制变量和企业信任 Te 后，Geow 和 Geom 两个地区虚拟变量都显著为负，并且在绝对值上 Geow 比 Geom 要大。说明西部地区的企业信任 Te 对地区经济增长的作用仍然不足。

通过以上分析，我们认为个人信任 Th 和公共信任 Tp 对于地区经济增长影响可能呈现一种 "U 形" 特征，这与前人研究有一定的吻合。企业信任 Te

对经济增长的影响始终是稳定的。因此，西部地区需要积极提供良好的环境，增强个人信任、公共信任和企业信任，进而让信任能够更好地促进经济发展。

三　社会网络与西部地区经济增长

逐一引入社会网络的三个层面指标：个人层面的社会网络、社区层面的社会网络、协会网络，然后再同时引入以上社会网络指标，与引入控制变量后的模型观察社会网络维度上的社会资本是否是稳健的，计量回归结果见表5—23。

表5—23　　　　　　　　　社会网络与经济增长的回归分析

因变量	各个省份GDP（以1978年价格水平）							
模型	1	2	3	4	5	6	7	8
常数	-0.1192	-0.3512	-0.5452***	-0.0112	-2.0953***	-2.2163***	-1.6653***	-2.5758***
	0.2550	0.4128	0.1675	0.2520	0.3695	0.3703	0.2719	0.5882
$\ln K$	0.2447***	0.3052***	0.3305***	0.3024***	0.3093***	0.3131***	0.2487***	0.3113***
	0.0181	0.0347	0.0240	0.0238	0.0193	0.0185	0.0223	0.0372
$\ln H$	0.6098***	0.5813***	0.6065***	0.5582***	0.7240***	0.7318***	0.6780***	0.7393***
	0.0254	0.0446	0.0221	0.0279	0.0380	0.0380	0.0366	0.0705
Geow	-0.6574***	-0.6421***	-0.5585***	-0.6342***	-0.0475	-0.0477	-0.2933***	0.0058
	0.0412	0.0662	0.0404	0.0418	0.0442	0.0442	0.0363	0.0911
Geom	-0.4667***	-0.4658***	-0.4827***	-0.4983***	-0.0918**	-0.0856**	-0.2210***	-0.0643
	0.0307	0.0609	0.0306	0.0311	0.0364	0.0364	0.0261	0.0730
Nh	0.0081***			0.0126***	0.0026			-0.0063
	0.0021			0.0040	0.0017			0.0082
Nc		0.0008**		-0.0007		0.0005**		0.0011
		0.0004		0.0004		0.0002		0.0008
Na			-0.0571***	-0.0400***			-0.0409**	0.0039
			0.0125	0.0130			0.0128	0.0219
Trade					-4.7E-06	-4.7E-06	4.0E-06	-1.7E-05
					4.11E-06	3.92E-06	2.71E-06	8.33E-06
Urban					1.6570***	1.6261***	1.4451***	1.4232***
					0.2262	0.2163	0.1717	0.3374

续表

因变量	各个省份 GDP（以 1978 年价格水平）							
模型	1	2	3	4	5	6	7	8
FDI					0.4193 ***	0.4470 ***	−0.0699 ***	0.5947 ***
					0.0787	0.0769	0.0211	0.1180
Gov					−2.0455 ***	−1.9493 ***	0.5002 ***	−1.3195 **
					0.3561	0.3598	0.1825	0.5604
Mark					−0.0596 ***	−0.0646 ***	0.0282 **	−0.0264
					0.0150	0.0129	0.0127	0.0344
观测值	140	140	155	140	140	140	155	140
调整R^2	0.9625	0.8947	0.9832	0.9397	0.9853	0.9848	0.987161	0.939687
F 值	714.7 ***	237.2 ***	1803.1 ***	181.5 ***	931.9 ***	900.6 ***	1185.1 ***	181.5 ***

注：第一行是系数，第二行是标准差；*** 表示在 1% 水平上显著，** 表示在 5% 水平上显著，* 表示在 10% 水平上显著；E 代表科学计数法。

在没有引入控制变量的模型 1 中，个人网络 Nh 对经济增长的影响显著为正，并且地区虚拟变量 Geow 的绝对值要大于 Geom，说明若仅考虑个人网络对经济增长的影响，西部地区的劣势更突出。在模型 5 中将控制变量引入回归方程，发现个人网络 Nh 不再显著，对应的 p 值为 0.1348，接近 10% 的显著水平，说明引入控制变量后个人网络对经济增长有一定促进作用，同时系数变得的更小，而西部地区虚拟变量不再显著，说明考虑了进出口、城镇化、FDI、政府支持、制度（市场化程度）等因素后，个人网络对地区经济没有显著影响。

在模型 2 中，个人所拥有的社区网络 Nc 对经济增长有显著的正向影响，考虑了控制变量的模型 6 的结果也是如此，尽管社区网络 Nc 的系数有所下降，模型 2 和模型 6 的显著差别在于模型 2 中西部地区虚拟变量 Geow 是显著的，而且绝对值大于中部地区虚拟变量 Geom，就是在没有考虑控制变量的情况下，社区网络 Nc 对经济增长也有着正向的影响，经济发展水平相对滞后的地区处于劣势，但考虑了控制变量后，东西部之间的差异不明显，中部地区处于劣势。

在模型 3 没有引入控制变量的情况下，协会网络对经济增长有显著的负面影响，在考虑了控制变量后模型 7 的结果没有变化。有学者曾经指出，一些协会活动形成的利益集团对经济发展没有益处，利益集团的形成基于集团的内部利益出发游说和干预国家政策的制定，使政策的制定不是着眼于整个社会的利益，而是局部的小集体利益，形成了消极外部性，阻碍了经济发展。

在模型 4 中，我们同时引入有关社会网络的三个变量，个人网络 Nh 显著为正，但社区网络 Nc 为负且不再显著。我们在设计变量时已尽可能避免了个人网络 Nh 与社区网络 Nc 之间的重复方面，但个人网络 Nh 与社区网络 Nc 之间客观上存在相关性，有可能是这两个变量的相关性导致社区网络 Nc 的不稳定，另外协会网络依然显著为负。在模型 8 中引入控制变量，发现社会网络的三个变量不在显著，原因可能同样是个人网络 Nh 与社区网络 Nc 之间的相关性所致。当我们逐次在模型 8 中引入个人网络 Nh 与协会网络 Na 时，或者引入社区网络 Nc 与协会网络 Na 时，社会网络的各自符号都是稳定，其中个人网络 Nh 与社区网络 Nc 都是正的，并且社区网络 Nc 是显著的，协会网络是 Na 是负的。

四 文化与西部地区经济增长

我们逐一引入两个方面的文化指标：民族文化、宗教文化，然后再同时引入以上文化指标，与引入控制变量后的模型比较，观察文化维度上的社会资本是否稳健。计量回归结果见表5—24。

表5—24　　　　　　　　　　文化与经济增长的回归分析

因变量	各个省份 GDP（以 1978 年价格水平）					
模型	1	2	3	4	5	6
常数	0.6353 ***	0.9014 ***	1.2776 ***	−1.5966 ***	−1.6707 ***	−1.2699 ***
	0.2176	0.1829	0.1470	0.2877	0.3501	0.3298
lnK	0.2931 ***	0.2313 ***	0.2798 ***	0.1948 ***	0.3068 ***	0.2928 ***
	0.0151	0.0160	0.0126	0.0172	0.0180	0.0188
lnH	0.5043 ***	0.5451 ***	0.4599 ***	0.7283 ***	0.6814 ***	0.6552 ***
	0.0252	0.0208	0.0180	0.0332	0.0365	0.0345
Geow	−0.4958 ***	−0.7457 ***	−0.5214 ***	−0.3507 ***	−0.0601	−0.0769
	0.0279	0.0342	0.0221	0.0337	0.0453	0.0506

续表

因变量	各个省份 GDP（以 1978 年价格水平）					
模型	1	2	3	4	5	6
Geom	−0. 4624 ***	−0. 5414 ***	−0. 5038 ***	−0. 3306 ***	−0. 0949 **	−0. 1814 ***
	0. 0276	0. 0284	0. 0241	0. 0295	0. 0374	0. 0360
Cn	−0. 7961 ***		−1. 2248 ***	−0. 7754 ***		−0. 8523 ***
	0. 1005		0. 1032	0. 1138		0. 1546
Cr		−0. 2483 ***	−0. 1974 ***		−0. 1262 **	−0. 1323 ***
		0. 0431	0. 0340		0. 0555	0. 0503
Trade				6. 82E − 06 **	−4. 03E − 06	−1. 70E − 06
				2. 87E − 06	4. 17E − 06	3. 81E − 06
Urban				1. 3976 ***	1. 4588 ***	1. 0819 ***
				0. 1809	0. 2399	0. 2296
FDI				−0. 0802 ***	0. 3909 ***	0. 3715 ***
				0. 0223	0. 0664	0. 0632
Gov				1. 3153 ***	−2. 0324 ***	−1. 1215 ***
				0. 2463	0. 3494	0. 3883
Mark				0. 0074	−0. 0345 ***	−0. 0220 **
				0. 0113	0. 0092	0. 0109
观测值	155	140	140	155	140	140
调整R^2	0. 9768	0. 9708	0. 9819	0. 9850	0. 9842	0. 9817
F 值	1295. 7 ***	924. 1 ***	1258. 0 ***	1011. 3 ***	868. 8 ***	678. 1 ***

注：第一行是系数，第二行是标准差；*** 表示在 1% 水平上显著，** 表示在 5% 水平上显著，* 表示在 10% 水平上显著；E 代表科学计数法。

在设计文化变量时采用各省份总人口中少数民族人口占比作为文化异质性的衡量指标，在没有引入控制变量的模型 1 中，文化变量 Cn 对地区经济增长有着显著的负效应，在引入控制变量的模型 4 中，文化变量 Cn 也显著为负，且系数变化不大。*Easterly and Levine*[①] 的研究就曾指出民族的多样性减缓了地区经济增长。无论是在模型 1 还是在模型 4 中，西部地区虚拟变量 Geow 的绝对值大于中部地区虚拟变量 Geom 的绝对值，西部有很多少数民族聚居区，少数民族人口占比较多，民族的异质性较强，在社会文化、生活习俗和思想观念等方面有着较大的差别，按照 Easterly and Levine 的观点，这种地区多样性文化对西部地区经济发展具有不利影响。

我们设计有关宗教活动参与程度的宗教文化变量 Cr，通过对比模型 2 和模型 5 的结果发现，在没有引入控制变量的模型 2 中，宗教文化 Cr 对地区经济增长的影响显著为负，但考虑控制变量后系数下降为原来的一半，我们认为民众对宗教活动的参与程度能够较大程度反映宗教文化 Cr 变量，但是宗教活动 Cr 所代表的仅是文化的一个方面，对经济增长的影响一旦考虑了进出口、城镇化、FDI、政府支持、制度因素（市场化程度）等因素后，对地区经济增长影响没有用少数民族人口占比刻画的文化变量 Cn 稳健。在模型 5 中，西部地区虚拟变量 Geow 不再显著，而是中部地区虚拟变量更为显著。中西部地区虚拟变量反映的是地区间的异质性，反映为短期内不易变动的地理、制度、文化等因素导致的异质性。我们发现，一旦引入了控制变量和宗教文化变量后，西部地区虚拟变量 Geow 不再显著，而是经济发展处于中间水平的中部地区呈现明显劣势，这一结果与前文分析的个人信任 Th 与公共信任 Gp 的结果一致，在更长的时期内，以少数民族人口占比和参与宗教活动程度所反映的文化变量与地区经济发展之间可能存在一种动态关系，正如西部地区虚拟变量并不显著一样。我们认为，之所以经济发展处于中间水平的中部地区宗教活动对经济增长的作用较大，可能是原有的宗教文化有一定的公共性质，经济发展处于初级阶段，思维方式和行为模式没有改变，对经济发展的影响较为有限。但随着经济的进一步发展，原有的宗教活动不适应经济发展的变化，宗教活动对经济发展的延缓作用达到一个相对较高的水平。随着经济发展不断深入，人们思维方式和行为模式更加符合现代经济发展的特征，原有的宗教活动对经济增长

---

① Easterly, W. Levine, R., "Africa's Growth Tragedy: Policies and Ethnic Divisions", *Quarterly Journal of Economics*, Vol. 112, No. 4, 1997.

的作用开始减弱。

五　社会资本与初始经济发展水平的关系

我们基于社会调查数据构造了社会资本在信任、社会网络、文化方面的八个指标以反映不同方面的社会资本，考察具体的社会资本与初始经济发展水平之间的关系。

（一）计量模型设定

社会资本对落后地区经济发展的作用已被国内外学者所证实。为考察社会资本与初始经济发展水平之间的关系，我们按照刘生龙、王亚华、胡鞍钢[①]的方法将计量方程被解释变量更换为不变价 GDP 四年期的平均增长率。如2005 年社会资本存量和相关控制变量的被解释变量就是 2005—2008 年的各省份平均增长率，对应的初始经济发展水平 GDP_0 即为 2005 年的 GDP；2006年被解释变量为 2006—2009 年各省份平均增长率，对应的初始经济发展水平 GDP_0 即为 2006 年的 GDP；以此类推。同时引入被解释变量经济增长时间区间内期初 GDP_0 与社会资本的交互项，如果交互项呈现显著为负，则说明对应的社会资本更有利初始经济发展水平落后的地区。我们将解释变量中物质资本存量的对数值替换为物质资本存量四年期平均增长率，受限于数据可得性将人力资本存量的对数值替换为人力资本存量一年期增长率。这样将计量模型设定为：

$$g\,GDP_{it} = \beta_0 + \beta_1\,gK_{it} + \beta_2\,gH_{it} + \beta_3\,SC_{it}$$
$$+ \beta_4\,X_{it} + \beta_5 Geow + \beta_6 Geom + \beta_7\,SC_{it} \cdot GDP_0 + \mu_{it} \quad (5.4-3)$$

式中，$g\,GDP_{it}$ 代表对应年份含当年的后四年期 GDP 增长率；gK_{it} 代表对应年份含当年的后四年期实物资本增长率；gH_{it} 对应年份含当年的后一年期人力资本增长率；SC_{it} 代表对应的社会资本变量；X_{it} 代表控制变量；$Geow$ 和 $Geom$ 分别代表西部地区和中部地区的虚拟变量；$SC_{it} \cdot GDP_0$ 代表社会资本与初始经济发展水平的交互项；μ_{it} 为随机干扰项；i 代表省际截面个体；t 代表时间序列。

① 刘生龙、王亚华、胡鞍钢：《西部大开发成效与中国区域经济收敛》，《经济研究》2009 年第9 期。

（二）计量回归结果

表 5—25　　　　　社会资本与初始经济发展水平的回归结果（1）

因变量	四年期不变价 GDP 增长率			
模型	1	2	3	4
常数	0.0223 *	0.0189 **	0.0203	0.0584 ***
	0.0114	0.0082	0.0123	0.0121
gK	0.0587 ***	0.0568 ***	0.0599 ***	0.0292 ***
	0.0057	0.0047	0.0059	0.0069
gH	−0.0023	0.0017	−0.0086	0.0011 *
	0.0114	0.0102	0.0108	0.011
$Geow$	0.0213 ***	0.0199 ***	0.0221 ***	0.0271 ***
	0.0029	0.0018	0.003	0.0036
$Geom$	0.0046 *	0.0080 ***	0.0041	0.0113 ***
	0.0027	0.0018	0.0026	0.0026
Th	−0.0046			
	0.003			
$Th*GDP_0$	−2.72E−09			
	1.01E−06			
Te		−0.0025 ***		
		0.0004		
$Te*GDP_0$		−3.30E−08		
		7.44E−08		
Tp			0.0016 **	
			0.0007	
$Tp*GDP_0$			−7.45E−07 ***	
			2.49E−07	
Nh				−0.0001
				0.0001
$Nh*GDP_0$				−1.32E−07 ***
				3.65E−08

续表

因变量	四年期不变价 GDP 增长率			
模型	1	2	3	4
Trade	$-3.10E-06$ ***	$-9.55E-07$ **	$-3.49E-06$ ***	$-3.33E-06$ ***
	$3.26E-07$	$3.80E-07$	$3.23E-07$	$3.46E-07$
Urban	0.1008 ***	0.1005 ***	0.1025 ***	0.0773 ***
	0.0112	0.0088	0.0113	0.0133
FDI	0.0017	0.0007	0.0021 *	0.0241 ***
	0.0011	0.0008	0.0011	0.0053
Gov	0.0156	0.0372 ***	-0.0101	-0.0896 ***
	0.0201	0.0082	0.0244	0.0268
Mark	0.0052 ***	0.0047 ***	0.0060 ***	0.0053 ***
	0.0011	0.0009	0.0012	0.0013
观测值	145	155	140	140
调整 R^2	0.7407 ***	0.7510 ***	0.7456 ***	0.7207 ***
F 值	38.4 ***	43.2 ***	38.0 ***	33.6 ***

表 5—26　　社会资本与初始经济发展水平的回归结果（2）

因变量	四年期不变价 GDP 增长率			
模型	5	6	7	8
常数	0.0624 ***	0.0116	0.0226 **	0.0507 ***
	0.0123	0.0104	0.0100	0.0129
gK	0.0291 ***	0.0540 ***	0.0674 ***	0.0421 ***
	0.0068	0.0060	0.0050	0.0072
gH	0.0022	-0.0078	-0.0116	-0.0018
	0.0112	0.0126	0.0106	0.0116
Geow	0.0293 ***	0.0170 ***	0.0198 ***	0.0298 ***
	0.0035	0.0029	0.0025	0.0031
Geom	0.0130 ***	0.0036	0.0018	0.0118 ***
	0.0025	0.0027	0.0022	0.0024

续表

因变量	四年期不变价 GDP 增长率			
模型	5	6	7	8
Nc	$-1.70E-05$			
	0.0000			
$Nc*GDP_0$	$-1.02E-08$ **			
	0.0000			
Na		-0.0012		
		0.0010		
$Na*GDP_0$		$-1.71E-07$		
		$1.74E-07$		
Cn			-0.0352 ***	
			0.0078	
$Cn*GDP_0$			$4.04E-06$	
			$5.63E-06$	
Cr				-0.0134 **
				0.0057
$Cr*GDP$				$5.56E-06$ *
				$2.89E-06$
$Trade$	$-3.29E-06$ ***	$-3.33E-06$ ***	$-2.72E-06$ ***	$-3.55E-06$ ***
	$3.32E-07$	$3.21E-07$	$3.25E-07$	$3.64E-07$
$Urban$	0.0825 ***	0.1011 ***	0.0901 ***	0.0960 ***
	0.0126	0.0122	0.0103	0.0125
FDI	0.0254 ***	0.0008	0.0013	0.0276 ***
	0.0052	0.0010	0.0008	0.0057
Gov	-0.0943 ***	0.0487 ***	0.0720 ***	-0.0562 **
	0.0269	0.0099	0.0103	0.0253
$Mark$	0.0041 ***	0.0071 ***	0.0045 ***	0.0024 **
	0.0013	0.0010	0.0010	0.0012
观测值	140	155	155	140
调整后的 R^2	0.7278 ***	0.6165 ***	0.674566 ***	0.704409 ***
F 值	34.8	23.5	30.0	31.1

注：第一行是系数，第二行是标准差；*** 表示在 1% 水平上显著，** 表示在 5% 水平上显著，* 表示在 10% 水平上显著；E 代表科学计数法。

（三）计量结果分析

在模型 1、模型 2、模型 3 中，我们发现信任层面的社会资本只有公共信任这一指标与初始经济发展水平的交互项呈现显著为负，说明公共信任对经济发展相对滞后的西部地区更有意义。我们采用 CGSS2006 调查问卷中受访者对四类公共机构的信任度作为公共信任 tp 变量，四类公共机构包括政府机构、中央级媒体、相关领域的专家学者、法律机构人员，其中相关领域的专家学者一般都在高校和科研院所工作，所以对他们的信任度就代表受访者对这一类公共机构的信任。民众对公共机构的信任体现在以下几个方面：对政府机构信任就是对合同契约保证执行和产权得到保护的预期，经济活动主体通过合法的方式行使所有产权，发挥企业家才能合理有效地组织生产配置资源，创造社会财富；对中央级媒体的信任是对信息公开、政府治理、社会监督公正透明的信任，信息流动的公正与透明决定的信任从个人信任走向公共信任，如果信息是不对称的，那么就会导致逆向选择和道德风险进而形成市场失灵，市场机制不会发挥作用，经济资源不能流转到有效的经济部门手中，经济交易活动开始萎缩，生产开始停止；对高校和科研院所专家的信任，是公众对科学学术活动的信任，这是公共信任的重要基石，如果公众对从事科研学术活动的专家学者失去了信心，公共信任也将消失；法律机构代表一个经济社会的司法公正，如果一个社会提供不了一个有健全法律保障的社会环境，经济活动就无法良性运转。以上四个方面的公共信任是实现地区经济发展的起点。通过回归，我们发现公共信任对经济相对滞后地区有着更为重要的意义，因此西部地区应当加强公共信任的培育，为实现经济增长提供良好的社会环境。

在模型 4、模型 5、模型 6 中，发现个人网络 nh 和个人所拥有的社区网络 nc 与初始经济发展水平的交互项都显著为负的，说明个人网络和社区网络对发展落后地区的增长有更大的推动作用。协会网络的交互项并不显著，而将协会网络引入增长回归方程后发现，协会网络对地区经济呈现出阻碍作用。在经济发展相对滞后地区的信息交流往往是不畅的，相对于经济发展发达地区，欠发达地区信息不对称的情况更为普遍，个人网络和个人所拥有的社会网路对个人实现信息共享极为重要，实现信息互通往往能降低交易成本，避免逆向选择和道德风险的出现，实现市场机制的有效运行，从而促进地区经济发展，所以说个人网络和社区网络更能促进经济发展滞后地区的经济增长。虽然协会网络也促进信息的共享与交流，但是正如我们在机理分析中所述，协会网络的社会资本会对协会成员产生益处，但对全社会而言，可能要承担成本，所以协会网络对于初始经济水平落后的地区作用不明显。

在模型 7 和模型 8 中，发现代表文化的民族异质性变量与初始经济发展水平的交互项并不显著，尽管宗教文化变量的交互项是显著为正的，但是显著水平仅为 10%。

六　社会资本与市场化程度之间的关系

一些学者考察了社会资本与市场化程度之间的关系，张爽、陆铭、章元基于微观数据运用 probit 模型考察了社会资本与市场化程度的关系①。杨宇、沈坤荣将社会资本引入增长回归模型，假定社会资本在短期内不变，运用面板数据考察社会资本与市场化之间的关系②。赵家章运用省际截面数据进行了相同的考察③。但上述研究都只采用较为单一的指标表达社会资本。我们通过构建更为全面的社会资本指标考察社会资本与市场化程度之间的关系，如果社会资本与市场程度的交互项在计量模型显著为负，说明社会资本指标会随着市场化程度的加强而减弱，即社会资本与市场化程度之间存在替代关系，相反则存在互补关系，探明二者的关系，对西部地区的市场化改革具有重要意义。

（一）计量模型设定

为了检验我们构建的社会资本与市场化程度之间的关系，将计量模型设定如下：

$$\ln GDP_{it} = \beta_0 + \beta_1 \ln K_{it} + \beta_2 \ln H_{it} + \beta_3 SC_{it}$$
$$+ \beta_4 X_{it} + \beta_5 geow + \beta_6 geom + \beta_7 SC_{it} \cdot mark_{it} + \mu_{it} \quad (5.4 - 4)$$

式中，$\beta_0 = \ln A$ 为截距项，$\ln GDP_{it} = \ln Y$；$Geow$ 代表西部地区虚拟变量；$Geom$ 代表中部地区虚拟变量；μ_{it} 为随机干扰项；i 代表省际截面个体；t 代表

---

① 张爽、陆铭、章元：《社会资本的作用随市场化进程减弱还是加强？——来自中国农村贫困的实证研究》，《经济学》（季刊）2007 年第 2 期。

② 杨宇、沈坤荣：《社会资本、制度与经济增长——基于中国省级面板数据的实证研究》，《制度经济学研究》2010 年第 2 期。

③ 赵家章：《社会资本与中国区域经济差异研究》，首都经济贸易大学出版社 2011 年版。

时间序列。

（二）计量回归结果

表 5—27   **社会资本与市场化程度的回归结果（1）**

因变量	各个省份 GDP（以 1978 年价格水平）			
模型	1	2	3	4
常数	− 1. 4364 ***	− 2. 0761 ***	− 1. 3063 ***	− 2. 2586 ***
	0. 3206	0. 2915	0. 2734	0. 4253
ln$K$	0. 2593 ***	0. 1942 ***	0. 2799 ***	0. 3179 ***
	0. 0176	0. 0175	0. 0141	0. 0197
ln$H$	0. 6728 ***	0. 7709 ***	0. 6427 ***	0. 7081 ***
	0. 0344	0. 0356	0. 0297	0. 0397
Ggeow	− 0. 0341	− 0. 3217 ***	0. 0022	− 0. 0418
	0. 0427	0. 0352	0. 0414	0. 0461
Geom	− 0. 1057 ***	− 0. 2420 ***	− 0. 1067 ***	− 0. 0954 ***
	0. 0342	0. 0303	0. 0305	0. 0354
Th	− 0. 3669 ***			
	0. 1157			
Th ∗ mark	0. 0568 ***			
	0. 0166			
Te		− 4. 36E − 02		
		4. 90E − 02		
Te ∗ mark		0. 0046		
		0. 0047		
Tp			0. 0219	
			0. 0297	
Tp ∗ mark			− 0. 0028	
			0. 0042	
Nh				0. 0146 **
				0. 0058
Nh ∗ mark				− 0. 0012 **
				0. 0006

因变量	各个省份 GDP（以 1978 年价格水平）			
模型	1	2	3	4
Trade	9.21E－06 **	1.43E－06	2.53E－06	－5.32E－06
	4.62E－06	5.24E－06	3.25E－06	3.99E－06
Urban	1.8528 ***	1.7103 ***	1.8692 ***	1.4418 ***
	0.2154	0.1849	0.1799	0.2257
FDI	－0.0189	－0.0683 ***	－0.0142	0.4477 ***
	0.0197	0.0222	0.0202	0.0760
Gov	－1.4953 ***	0.6598 ***	－2.1664 ***	－2.0196 ***
	0.2966	0.2120	0.2837	0.3739
Mark	－0.0235 *	0.0026	－0.0131	－0.0236
	0.0138	0.0145	0.0128	0.0225
观测值	145	155	140	140
调整后的 R^2	0.9823	0.9812	0.9876	0.9850
F 统计量	729.5 ***	729.8 ***	1009.1 ***	829.0 ***

注：第一行是系数，第二行是标准差；*** 表示在 1% 水平上显著，** 表示在 5% 水平上显著，* 表示在 10% 水平上显著；E 代表科学计数法。

表5—28 社会资本与市场化程度的回归结果（2）

因变量	各个省份 GDP（以 1978 年价格水平）			
模型	5	6	7	8
常数	－2.5630 ***	－1.3094 ***	－1.9052 ***	－2.8962 ***
	0.4102	0.2647	0.3311	0.4084
ln*K*	0.3082 ***	0.2797 ***	0.2086 ***	0.3051 ***
	0.0188	0.0202	0.0176	0.0176
ln*H*	0.7289 ***	0.6621 ***	0.7318 ***	0.7598 ***
	0.0391	0.0331	0.0367	0.0408
Geow	－0.0592	－0.2093 ***	－0.1727 ***	0.0087
	0.0457	0.0352	0.0427	0.0449

因变量	各个省份 GDP（以 1978 年价格水平）			
模型	5	6	7	8
Geom	− 0. 0962 ***	− 0. 1851 ***	− 0. 2308 ***	− 0. 0556
	0. 0363	0. 0231	0. 0335	0. 0378
Nc	0. 0021 ***			
	0. 0005			
Nc * mark	− 0. 0002 ***			
	0. 0001			
Na		− 0. 1918 ***		
		0. 0338		
Na * mark		0. 0202 ***		
		0. 0042		
Cn			1. 3003 ***	
			0. 3793	
Cn * mark			− 0. 3478 ***	
			0. 0608	
Cr				2. 2140 ***
				0. 4217
Cr * mark				− 0. 2594 ***
				0. 0473
Trade	− 8. 88E − 06 **	9. 80E − 06 ***	− 3. 01E − 06	− 1. 07E − 05 **
	4. 00E − 06	2. 82E − 06	4. 03E − 06	4. 31E − 06
Urban	1. 5323 ***	1. 3763 ***	1. 9247 ***	1. 7795 ***
	0. 2066	0. 1536	0. 2521	0. 2197
FDI	0. 4652 ***	− 0. 0526 **	− 0. 0257	0. 4717 *
	0. 0723	0. 0211	0. 0188	0. 0649
Gov	− 1. 7599 ***	0. 2373	− 0. 1942	− 2. 1965 ***
	0. 3542	0. 1669	0. 3304	0. 2707

因变量	各个省份 GDP（以 1978 年价格水平）			
模型	5	6	7	8
Mark	- 0.0074	- 0.0364 **	0.0193	0.0049
	0.0216	0.0183	0.0134	0.0124
观测值	140	155	155	140
调整后的 R^2	0.9859	0.9882	0.9860	0.9867
F 统计量	881.5 ***	1171 ***	990.5 ***	937.7 ***

注：第一行是系数，第二行是标准差；*** 表示在 1% 水平上显著，** 表示在 5% 水平上显著，* 表示在 10% 水平上显著；E 代表科学计数法。

（三）计量结果分析

通过对比模型 1、模型 2、模型 3 发现，三个信任变量仅有个人信任 Th 与市场化程度的交互项是显著为正的，企业信任 Te 和公共信任 Tp 的交互项均不显著。在模型 1 中尽管个人信任 Th 显著为负，但由于引入了个人信任与市场化程度之间的交互项，因此，对个人信任 Th 的偏效应需要考虑市场化程度的因素，即：

$$\frac{\partial \ln GDP}{\partial Th} = \beta_{Th} + \beta_7 Th \cdot Mark \qquad (5.4 - 5)$$

对于下面各个社会资本的偏效应，可做相同解释。个人信任 Th 与市场化程度 Mark 之间的交互项呈现显著为正，说明随着市场化程度的加强个人信任对地区经济的作用在加强。

在模型 4 和模型 5 中，个人网络 Nh 和社区网络 Nc 与市场化程度之间的交互项都显著为负，说明随着市场化程度的加深，个人网络与社会网络对地区增长的作用在逐渐减弱，这是由于随着正式制度的不断完善，从过去的"熟人"社会走向规范的制度约束，个人网络和社区网络的影响逐渐减弱，正式制度的影响逐渐加强。

在模型 6 中，协会网络 Na 与市场化程度的作用显著为正，说明随着市场化程度不断加深，协会网络会对地区经济产生积极影响。协会网络对经济增长的作用存在着争议，一些学者论证了协会网络的存在能够激发公众对公共事务的参与热情，会产生各种正外部性，有些学者认为由于协会组织是为了追求共同利益而创建的组织机构，这类组织行为都是为了组织内部成员的利益，与社会利益往往不符，容易形成负外部性，资源没有得到有效配置，因此协会网络对地区经济发展有一定程度的阻碍作用。但是通过我们的检验发现，随着市场化程度的不断加深，协会网络对地区经济增长的正面作用会不断得到加强，可能是由于地区经济发展，整体的经济环境对协会组织形成正向约束，使得协会组织在合法的范围内追求组织利益，组织行为产生的社会成本在面临约束情况下逐渐由组织内部承担，同时通过协会组织的建立使得内部成员之间的行为更有效率，成员间的信息实现共享，较少出现信息不对称的情况。综上所述，在市场化程度不断加深的过程中，个人网络和社区网络对地区经济增长的影响会逐渐减弱，协会网络对地区经济增长的正面影响会不断提高。

在模型7和模型8中，由少数民族异质性和宗教活动参与程度代表的两个文化变量与市场化程度的交互项都显著为负，说明随着地区经济不断发展，市场化程度不断加深，文化对经济增长的影响逐渐减弱。随着正式制度的不断发展完善，地区经济的开放程度不断扩大，对于过去的思想观念开始形成冲击，现代商业环境的氛围逐渐加强，商业意识开始逐渐占据主导地位，推动地区经济发展。

第五节　社会资本促进组织创新力的作用机制

组织是社会关系网络的联结点，组织创新本质上是组织内外社会关系的改善。从社会资本的视角看，组织内外部社会关系的协调与否就决定了组织创新的成败与质量。

一　外部社会资本与组织创新

组织是社会分工体系中的组织，因此组织之间形成一种社会结构或一张社会关系网络，如果把某组织看成是社会关系网状的中心，它在此网络中与其他各种组织有着或强或弱的联结。其他组织对该组织一定存在某种评价，这种评价通常与组织的信誉、品牌、权威性有关，这些评价即是组织的外部社会资本。这种社会资本越高，组织的社会评价越高，组织与其他社会结构部分之间的协调性就越高，组织的潜力发挥得越充分。因此组织为了尽可能地开发自身的潜力，需要加强自己与其他社会结构部分之间的信任和权威，从而实施组织创新。

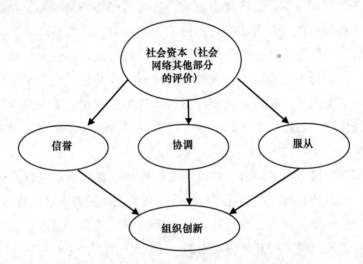

图5—10 外部社会资本与组织创新机制

组织创新的目的是提高社会资本，社会资本又决定着组织创新的成败。组织创新是为了组织与其他社会结构部分协调性增强，使社会资本得到提高，获得信任和权威。一旦组织创新完成，组织获得的信任和权威增强，组织便为自身创建了一个更好的社会环境。

对于政府、企业和中介组织所组成的一个系统而言，任一组织的外部社会环境就是其他两者。因此一个组织创新的动力和质量决定于其他两者。三者创新关系见图5—11。

以政府创新为例，政府为了获得企业和中介组织的信任、服从以及与二者的匹配协调，需要进行相关的结构和管理职能的变革。而这种变革又改善了它与其他两者的关系，增强了企业和中介组织对政府的信任和服从的程度，同时使得三者在职能上更加匹配。在政府组织创新的同时，企业组织和中介

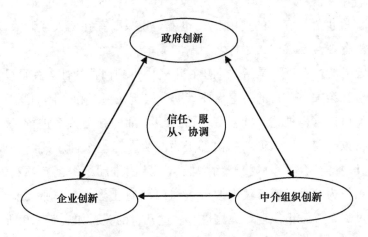

图5—11　政府创新、企业创新和中介组织创新与外部社会资本

组织需要相关的创新来呼应，使得整个系统的协调性增强，从而提高整个系统的创新力。

但是在三者中，政府的创新是重中之重。因为政府对法律、政策和经济环境的保护和支持，是其他两者生存和发展的前提。因此政府的创新会使企业和中介组织处在更加公平独立的经济社会环境中，使它们的职能发挥得更充分。在西部地区，政府改革滞后，计划经济的影响仍然很强，政府管控经济的权力过大，本该企业经营的领域，政府干预过多，导致企业和中介组织功能的萎缩，使市场经济长期处在一种"襁褓"状态，缺乏自身能力。

二　内部社会资本与组织创新

制度经济理论认为，任何组织或规则的变革都需要成本。这些成本除了资金和实物资本的投入外，还需要组织内部的接纳、配合以及适应才能实现。资金和实物资本是组织创新的外生因素，而组织内部的接纳、配合和适应及其程度才是将此外生因素消化、吸收、转化的关键性内在因素。组织创新要成功，组织内部的因素至关重要，这些因素中最主要的就是组织内部的种种社会关系。在制度经济学中这些成本被称之为交易成本。张五常将交易成本称为"鲁滨逊世界不存在的费用"①，也就是说只要存在两人或两人以上的组织活动必然存在交易成本，也称之为制度成本。

林南定义的社会资本是指"期望在市场中得到回报的社会关系投资"，这种投资通过社会关系获得的，它需要借助个人所在组织和全体的联系和资源。因而，我们可以这样推论，社会资本给组织内部的社会关系进行投资，社会关系进而得以改善，组织创新的内部阻力减少，即组织创新的制度成本因社会资本对其内部社会关系的投资而降低了，从而推动组织创新顺利进行。如果社会资本作为一种投资，没有改善组织内部的社会关系，那么组织创新的制度成本过高，以致组织创新无法进行。这几者的关系如表5—29所示。

表5—29 社会资本与组织创新

社会资本	组织内社会关系	组织创新的制度成本	组织创新的结果
高	改善	低	成功
低	恶化	高	失败

但是社会资本如何作用于组织创新仍然是一个黑箱。从前面的分析我们知道组织创新就是改善组织内部的社会关系，使组织的潜力得以发挥。个人组成组织的时候就产生了组织内部的社会关系，社会关系在组织内部又被纳入某种管理体系形成领导者和被领导者，以科层制管理为例，其中代理人得到委托人授权形成领导者，也即权威。因此，组织内部的社会关系就是领导者和被领导者之间的关系及其被领导者之间关系的总和②。如果把领导者和被领导者之间的社会关系称之为权威③，科层制管理就是通过委托人授权代理

① 张五常：《收入与成本——供应的行为》（上篇），中信出版社2011年版。通常交易成本是指市场交往活动中的非生产性费用，比如签订合约要付出的律师费，收集信息的费用。张五常的定义简洁，只有存在两人或两个人以上就会产生交易成本。因为经济学建立在自利的假设基础上，因此两个人同时出现的时候，双方都要为保护、扩展自己的利益而付出努力，这种努力往往是非生产性的，因此张的定义更具有包容性。

② 这里假定领导者只有一个，故不存在领导者之间的关系。科层组织中领导者与上一级的领导者之间的关系又变成了领导者和被领导者之间的关系。

③ 权威在这里指让他人自觉的服从的能力，而非建立在强制基础之上的服从。

人，形成领导者的权威从而实施管理。就一个政府组织、企业组织和中介组织组成的系统中，其领导者的权威来源并不完全是科层制式的委托——代理机制。马克斯·韦伯[①]在研究社会秩序的时候提出社会秩序一定是围绕权威产生的，不管权威的来源是何种。进而他把权威分成魅力型权威、传统型权威和法理型权威。所谓魅力型权威是指权威来源于领导者的个人能力、品格和经历，如开国领袖、君权神授的君王；传统型权威是指领导者的权威来自上一代权威者的承传，比如中国帝王时代的皇帝子嗣继承王位就是由父王授予；法理型权威是指领导者的权威的获取来源于法律和规则，如选举制下的总统首相。以权威的视角看待组织内部的管理和社会关系，我们会发现组织内部的社会关系正是建立在权威的管理基础之上。由前面的分析我们知道，组织内部的社会关系的改善会促进组织创新，因此权威的高低会对组织内部的社会关系的改善产生影响，进而影响组织创新。

权威的三种来源说明的是领导者的权威来源，但是没有覆盖组织内部的全部社会关系。被领导者之间的社会关系也会对组织创新产生影响，被领导者之间的社会关系是建立在信任基础之上的，同时被领导者对领导者的服从也是建立在信任基础之上的，也就是说权威是建立在信任之上的。在现实社会中，权威不完全由被领导者的自觉服从形成，它需要强制、暴力，甚至威胁。尽管如此，没有信任的存在，这样的组织无法长期维持。因此，对于长期的存在的组织信任以及建立在信任基础上的权威的不特别重要。

总之，社会资本影响组织内部各种关系之间的信任和权威，二者又决定了组织创新的制度成本，从而影响组织创新。具体如图5—12所示。

三　西部社会资本与政府组织创新力

西部地区在创新力上弱于东部地区[②]，是由于西部地区的政府在信任和权威上弱于东部地区。全能型的西部地方政府没有形成市场经济中制定游戏规则的权威。信息经济学和价格经济学的研究表明，市场里含有巨大的信息，如价格就包含了生产者和需求者的全部信息，政府一旦干预市场价格，价格

---

① ［德］马克斯·韦伯：《经济与社会》，林荣远译，商务印书馆2005年版，第1261页。
② 严汉平、方芳：《东西部之间制度落差分析》，《财经科学》2009年第2期。

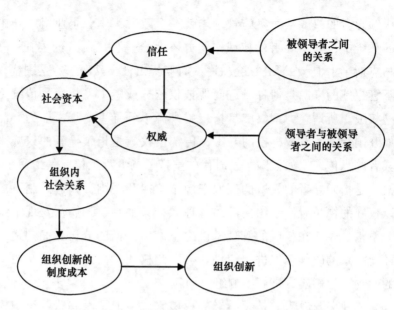

图5—12　内部社会资本与组织创新机制

本身所反映的市场信息就会扭曲,因而对生产者进一步组织生产、消费者进行选择产生偏离真实情形的误导作用,因此全能型政府无法形成权威。

　　如何让政府和市场的作用都能有效发挥,是治理体系现代化的重要探索方向。曾经受很多学者赞誉的"浙江模式"或者"温州模式"中,各级政府很好地把握了政府在市场经济中"有为"与"无为"的度,实现了政府既为经济发展提供公正有利的环境,同时不干扰市场的有效运转①。对于政府的组织创新,从内部看需要政府科层组织内部在权威的指导下形成统一意见。这种统一意见是与政府所处的环境有关系。政府、企业、中介组织之间本身存在着相互制约的关系。政府制定市场规则规制企业的行为,企业行为受市场信息的决定,中介组织把企业感受到的市场信息反馈给政府,形成政府制定市场规则的依据。

　　政府、企业和中介组织是从外部给予对方创新的压力,但是从组织内部看,组织创新的内部动力还是组织内部社会关系所决定。组织内部要形成权

---

　　①　陈剩勇:《政府创新、治理转型与浙江模式》,《浙江社会科学》2009年第4期。

威和信任，是由其内部的两种社会关系互动所决定。社会关系即人与人之间的活动，因此个人的受教育程度、道德品格、对组织的认同会带来不同的社会关系。人力资本中除了受到某种知识和技能的教育外，法律教育、公民教育、思想品德教育等也通常包含在教育的过程中。组织内部的领导者和被领导者都受到这三种教育的影响，从而形成某种认同的价值标准，从而服从权威、建立信任（如表5—30所示）。

表5—30　　　　　　　　　　　　权威、信任的来源

	权威	信任
统一价值观	服从	建立
对组织的认同	服从	建立

政府创新力的源头从组织内部的统一价值观和对组织的认同开始。这两者形成权威和信任，权威和信任改善组织内部社会关系，从而降低组织创新的制度成本，使组织创新能够顺利进行。对于西部地区而言，官员的异地交流[①]经常以锻炼的名义置入，西部地区的省市级官员经常从外省或中央调入。张军和高远在研究中国省级官员与经济增长的关系指出。西部地区官员在任年数要低于东部地区，东部地区官员在任期内其对经济增长的正面作用要大于西部地区。同时西部地区与东部比较，其官员异地交流的比率高于东部。"异地官员交流在中西部地区发挥的作用不及东部地区"。而东部地区官员多出自本省，其对环境的人文、地理、经济形势的熟悉会对经济增长产生正面作用[②]。到西部地区交流的官员由于任期较短，无法了解本地区的社会、经济、文化状况和积累社会资本，其对西部地区的认同感无法在短时期内形成。因此官员无法在组织内部获得权威和信任，导致西部地区政府在组织创新时阻力较大，且时效短。官员的轮替使组织创新容易打破，无法检验组织创新的成果。

---

① 官员异地交流是指高级官员的异地任职。

② 张军、高远：《改革以来中国的官员任期、异地交流与经济增长：来自省级经验的数据》，载张军、周黎安主编《为增长而竞争》，上海人民出版社2007年版。

四　西部社会资本与企业组织创新力

市场中存在的企业类型，从继承权制度上看有家族企业和现代企业。家族企业是指企业继承权在家族内部传递的企业类型，而现代企业是以董事会和职业经理人为特征的企业管理制度，其继承权是由股权的流转为依据。不管是家族企业还是现代企业，组织内部管理模式都是要解决信任和权威的问题，从而降低企业内部的交易成本实现企业组织的创新。从中国企业分类国有企业、私营企业和外资企业看，家族企业主要集中在私营企业这一领域。从产值看，西部地区的产值多有国有企业创造，并且集中在比较优势突出的能源型领域。因此，西部地区的组织创新并没有较大的外部压力，尤其是在区域竞争之间。但是在私营企业这一领域，西部地区在产值上的贡献率就远远低于东部地区。

在私营企业领域，家族企业是常见的企业制度模式，家族企业的创新力是私营经济活力的体现。对于西部地区，没有家族企业在组织创新上的改进，西部地区的产值与东部地区的差距只会越拉越大。再加上，能源型国有企业对西部经济社会的贡献有时效约束，并且对西部地区来说，更像是一种外生因素，它是国家意志的体现，对西部地区社会经济发展贡献有限。而私营企业领域却是区域经济发展的长期核心动力，因此研究私营企业的组织创新对区域发展十分必要。

从前面的分析中，我们知道不管是家族企业还是现代企业，其组织创新的动力因素既有外部的政府、中介组织的刺激，又有内部制度成本的大小决定。从外部因素看，政府通过法律、法规、政策种种规制形式形成了企业运作的外部大环境，而中介组织会制定行业标准，形成企业可操作的生产经营环境。

（一）家族企业组织创新机制

家族企业在中国大量存在，包括在世界上是一种常见的企业制度。家族企业实质上是解决一个对继承者和管理者信任的问题。不管是家族企业还是现代企业，科层制管理是企业管理的实质。由于各级管理者分担了最高管理者或者说企业所有人的权力，因此信任就成了管理的核心问题。家族企业通过将亲属安排进入各级管理岗位以及将企业继承予亲属子女的方式完成企业所有权的转移。在实施管理中，子女、亲属、同乡会优先考虑进入企业的管理、生产岗位。这些安排就是避免最高管理者或企业所有者的权威被侵蚀。也就说，由于子女、亲属、同乡天然的信任关系以及对领导者权威的服从，使组织创新具有了内部基础。换句话说，家族企业内部组织创新的制度成本较低，容易实现组织创新。如图5—13所示。

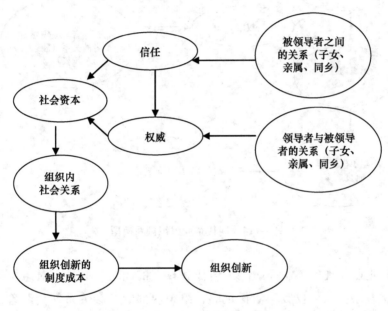

图5—13 家族企业组织创新模型

（二）现代企业组织创新机制

而在现代企业制度中，信任和权威是组织创新的核心，但是其来源与家族企业不一样。领导者的权威由股东或董事会授予，而被领导者之间的社会关系则由企业科层制中工作分工导致，被领导者或者说员工在企业中由于分工自然形成某种信任关系，这种信任关系是建立在对自身任务和工作负责的基础之上的。进一步说，员工的社会关系由他处在企业中的工作位置决定，如在制造企业里，员工负责的是生产中的某一环节，他只对机器负责，因此其社会关系显得很单纯。因此家族企业的组织创新图，可以转成图 5—14。

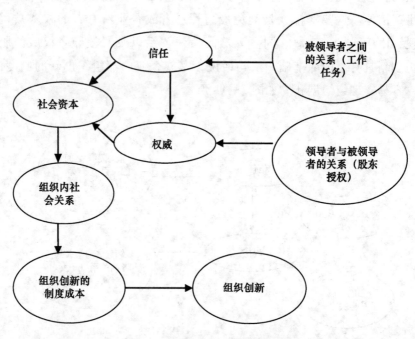

图 5—14　现代企业组织创新模型

　　家族企业和现代企业都解决了信任和权威的问题，但是其对组织创新的影响非常复杂。只要权威和信任足够，组织内部的社会关系就会改善，也就说企业组织创新的内部制度成本就会降低，组织创新变得容易。在江浙发达地区，家族企业伴随着改革开放同时出现，乡镇企业实质上多为家族企业①。在西部地区，中小型企业多为家族企业，但是其组织创新力并没有发挥出优势。其原因在于，组织内部的社会关系并不协调，权威和信任没有形成②。

---

　　① 周立新：《中国家族企业网络化成长模式：基于东西部地区问卷调查的结果分析》，《重庆大学学报》（社会科学学报）2008 年第 14 期。
　　② 周立新：《信任对家族企业网络绩效的影响：基于东西部地区的实证》，《重庆大学学报》（社会科学学报）2009 年第 5 期。

五 西部社会资本与中介组织创新力

市场中介组织创新的动力来源是由它所处在市场体系中的位置决定的。它沟通政府和企业，监督政府的经济政策，将政策转化为行业可操作性的标准以及为企业的生产发展提供咨询服务。相对于企业和政府，它不负责生产，也不制定政策，而其组织创新要适应于这两者。从中介组织的内部看，由于组成该组织的成员来自社会，因此内部社会关系的信任和权威就成为组织创新最大的动力。以行业协会和同乡商会为例，其内部组织的社会资本就不一样。行业协会是由企业家成员组成，成员之间并没有血缘、宗族和地域关系，相反还具有竞争关系。因此行业协会的内部设置时遵循科层制原则；而同乡商会天然的地域、宗族甚至血缘关系，使得商会内部成员之间更容易形成认同和服从的气氛，尽管商会在建制上也是科层制的。因此形式上一样的科层制，但是其内部的信任和权威却完全不同。我们知道权威和信任是社会资本的表现形式，因此行业协会与商会的组织创新就遵循这样一个如图 5—15、图 5—16 所示的过程。

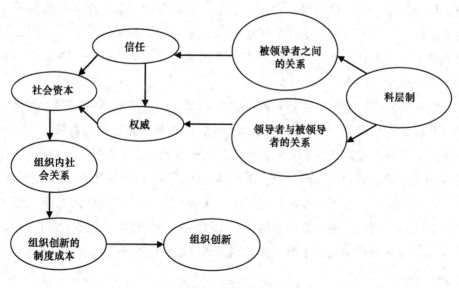

图 5—15 行业协会组织创新

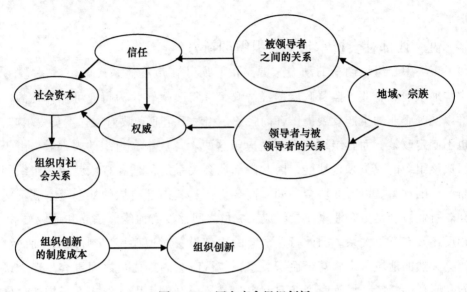

图5—16   同乡商会组织创新

行业协会组织创新的内部动力是科层制之间建立的信任和权威，这两种社会资本的形成过程是这样的。由企业家组成的行业协会为了沟通政府和企业的同一目标，使得组织内部的成员为了自身企业的利益，而必须服从行业协会的统一意志。这种做法我们在企业联合垄断中看到类似的过程。因此科层制的内部由于利益的一致性会形成权威和信任，从而降低组织创新的制度成本，实现组织创新。

同乡商会的组织创新也是要解决组织内部的信任和权威的问题，其保证信任和权威的来源是地域、宗族和血缘因素。中国社会是宗法血缘社会，人与人的关系建立在家族基础上，再推己及人扩展到乡党、地区①。因此，这种传统的人际社会关系使得同乡商会天然具有权威和信任的氛围。

在西部地区，由于本地域私营经济的欠发达，行业协会依附在企业或政府中，其自身独立的中介组织作用没有发挥出来。而同乡商会多来自东中部，其在西部地区的作用类似于俱乐部，其经济社会职能并不明显。

---

①   费孝通先生在《乡土中国》中有精辟总结，他认为中国社会是差序格局的社会，人际关系的建立与和谐是从自己推向他人，逐圈扩展，以致《弟子规》上的"凡是人，皆需爱"。

　　社会资本存在于一切社会关系网络或社会结构中，影响组织创新的因素很多，本节试图从社会资本的角度分析组织创新与社会关系网络的互动关系。社会资本不像实物资本和人力资本那样可以看见，它以一种不可见的方式影响人的活动、组织创新以致社会关系网络。我们从信任和权威两种形式来描述社会资本，通过已有文献来揭示组织创新过程。组织创新的目的是提高组织在社会关系网络中的信任和权威，也就是社会资本，社会资本又在组织创新的过程中通过社会评价调整组织创新的具体过程。组织的社会资本一旦提高，组织的创新和发展就处在一种十分有利的社会环境中，从而推动进一步的创新和发展。而在西部地区，组织创新的目标不是为了提高自身的社会资本，组织定位的错误，使组织本来意义上的经济职能被扭曲，以致组织处在一种社会评价较低的社会结构中，各种组织对于自身的创新缺乏动力，对其他组织创新缺乏信任。这是西部地区与东部地区最大的差别。在西部地区的政府、企业和中介组织之间，作为公平市场规则提供者和保护者的政府应当最先做出变动，主动依据法律落实对企业和中介组织的职能的遵守，提供本土化的经济政策和法律环境，提高自身的社会资本，赢取企业、中介组织的信任，从而带动后两者的组织创新，实现三者的相互信任，从而激发整个经济社会体系的潜力。

第六节　西部社会资本对组织创新的影响

　　结合理论模型，本节通过计量检验西部社会资本对组织创新的影响。在宏观视角，公共服务投入是社会资本投资的重要形式，一个国家或地区内的信任、社会网络、文化的发展离不开公共服务，良好的公共服务会使规则得到有效执行。所以这里以公共服务投入反映社会资本投资。前人关于组织创新的研究更多的是通过建立评价指标体系或以案例的方式进行评价，由于中国改革开放以来一直处于转轨时期，不同的改革政策会导致各类组织发生增加或减少的变化，所以我们将法人单位数的变化作为组织创新的反映，以东部地区为对比对象，检验西部社会资本对组织创新的影响。

一　检验模型设定

依据本书对组织创新的定义，即组织创新，包括组织的管理创新、制度创新与机构创新。由于数据的限制，我们利用法人单位数的变化来刻画组织创新，而组织变化的影响因素，除了社会资本外，还会受到资本存量、知识存量等因素的影响，因此这里设定了如下计量模型来检验社会资本对组织创新的影响：

$$\ln tlb_{it} = \beta_0 + \beta_1 \ln S_{it} + \beta_2 \ln K_{it} + \beta_3 \ln A_{it} + \varepsilon_{it} \qquad (5.6-1)$$

$$\ln elb_{it} = \beta_0 + \beta_1 \ln S_{it} + \beta_2 \ln K_{it} + \beta_3 \ln A_{it} + \varepsilon_{it} \qquad (5.6-2)$$

$$\ln glb_{it} = \beta_0 + \beta_1 \ln S_{it} + \beta_2 \ln K_{it} + \beta_3 \ln A_{it} + \varepsilon_{it} \qquad (5.6-3)$$

$$\ln mlb_{it} = \beta_0 + \beta_1 \ln S_{it} + \beta_2 \ln K_{it} + \beta_3 \ln A_{it} + \varepsilon_{it} \qquad (5.6-4)$$

式中，tlb 为法人单位总数；elb 为企业法人单位数；glb 为政府法人单位数（行政机关法人单位数）；mlb 为中介组织法人单位数（含有事业法人、社会组织法人与其他法人单位）；S 为社会资本存量；K 为资本存量；A 为知识存量。

二　变量选取与数据处理

这里所指的社会资本是公共服务投入所形成的社会信任水平（普遍信任）、社会参与、社会规范、社会制度与社会网络结构等方面的综合体。完善的公共服务体系为促进社会公平和权利平等提供强大的基础平台，有利于增加公民的信任水平，提高社会交往的数量与质量，进而提高社会总体效率。从这个意义上说，公共服务均等化本身就是一种社会资本，有利于提高社会成员之间平等、互信、友爱、合作，从而使社会在投入一定的情况下提高总产出。政府的公共支出必将有力地促进社会资本的积累，也将大大推动传统社会资本的转型和现代社会资本的发育。Futagami 等将政府公共支出按照存量（stock）形式引入模型，认为政府公共投资可以形成公共资本，公共资本对生产具有促进作用[①]。因此，这里借鉴 Futagami 的方法，利用财政支出中的

[①]　Futagami, K., Mortia, Y., Shibata, A., "Dynamic Analysis of an Endogenous Growth Model with Public Capital", *Scandinavian Journal of Economics*. Vol. 95, 1993.

公共服务支出作为社会资本投资，并根据永续盘存法计算以 1998 年为基期的社会资本存量。其中社会资本投资包含了公共支出中一般公共服务、公共安全、科学技术、文化体育与传媒、社会保障和就业、医疗卫生与计划生育、节能环保、城乡社区事务、农林水事务、地震灾后恢复重建支出、交通运输事业支出、商业服务业等事务支出、金融监管等事务支出、援助其他地区支出、住房保障支出、粮油物资储备事务、公检法司支出、国土资源气象等事务、价格补贴支出、行政管理费、行政事业单位离退休经费、林业支出、流通部门事业费、农业支出、支援农村生产支出、税务等部门事业费等。我们计算得出 1998—2013 年 31 省的社会资本投资数据。再依据社会资本投资数据，利用永续盘存法，估算了 1998—2013 年的社会资本存量。其中，基期 1998 年的估算中，增长率采用 1998—2013 社会资本投资的平均增长率，折旧率采用的是 Hirokazu Ishise 和 Yasuyuki Sawada 估计的 10% 的社会资本年折旧率。

关于组织创新，由于数据的限制，我们利用法人单位数的变化来刻画组织创新，而组织的变化的影响因素。由于社会资本对不同类型的法人组织的影响可能存在不同的方向，加总以后可能会出现合成谬误，因此，我们将法人单位数划分为企业法人单位、政府法人单位、中介法人单位三种类别分别进行检验社会资本的影响。

关于知识存量，本书采用目前常用的方法，用专授权数表示每年新生产知识的代理变量，并通过永续盘存法构建知识存量。首先根据文献中的情况，用公式计算了 1998 年的知识存量，其中，知识存量的增长率为专利授权数 1998—2013 年的平均增长率，折旧率取 10%，然后利用公式计算各年的知识存量。

另外，关于资本存量的估算，根据通常的方法，我们通过利用固定资产投资指数对全社会固定资产投资进行调整，利用永续盘存法计算出以 1998 年为基期的物质资本存量，我们根据相关文献，取折旧率为 10%。同时，对 1998 年资本存量的估计是利用当年全社会固定资产投资除以增长率与折旧率之和。其中，各地区的增长率是利用 1998—2013 年的全社会固定资产投资的平均年增长率。数据来源于《中国统计年鉴》和中国知网的各省统计年鉴及经济普查数据，以 1998 年为基期，根据国内生产总值指数计算各年的实际 GDP。

三 社会资本对组织创新的影响总体上显著

在固定效应模型中（表5—31），中国的社会资本存量对总体法人组织单位数、企业法人单位的影响是显著的，显著水平分别为 10% 和 1%。在 1998—2013 年期间，社会资本积累与组织变化之间是正相关，当社会资本存量增加 1% 时，法人组织单位数和企业法人单位数分别增加 0.370% 和 1.362%，可以看出企业组织变化对社会资本积累更为敏感。进一步控制了劳动力对法人组织数的影响后发现，社会资本积累对企业组织和政府组织的影响也是显著的，显著水平提高到 1% 的水平（表5—32）。

表5—31　　　　　社会资本对法人组织的影响（1）
（固定效应，全样本）

因变量	(1) lntlb	(2) lnelb	(3) lnglb	(4) lnmlb
lnS	0.370 *	1.362 ***	−0.048	0.048
	(1.70)	(7.87)	(−1.16)	(0.65)
lnA	0.320 **	−0.129	0.041	0.026
	(2.11)	(−1.05)	(1.46)	(0.51)
lnK	−0.166	0.181	−0.036	0.021
	(−0.80)	(1.14)	(−0.92)	(0.30)
_cons	7.335 ***	−0.475	9.118 ***	9.961 ***
	(7.92)	(−0.62)	(53.07)	(32.43)
N	341	496	261	257
r2	0.361	0.844	0.146	0.169
r2_a	0.293	0.833	0.022	0.046
F	57.873	831.302	12.964	15.157

t statistics in parentheses.

* $p < 0.1$, ** $p < 0.05$, *** $p < 0.01$.

表5—32　　　　　　　　社会资本对法人组织的影响（2）

（固定效应，全样本，控制了资本、知识、劳动力）

因变量	(1) lntlb	(2) lnelb	(3) lnglb	(4) lnmlb
lnS	0.223	1.344 ***	− 0.127 ***	− 0.037
	(0.93)	(7.16)	(− 2.91)	(− 0.45)
lnA	0.344 **	− 0.127	0.052 *	0.037
	(2.26)	(− 1.03)	(1.91)	(0.75)
lnK	− 0.093	0.190	0.007	0.067
	(− 0.44)	(1.17)	(0.18)	(0.94)
lnL	0.830	0.110	0.432 ***	0.449 **
	(1.45)	(0.25)	(4.36)	(2.47)
_cons	1.385	− 1.271	6.021 ***	6.733 ***
	(0.33)	(− 0.39)	(8.26)	(5.02)
N	341	496	261	257
r2	0.366	0.844	0.213	0.192
r2_a	0.295	0.832	0.094	0.068
F	44.091	622.225	15.258	13.152

t statistics in parentheses.

* $p < 0.1$, ** $p < 0.05$, *** $p < 0.01$.

　　我们分东、中、西部的样本进一步考察社会资本对组织创新影响的区域差异。从回归结果看出，除中部地区的固定效应外，西部和东部地区的社会资本对法人组织单位数的影响都不显著，即使控制了劳动力变量，这个结果仍然没有改变。因此，我们进一步分别讨论社会资本在不同地区对不同类型的法人组织单位数的影响。

　　从社会资本对中介组织的影响看，回归结果显示，仅在西部地区和中部地区的随机效应中显著，显著水平分别为1%和10%（见表5—33），从系数上看，社会资本积累与中介法人单位数是负相关，社会资本增长1%时，西部地区的中介法人单位数减少0.512%，东部地区的中介法人单位数减少0.214%。

表5—33　　　　　　　　　　社会资本对中介组织的影响

因变量	西部（RE）lnmlb	西部（FE）lnmlb	东部（RE）lnmlb	东部（FE）lnmlb	中部（RE）lnmlb	中部（FE）lnmlb
lnS	-0.512***	-0.078	-0.214*	-0.029	-0.084	0.077
	(-4.65)	(-0.53)	(-1.81)	(-0.25)	(-0.38)	(0.35)
lnA	0.226***	-0.044	0.169*	0.086	0.053	0.014
	(3.16)	(-0.50)	(1.92)	(0.98)	(0.58)	(0.15)
lnK	0.533***	0.235*	0.283**	0.102	0.095	-0.042
	(4.01)	(1.68)	(2.18)	(0.82)	(0.45)	(-0.20)
_cons	7.719***	9.387***	7.900***	9.120***	10.412***	10.833***
	(19.97)	(17.97)	(11.38)	(13.21)	(17.89)	(18.90)
N	102	102	89	89	66	66
r2		0.223		0.231		0.077
r2_a		0.097		0.098		-0.091
F		8.300		7.506		1.533

t statistics in parentheses.

* $p < 0.1$, ** $p < 0.05$, *** $p < 0.01$.

从社会资本对企业组织的影响看，回归结果显示，无论是固定效应还是随机效应的模型中，社会资本积累对企业法人单位数的影响都非常显著，显著水平都在1%以下（见表5—34）。从系数上看，社会资本积累对企业组织的影响显著为正。从固定效应模型看，西部企业法人单位数对社会资本积累的弹性系数最大，为1.800，这说明西部地区社会资本积累增加1%时，企业法人单位数增加1.8%；相应地，东部地区企业法人单位数增加1.3%，中部地区企业法人单位数增加1.5%。再进一步控制了劳动力变量对企业法人单位数的影响，结果相差不大（见表5—35），说明社会资本积累对企业组织创新的影响是显著的。

表 5—34　　　　　　　　社会资本对企业组织的影响（1）

因变量	西部（RE）lnelb	西部（FE）lnelb	东部（RE）lnelb	东部（FE）lnelb	中部（RE）lnelb	中部（FE）lnelb
lnS	0.719***	1.800***	1.000***	1.228***	0.774***	1.483***
	(4.41)	(4.84)	(8.37)	(5.20)	(2.85)	(3.08)
lnA	0.240**	−0.311	0.184*	−0.068	−0.018	−0.127
	(1.99)	(−1.35)	(1.80)	(−0.39)	(−0.09)	(−0.44)
lnK	0.518*	−0.214	0.171	0.289	0.783***	0.084
	(1.91)	(−0.61)	(1.08)	(1.18)	(3.06)	(0.19)
_cons	−2.269***	0.859	−0.368	−0.603	−2.762***	−0.670
	(−4.07)	(0.62)	(−0.63)	(−0.42)	(−2.99)	(−0.41)
N	192	192	176	176	128	128
r2		0.848		0.840		0.846
r2_a		0.836		0.827		0.833
F		329.032		282.700		214.104

t statistics in parentheses.

$* \ p < 0.1, \ ** \ p < 0.05, \ *** \ p < 0.01.$

表 5—35　　　　　　　　社会资本对企业组织的影响（2）
（控制了劳动的影响）

因变量	东部（RE）lnelb	东部（FE）lnelb	中部（RE）lnelb	中部（FE）lnelb	西部（RE）lnelb	西部（FE）lnelb
lnS	0.848***	1.170***	1.233***	1.476***	0.508***	1.792***
	(7.11)	(4.06)	(3.20)	(3.04)	(2.89)	(4.80)
lnA	0.177*	−0.054	−0.124	−0.121	0.500***	−0.312
	(1.82)	(−0.30)	(−0.56)	(−0.42)	(3.49)	(−1.35)
lnK	0.566***	0.307	0.331	0.067	0.620**	−0.221
	(3.19)	(1.22)	(0.89)	(0.15)	(2.33)	(−0.62)
lnL	−0.360***	0.294	0.312*	0.286	−0.394***	0.265
	(−4.28)	(0.36)	(1.67)	(0.17)	(−3.23)	(0.39)

因变量	东部（RE）lnelb	东部（FE）lnelb	中部（RE）lnelb	中部（FE）lnelb	西部（RE）lnelb	西部（FE）lnelb
_cons	- 0. 227	- 2. 703	- 3. 529 ***	- 2. 784	- 1. 040	- 0. 865
	(- 0. 40)	(- 0. 45)	(- 3. 44)	(- 0. 23)	(- 1. 55)	(- 0. 19)
N	176	176	128	128	192	192
r2		0. 840		0. 846		0. 848
r2_a		0. 826		0. 831		0. 835
F		210. 916		159. 254		245. 635

t statistics in parentheses.

* *p* < 0. 1, ** *p* < 0. 05, *** *p* < 0. 01.

　　从社会资本对政府组织的影响看，回归结果显示，西部地区与东部地区的随机效应模型中，社会资本对政府法人单位数的影响显著地为负，显著水平分别为 1% 和 10%（见表 5—36）。从系数上看，当社会资本增加 1% 时，西部地区的政府法人单位数减少 0.298%，东部地区的政府法人组织减少 0.126%。进一步控制了劳动力对政府法人单位数的影响（见表 5—37）后，仅有东部地区社会资本积累对政府组织创新的影响是显著的。

表 5—36　　　　　　　　　　社会资本对政府组织的影响（1）

因变量	西部（RE）lnglb	西部（FE）lnglb	东部（RE）lnglb	东部（FE）lnglb	中部（RE）lnglb	中部（FE）lnglb
lnS	- 0. 298 ***	- 0. 049	- 0. 126 *	- 0. 087	- 0. 164	- 0. 129
	(- 3. 13)	(- 0. 55)	(- 1. 92)	(- 1. 43)	(- 1. 36)	(- 1. 04)
lnA	0. 188 ***	0. 027	0. 056	0. 040	0. 050	0. 038
	(3. 04)	(0. 49)	(1. 15)	(0. 89)	(0. 99)	(0. 73)
lnK	0. 141	- 0. 034	0. 100	0. 059	0. 061	0. 035
	(1. 24)	(- 0. 39)	(1. 45)	(0. 94)	(0. 53)	(0. 29)
_cons	8. 157 ***	9. 152 ***	8. 006 ***	8. 277 ***	9. 449 ***	9. 547 ***
	(24. 15)	(28. 52)	(19. 35)	(23. 66)	(28. 83)	(29. 45)

续表

因变量	西部（RE）lnglb	西部（FE）lnglb	东部（RE）lnglb	东部（FE）lnglb	中部（RE）lnglb	中部（FE）lnglb
N	106	106	89	89	66	66
r2		0.229		0.032		0.300
r2_a		0.110		−0.136		0.173
F		9.011		0.818		7.853

t statistics in parentheses.

$* p < 0.1$, $** p < 0.05$, $*** p < 0.01$.

表5—37　　　　　　社会资本对政府组织的影响（2）

（控制了知识、资本、劳动力变量的影响）

因变量	西部（RE）lnglb	西部（FE）lnglb	东部（RE）lnglb	东部（FE）lnglb	中部（RE）lnglb	中部（FE）lnglb
lnS	0.035	−0.092	−0.242 ***	−0.115	−0.107	−0.124
	(0.47)	(−1.14)	(−3.99)	(−1.50)	(−0.86)	(−0.98)
lnA	−0.044	0.032	0.057	0.047	0.059	0.034
	(−0.89)	(0.65)	(1.27)	(1.01)	(1.13)	(0.66)
lnK	−0.122	−0.035	0.111 *	0.066	−0.033	0.037
	(−1.47)	(−0.44)	(1.67)	(1.03)	(−0.27)	(0.31)
lnL	0.695 ***	0.648 ***	0.825 ***	0.132	0.360 ***	−0.082
	(9.38)	(4.85)	(8.43)	(0.60)	(3.73)	(−0.32)
_cons	5.096 ***	4.925 ***	2.540 ***	7.346 ***	6.948 ***	10.160 ***
	(12.08)	(5.37)	(3.76)	(4.61)	(10.26)	(5.15)
N	106	106	89	89	66	66
r2		0.389		0.036		0.301
r2_a		0.287		−0.146		0.159
F		14.319		0.698		5.819

t statistics in parentheses.

$* p < 0.1$, $** p < 0.05$, $*** p < 0.01$.

第七节　本章小结

国内外研究文献表明社会资本已经成为研究经济增长的重要领域,但社会资本的概念还很宽泛,关于宏观层社会资本的研究主要集中在制度、规则方面,中观层社会资本更多体现在组织、社区层面,而微观层社会资本则更多研究聚焦于信任、社会关系网络、文化等方面。尚未形成完善的经济学理论体系。本章立足于论证社会资本对西部组织创新进而对西部经济增长具有重要影响,既分析西部地区微观层社会资本的影响,更突出西部地区宏观层和中观层社会资本的作用,以全面探讨西部地区的组织创新与制度建设。

经验分析表明,西部地区的微观层社会资本在各省份的水平差异很大,这减弱了社会资本对西部地区经济增长产生正向影响的作用。从信任维度看,个人信任和企业信任不高,且离散程度最大,而公共信任均值为负,离散程度也最大,严重阻碍了公共信任对地区经济增长的作用。从社会网络维度看,个人网络均值和标准差处于中间水平,但对地区经济增长有着更为稳定影响的社区网络均值排名最后,又有更大的离散程度,协会网络离散程度也是最大。从文化维度看,由于西部地区的少数民族人口占比大,文化的异质性较强,西部地区的宗教文化参与程度是最高的,民族文化的异质性和宗教文化的惯性在一定程度上阻碍了西部地区的经济增长。从西部地区的组织变化可以看出,西部地区的组织创新力弱于东部,尤其是企业组织创新力很弱,但西部大开发以来创新力在增强。

理论模型分析表明,社会资本投资与积累对组织创新具有正向影响,进而对产出产生积极作用。机理分析表明,西部地区的自我发展能力弱正是组织创新力不足所引起的。西部地区社会资本的缺失,更多地表现为政府、企业和中介组织之间没有建立良好的社会关系,相互之间缺乏信任。政府没有权威,企业和中介组织之间缺乏互信。政府为企业发展提供的法律保障和政策环境不足,中介组织增大企业的交易成本。而在东部地区,民营企业是地方经济的核心,政府的经济工作是以企业的需要和问题为中心,而中介组织其中发挥着有效反馈企业困境、问题和要求的作用,从而对政府经济工作提供了务实的信息,这些组织之间的互动、默契在西部地区是最为缺乏的。

计量检验表明，个人信任、企业信任、公共信任对地区经济增长都有正面的影响，但企业信任的影响更为稳定，公共信任更加有利于西部地区，个人信任会随着市场化程度的加深而加强；个人网络和社区网络对地区经济增长有正面影响，其中社区网络的影响更为稳定，协会网络对地区经济增长有负面的影响，个人网络和社区网络更加有利于西部地区，并且两者的作用随着市场化程度加强而减弱，协会网络会随着市场化程度加强而加强。民族文化的多样性减缓了地区经济增长，少数民族聚居地较多的西部地区民族异质性较强，在社会文化、习俗习性和思想观念等方面差异大，影响现代商业意识；宗教文化对地区经济增长的影响显著为负，西部地区民众参与宗教文化活动的程度较高，对现代经济增长的影响较大。通过检验公共服务投入对组织创新的影响，发现西部地区社会资本积累对组织创新的确有显著影响，尤其是对政府组织和企业组织的影响最为突出。因此，以西部地区公共服务均等化为重点，加大西部地区的公共服务投入，增强西部地区微观层社会资本积累，是促进西部地区经济增长的重要动力。

西部地区要缩小与东部地区的差距和提高自我发展能力，对社会资本进行投资，从而促进组织创新，将会激发西部地区的自身潜力，这才是西部地区发展最重要的内在动力。从政府、企业和中介组织组成的体系看，政府组织的创新是最主要的力量，政府的创新会提高其他两者的认可和信任，进而带动企业和中介组织的创新。因此，对西部地区的社会资本进行投资，才是提升西部地区组织创新力，进而提升西部地区自我发展能力的内生动力。政府、企业和中介组织之间的制度设置初衷，就是要形成三者的良性互动，正如科尔曼所说，社会资本是增效剂，它通过组织之间的信任和服从，激发组织潜在的力量，从而促成组织创新。

第六章

西部地区资本结构的匹配性与能力互动

通过前文的研究表明，无论实物资本、人力资本还是社会资本在区域经济增长和西部自我发展能力中都具有重要作用，一些发展中国家赶超失败的教训也表明，仅重视某种资本的积累是无法实现赶超的，三种资本之间是否存在匹配性？如果存在，西部地区由三种资本积累所决定的三种创新力之间是否协调？西部地区三种资本不匹配的原因是什么？从增强西部自我发展能力而言，资本结构匹配性再造的关键环节和重点投资领域有哪些？本章将继续深入探讨以上问题。

第一节　文献评论

"匹配"一词出现在不同学科、不同领域中，是经济学、社会学、心理学、管理学等学科研究中常用的学术词汇，其应用研究随着经济社会不断发展而日益丰富。国内外学者对"匹配性"并没有统一、明确的概括，一般是指通过研究有关因素之间的协调性或相关程度来达到目标最优或者效果最好。由于"匹配性"能较好地反映外部和内部结构的关系及内部结构，国内外与之相关的社会科学文献数量呈现指数式的增长。

一　社会学关于匹配性的研究

匹配度的研究最早是由美国心理学家勒温（Kurt Lewin）在1951年提出的，社会学家把匹配性这一概念引入社会现象研究中。社会学中的匹配性关系可理解为社会现实现象的契合度、相容度及一致性。赵慧娟和龙立荣实证分析了价值观匹配—能力匹配对中部地区员工离职倾向的影响,从人与组织互动的角度分析导致地区员工产生离职倾向和行为的深层原因,为企业优化人才管理机制提供参考①。而在研究社会就业和学习程度方面,李锋亮、陈晓宇和刘帆从工作找寻与学用的匹配研究视角,通过分类研究假设的验证分析,得出毕业生在工作找寻实际过程中的努力程度以及在工作找寻的前期准备均对于毕业生最终找到学用更加匹配的工作有着显著的促进作用②。唐代盛、秦犁在分析保姆群体特征与社会保障制度的匹配性时,使用目标匹配理论的分析框架,通过目标定位解决有限的社会保障资源的流向问题③。即让保障资源指向特定的目标群体,从而为群体提供相应的保障。Ultee、Wout C. 和 Ruud Luijkx 认为最近 20 多年来,越来越多的学者尝试从婚姻地位配对的角度来研究社会开放度,而婚姻匹配度成了衡量社会开放度的新指标④。可以看出,匹配性在社会学中没有一致性的概念,其研究涉及的领域比较广泛,其基本思路就是通过有关社会现象的匹配性研究来分析社会现实中存在的问题。

使用匹配性来解释社会现象时的基本思路是通过研究一种社会现象与另外一种或者几种社会现象的相关性来衡量它们之间的相互作用效果。由于社会现象千变万化,为了进一步深入研究社会现象、了解社会现象本质,有关社会学科中的匹配性研究还须进一步深化与拓展。

二　管理学关于匹配性的研究

在管理学中,研究比较多的是人与组织的匹配性问题。近年来成为组织行为学和人力资源管理领域的研究热点,组织行为学家把"个人与组织契合度"这一概念引入管理学。许多匹配理论是讨论有关个人特征和组织

---

① 赵慧娟、龙立荣:《价值观匹配、能力匹配对中部地区员工离职倾向的影响》,《科学学与科学技术管理》2010 年第 12 期。

② 李锋亮、陈晓宇、刘帆:《工作找寻与学用匹配——对高校毕业生的实证检验》,《北京师范大学学报》(社会科学版) 2009 年第 5 期。

③ 唐代盛、秦犁:《保姆群体性特征与社会保障制度的匹配性》,《改革》2006 年第 11 期。

④ Ultee, Wout C. Ruud Luijkx, "Educational Heterogamy and FathertoSon Occupational Mobility in 23 Industrial Nations", *European Sociological Review* 6, 1990.

特征的一致性问题。爱德华（Edwards）将人与组织匹配定义为个人能力和工作需要的匹配（需求与能力）或者是个人要求和工作属性的匹配（要求与供给）①。而施耐德（Schneider B）和戈德斯坦（Goldstein HW）则把人与组织匹配宽泛的定义为人与组织之间的相容性②。穆康斯基（Muchinnsky）和蒙纳罕（Monahan）则进一步细化了匹配的概念，他们认为存在两种类型的匹配，即一致匹配和互补匹配。所谓一致匹配是指个体能够在组织中增补、修饰或拥有其他个体相似的特征；所谓互补匹配是指个体特征能够弥补组织的不足③。克里斯托夫（Kristof）认为，一致匹配发生在人与组织两个实体间的基本特征相似时④。组织的基本特征主要包括组织文化、组织价值观、组织目标和规范；个体的基本特征包括个性、个体价值观、个人目标和态度等方面。人与组织在这些方面相似的基础上才可能有互补匹配的存在。其采用的测量方法主要有直接测量和间接测量两种，直接测量主要是用来对个体（或主观）知觉匹配进行测量，而间接测量的方法是单独评价个体和组织特征，通常采用差异分数或多项式回归的方法。两种测量方法基本是通过对调查者进行问卷的形式进行。在人与组织的匹配性研究中，许多研究表明个人与组织匹配对员工的工作态度和工作行为有积极的影响。

随着企业并购现象越来越广泛地发生，学界对并购匹配的研究也越来越多。在研究并购匹配问题的学术团体中以研究战略匹配居多。文卡特拉曼（Venkatraman）和卡美卢斯（Camillus）提出了企业制定战略的最初范式来自于将组织资源与环境机会和威胁相匹配⑤。迈尔斯（Miles）和斯诺（Snow）

① Edwards JR, "Person-job Fit: A Conceptual Integration, Literature Review and Methodological Critique". *International Review of Industrial Organizational Psychology*, 1991, 6, pp. 283 - 357.

② Schneider B, Goldstein HW., "The ASA Framework: An Update", *Personnel Psychology*, 1995, 48: 747 - 773.

③ Muchinsky P M, Monahan C J., "What is Person-environment Congruence? Supplementary Versus Complementary Models of Fit", *Journal of Vocational Behavior*, 1987, 31, pp. 268 - 277.

④ Kristof., "Person-organization Fit: An Integrative Review of its Conceptualizations, Measurement, and Implications", *Personnel Psychology*. 1996 (49). p. 4.

⑤ N Venkatraman, JC Camillus., "Exploring the Concept of 'Fit' in Strategic Management", *Academy of Management Review*, 1984, 9 (3): 513 - 525.

认为实现匹配的过程是通过将公司与它的市场地位联系在一起开始的①。战略
匹配文献强调环境与战略的关系。扎伊克（Zajac）和克拉茨（Kraatz）等人
鉴于已有研究没有对战略要素如何与环境和组织相匹配的问题，提出了动态
战略匹配的概念，并提出了一种具体的分析方法，该方法能够同时考虑多个
组织和环境因素是如何随时间变化对战略匹配以及并购企业绩效产生影响②。
围绕战略匹配问题，研究者们通过理论研究和实证检验，推动了并购匹配理
论的向前发展。

　　在管理学中，匹配是一个相当复杂的概念，除了个人与组织匹配及并购
匹配外，还有个人—岗位匹配、个人—环境匹配以及品牌营销匹配等。

三　经济学关于匹配性的研究

　　经济学中有关匹配性的研究主要是有关经济因素之间匹配性的研究。牟
彤华提出要素匹配方法的核心内容包括要素提取、要素建模技术和研究方法
以及要素之间的匹配等三个方面。要素间的匹配表明要素之间是相互关联、
相互影响的③。王刚基于合芜蚌对重点城市之间的经济联系和地缘经济关系及
其匹配进行了研究，探讨依靠自主创新引领区域经济发展的新路径④。经济学
中有关匹配性的应用最突出的是 2010 年经济学诺贝尔奖得主戴蒙德、莫腾森
和皮萨里德斯在劳动力市场存在空缺职位而失业者又找不到合适职位的现象
方面的深入研究，主要包括搜寻匹配模型。搜寻匹配模型的提出使得经济分
析更接近现实，在提高经济学分析能力的同时也扩展了经济学的分析范围。
该模型可以应用于很多领域，应用最广泛的领域的还是劳动经济学。搜寻匹
配模型使用到匹配函数 $H = h(uL, vL)$。其中，uL 是失业人员的人数，vL 是
空缺职位数。匹配函数表示雇主招募新雇员、雇员搜寻以及雇主与雇员相互
评价。李晶与汤琼峰在研究生产要素之一的劳动力流动时，认为人力资源在

---

① R. E. Miles, Snow, C. C., "Fit, Failure and the Hall of Fame", *California Management Review*, 1984, 13 (1): 36 – 52.

② E. J. Zajac, S. Kraatz, Matthew, Bresser, K. F. Rudi., "Modeling the Dynamics of Strategic Fit: A Normative Approach to Strategic Change", *Strategic Management Journal*, 2000, 21 (4), pp. 429 – 453.

③ 牟彤华：《基于要素匹配的电子服务模式设计》，《企业经济》2010 年第 1 期。

④ 王刚：《合芜蚌空间经济联系与地缘经济关系匹配分析》，《江淮论坛》2010 年第 4 期。

地区间相互转移，由于东部地区产业结构优势，高素质劳动力从西向东流动，体现了劳动力和产业结构之间的高度匹配性①。

在经济增长或发展方面有关匹配性的研究，主要是分析经济增长要素之间的匹配性，进而揭示经济增长要素之间的作用。杨灿和刘赟从经济增长的社会资本角度提出促进社会资本发展的政策目标不应该仅是某形式的社会资本存量最大化，而应当更加注重它与其他社会、经济变量的匹配程度，并建议保持我国经济持续、健康发展应该积极增进社会资本与其他社会、经济变量的匹配性②。钱雪亚和王秋实认为人力资本和物质资本之间存在最优的配比结构，只有当人力资本和物质资本达到这一最优结构的时候，经济才能够达到最优③。卢卡斯④从经济发展的角度认为经济体趋近于人力资本对物质资本的稳定匹配结构，但在初始状态下，人力资本对物质资本的比率可能偏离其长期值。

在发展中国家经济赶超方面，有关匹配性的研究主要是发展中国家所引进的技术须和本国的劳动力素质相匹配。巴苏和威尔（Basu and Weil）明确提出了适宜技术的概念，他们认为发达国家的技术史和发达国家本身较高的资本存量相匹配，发展中国家如果能够提高自身的储蓄率从而提高自己的资本存量，就可以充分利用发达国家的先进技术，并有可能经历一个经济迅速增长的时期⑤。邹薇和代谦⑥则认为发展中国家所引进的技术应该与发展中国家的劳动力素质（人力资本水平）有一个很好的匹配关系。只有具备了相应素质的劳动力，发展中国家才能真正地吸收和掌握发达国家的先进技术，引进的技术才能推动发展中国家的经济增长。

---

① 李晶、汤琼峰：《中国劳动力流动与区域经济收敛的实证研究》，《经济评论》2006 年第 3 期。

② 杨灿、刘赟：《政府社会资本与经济增长的关系分析》，《厦门大学学报》（哲学社会科学版）2010 年第 6 期。

③ 钱雪亚、王秋实、刘辉：《中国人力资本水平再估算：1995—2005》，《统计研究》2008 年第 12 期。

④ Lucas, Robert., "On the Mechanic of Economic Development", *Journal of Monetary Economics*, Vol. 22, 1988.

⑤ 转引自张亚斌、曾铮《有关经济增长理论中技术进步及研发投资理论的述评》，《经济评论》2005 年第 6 期。

⑥ 邹薇、代谦：《技术模仿、人力资本积累与经济赶超》，《中国社会科学》2003 年第 5 期。

总之,经济学中有关匹配性的研究主要是研究经济要素或者是经济变量之间的匹配程度或者相互关系,要素匹配方法主要是通过提取某事物的影响要素,并应用结构化、可视化建模技术,构建各个要素的概念模型,通过对各要素之间相互关联和影响分析、评估、修改和整合,以达到要素间的协调匹配。目前有关经济发展或者经济增长理论中的匹配性研究只涉及人力资本与物质资本之间的匹配结构,以及通过分析社会资本与生产产出之间的匹配结构来研究经济增长。我们将资本比较全面地划分为实物资本、人力资本及社会资本三种资本,可以在经济增长理论框架中分析实物资本、人力资本及社会资本之间的匹配性。

四 三种资本的匹配性

资本作为经济运行中的重要生产要素,无论是发展中国家还是发达国家都很重视资本积累。但当资本积累到一定数量时,资本之间匹配协调的重要性开始凸显。人力资本、实物资本与社会资本各自对经济增长的重要作用已从经济增长理论和相关研究中得到证实。进一步地,各种资本并不是独立地促进经济社会发展。当经济运行中同时存在多种资本形式的时候,片面强调某种资本积累,会忽视各种资本之间的合理配置。偏重于某种资本投资和积累,会造成该资本的效率低下,所以资本配置不合理会造成大量的资本浪费。在资本报酬递减和动态无效的状态下,为维持经济运行又会投入大量的该种资本,形成恶性循环,高资本积累率成为经济运行低效率的补偿。为避免经济运行中出现的高资本积累率与低经济运行效率共存的状态,促进人力资本、实物资本及社会资本间存量上的相互匹配与结构上的相互协调显得至关重要。

资本不匹配会带来经济效率的损失,而资本的匹配协调能提升经济效率,资本匹配的不合理已造成中国的经济效率损失约 30% ~ 50%[1]。有学者借鉴物理学中的"耦合协调"理论,测算中国工业经济运行中人力资本与实物资本两种要素之间的匹配协调度,及两种资本之间的匹配协调对经济效率的影

---

① Chang-Tai Hsieh, Peter J. Klenow. , "Misallocation and Manufacturing TFP in China and India", *The Quarterly journal of Economics*, Vol. 124, 2009.

响，发现人力资本与实物资本的匹配协调对经济效率具有显著的积极影响①。在大学生就业中，人力资本与社会资本都发挥着重要的作用，二者相互转化且社会资本是人力资本外化的结果，而人力资本是社会资本应用的后续形态②。进一步的研究指出，社会资本源于人力资本，且社会资本对个体人力资本具有整合协同的作用③。人力资本是内因、基础、起决定性作用，社会资本是外因、关键、起影响性作用。人力资本决定个体地位获得的结果，而社会资本则对这一结果施加着重要影响，一定条件下，甚至改变这个结果④。关于人力资本与实物资本的相互影响关系，有研究指出，人力资本的配置是人力资本运营的核心，只有通过人力资本的配置使人力资本与实物资本有效结合，才能实现经济与社会的可持续发展⑤。资本的形态由实物资本、人力资本演化到社会资本的过程不仅仅是资本社会化的拓展，而且这三者之间存在着内在的关联性与承继性，社会资本包容着实物资本与人力资本的更宽泛的资本形态。从现有的相关文献来看，人力资本、实物资本及社会资本之间的相互影响关系明显，三种资本之间应该存在一个最优的比例协调关系，使经济能实现快速发展。

第二节　三种资本之间的相互关系

人力资本、实物资本与社会资本的匹配是指三种资本之间存在着相互依赖、相互促进的共生作用，同时也存在着相互制约和相互掣肘的动态关系。在存量方面，一种资本效能的发挥需要依赖一定数量的另两种资本，任何一种资本的冗余或不足都会降低资本总体的效率。相应地，一种资本存量及层次水平在一定程度上的提升对另外两种资本的积累有明显的拉动作用，但若

---

① 钱雪亚、王秋实等：《人力资本与物质资本的匹配及其效率影响》，《统计研究》2012 年第 4 期。

② 林磊：《人力资本与社会资本的转化机制研究》，《边疆经济与文化》2006 年第 7 期。

③ 项保华、刘丽珍：《社会资本与人力资本的内在关系研究》，《商业研究》2007 年第 11 期。

④ 吴云超、金彦平：《基于人力资本和社会资本耦合视角下的农民工就业的思考》，《北方经济》2010 年第 22 期。

⑤ 雷鹏：《人力资本、资本存量与区域差异——基于东西部地区经济增长的实证研究》，《社会科学》2011 年第 3 期。

三种资本的存量与层次水平差异过大，则会降低匹配程度，损害经济效率；在结构方面，某种类型的实物资本需要具备相应技术水平的人力资本与社会资本的操控，某种人力资本也需要与之相应的实物资本及社会资本结合才能发挥其生产力，在人力资本、实物资本和社会资本的各分项之间的匹配构成了资本系统整体的匹配。

一　人力资本与实物资本

实物资本与人力资本是经济增长的两大要素，在微观及宏观上两者都存在明显的相互影响关系。微观上看，一个企业、工厂的正常运行离不开机器设备与人力资源的良好配合，而宏观上国家或地区经济的健康发展同样离不开实物资本及人力资本的协调配合。一般来看，实物资本投资回报时间短、见效快，而人力资本的投资时间长、见效慢，这就容易导致短期内都追求实物资本的高回报，而忽视了人力资本投资。随着人类社会的进步及发展，人力资本的重要性逐渐凸显。人力资本超越实物资本、土地、能源等，对经济的更大推动作用使人们认识到只是一味地扩大实物资本投资对经济的促进作用远远达不到预期的效果，人力资本不能与实物资本规模相适应，便无法使实物资本最大限度地发挥其应有的作用。因此，处理好实物资本与人力资本投资的关系，使两者的存量保持适度的比例，有利于促进经济快速健康发展。实物资本为人力资本作用的充分发挥提供重要的基础条件，一般认为较高层次的人力资本具备较高的潜在劳动生产率，然而这种潜在劳动生产率得以发挥的必要条件是其需要与较高技术水平的实物资本相结合。若与较低技术水平的物质资本结合，所能达到的生产率甚至可能低于较低层次人力资本与该项物质资本的匹配。这意味着，人力资本与实物资本在相同的存量关系下，由于内部结构分布的差异，其最终的生产率也很可能是不同的。反之，人力资本作用的发挥需要充足的实物资本做支撑，物质资本缺乏导致生产率低下的情况将进一步抑制人力资本的需求从而降低其回报率，即人力资本效能的发挥必须要有适当的物质资本相匹配；同时，具备高水平物质资本积累但缺乏相应的人力资本同样无法维持经济的长期稳定发展——技术创新、模仿和扩散的成功与否主要取决于高水平人力资本。如果缺乏高水平的人力资本加以匹配，即使重金引进新的技术和高技术含量的物质资本，新的技术也只能停留于实验室和研究所中，无法完成出理论研发到生产应用的转换，对经济发展的推动也只能停留于理论上①②③。因此，人力资本与物质资本的匹配协调，本质上是两个资本子系统之间，在结构维度上的静态匹配与动态协调，而不匹配与不协调现象，直接结果就是导致某一系统的资本积累不足，或另一类系统的相应类别资本闲置，最终降低经济效率。

二　人力资本与社会资本

尽管社会资本理论从诞生之初就受到了来自诸多领域内不同学者的质疑，同时，在社会资本理论体系内部也对社会资本概念存在着不同的理解与界定，但是社会资本以其在解释诸多经济现象与社会现象方面的强大说服力而获得了广泛认同。由于定义的角度不同，社会资本也存在着各种不同的定义，但是概括起来，目前比较通用的社会资本的定义应该为：处于社会网络或更广泛的社会结构中的人们所能动用的为自己（或组织）带来经济效益的社会资源。因此，社会资本是处于社会网络或更广泛的社会结构中的个人（或组织）所能动用的社会资源，而不是个人本身所积累的知识或技能。随着社会资本理论的不断发展和完善，社会资本理论开始在高等教育毕业生就业、个人在劳动力市场的收入提高和职位晋升方面获得了一定程度的应用④。随着人力资本投资的增加，会促进社会资本的投资，反过来社会资本投资又会产生高水平的人力资本，且社会资本对人力资本的促进作用主要表现在三方面：一是社会资本为人力资本增值提供了更为可靠和广阔的途径；二是社会资本促进个体人力资本为共同的利益而进行协调与合作；三是社会资本把个体人力资本整合为总体人力资本，所以可以说人力资本与社会资本是相互协调且相互促进的关系。

---

① Paul M. Romer. , "Increasing Returns and Long-Run Growth", *The Journal of Political Economy*, Vol. 94, No. 10, 1986.

② Nazrul Islam. , "What is in There for Developing countries?", *The Journal of Developing Areas*, Vol. 38, No. 8, 2004.

③ 邹薇、代谦：《技术模仿、人力资本积累与经济赶超》，《中国社会科学》2003 年第 5 期。

④ 康小明：《人力资本、社会资本与职业发展成就》，北京大学出版社 2009 年版，第 11 页。

三　实物资本与社会资本

社会资本是具有社会结构性质的资源，对于拥有者而言，无论是个人还是社区，它能够产生相应的经济、社会收益，并且降低交易成本。同其他资本一样，社会资本的生产和形成也都是投入资源的结果，社会资本也需要维护才能保持生产性。与人交往、参与社会网络需要花费时间与精力，培育信任关系也要做出某种牺牲。如果不经常投入资源，社会联系就会疏远，信念也将弱化。实物资本的投入为经济社会的发展创造了基础条件，而社会资本的投入会加强让实物资本作用的发挥，同时一定的社会资本投入又需要更多的实物资本，所以社会资本与实物资本之间是相互强化的关系，这就意味着要保证经济快速高效的发展需要协调两种资本的投资。

综合三种资本之间的相互关系，可以看出三种资本的协调发展对于经济发展的重要性，进一步的我们将分析三种资本存量间的最优匹配性及协调度，要分析匹配性将借鉴扩展的 MRW 模型，而三种资本间协调度的测度将借鉴物理学中的耦合协调理论进行论证。"耦合"是物理学中的概念，是指两个或者两个以上系统或运动方式之间，通过各种相互作用而彼此影响以至于联合起来产生一定功能或者功用的现象，是在各个子系统之间的良性互动下相互依赖、相互协调、相互促进的动态关联关系，所以耦合度可以用来衡量系统之间的相互作用与协调关系。协调度作为耦合度的一种，可以描述系统内部各要素的相互关系，并且可以度量系统之间协调状况的好坏及发展趋势。因此，测量人力资本、实物资本和社会资本系统的协调度可以客观地反映两者在经济运行中的整体匹配程度。当然，在分析三种资本之间的协调程度之前，需要先确定三种资本存量之间是否存在最优匹配比例，基于最优匹配性存在的条件下，再进一步分析三种资本之间的协调现状。

四　三种资本最优匹配的存在性

借鉴 MRW 模型的思想[①]，并在其模型的基础上构建一个同时包含实物资

[①]　Mankiw N G, Romer D, Weil D N., "A Contribution to the Empirics of Economic Growth", *The Quarterly Journal of Economics*, Vol. 107, No. 2, 1992.

本、人力资本、社会资本的经济增长模型，并据此基础上得出一个人均实际产出水平及经济增长率的回归方程。

$$Y = K(t)^{\alpha} H(t)^{\beta} S(t)^{\gamma} [A(t)L(t)]^{1-\alpha-\beta-\gamma} \qquad (6.2-1)$$

式中，Y、K、H、S、A、L 分别表示总产出水平、实物资本、人力资本、社会资本、外生技术水平和劳动力数量。总产出由实物资本、人力资本、社会资本、劳动和技术决定。α、β、γ 分别为实物资本、人力资本和社会资本的要素弹性，$\alpha > 0$，$\beta > 0$，$\gamma > 0$，且 $\alpha + \beta + \gamma < 1$。

假定劳动力数量和技术增长外生，初始是劳动力数量和技术水平分别为 $L(0)$ 和 $A(0)$，劳动力数量和技术水平的增长率分别为 n 和 g，因此劳动和技术积累方程可分别表示为：$L(t) = nL(t)$，$A(t) = gA(t)$。用 d_k、d_h、d_s 分别表示物质、人力和社会资本的储蓄率，且假设这三类资本具有相同的折旧率 δ，即 $\delta_k = \delta_h = \delta_s = \delta$，因此实物资本、人力资本与社会资本的积累方程如下：

$$\dot{K(t)} = d_k Y(t) - \delta K(t) \qquad (6.2-2)$$

$$\dot{H(t)} = d_h Y(t) - \delta H(t) \qquad (6.2-3)$$

$$\dot{S(t)} = d_s Y(t) - \delta S(t) \qquad (6.2-4)$$

基于这一框架可以判断实物资本、人力资本及社会资本三者之间的协调匹配关系对经济增长的影响。

在给定资本储蓄率 d_k、d_h 和 d_s 的条件下，经济中的总消费 C 为：$C = Y(t)[1 - d_k - d_h - d_s]$。结合实物资本积累方程式（6.2-2）、人力资本积累方程式（6.2-3）和社会资本积累方程式（6.2-4），假设中央计划者具有常系数风险规避效用函数：$U = e^{-\rho t} \left[\dfrac{C^{1-\sigma}}{1-\sigma} \right]$，$0 < \rho < 1$，$\sigma > 1$。

则建立如下汉密尔顿函数：

$$J = e^{-\rho t} \left[\frac{C^{1-\sigma}}{1-\sigma} \right] + \lambda [d_k Y(t) - \delta K(t)] + \mu [d_h Y(t) - \delta H(t)]$$
$$+ \theta [d_s Y(t) - \delta S(t)] + \varphi Y(t)[1 - d_k - d_h - d_s]$$

中央计划这效用最大化的一阶条件是：

$$
\begin{cases}
\dfrac{\partial J}{\partial C} = e^{-\rho t}C^{-\sigma} + \varphi = 0 \\[2mm]
\dfrac{\partial J}{\partial d_k} = \lambda Y(t) - \varphi Y(t) = 0 \\[2mm]
\dfrac{\partial J}{\partial d_h} = \mu Y(t) - \varphi Y(t) = 0 \\[2mm]
\dfrac{\partial J}{\partial d_s} = \theta Y(t) - \varphi Y(t) = 0 \\[2mm]
\dfrac{\partial J}{\partial K} = (\lambda d_k + \mu d_h + \theta d_s)\dfrac{\alpha Y}{K} - \lambda\delta = -\dot{\lambda} \\[2mm]
\dfrac{\partial J}{\partial H} = (\lambda d_k + \mu d_h + \theta d_s)\dfrac{\beta Y}{H} - \mu\delta = -\dot{\mu} \\[2mm]
\dfrac{\partial J}{\partial S} = (\lambda d_k + \mu d_h + \theta d_s)\dfrac{\alpha Y}{S} - \theta\delta = -\dot{\theta}
\end{cases}
\tag{6.2-5}
$$

求解方程组〔式（6.2-5）〕可得实物资本、人力资本和社会资本的最优比例关系：

$$
\frac{K}{H} = \frac{\alpha}{\beta} \quad \frac{K}{S} = \frac{\alpha}{\gamma} \quad \frac{H}{S} = \frac{\beta}{\gamma}
$$
进一步得出：

$$
K : H : S = \alpha : \beta : \gamma
\tag{6.2-6}
$$

式（6.2-6）表明，整个经济体的效用最大化要求实物资本、人力资本和社会资本的存量比等于三者的要素弹性比。这说明，在现实生产中，给定生产函数后，存在最优的实物资本、人力资本和社会资本的比例关系，任何偏离都会造成结构性失业与产能损耗。

通常实物资本、人力资本与社会资本的储蓄率不是外生的，而是由经济内生决定的。因此分析将储蓄率内生化的动态模型。将方程式（6.2-1）两边同时除以有效劳动人数，这里用 $k = \dfrac{K}{(AL)}$，$h = \dfrac{H}{(AL)}$，$s = \dfrac{S}{(AL)}$ 分别表示人均有效劳动的实物资本、人力资本和社会资本，从而可以得到人均有效劳动的产出水平：

$$
y = \frac{Y}{(AL)} = k^{\alpha}h^{\beta}s^{\gamma}
\tag{6.2-7}
$$

结合方程式（6.2-2）、式（6.2-3）、式（6.2-4）可以得到人均有效劳动的实物资本、人力资本和社会资本的动态累积方程：

$$\dot{k} = d_k y - (n + g + \delta)k \qquad (6.2-8)$$

$$\dot{h} = d_h y - (n + g + \delta)h \qquad (6.2-9)$$

$$\dot{s} = d_s y - (n + g + \delta)s \qquad (6.2-10)$$

当变量 k、h、s 同时处于均衡增长路径时有：

$$\dot{k} = d_k y - (n + g + \delta)k^* = 0$$

$$\dot{h} = d_h y - (n + g + \delta)h^* = 0$$

$$\dot{s} = d_s y - (n + g + \delta)s^* = 0 \qquad (6.2-11)$$

其中人均有效劳动的实物资本、人力资本和社会资本分别为：k^*、h^* 和 s^*。则有

$$\frac{k^*}{h^*} = \frac{d_k}{d_h}, \frac{k^*}{s^*} = \frac{d_k}{d_s}, \frac{h^*}{s^*} = \frac{d_h}{d_s} \qquad (6.2-12)$$

因此得出当经济处于均衡增长路径时，实物资本、人力资本及社会资本三者之比等于相应的资本储蓄率之比，即 $k^* : h^* : s^* = d_k : d_h : d_s$。

综合上述分析，要实现整个经济体的效用最大化，人力资本、实物资本与社会资本存量之间的最优比例关系是：三者的资本存量之比等于它们的要素弹性之比；而当经济处于均衡增长路径时，人均有效劳动的人力资本、实物资本与社会资本之比等于其相应的资本储蓄率之比。

第三节　三种资本的匹配性

前面的分析可以看出经济体效用最大化及经济处于均衡增长路径时，人力资本、实物资本与社会资本之间都存在最优的匹配关系，但在现实经济中这种最优匹配关系只是一种理想状态，多数情形下人力资本、实物资本及社会资本之间的比例关系都偏离最优状态，因此进一步地将通过分析三种资本系统之间的协调度来度量人力资本、实物资本及社会资本系统之间的协调程度。

一　区域发展中的资本评价指标体系

综合考虑实物资本、人力资本与社会资本之间的相互作用机理及数据的可获得性，实物资本投资用固定资产投资额表示；人力资本投资主要反映在对劳动者数量和质量的投资，因此选取地方财政教育支出、地方财政科学技术支出及城乡文教娱乐消费支出来衡量人力资本投资。社会资本投资主要体现为对社会公共服务的投资，以维持各种社会交往或组织的正常运行，因此从一般公共服务支出、社会保障和就业服务、公共文化体育、城乡社区服务、公共交通、生态环境、公共安全等方面来衡量社会资本投资。为保证实物资本、人力资本与社会资本相关指标的数据完整性，选取 2007—2015 年作为研究期间。数据主要来源于 2008—2016 年的《中国统计年鉴》、各省统计年鉴及国家统计局网站。具体指标体系如下表 6—1：

表 6—1　　　　　　　　　　三种资本的评价指标体系　　　　　　　　　亿元

	资本分类	评价指标	
实物资本 — 人力资本 — 社会资本 指标体系	实物资本（A）	固定资产投资额	X_1
	人力资本（B）	地方财政科学技术支出	Y_1
		地方财政教育支出	Y_2
		地方财政城乡文教娱乐消费支出	Y_3
	社会资本（C）	地方财政医疗卫生支出	Z_1
		地方财政城乡医疗保健支出	Z_2
		地方财政社会保障和就业财政支出	Z_3
		地方财政文化体育传媒财政支出	Z_4
		地方财政城乡社区事务支出	Z_5
		地方财政交通运输支出	Z_6
		地方财政环境保护支出	Z_7
		地方财政一般公共服务支出	Z_8
		地方财政公共安全支出	Z_9
		地方财政农林水务支出	Z_{10}

　　为保证各指标的数据可比性，利用 Z-score 标准化方法对指标数据进行无量纲处理。根据标准化处理的数据，利用主成分分析方法确定各指标的权重，通过对协方差矩阵进行特征分解，得出数据的主成分，并利用每个指标对总体评价目标的贡献率进行赋权，来反映不同子目标对总目标的影响程度。具体计算过程为：用 SPSS20.0 对标准化后的数据进行主成分分析，根据要素成分特征值大于 1，累积贡献率大于或等于 85% 的原则，提取人力资本和社会资本的主成分，并进一步确定各指标的权重。

二　匹配协调性测度方法

　　借鉴物理学中的耦合协调模型对几个系统间的匹配协调度进行测算，以揭示各系统间的匹配协调水平。耦合主要反映多个系统之间通过各种相互作用而彼此影响且各系统联合起来会产生一定效应的现象，同时各子系统之间的良性互动会形成一种相互依赖、相互协调、相互促进的动态关联关系，而耦合协调度模型可以度量系统之间协调程度及变化趋势。

　　多个系统相互作用的耦合度模型如下：

$$O_n = \left\{ \frac{(u_1, u_2 \cdots u_n)}{\left[\prod (u_i + u_j) \right]} \right\}^{\frac{1}{n}} \qquad (6.3-1)$$

　　其中 u_i，u_j 为子系统的综合评价值，反映系统状态，以上模型常用来分析三个系统之间的关联性。在分析三个系统的匹配协调度时，用此模型测算两两系统的关联度，进而测度三个系统的匹配协调性。

　　假定有 A、B、C 三个系统，要分析其匹配协调度，首先测度 A 与 B 的关联度，测度方法如下：

$$O_{AB} = \left\{ \frac{A(x) \times B(y)}{A(x) + B(y)^2} \right\}^{\frac{1}{2}} \qquad (6.3-2)$$

　　其中 $A(x)$ 为 A 系统的综合评价值，$B(y)$ 为 B 系统的综合评价值，用 $C(z)$ 表示 C 系统的综合评价值。且有：

$$A(x) = \sum_{i=1}^{m} a_i x'_i \qquad (6.3-3)$$

$$B(y) = \sum_{j=1}^{n} b_j y'_j \qquad (6.3-4)$$

$$C(z) = \sum_{k=1}^{p} c_k z'_k \qquad (6.3-5)$$

a_i，b_j，c_k 分别为各项指标权重系数，利用主成分分析法计算而得。x'_i，y'_j，z'_k 为各项指标标准化后的值。并且 $0 \leqslant O_{AB} \leqslant 1$，其值越接近 1，表示 A 与 B 两个系统间相互作用越强（高关联度），匹配程度越高。与式（6.3-2）类似，可以计算 A 与 C、B 与 C 之间的关联度（O_{AC}，O_{BC}）。但是关联度仅反映三个系统间相互作用的强弱，不能衡量三个系统的协调程度，进一步地引入匹配协调度来评价 A、B、C 间的协调程度。

$$T_{AB} = aA(x) + \beta B(y) \quad D_{AB} = \sqrt{O_{AB} \times T_{AB}} \qquad (6.3-6)$$

通过式（6.3-6）可以度量两个系统在变化过程中彼此和谐一致的程度，衡量两个系统间的协调状况。其中，O_{AB} 为 A 与 B 两个系统间的关联度，D_{AB} 为 A 与 B 系统间的匹配协调度，T_{AB} 为 A 与 B 两个系统的综合评价指数，该指数通过对不同的系统进行加权平均，以得出两系统的综合水平，α，β 为待定系数，根据 A 与 B 系统的重要程度设 $\alpha = \beta = 0.5$。C 系统的赋权系数设为 γ（$\gamma = 0.5$），其他两种系统间的匹配协调度 D_{AC} 与 D_{BC} 计算方法类似式（6.3-6）。三个系统间相互作用关系紧密，在分析三个系统间的协调度时，依据两两之间相互作用的关联度系数，得出三个系统间的匹配协调度系数，从而判断三个系统的协调程度。因此，计算 A、B、C 三者间的匹配协调度公式为：

$$D_{all} = \sqrt[3]{D_{AB} \cdot D_{AC} \cdot D_{BC}} \qquad (6.3-7)$$

其中 D_{AB}，D_{AC}，D_{BC} 分别为 A—B，A—C，B—C 的协调度系数。

对匹配协调度进行分级，以确定 A、B、C 的协调程度及类型，借鉴相关的文献研究成果[1],[2]，确定等级划分与评级标准如下：

表 6—2　　　　　　　　　　匹配协调度评价标准

程度（D）	等级	程度（D）	等级
0.00 ~ 0.09	极度不匹配/失调	0.50 ~ 0.59	勉强匹配/协调
0.10 ~ 0.19	严重不匹配/失调	0.60 ~ 0.69	初级匹配/协调

---

[1]　钟霞、刘毅华：《广东省旅游—经济—生态环境耦合协调度发展分析》，《热带地理》2012 年第 5 期。

[2]　廖重斌：《环境与经济协调发展的定量评判及其分类体系》，《热带地理》，1999 年第 2 期。

程度（D）	等级	程度（D）	等级
0.20~0.29	中度不匹配/失调	0.70~0.79	中级匹配/协调
0.30~0.39	轻度不匹配/失调	0.80~0.89	良好匹配/协调
0.40~0.49	濒临不匹配/失调	0.90~1.00	优质匹配/协调

三　资本匹配性分析

运用耦合协调度模型，分别对我国各省（自治区、直辖市）的实物资本、人力资本与社会资本间的匹配性进行测算和比较，三种资本间的匹配性包括：实物资本与人力资本、实物资本与社会资本、人力资本与社会资本以及实物资本、人力资本与社会资本之间的匹配性。由于西藏自治区的数据不完整，所以分析中不包含西藏自治区。测算结果显示，2007－2015年我国各省（自治区、直辖市）的实物资本、人力资本与社会资本的匹配性主要处于：中度不匹配、轻度不匹配、濒临不匹配、勉强匹配、初级匹配及中级匹配六个阶段，其中多数省份的三种资本间的匹配性处于同一阶段，而部分省份的三种资本间的匹配性具有较大变化，正处于过渡阶段。

（一）实物资本与人力资本的匹配性

从各省（自治区、直辖市）的实物资本与人力资本匹配性看，甘肃省、宁夏回族自治区与海南省的匹配程度最低，且均处于轻度不匹配状态；新疆维吾尔自治区、贵州省与青海省大多数年份处于轻度不匹配状态，个别年份处于濒临不匹配状态；福建省、山西省、黑龙江省、吉林省、江西省、重庆市、云南省、广西壮族自治区、内蒙古自治区均处于濒临不匹配状态，说明这些省份的实物资本和人力资本的匹配性处于过渡阶段；辽宁省、湖北省、陕西省、安徽省的实物资本与人力资本的匹配性处于濒临不匹配与勉强匹配阶段；北京市、上海市和四川省均处于勉强匹配状态；天津市、河南省、湖南省的实物资本与人力资本的匹配性处于勉强匹配向初级匹配过渡阶段；河北省和浙江省处于初级匹配状态；山东省和广东省的实物资本与人力资本匹配性处于初级匹配到中级匹配的阶段；江苏省的实物资本与人力资本的匹配性最高，处于中级匹配状态。

表6—3　　　　　　　　　　实物资本与人力资本的匹配程度

地区	年份 省份	2007 年	2008 年	2009 年	2010 年	2011 年	2012 年	2013 年	2014 年	2015 年
东部	北京	0.591	0.580	0.553	0.559	0.537	0.522	0.519	0.533	0.512
	天津	0.540	0.540	0.544	0.552	0.561	0.563	0.580	0.602	0.589
	河北	0.636	0.641	0.644	0.644	0.643	0.645	0.641	0.633	0.632
	辽宁	0.552	0.556	0.548	0.544	0.557	0.560	0.540	0.509	0.457
	山东	0.674	0.673	0.664	0.692	0.711	0.708	0.699	0.684	0.659
	江苏	0.704	0.720	0.715	0.717	0.752	0.758	0.749	0.749	0.727
	上海	0.592	0.582	0.588	0.565	0.554	0.538	0.524	0.514	0.499
	浙江	0.677	0.665	0.649	0.643	0.631	0.617	0.607	0.607	0.606
	福建	0.435	0.428	0.440	0.415	0.414	0.428	0.427	0.466	0.492
	广东	0.692	0.684	0.662	0.659	0.638	0.633	0.676	0.666	0.743
	海南	0.377	0.378	0.380	0.373	0.367	0.372	0.360	0.341	0.339
	均值	0.588	0.586	0.580	0.579	0.579	0.577	0.575	0.573	0.569
中部	山西	0.429	0.420	0.412	0.419	0.425	0.419	0.456	0.467	0.448
	黑龙江	0.449	0.449	0.444	0.441	0.438	0.441	0.436	0.437	0.436
	吉林	0.431	0.441	0.448	0.447	0.443	0.445	0.443	0.436	0.440
	河南	0.572	0.577	0.591	0.597	0.610	0.616	0.606	0.590	0.568
	安徽	0.447	0.459	0.466	0.476	0.495	0.494	0.495	0.500	0.494
	湖北	0.495	0.493	0.491	0.488	0.495	0.503	0.505	0.528	0.529
	湖南	0.539	0.540	0.545	0.546	0.551	0.579	0.582	0.626	0.628
	江西	0.446	0.439	0.439	0.435	0.440	0.436	0.437	0.438	0.439
	均值	0.476	0.477	0.479	0.481	0.487	0.492	0.495	0.503	0.498
西部	陕西	0.455	0.474	0.478	0.484	0.496	0.502	0.500	0.496	0.483
	甘肃	0.379	0.377	0.374	0.367	0.361	0.358	0.356	0.353	0.362
	宁夏	0.336	0.328	0.329	0.328	0.324	0.318	0.316	0.307	0.315
	青海	0.398	0.397	0.403	0.393	0.375	0.381	0.380	0.359	0.376
	新疆	0.407	0.391	0.384	0.372	0.372	0.387	0.374	0.361	0.372
	重庆	0.456	0.461	0.455	0.443	0.440	0.421	0.429	0.413	0.422
	四川	0.517	0.517	0.523	0.522	0.522	0.532	0.532	0.533	0.535
	贵州	0.399	0.395	0.392	0.387	0.383	0.384	0.390	0.398	0.407

地区	年份 省份	2007 年	2008 年	2009 年	2010 年	2011 年	2012 年	2013 年	2014 年	2015 年
西部	云南	0.432	0.424	0.436	0.449	0.459	0.474	0.479	0.484	0.486
	广西	0.463	0.466	0.473	0.479	0.485	0.491	0.491	0.490	0.489
	内蒙古	0.447	0.457	0.467	0.474	0.475	0.470	0.474	0.473	0.475
	均值	0.426	0.426	0.428	0.427	0.427	0.429	0.429	0.424	0.429

资料来源：研究小组测算。

我国各省（自治区、直辖市）的实物资本与人力资本之间的匹配程度不是很高，且各省（自治区、直辖市）间存在明显的差异。从地区看，西部地区的实物资本与人力资本之间的匹配程度比中部、东部地区低，东部地区的实物资本与人力资本的匹配程度较高，主要处于勉强匹配状态，但各省（自治区、直辖市）间差距较大；中西部地区两种资本的匹配程度相对较低，主要处于濒临不匹配状态，中部地区的匹配程度略高于西部地区，这两个地区的各省（自治区、直辖市）间的实物资本与人力资本的匹配性差异相对较小。

（二）实物资本与社会资本的匹配性

从实物资本与社会资本的匹配性看，海南省、宁夏回族自治区与青海省的匹配程度最低且存在一定的变化，处于中度不匹配或轻度不匹配状态；甘肃省、重庆市、广西壮族自治区、江西省的实物资本与社会资本的匹配性正处于由轻度不匹配向濒临不匹配状态过渡；福建省、山西省、黑龙江省、吉林省、陕西省、新疆维吾尔自治区、贵州省、云南省均处于濒临不匹配状态；北京市、天津市、上海市、安徽省、湖南省、内蒙古自治区、湖北省的实物资本与社会资本的匹配性正处于濒临不匹配向勉强匹配过渡；河北省、辽宁省、四川省的实物资本与社会资本的匹配程度相对稳定，均处于勉强匹配阶段；浙江省和河南省的实物资本与社会资本的匹配性正处于勉强匹配向初级匹配过渡，而山东省和广东省正处于初级匹配向中级匹配过渡。江苏省的实物资本与社会资本的匹配程度最高，处于中级匹配状态。

表6—4 实物资本与社会资本的匹配程度

地区	年份 省份	2007 年	2008 年	2009 年	2010 年	2011 年	2012 年	2013 年	2014 年	2015 年
东部	北京	0.551	0.540	0.512	0.494	0.476	0.478	0.472	0.461	0.466
	天津	0.495	0.495	0.485	0.487	0.489	0.488	0.493	0.500	0.504
	河北	0.550	0.561	0.592	0.584	0.573	0.576	0.582	0.590	0.591
	辽宁	0.569	0.562	0.587	0.566	0.562	0.555	0.550	0.545	0.534
	山东	0.645	0.656	0.666	0.686	0.687	0.701	0.704	0.691	0.694
	江苏	0.712	0.713	0.711	0.721	0.726	0.726	0.725	0.725	0.716
	上海	0.577	0.567	0.544	0.524	0.509	0.493	0.480	0.473	0.474
	浙江	0.663	0.649	0.621	0.619	0.607	0.587	0.586	0.585	0.597
	福建	0.456	0.450	0.437	0.445	0.447	0.442	0.458	0.459	0.471
	广东	0.713	0.702	0.687	0.671	0.675	0.678	0.675	0.679	0.700
	海南	0.330	0.317	0.344	0.336	0.340	0.315	0.302	0.284	0.262
	均值	0.569	0.565	0.562	0.558	0.554	0.549	0.548	0.545	0.546
中部	山西	0.462	0.459	0.449	0.452	0.448	0.444	0.441	0.435	0.432
	黑龙江	0.473	0.463	0.449	0.469	0.462	0.454	0.446	0.436	0.443
	吉林	0.443	0.454	0.470	0.466	0.454	0.446	0.446	0.438	0.445
	河南	0.594	0.607	0.647	0.648	0.648	0.658	0.663	0.662	0.655
	安徽	0.484	0.486	0.503	0.501	0.506	0.511	0.507	0.502	0.498
	湖北	0.494	0.500	0.502	0.506	0.517	0.515	0.527	0.540	0.548
	湖南	0.483	0.489	0.516	0.517	0.520	0.528	0.535	0.543	0.541
	江西	0.394	0.427	0.429	0.439	0.429	0.424	0.427	0.427	0.435
	均值	0.478	0.486	0.496	0.500	0.498	0.498	0.499	0.498	0.500
西部	陕西	0.424	0.460	0.473	0.485	0.473	0.492	0.493	0.482	0.482
	甘肃	0.403	0.393	0.374	0.370	0.377	0.345	0.317	0.319	0.339
	宁夏	0.315	0.308	0.305	0.306	0.299	0.286	0.284	0.281	0.293
	青海	0.318	0.318	0.311	0.301	0.273	0.268	0.255	0.264	0.270
	新疆	0.436	0.427	0.406	0.410	0.415	0.423	0.426	0.421	0.425
	重庆	0.448	0.359	0.418	0.429	0.453	0.461	0.450	0.447	0.448
	四川	0.529	0.545	0.540	0.556	0.567	0.570	0.576	0.578	0.572
	贵州	0.419	0.405	0.404	0.405	0.425	0.432	0.432	0.440	0.436

续表

地区	年份 省份	2007 年	2008 年	2009 年	2010 年	2011 年	2012 年	2013 年	2014 年	2015 年
西部	云南	0.451	0.466	0.467	0.465	0.471	0.475	0.459	0.459	0.459
	广西	0.378	0.351	0.474	0.492	0.342	0.345	0.433	0.481	0.447
	内蒙古	0.478	0.478	0.498	0.497	0.508	0.516	0.510	0.505	0.497
	均值	0.418	0.410	0.425	0.429	0.418	0.419	0.421	0.425	0.424

资料来源：研究小组测算。

我国各省（自治区、直辖市）的实物资本与社会资本的匹配性还有待提高，具有明显的地区差异。从东部、中部、西部三个地区来看，东部地区的实物资本与社会资本的匹配程度最高，主要处于勉强匹配状态，各省（自治区、直辖市）间的匹配性差异也最大；中部地区的实物资本与社会资本的匹配性略高于西部地区，但两者之前差异不大，且两个地区的实物资本与社会资本的匹配性均处于濒临不匹配状态，但省（自治区、直辖市）间的差异较小。

（三）人力资本与社会资本的匹配性

从人力资本与社会资本的匹配性来看，宁夏回族自治区的匹配性最低，还处于中度不匹配向轻度不匹配的过渡阶段；福建省、海南省、吉林省、江西省、甘肃省、青海省、新疆维吾尔自治区、重庆市和广西壮族自治区的人力资本与社会资本的匹配性正处于轻度不匹配向濒临不匹配过渡；山西省、黑龙江省、贵州省和内蒙古自治区的人力资本与社会资本的匹配性处于濒临不匹配状态；天津市、辽宁省、安徽省、湖北省、陕西省、云南省的人力资本与社会资本的匹配性正处于濒临不匹配向勉强匹配过渡；河北省和四川省的人力资本与社会资本的匹配性相对稳定，均处于勉强匹配状态；北京市、山东省、上海市、浙江省、河南省、湖南省的人力资本与社会资本的匹配性处于勉强匹配向初级匹配的过渡阶段；江苏省和广东省的人力资本与社会资本的匹配程度相对较高，处于初级匹配向中级匹配的过渡阶段。

表6—5　　　　　　　　　人力资本与社会资本之间的匹配程度

地区	年份 省份	2007 年	2008 年	2009 年	2010 年	2011 年	2012 年	2013 年	2014 年	2015 年
东部	北京	0.613	0.614	0.580	0.584	0.556	0.553	0.553	0.563	0.553
	天津	0.498	0.496	0.483	0.486	0.491	0.488	0.504	0.527	0.520
	河北	0.521	0.531	0.565	0.554	0.530	0.546	0.528	0.511	0.510
	辽宁	0.578	0.560	0.573	0.546	0.551	0.545	0.520	0.486	0.440
	山东	0.575	0.580	0.581	0.625	0.646	0.660	0.657	0.633	0.611
	江苏	0.671	0.688	0.683	0.693	0.733	0.742	0.736	0.742	0.715
	上海	0.618	0.613	0.608	0.583	0.573	0.556	0.542	0.534	0.525
	浙江	0.644	0.638	0.613	0.618	0.608	0.588	0.586	0.594	0.610
	福建	0.405	0.387	0.384	0.370	0.370	0.378	0.389	0.423	0.456
	广东	0.737	0.731	0.697	0.684	0.667	0.666	0.705	0.695	0.796
	海南	0.392	0.386	0.427	0.416	0.418	0.395	0.368	0.329	0.305
	均值	0.568	0.566	0.563	0.560	0.559	0.556	0.554	0.549	0.549
中部	山西	0.459	0.446	0.422	0.429	0.429	0.421	0.455	0.462	0.442
	黑龙江	0.486	0.475	0.455	0.472	0.460	0.453	0.437	0.427	0.433
	吉林	0.431	0.429	0.443	0.431	0.417	0.411	0.412	0.399	0.410
	河南	0.576	0.572	0.601	0.597	0.601	0.606	0.592	0.569	0.537
	安徽	0.462	0.480	0.509	0.520	0.547	0.551	0.547	0.548	0.536
	湖北	0.488	0.492	0.494	0.495	0.507	0.510	0.519	0.550	0.552
	湖南	0.545	0.541	0.568	0.562	0.563	0.595	0.601	0.649	0.646
	江西	0.385	0.416	0.426	0.439	0.439	0.437	0.446	0.453	0.466
	均值	0.479	0.481	0.490	0.493	0.495	0.498	0.501	0.507	0.503
西部	陕西	0.442	0.487	0.497	0.506	0.500	0.522	0.518	0.500	0.487
	甘肃	0.420	0.415	0.400	0.394	0.400	0.367	0.339	0.341	0.370
	宁夏	0.322	0.312	0.314	0.316	0.308	0.294	0.293	0.281	0.299
	青海	0.396	0.404	0.407	0.391	0.342	0.342	0.325	0.318	0.338
	新疆	0.426	0.407	0.389	0.387	0.397	0.419	0.404	0.379	0.389
	重庆	0.466	0.380	0.441	0.443	0.467	0.459	0.461	0.444	0.455
	四川	0.531	0.545	0.545	0.558	0.567	0.580	0.588	0.591	0.589
	贵州	0.441	0.432	0.436	0.437	0.459	0.467	0.471	0.486	0.485

地区	年份 省份	2007 年	2008 年	2009 年	2010 年	2011 年	2012 年	2013 年	2014 年	2015 年
西部	云南	0.464	0.482	0.496	0.501	0.507	0.519	0.499	0.494	0.486
	广西	0.382	0.351	0.464	0.467	0.324	0.328	0.416	0.459	0.420
	内蒙古	0.453	0.451	0.464	0.460	0.464	0.457	0.446	0.441	0.436
	均值	0.431	0.424	0.441	0.442	0.430	0.432	0.433	0.430	0.432

资料来源：研究小组测算

东部、中部、西部地区的人力资本与社会资本的匹配性也存在明显的差异，东部地区的匹配程度最高，主要处于勉强匹配状态；中部地区的匹配性正处于濒临不匹配向勉强匹配的过渡阶段；西部地区的匹配程度最低，处于濒临不匹配状态。整体来看，人力资本与社会资本匹配性的地区差异明显，各省（自治区、直辖市）之间也存在明显的差异。

（四）实物资本、人力资本、社会资本之间的匹配性

从实物资本、人力资本与社会资本的匹配性来看，宁夏回族自治区的匹配程度最低，处于中度不匹配向轻度不匹配的过渡阶段；海南省和青海省的三种资本的匹配性均处于轻度不匹配状态；新疆维吾尔自治区、重庆市、广西壮族自治区和甘肃省的三种资本的匹配性正处于轻度不匹配向濒临不匹配的过渡阶段；福建省、山西省、黑龙江省、吉林省、江西省、贵州省、云南省和内蒙古自治区三种资本的匹配性相对稳定，均处于濒临不匹配状态；辽宁省、安徽省、湖北省和陕西省的三种资本的匹配性正处于濒临不匹配向勉强匹配的过渡阶段；北京市、天津市、河北省、上海市和四川省的匹配性均处于勉强匹配阶段；河南省和湖南省的三种资本间的匹配性正处于勉强匹配向初级匹配的过渡发展阶段；浙江省和山东省的三种资本间的匹配性均处于初级匹配状态；广东省的三种资本间的匹配性正处于初级匹配向中级匹配的过渡阶段；江苏省三种资本间的匹配程度最高，处于中级匹配状态。

表6—6　　实物资本、人力资本、社会资本三种资本间的匹配程度

地区	年份 省份	2007 年	2008 年	2009 年	2010 年	2011 年	2012 年	2013 年	2014 年	2015 年
东部	北京	0.585	0.577	0.548	0.544	0.522	0.517	0.513	0.517	0.509
	天津	0.510	0.510	0.503	0.508	0.513	0.512	0.525	0.541	0.536
	河北	0.567	0.576	0.599	0.593	0.580	0.588	0.582	0.576	0.575
	辽宁	0.566	0.559	0.569	0.552	0.557	0.553	0.537	0.513	0.476
	山东	0.630	0.635	0.636	0.667	0.681	0.689	0.686	0.669	0.654
	江苏	0.695	0.707	0.703	0.710	0.737	0.742	0.737	0.739	0.719
	上海	0.595	0.587	0.579	0.557	0.545	0.528	0.515	0.506	0.499
	浙江	0.661	0.651	0.628	0.627	0.615	0.597	0.593	0.595	0.604
	福建	0.431	0.421	0.419	0.409	0.409	0.415	0.424	0.449	0.473
	广东	0.714	0.705	0.682	0.671	0.660	0.659	0.685	0.680	0.746
	海南	0.365	0.359	0.382	0.374	0.374	0.359	0.342	0.317	0.301
	均值	0.575	0.572	0.568	0.565	0.563	0.560	0.558	0.555	0.554
中部	山西	0.450	0.442	0.427	0.433	0.434	0.428	0.451	0.454	0.441
	黑龙江	0.469	0.462	0.449	0.461	0.453	0.449	0.440	0.433	0.438
	吉林	0.435	0.441	0.453	0.448	0.438	0.434	0.433	0.424	0.431
	河南	0.581	0.585	0.613	0.613	0.620	0.626	0.620	0.606	0.585
	安徽	0.464	0.475	0.492	0.499	0.516	0.518	0.516	0.516	0.509
	湖北	0.492	0.495	0.496	0.496	0.506	0.509	0.517	0.540	0.543
	湖南	0.522	0.523	0.543	0.541	0.544	0.567	0.572	0.604	0.603
	江西	0.408	0.427	0.431	0.438	0.436	0.433	0.437	0.439	0.446
	均值	0.478	0.481	0.488	0.491	0.493	0.496	0.498	0.502	0.499
西部	陕西	0.440	0.473	0.483	0.492	0.490	0.505	0.504	0.492	0.484
	甘肃	0.400	0.395	0.383	0.377	0.379	0.356	0.337	0.338	0.357
	宁夏	0.324	0.316	0.316	0.317	0.310	0.299	0.298	0.289	0.302
	青海	0.369	0.371	0.371	0.359	0.327	0.327	0.316	0.311	0.325
	新疆	0.423	0.408	0.393	0.389	0.394	0.409	0.401	0.386	0.395
	重庆	0.456	0.397	0.438	0.438	0.453	0.447	0.446	0.434	0.442
	四川	0.526	0.535	0.536	0.545	0.552	0.560	0.565	0.567	0.565
	贵州	0.419	0.411	0.410	0.409	0.421	0.426	0.430	0.440	0.441

续表

地区	年份 省份	2007 年	2008 年	2009 年	2010 年	2011 年	2012 年	2013 年	2014 年	2015 年
西部	云南	0.449	0.457	0.466	0.471	0.478	0.489	0.479	0.479	0.477
	广西	0.406	0.386	0.470	0.480	0.378	0.381	0.445	0.476	0.451
	内蒙古	0.459	0.462	0.476	0.477	0.482	0.480	0.476	0.472	0.469
	均值	0.425	0.419	0.431	0.432	0.424	0.426	0.427	0.426	0.428

资料来源：研究小组测算

我国各省（自治区、直辖市）人力资本、实物资本、社会资本的匹配程度不高，且省份之间的差异较大，匹配程度最高的省份仅处于中级匹配状态，而匹配程度最低的省份处于轻度不匹配状态。东部地区三种资本的匹配程度最高，主要处于勉强匹配状态；中部地区次之，三种资本的匹配性处于濒临不匹配向勉强匹配的过渡阶段；西部地区匹配程度最低，主要处于濒临不匹配状态。整体看，我国三种资本的匹配性，东部地区优于中西部地区，中部地区略优于西部地区，但差异较小。

第四节　三种创新力的协调性

通过构建反映产业创新力、技术创新力和组织创新力的指标体系，并利用主成分分析法得出各创新力的综合水平，仍采用匹配协调模型，分析产业创新力、技术创新力与组织创新力的相互作用协调程度，并对比分析我国东、中、西部的产业创新力、技术创新力和组织创新力的协调水平，进而判断我国西部地区自我发展能力的薄弱环节。

一　区域发展中的创新力评价指标体系

在遵循全面性、系统性、层析性和可量化性原则的基础上，参考文献资料中分析产业创新、技术创新和组织创新的常用指标，结合本研究的理论分析，确定反映产业创新、技术创新及组织创新的主要指标变量，用一个产业的新产品产值及销售收入反映该产业的创新结果，考虑数据的可得性及完整性，将选取规模以上工业企业的人均新产品销售收入来反映各地区的产业创新力；而技术创新主要是通过专利数量来反映的，一般情况下专利申请受理量又包括发明、实用新型、外观设计三方面，因此选取发明专利、实用新型、外观设计作为技术创新系统的主要指标；目前学界对组织创新尚无明确和统一的界定，考虑数据的可得性及分析的需要，组织创新系统中我们选取法人单位数进行衡量，主要采用企业组织法人单位数、政府组织法人单位数和中介组织法人单位数三个指标来反映各地区的组织创新力。选取《中国统计年鉴》中 2009—2014 年各省的相关数据，共 7 个指标反映我国各地区的创新水平，建立指标体系见表 6—7：

表 6—7　　　　各地区产业创新—技术创新—组织创新系统的指标体系

	子系统	评价指标	
产业 ｜ 技术 ｜ 组织 创新 系统	产业创新	人均新产品销售收入（万元/人）	X_1
	技术创新	发明专利申请受理量（件）	Y_1
		实用新型专利申请受理量（件）	Y_2
		外观设计专利申请受理量（件）	Y_3
	组织创新	企业法人单位数（个）	Z_1
		政府法人单位数（个）	Z_2
		中介法人单位数（个）	Z_3

由于各指标性质与量纲不同，不同指标对区域创新发展的影响程度也不同，因此采用 Z-score 标准化方法对指标数据进行无量纲处理，并采用主成分分析法计算指标权重，通过对协方差矩阵进行特征分解，以得出数据的主成分与它们的权重，其中利用每个指标对总体评价目标的贡献率进行赋权，来反映不同目标对总目标的影响程度。计算过程为：用 SPSS24.0 对标准化后的数据进行主成分分析，根据要素成分特征值大于 1，累积贡献率大于或等于 85% 的原则，提取技术创新和组织创新的主成分。

二 各地区创新发展水平

基于前面的指标体系，分别对我国东、中、西三个地区的创新水平①进行比较。其中用人均新产品销售收入（万元/人）衡量各地区的产业创新水平，用万人均专利申请受理量表示技术创新水平，用法人组织的变化率衡量组织创新水平。

（一）西部地区产业创新水平缓慢上升

2008—2013 年期间，我国各地区产业创新水平呈现出明显的差异，其中东部地区发展较快且增长趋势比较明显。中部与西部地区产业创新呈现缓慢的上升趋势。整体来看，东部地区的产业创新水平远高于中西部地区，中部地区的产业创新水平略高于西部地区，但二者的差异相对较小，可见各地区的产业创新水平存在明显差异。

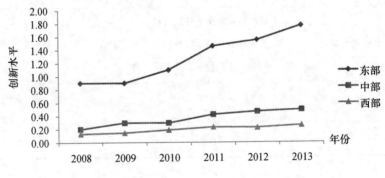

图6—1 我国东、中、西地区的产业创新水平

（二）西部地区的技术创新水平相对较低，但呈现明显的增长态势

2008—2013 年期间，我国东部地区技术创新水平的增长趋势明显，远高于中西部地区，相比来看，中西部地区的技术创新水平呈现缓慢的增长态势，且二者的趋势基本一致，中部地区略高于西部地区，但这两个地区的技术创新水平均远远低于东部地区，三个地区的技术创新水平存在明显差异。

---

① 各地区的产业创新水平用该地区所有省区产业创新水平的平均值反映；技术创新与组织创新水平类似。

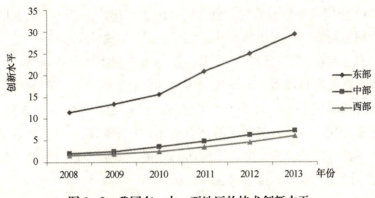

图6—2　我国东、中、西地区的技术创新水平

（三）西部地区的组织创新水平近年来下降

2008—2013 年间，我国东部、中部、西部地区的组织创新水平呈现明显的波动，且东部、中部、西部三个地区组织创新的变动趋势基本一致，但总体来看东部地区的组织创新水平相对较高。其中在 2010 和 2011 年，西部地区的组织创新水平明显高于中部地区，随后两个地区的组织创新水平基本一致。从组织创新发展水平上看，东中西部地区的差异较小。

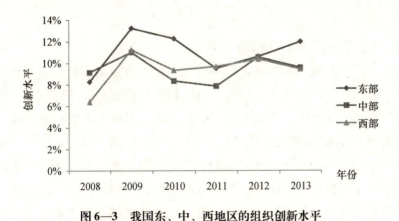

图6—3　我国东、中、西地区的组织创新水平

三　各地区三种创新的协调度

（一）东部地区三种创新的协调度

我国东部地区的产业创新、技术创新及组织创新的协调度系数显示，

2008—2013 年间各个创新系统间呈现明显的相互作用关系。这一期间东部地区的产业创新与技术创新的协调程度明显上升，由勉强协调逐步进入初级协调阶段。产业创新与组织创新、技术创新与组织创新及产业创新、技术创新与组织创新之间的协调程度未呈现较明显的变化，这些系统间的协调度主要处于初级协调阶段。相比来看，技术创新与组织创新之间的协调程度略高。从时序上看，这一期间东部地区的产业创新、技术创新、组织创新相互之间的协调水平比较平稳，三大创新之间的协调度主要处于初级协调阶段，且不同系统之间的协调水平不存在明显的差异。

表6—8　　东部地区产业创新—技术创新—组织创新系统间的协调度①

年份	D_1	D_2	D_3	D_{all}
2008	0.597	0.622	0.712	0.667
2009	0.598	0.657	0.694	0.675
2010	0.577	0.657	0.678	0.662
2011	0.609	0.684	0.696	0.690
2012	0.611	0.687	0.688	0.689
2013	0.611	0.662	0.654	0.670

（二）中部地区三种创新的协调度

2008—2013 年间我国中部地区的产业创新、技术创新及组织创新之间呈现出一定的相互作用关系，但三者之间的相互作用程度并不强。从协调度系数可以看出，中部地区的产业创新、技术创新与组织创新之间的协调度主要在轻度失调、濒临失调与勉强协调三个状态间波动，不同子系统间的协调程度存在一定的差异，产业创新与组织创新的协调程度略高。从时序看，这一期间产业创新与技术创新及产业创新与组织创新、技术创新与组织创新之间的协调度有所降低，但下降的幅度不大，其中产业创新与技术创新之间的协调度由濒临失调状态变为轻度失调状态，产业创新与组织创新、技术创新与

---

① 注：D_1 为产业创新与技术创新的协调度，D_2 为产业创新与组织创新的协调度；D_3 为技术创新与组织创新的协调度；D_{all} 为产业创新、技术创新与组织创新的协调度，下同。

组织创新之间的协调度由勉强协调状态转变为濒临失调状态。总体来看，这一期间，中部地区的产业创新、技术创新及组织创新之间的协调度存在轻微波动，但平均来看这些系统之间的协调程度主要处于濒临失调阶段。

表6—9　　　中部地区产业创新—技术创新—组织创新系统间的协调度

年份	D_1	D_2	D_3	D_{all}
2008	0.411	0.510	0.522	0.470
2009	0.458	0.563	0.505	0.502
2010	0.405	0.509	0.478	0.454
2011	0.377	0.501	0.432	0.426
2012	0.362	0.429	0.452	0.402
2013	0.397	0.409	0.485	0.414

（三）西部地区三种创新的协调度

2008—2013年间，我国西部地区的产业创新、技术创新、组织创新之间呈现一定的相互作用关系，但相互协调作用并不强。从协调度系数可以看出，西部地区的产业创新、技术创新和组织创新之间的协调度主要在濒临失调与勉强协调两个状态间波动，不同子系统间的耦合协调发展程度存在一定的差异，产业创新与组织创新的协调程度略高。其中产业创新与技术创新之间的协调程度呈现略微波动，协调度由勉强协调退化为了濒临失调状态，但平均来看，产业创新与技术创新之间的协调度处于濒临失调阶段。产业创新与组织创新之间也存在类似变化，平均来看，产业创新与组织创新之间的协调程度处于勉强协调状态。技术创新与组织创新、产业创新、技术创新与组织创新的协调程度相对平稳，均处于濒临失调的状态。总体来看，这一期间，西部地区的产业创新、技术创新及组织创新之间的协调度存在轻微波动，但这些创新之间的协调程度主要处于濒临失调阶段。

表6—10   西部地区产业创新—技术创新—组织创新系统间的协调度

年份	D_1	D_2	D_3	D_{all}
2008	0.519	0.494	0.494	0.497
2009	0.504	0.500	0.467	0.485
2010	0.506	0.511	0.458	0.486
2011	0.503	0.519	0.454	0.487
2012	0.468	0.510	0.430	0.462
2013	0.449	0.491	0.404	0.435

我国东部、中部及西部地区的产业创新、技术创新与组织创新之间呈现出明显的相互作用关系，但各创新之间相互协调程度存在一定的差异。各区域内不同的创新之间协调出的演变略微存在差异，但差异并不大。从两两创新之间的协调度系数可以看出，东部地区创新之间的协调水平明显高于中西部地区，中部与西部地区之间的差异并不明显。2008—2013年间，从产业创新、技术创新与组织创新之间的协调水平来看，地区之间存在一定的差异，东部地区三大创新的协调程度明显强于中西部地区，东部地区三大创新之间的协调度处于初级协调阶段，而中西部地区三大创新之间的协调性的变化趋势基本一致，且两个地区三大创新之间的协调度主要处于濒临失调阶段。

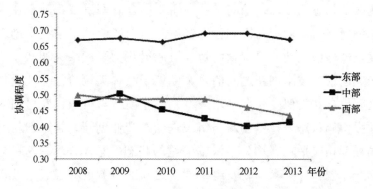

图6—4   东、中、西地区产业创新、技术创新、组织创新的协调水平

综上所述，我国东部、中部、西部地区的产业创新、技术创新及组织创

新之间的相互作用程度还较弱，且匹配性不够高，协调水平有待提高。分地区看，地区差异明显，东部地区明显优于中西部地区。中部和西部地区的变化趋势基本一致，且产业创新、技术创新和组织创新之间的相互作用逐渐增强，相互协调水平稳步提高。从提升西部地区自我发展能力的角度看，若西部地区高度重视创新力的提升，争取从创新发展水平上优于东部和中部地区，那么其经济发展上落后于东部和中部地区的发展局面，将逐步得到改善。

第五节　西部地区资本结构匹配性再造

西部地区资本结构匹配性再造的关键环节就是加快西部地区的社会资本投资，重点投资领域就是加快公共服务投入，加快推进公共服务均等化，提升西部城乡居民的信任、社会关系网络和文化素质，打牢组织创新和管理创新的基础。因此，西部地区资本结构匹配性再造的关键环节是加快推进基本公共服务均等化，重点领域是：（1）义务教育均等化。加大对农村、民族地区、贫困地区的基本公共教育投入，实现义务教育县域内基本均衡发展。（2）公共卫生医疗服务均等化。提高公共卫生投入，提升城乡基层医疗卫生机构达标率，控制孕产妇死亡率和婴幼儿死亡率，提高农村孕产妇住院分娩率。（3）公共文化体育服务均等化。加快城乡基层公共文化体育设施建设，促进城乡公共文化资源配置差距缩小公共文化体育设施和基本服务项目免费或低收费向社会开放，实现体育设施在城市和农村全覆盖，人均期望寿命显著提高。（4）社会保障均等化。医疗保险实现城乡全覆盖，提高城乡养老保险待遇水平、城乡居民医疗保险补助标准和社会救助标准，实现标准科学化、程序规范化、管理动态化、制度配套化、管理信息化、城乡一体化。（5）住房保障均等化。加大保障性安居工程建设力度，增加保障性住房供应，加快解决城镇居民基本住房问题和农村困难群众住房安全问题，建立健全基本住房保障制度。完成农村危房改造，建立健全农村基本住房安全保障长效机制。西部地区应按照"广覆盖、均衡化、可持续"的发展要求，以逐步实现城乡居民享有基本公共服务均等化为主要目标，以增强服务供给能力为出发点，创新体制机制，加大财政投入，优化资源配置，推进城乡基本公共服务均等化，提升西部地区的社会资本水平，为自我发展能力构建奠定坚实基础。

一 优先推进公共教育均等化

（一）积极发展城乡学前教育

加快构建学前教育公共服务体系，全面提升学前教育的整体水平。建立政府主导、社会参与、公办民办并举的办园体制，鼓励优质公办幼儿园举办分园或合作办园，支持社会力量以多种形式举办幼儿园，扩大公办幼儿园和普惠性幼儿园覆盖率，制定学前教育机构登记注册办法，出台公办幼儿园生均公用经费拨款标准和普惠性幼儿园补助标准，对家庭经济困难幼儿入园给予补助。加大学前教育培训基地建设，优化幼儿园布局，确保幼儿方便就近入园。

（二）促进义务教育均衡发展

建立健全义务教育均衡发展保障机制，高度重视农村义务教育，积极推进区域内义务教育均衡发展。加快推进公办义务教育学校标准化建设，实施农村义务教育薄弱学校改造计划、西部农村初中校舍改造工程、中小学校舍安全工程等教育专项工程，整合建设资金集中推进义务教育学校标准化建设，逐步使公办中小学生均占地面积、生均校舍面积、教学仪器配备、图书、体育场和绿化美化面积等指标基本达到国家标准，促进全省义务教育均衡化。统筹城乡义务教育资源均衡配置，构建利用信息化手段扩大优质教育资源覆盖面的有效机制，实施优质教育资源下乡行动计划，加快缩小区域、城乡教育差距，促进基本公共教育服务均等化，实施义务教育质量提升计划，启动义务教育质量薄弱学校提升工程，推进中小学素质教育实践基地建设、学校文化建设和办学特色培育工程。通过建立校长教师交流轮岗、县聘校用机制，推行学区制管理，实行九年一贯制招生。

（三）继续发展普通高中教育

统筹高中阶段教育，合理确定普通高中和中等职业教育招生比例，确保普职比大体相当。分区规划、分层推进，通过新建、改扩建、整合置换等方式，努力扩大普通高中规模，逐步消除大额班现象。推动普通高中特色化、多样化发展，大力发展民办普通高中教育。加大对民族贫困地区普通高中教育扶持力度。逐步建立高中教育生均拨款制度，推进高中债务化解工作。

（四）加快建设现代职业教育体系

加快职业教育院校布局结构调整，原则上每个县（市、区）重点办好 1 所中等职业学校。探索在区内多种形式整合、重组和共享优质教育资源。大力推进职业教育集团化。发挥职业教育集团的资源整合优化作用，在行业、企业和职业院校内形成教学链、产业链、利益链的融合体。创新办学体制，鼓励行业、企业共建职业学校。加强职业教育基础能力建设，实施职业教育内涵建设工程，创新政府、行业及社会职业教育基础能力建设机制，加快区域性职业教育园区、县级职中（职教中心）和实习实训基地建设。扩大职业教育全覆盖范围，对边疆民族地区初中、高中毕业生未能继续升学的农村籍学生试行推广"9 + 3"的 9 年义务教育加 3 年免费中职教育模式，提高青年技术素养和就业能力。

二 着力推进公共卫生和基本医疗服务均等化

（一）提升基层公共卫生和医疗服务能力

明确各级各类医疗卫生机构的功能定位，优化卫生资源配置，坚持填平补齐、促进公平、重点支持薄弱环节建设的原则，继续加大基层医疗卫生机构标准化建设力度，优先支持边疆民族贫困地区、人口大县和医疗资源缺乏地区发展。

（二）完善公共卫生和医疗服务体系

建立专业公共卫生机构、医院和城乡基层医疗卫生机构之间分工明确、功能互补、信息互通、资源共享、中西医互补的公共卫生服务机制。完善公共卫生投入保障机制，规范财政补助范围和方式。实施基本公共卫生服务项目和重大公共卫生服务项目，不断扩大覆盖面。构建多元化的医疗服务体系，加快健康服务业发展。制定落实公共卫生服务规范，完善工作机制。有效预防和控制传染病及慢性非传染性疾病，继续开展重大传染病、寄生虫病、地方病防治，推进精神卫生防治体系建设。加强突发公共事件应急体系建设，提高突发公共事件卫生应急处置能力。加快推进卫生信息化建设，逐步建立电子健康档案、电子病历数据标准新机制，推进电子健康档案和居民健康卡的建设。继续完善疾病预防控制体系。增强妇女、儿童、老年人健康保健，全面提高健康服务能力。

（三）继续深化医药卫生体制改革

逐步建立重特大疾病保障制度和疾病应急救助制度，提高重特大疾病保障水平。稳固基本药物集中采购机制，建立短缺药品监测和采购制度，不断提高基本药物合理使用水平。完善以省为单位的招采合一、量价挂钩、双信封制、全程监控等政策，不断提高基本药物采购、配送效率，完善货款支付结算制度，严格执行诚信记录和市场清退制度。稳步推进公立医院改革试点。以破除"以药补医"为关键环节，以补偿机制改革和建立现代医院管理制度为抓手，完善公立医院法人治理机制，健全公立医院内部运行管理机制和考核评价制度，继续推行便民惠民措施；建立健全分工协作机制，逐步形成基层首诊、分级医疗、急慢分治和双向转诊格局，实现医疗资源合理流动和配置；发挥县级公立医院在农村"三级网"的龙头作用，重点抓好县级公立医院管理体制、补偿机制、人事分配、采购机制等方面的综合改革试点。

（四）增强人口和计划生育服务能力

坚持计划生育基本国策，以计划生育服务和计划生育利益导向为重点，完善人口和计划生育服务体系，保障城乡育龄人群身心健康，促进人口与经济、社会、资源、环境长期均衡协调发展。创新人口和计划生育服务理念和模式，增强基层服务能力。加强流动人口计划生育服务管理，建立流动人口现居住地计划生育技术服务保障机制。

三　提高城乡居民基本社保水平

（一）完善城乡社会保险制度

继续扩大社会保险参保缴费覆盖面，逐步提高居民医保和新农合政府补助标准，建立城乡居民大病保险制度。将在城镇从事个体工商户、自谋职业者以及采取各种灵活就业的有意愿的进城务工人员纳入职工基本养老保险参保范围。加快整合城乡居民养老、医疗保险，实现均衡待遇，消除城乡差异。提高保障水平，提高基本医保门诊和住院支付比例，以及最高支付限额，缩小政策范围内报销比例与实际报销比例之间的差距。建立健全重特大疾病医疗保险制度，全面推行城乡居民大病医疗保险，健全疾病应急救助制度，完善城乡医疗救助制度。加快医保支付制度改革，积极推行按病种付费、按人头付费、总额预付等，增强医保对医疗行为的激励约束作用。全面实现省内医疗保险"一卡通"，推动异地就医结算管理，启动跨省异地就医联网结算服务。推进商业保险机构参与各类医保经办，加快发展医疗责任保险、医疗意外保险和健康管理、养老等服务类商业健康保险。进一步健全社保经办服务体系，提升管理和服务水平。

（二）加快以基本养老服务为重点的社会福利体系建设

构建与西部各省份经济社会发展水平相一致的社会福利体系，建立和完善专项社会福利制度，推进社会福利由补缺型向适度普惠型转变。加大对城市老年福利机构基础设施建设，加强机构配套附属设施建设，发挥养老机构的医养结合及康复等功能。在发挥政府兜底作用的基础上，制定科学的优惠政策，激励市场机制充分发挥和调动社会力量参与养老事业，加大政府购买养老服务力度。完善高龄津贴、养老服务补贴、护理补贴政策，逐步建立长期护理保障制度，保障特殊困难老年人基本生活。加快推进养老机构公建民营改革力度，创新养老服务供给方式，培育养老服务产业集群，强化养老服务市场监管，加强价格监管、强化行业自律。

（三）进一步完善社会救助体系建设

完善居民家庭经济状况核对机制，全面搭建跨部门的居民家庭经济状况信息核对平台，城乡低保对象审核认定准确率和其他社会救助对象审核认定准确率显著提高。提升城乡低保分类救助水平，坚持以人为本、范围的广泛性、救助的多元性、实施的渐进性原则，逐步实现低保及其边缘群体需求实施差别化救助。统筹城乡特困人员供养制度，提高供养水平。完善医疗救助制度，充分发挥基本医疗保险、医疗救助、商业保险、多种形式补充保险和公益慈善的协同互补作用，全面实施重特大疾病医疗救助。全面建立临时救助制度，明确"救急难"的范围、事项和标准，妥善解决困难群众遭遇的突发性、临时性、紧迫性急难问题。加大政府购买专业社会救助服务（岗位）力度，发挥社会工作服务机构和社会工作者作用，为低保对象提供社会融入、能力提升、心理疏导等专业服务，不断提高社会力量参与社会救助工作力度。搞好各项救助政策制度的衔接，不断强化绩效评价结果导向作用，进一步支持和加强基层社会救助能力建设。

四　构建覆盖城乡的住房保障体系

（一）着力解决低收入和中低收入家庭住房困难

加快构建以政府为主提供基本保障、以市场为主满足多层次需求的住房供应体系，推动形成总量基本平衡、结构基本合理、房价与消费能力基本适应的住房供需格局，有效保障城镇常住人口的合理住房需求。把进城落户农民完全纳入城镇住房保障体系，切实保障农业转移人口和其他城镇落户常住人口的住房，有效解决新生代农民工的城市住房。不断完善租赁补贴制度，实行先租后售、以租为主，提供保障性安居工程住房，采取公共租赁住房、租赁补贴等多种方式改善城镇中低收入家庭、新就业大中专毕业生居住条件。

（二）继续推进农村危房改造

以新农村重点建设村、农村危旧房改造、农村居民地震安居工程、扶贫工程、异地搬迁、工程移民搬迁及灾区民房恢复重建为重点，加快农村保障性住房建设，合理确定补助标准，优先帮助住房最危险、经济最贫困农户解决住房安全问题。基本完成现有农村危房改造任务，建立健全农村基本住房安全保障长效机制。

五　增强文化科技体育公共服务能力

（一）构建现代公共文化体系

加强科学规划，统筹城乡区域服务设施网络建设，整合基层宣传文化、党员教育、科学普及、体育健身等设施，推进综合性文化服务中心建设，实现资源整合、共建共享，促进基本公共文化服务标准化、均等化。完善公共文化设施网络，加快省级重大公共文化基础设施建设，新建和扩建一批市、县（区）公共图书馆、文化馆、博物馆和乡镇、社区文化站、村级文化活动室建设。在创建国家公共文化服务体系示范区（项目）基础上，积极开展省级公共文化服务体系标准化建设试点工作。以农村、边境地区和民族贫困地区为重点，深入实施文化信息资源共享、国门文化形象工程、全民阅读活动、广播电视"村村通""户户通"、农村电影放映、农家书屋、城乡报刊覆盖、特殊群体文化特惠服务等重点文化惠民工程。加强服务创新和服务拓展，建立城乡公共文化一体化发展格局。大力实施文化共享工程网络电视、边疆万里数字文化长廊、数字图书馆、数字文化馆（站）、数字美术馆、数字博物馆建设等新的公共数字文化工程，推动现代科技与公共文化建设的融合与对接，构建现代化、数字化、信息化的公共文化服务体系。建立以群众为主体、以群众需求为导向的公共文化服务评价反馈机制，将公共文化服务供给从"单向输送"向"双方互动、供需对接"转变，逐步构建以基层群众需求为导向的公共文化服务评价、反馈和供给机制，切实推动文化惠民项目与群众文化需求有效对接。引入竞争机制，推动公共文化服务社会化发展，鼓励社会力量、社会资本参与公共文化服务体系建设，培育文化社会组织。

（二）增强媒体传播能力建设

加强农村基层广播电视和无线发射台站建设，提高广播电视综合覆盖率。开办云南民族频道，扩大少数民族广播影视节目覆盖面。开展东南亚、南亚、中亚广播影视译制，扩大中华文化的对外影响力。继续实施农村电影放映工程。积极推进传统报刊与新兴媒体融合发展，着力建设新型报刊出版主体，发展多文种的手机报、网络报刊等新兴传播载体，拓宽传播渠道，丰富传播内容，充分发挥农家书屋电子阅读平台的作用，保障广大偏远地区农村群众的基本阅读需求。

（三）提升科技服务能力

以实施科技惠民计划为重点，组织涉及公共服务领域重大共性关键技术的研发和成果的应用示范，建设技术转移服务平台，推广先进适用技术，不断提高科技支撑基本公共服务均等化发展的能力。重点创建全国科普示范县（市、区），省级科普示范县（市、区），全国科普示范社区，省级科普示范社区。组织实施公共服务领域重大科技项目，创建省级可持续发展实验区，构建支持基本公共服务均等化发展的技术中介服务体系。

（四）加强公共体育服务

结合城镇化发展统筹规划体育设施建设，合理布点布局，重点建设一批便于群众参与的中小型体育场（馆）、全民健身活动中心、户外多功能球场、健身步道、城市绿道、体育公园等场地设施。盘活存量资源，改造旧厂房、仓库、老旧商业设施等用于体育健身。在城市社区建设15分钟健身圈，新建社区的体育设施覆盖率达到100%。深入实施全民健身工程。增加少数民族传统文化体育活动场地建设设施标准，在少数民族地区建设少数民族传统体育项目活动场地。大力推动公共体育设施向社会开放，健全学校等企事业单位体育设施向公众开放的管理制度。新建一批适应老年人、残疾人等特定人群的便捷、实用体育场地设施，实现城乡、区域、群体均衡发展。全面实施"全民健身计划"，健全基层全民健身组织服务体系，扶持社区体育俱乐部、青少年体育俱乐部和体育健身站（点）建设，发展壮大社会体育指导员队伍，大力开展全民健身志愿服务活动。县级以上（含县级）设立全民健身活动中心和国民体质测定与运动健身指导站，普及科学健身知识，指导群众科学健身。建立完善体育公共服务数字平台，统筹城乡、干群、地域体育公共服务均衡发展。

第六节　本章小结

本章在评述相关学科关于匹配性的研究和实物资本、人力资本、社会资本及相互关系的基础上，从资本的协调作用对经济增长的重要影响出发，比较了静态条件下的经济增长最大化与动态条件下的经济均衡增长，发现均要求人力资本、实物资本与社会资本以特定的比例关系相互匹配。进一步地，使用匹配协调度模型测度我国西藏自治区以外的30个省（自治区、直辖市）的人力资本、实物资本及社会资本存量间的匹配现状，分析得出以下基本结论：

第一，人力资本、实物资本和社会资本存量之间存在最优比例关系，这一最优的比例关系是人力资本、实物资本与社会资本的存量比等于三者的要素弹性比。要实现经济体的效率最优化，需要使三种资本达到最优匹配。

第二，在动态条件下的经济均衡增长中，当经济处于均衡增长路径时，人均有效劳动的人力资本、实物资本与社会资本之比等于其相应的资本储蓄率之比。

第三，三种资本之间存在一定的相互作用关系，任意两种资本之间都存在一定的匹配性，但三种资本间的匹配程度均有待提高，我国各省（自治区、直辖市）资本间的匹配性主要处于轻度不匹配与中级匹配之间，区际差异较大，地区差异明显。总体来看，各种资本间的匹配程度，东部地区最高，主要处于勉强匹配状态，中部地区略优于西部地区，但两者差异不大，主要处于濒临不匹配状态，且在研究期间内相对稳定。

第四，通过对三种创新力之间的协调性分析发现，我国各地区的三种创新力之间的协调水平也不高，但各地区三种创新力之间的相互作用逐渐增强。与资本间的协调性类似，东部地区三种创新之间的协调水平明显高于中西部地区，中部与西部地区差异较小。

总之，西部地区资本结构匹配性问题主要是社会资本不足。社会资本短缺的主要原因是西部地区基本公共服务不能满足西部社会发展的要求。西部地区资本结构匹配性再造的关键环节就是加快西部地区的社会资本投资，重点投资领域就是加快公共服务投入，加快推进公共服务均等化，提升西部城乡居民的信任、社会关系网络和文化素质，打牢组织创新和管理创新的基础。重点是加快推进西部地区义务教育均等化、公共卫生医疗服务均等化、公共文化体育服务均等化、社会保障均等化和住房保障均等化五个方面，为提升西部地区的社会资本水平，增强西部自我发展能力奠定坚实基础。

第七章

外部推力对西部自我发展能力增强的作用

外力推动仍然是目前西部地区走出传统发展路径，增强西部自我发展能力的重要动力。中央政府的制度供给能显著增强西部地区的产业聚集力，从而增强产业创新力培育力度；国家的转移支付能够显著提升西部地区的公共服务均等化，从而增强社会资本积累能力；通过干部任免、干部交流等途径能显著优化西部地区的制度建设，推进组织管理创新。对口支援方式是我国发挥社会主义制度优越性，调节区域发展差异过大的一种重要制度创新，发挥发达地区的资本优势，推进互利双赢型东西部区域经济合作新机制，能够加速西部地区资本积累进而增强创新力。扩大引进外资、对外投资和参与次区域国际经济合作等对外开放的程度，加速西部地区资本积累进而增强创新力。

第一节　国家推力与中央调控优化

中央政府应通过制度供给增强西部地区的产业聚集力，增强实物资本积累和产业创新力培育，通过转移支付解决西部地区公共服务均等化，增强社会资本积累能力，通过干部任免等促进西部地区制度建设和组织管理创新。

一　制度供给优化

从制度需求理论讲，当制度变革的收益大于其成本时，就产生对制度创新的需求，这一需求必定诱发实际的制度变迁。我国作为一个权力中心决定制度安排并遵循自上而下制度变迁原则的国家，改革深化虽然受制度需求理论的影响，但在更大程度上受制于权力中心在既定的政治经济秩序下提供新的制度安排的能力和意愿①。

本书所说的制度供给专指具体的制度安排，不考虑宪法秩序和行为，因为宪法秩序和行为的伦理道德规范一旦形成，在相当长一段时间里不容易显著变动。本书重点研究组织和推进改革的权利中心在现有宪法秩序和行为的伦理道德规范下的制度创新意愿和能力。我国的经济体制改革是在党中央领导下有秩序有步骤地进行的，属于强制性制度变迁，是由政府命令和法律引入实行的自上而下制度变迁。强制性制度变迁是一种供给主导型制度变迁。其显著特征是制度安排实行比较严格的"进入许可制"，非政府主体只有经政府主体的批准才能从事制度创新，下级政府主体只有经上级政府主体的批准才能从事制度创新。

由于国家具有暴力上的比较优势，它能够规定和实施产权，因此国家最终要对造成经济增长、停滞和衰退的产权结构的效率负责②。党的领导地位是由宪法赋予的，宪法秩序为制度安排规定了选择空间并影响着制度变迁的进程和方式。因此，宪法赋予中央政府政治力量的绝对优势和配置资源的权力，通过行政、经济和法律手段约束非政府主体的行为。各级地方政府作为权力中心的代理机构，贯彻、执行和实施中央政府制定的新制度规则。

我国东西部发展差异有很多原因，而制度供给差异是影响区域经济活动效率与经济发展速度的一个至关重要的内生变量。窦玲③的实证分析表明，以市场化程度和开放度计量的制度变量与区域经济增长之间存在正向的显性关系，市场化程度对区域经济增长的边际影响为 0.085，开放度对区域经济增长的边际影响为 0.041。政策区域化差异决定了区域经济发展中的市场化差异，进而决定不同市场化层次的区域要素吸纳能力差异。东部优先发展战略的实施使东部地区获得了国家制度的倾斜，"特区可以有特法"使东部区域发展在制度上有了保障，如 1984 年国务院发布了《关于经济特区和沿海 14

---

①　杨瑞龙：《论制度供给》，《经济研究》1993 年第 8 期。

②　［美］道格拉斯·C. 诺思：《经济史中的结构与变迁》，上海三联书店 1994 年版，第 14 页。

③　窦玲：《东西部区域经济制度供给的差异及其原因》，《西北大学学报》（哲学社会科学版）2010 年第 5 期。

个港口城市减征、免征企业所得税和工商统一税的暂行规定》，这种制度安排吸引了内外资进入东南沿海，加速了东部经济的发展，而西部开发并没有得到法律层面的制度供给，需要通过立法确定西部开发的法律地位，明确开发权限和优惠政策。

我国在推出西部大开发战略不久，又推出了东部腾飞，中部崛起等区域发展战略，即使在目前我国推进新一轮西部大开发战略过程中，仍然能够看到国家采取的东部优先发展的政策和制度安排，可以看出目前我国西部大开发在中央政府决策和制度安排的主体思路和方法就是将西部经济发展视为东部经济发展的补充部分，吸收东部发展中的优惠政策和制度安排的经验发展西部。按照这样的思路，西部地区很难在非正式制度本已严重约束的情况下形成优势，更无法在全国统一大市场中形成竞争能力。因此，在东部大部分地区已经达到小康的情况下，西部要实现与东部地区同步全面建成小康社会，需要中央政府对西部地区的制度供给进行改进。

一是给予西部开发明确的法律制度供给。法律作为中央政府配置资源和约束非政府主体的手段之一，对西部的资本积累和创新力培育具有重要作用。国家实施西部大开发以来，不少学者提出国家应该制定和出台西部开发法，以保障西部开发政策的法律地位，约束各级政府主体、相关部门和市场主体在西部开发战略实施上的不作为行为。

二是给予投资西部明确的优惠政策。虽然西部各地在土地、地方税收等地方政府能够给予的优惠出台了招商引资政策，但这样的政策在东部地区同样具有，甚至东部地方政府具有更大的让利空间和财力保障，必须从中央政府层面上在税收优惠、信贷利率等方面给予更大的投资优惠保障，让投资西部的投资者得到更大的收益来抵消投资西部较高的交易成本和运输成本，才能增强西部的实物资本积累能力和产业创新能力。

三是给西部供给更便利的资本市场制度。西部地区市场化程度相对较低不仅体现在国有经济比重更高，更体现在证券市场和产权市场发育程度低，以及土地市场、劳动力市场、技术市场、信息市场等生产要素市场的落后，这些市场的建设大多需要中央政府的批准和支持。应对西部地区建立这些市场给予更大的便利性，为西部地区更多地吸纳或融通资本及其他生产要素提供保障。

　　四是改进人才制度供给。东西部发展差距使西部地区的人才大量流向东部地区，要真正让西部实现赶超，就必须让留在西部的人才和流向西部的人才能够得到远高于东部地区的劳动报酬，这种报酬支付仅靠西部地区有限的财力是无法达到的，需要中央政府的补贴。当年英国开发西部时，去西部的劳动者的工资是其他地区的 10 倍；美国开发西部时，在西部工作半年就能拿到全年的工资；我国在 20 世纪五六十年代西部开发时，当时从收入到住房，各种边远地区补贴加在一起与南方一家人 14 平方米的住房相比也都有明显优势①。目前东部地区在实际收入、子女入学、生活环境、生活质量等条件远优于西部，只有让西部地区的收入水平远高于东部，才能形成西部地区的人力资本积累，技术创新力才可能增强。

　　五是给予西部地区更大的组织创新空间。相对于产业创新和技术创新，组织创新受国家的控制和干预更强，地方政府只有在中央政府的批准和约束下开展有限的组织创新。需要给予西部地区更大组织创新空间，在组织机构和人员编制、社会中介组织发展、基层组织的完善等方面给予西部更大的自主权。

二　转移支付优化

　　我国目前的财政转移支付制度主要由税收返还、一般性转移支付和专项转移支付组成，优化转移支付制度是中国在"四个全面"的政治框架下，推进政府治理体系和治理能力现代化的重要内容。一般性转移支付在改革开放初期被定义为中央通过公式化方法对地方实施的无条件补助，是中央对地方庞大的补助清单中的一个微不足道的项目，目前转移支付以及涵盖了大部分中央对地方的补助，我国一般性转移支付规模已经从 1995 年的 10 亿元增加到 2013 年的 43804.41 亿元②。随着我国一般性转移支付规模的逐步扩大，虽然地方财力不断增强，对提升地方政府公共服务供给水平发挥了作用，但省际的公共服务提供水平和质量差距不仅没有缩小，反而呈逐步扩大趋势。作

---

　　① 范如国：《西部制度供给的"稀缺性"研究》，《武汉大学学报》（社会科学版）2002 年第 5 期。

　　② 资料来源：财政部预算司网站财政数据，http://yss.mof.gov.cn。

为承载着实现基本公共服务均等化任务的转移支付制度，成为财税体制改革的重点。

目前我国转移支付制度存在的主要问题：一是政府间的事权不清晰，财权和事权不统一，事权和支出责任界定不明确，政府间事权划分不清晰，有些本该由中央政府负责的事务交给了地方处理，如跨流域大江大河的治理、跨区域污染防治等，西部地区在财力有限的情况下，更多地承担了中央应该承担的事务，不利于西部地区的自身能力建设；二是转移支付政策功能混乱，我国目前的财政转移支付制度主要由税收返还、一般性转移支付和专项转移支付组成，税收返还、一般性转移支付和专项转移支付各自承担不同的使命、具有不同的政策功能，追求不同的政策目标，但实践中各项转移支付政策功能定位混乱，具体表现为：税收返还的设定是为了保护地方政府的既得利益、减小改革的阻力，却与一般转移支付平衡地方财力的目标不一致；一般性转移支付的目标是均衡地方财力，增强公共服务均等化，专项转移支付的重点在于进行国家宏观调控、实现专款专用，很多专项转移支付项目却长期稳定地存在，承担了一般性转移支付追求公共服务均等化目标的任务，在税收返还政策的实施过程中，"存量不变，增量调整"的改革原则使得原本富裕的地区得到更多的税收返还资金，而贫穷地区仅能得到很少的返还，实质上拉大了地区间财力差距，导致"富者更富，贫者益贫"，与国家转移支付制度最强的公共服务均等化目标相背离。西部地区在这样的制度缺陷下，与东部地区的财力差距进一步拉大。一般性转移支付经过10余年的制度演进，已经涵盖了均衡性转移支付、调整工资转移支付、民族边老地区转移支付等13个项目，虽然一般性转移支付总体目标定位在虽小地区间的财力差距、实现公共服务均等化，但当具体到每个项目，则会发现一般性转移支付项目设置功能定位混乱，政府意图干扰程度严重，不利于均等化目标的实现。专项转移支付项目较差混乱，在以主管部委为主的分头管理模式下，专项转移支付制度规则的清晰度和刚度参差不齐，"跑部钱进"的想象未能杜绝，实际操作中出现了东部地区地方政府的多个部门进行多次申请获得相应拨款，而西部地区却难以获得支持的情况。因此，需要在中国推进财税体制改革过程中优化转移支付制度。

一是进一步明确中央与地方的事权与支出责任。在涉及国家整体利益和核心竞争力的、跨区域的、地方政府无法独立承担或完成的公共管理事务及属于国家基本政策执行中的公共事务责任应该全部交由中央政府承担，以解决中央与地方政府间财政职能缺位、越位和错位的问题。

二是完善转移支付制度的法律体系。根据十八届四中全会的要求，制定专门的转移支付法律，提升转移支付制度的法律权威。确保中央到省一级省级以下的转移支付制度做到有法可依，严格执法。

三是建立政府间财政转移支付协商机制。可通过建立政府间财政关系委员会建立一种协商机制，协商的内容包括新增加的事权由谁执行，谁负有支出责任，与支出责任不匹配的新事务如何调整，转移支付额度如何确定等。

三　干部任免优化

第五章的检验证实了西部地区民族文化的多样性和宗教文化对现代经济增长具有一定的负面影响，西部地区在观念、习俗、文化等方面的约束强于东部地区，意识形态刚性对西部制度变迁的影响导致了西部地区无法内生出诱导性制度变迁。西部总体上具有独立性、封闭性与凝固性，农业文化强于东部，而现代商业文化弱于东部。西部地区的封闭性使其更习惯于选择传统的发展自给自足模式和固化的制度及习俗，这是成本最低的制度安排，但阻碍着制度创新。这种长期固化的制度及其习俗，不仅严重阻碍着地区的经济发展，而且对地方政府领导的创新精神也会形成制约，本地的地方政府领导更习惯于传统的社会关系网络，从而缺乏制度创新的勇气。这就需要中央政府通过干部任免的方式来增强西部地区的制度创新能力。

一是更多地任用具有创新精神的本地干部。本地干部尤其是少数民族干部在处理地方事务中具有天然的优势，能够发挥原有社会关系网络的作用，中央政府更多地任用具有创新精神的本地干部，能够发挥示范效应，营造创新氛围，真正形成"万众创新、大众创业"的局面。

二是更多地任命东部地区的干部到西部地区任职。在东部地区成长起来的干部比西部地区干部具有很强的市场经济意识，在服务企业、服务市场和充分发挥市场在资源配置中的基础性作用方面具有更为丰富的经验，能够更好地解决西部资本积累不足和创新能力弱的问题。

　　三是安排更多西部地区的干部到东部地区挂职锻炼。西部大开发实施以来，国家已经完成了大批西部地区的干部到东部学习、培训、研修、考察，虽然对西部地区学习东部地区发展经验具有一定的作用，但短期学习很难真正形成建设市场经济的能力，应该加大力度安排更多西部地区的干部到东部地区挂职锻炼，锻炼年限一般应是一个执行周期，使西部地区到东部地区挂职的干部队伍真正具有促进地方资本积累和创新的能力再回到西部地区任职。

第二节　东中部推力与合作模式改进

　　改进对口支援方式，推进互利双赢型东西部区域经济合作新机制，加速西部地区资本积累进而增强创新力。

一　对口支援方式改进

　　对口支援是经济发达或实力较强的一方对经济不发达或实力较弱的一方实施援助的一种政策性行为。东部对西部地区的对口支援是我国解决西部贫困地区发展问题的重要模式，是我国独特的政治动员制度优势。改革开放以来东部对西部的对口支援始于1979年中央召开的边防工作会议，批转了中共中央〔1979〕52号文件，文件确定组织发达省市对口支援边境地区和少数民族地区，即北京市支援内蒙古自治区，河北省支援贵州省，江苏省支援广西壮族自治区、新疆维吾尔自治区，山东省支援青海省，天津市支援甘肃省，上海市支援云南省、宁夏回族自治区，全国支援西藏自治区。各地组织力量对口开展物资、技术支援协作、经济联合和合作。1996年中央在《关于尽快解决农村贫困人口温饱问题的决定》中，在原来对口支援的基础上，调整了对口帮扶对象，北京市帮内蒙古自治区，天津市帮甘肃省，上海市帮云南省，广东省帮广西壮族自治区，江苏省帮陕西省，浙江省帮四川省，山东省帮新疆维吾尔族自治区，辽宁省帮青海省，福建省帮宁夏回族自治区，深圳省、青岛市、大连市、宁波市帮贵州省，全国帮西藏自治区。对口支援成为东西部区域经济合作的重要形式，为我国贫困地区人民解决温饱起到了一定的作用。各地在帮扶过程中也认识到必须从"输血式"扶贫转换为"造血式"扶贫，增强西部贫困地区的自我发展能力，支援重点也从物资供给转变为助学、医疗卫生、扶持产业发展、人才培训等方面。

随着西部经济发展水平的提高，西部地区大面积贫困的问题基本得到解决，贫困集中在少数边远山区和少数民族地区，贫困对象也从集体性贫困缩小为个体性贫困，贫困内涵也从绝对贫困转换为相对贫困。因此，随着经济发展环境的变化，对口支援模式也需创新和改变。

一是对口支援应从向西部贫困地区投入实物资本和人力资本为主向投入社会资本为主转变。过去东部地区对西部地区的对口支援经过了物资支援、校舍及医疗卫生设施建设等实物资本投入，到人才培训、捐资助学等人才资本投入。经过西部大开发战略的持续实施和东部对西部的实物资本、人力资本的投入，约束西部贫困地区的资本积累更多体现为符合现代经济增长需要的社会资本困乏。东部向西部地区的对口支援应更多转向社会资本投资，通过前期对口帮扶基础上更紧密的经济合作来培育西部贫困地区的市场经济意识，构建新型社会关系网络，传播现代商业文化，联合建设中介服务组织，构建更紧密的科教文卫体育联合组织，以增强西部贫困地区的社会资本积累能力。

二是对口支援应从东部向西部地区提供投资向提供市场转变。虽然西部贫困地区还处于吸引国内外资本投资的阶段，但总体上西部地区的投资能力已得到增强，目前西部贫困地区大部分已经建立起自己的特色种植业、养殖业和农产品加工等为重点的产业体系，这些地区生产的农产品往往具有加工程度低、绿色、天然、生态和无公害的特点，但缺乏现代企业经营能力的企业家，更缺乏组织化的营销网络，产品很难销售到东部沿海地区，而这些产品正是处于消费升级阶段的东部城乡居民所需要的。因此，东部对西部地区的对口支援应更多地从资本投入转向政治动员下的市场合作，向西部贫困地区采购特色农林产品。

三是对口支援应从资金支援为主向技术援助为主转变。西部贫困地区建立起来的产业体系往往是技术含量很低的传统产业，缺乏技术创新能力，尤其不具备原始创新的能力。东部地区通过向西部贫困地区输出先进实用技术，通过技术推广让西部贫困地区农民接受更先进的农业技术，提高他们的技术应用能力，才能真正形成西部贫困地区的自我发展能力。

二　东西部区域经济合作改进

我国的区域经济合作与经济体制紧密相关，东西部区域经济合作在计划经济时期是指令型的合作模式，以区域均衡发展为指导，学习前苏联的生产力布局原则，强调在地理空间上均衡分布生产力，区域之间实行有计划的产业分工，实行指令性的生产力强制转移，沿海地区支援内地建设，强制将东部地区的生产力和生产要素转移到中西部地区。使东部地区的发展优势被抑制，导致中心城市的经济功能退化，抑制了发展效率。改革开放一个时期处于过渡型东西部区域经济合作模式，1978 年后，东西部区域经济合作从计划指令型开始向市场型过渡。以区域非均衡发展为指导，东西部区域经济合作形成了西部地区满足东部地区扩大开放，提供原材料和初级产品支撑的要求，形成了西部地区利用东部作为对外开放窗口进行联合、合作、对口支援的格局，横向经济联合和对口支援为主要合作形式，横向经济联合对解决当时的条块分割、地区封锁具有重要意义，东西部区域经济合作形成了以政府为主导，以企业为合作载体，西部为东部提供原材料、初级加工产品，东部为西部提供产品市场和对外开放窗口的计划向市场过渡型合作模式。1979 年中共中央召开边防工作会议后，逐步形成东部支援西部，内地支援边疆的局面，各地积极对口开展物资、技术支援协作、经济联合和合作。1996 年 10 月中央又在原对口支援的基础上，调整了对口帮扶对象，对口支援成为东西部区域经济合作的主要形式，为我国贫困地区人民解决温饱起到了一定的作用，虽然这种合作模式的政府直接干预色彩仍然浓厚，但合作中企业的主体地位得到不断加强，出现了市场型双赢合作模式的探索。市场经济初步建立以来，东西部区域经济合作以市场型模式为主。1992 年以来，以区域统筹协调发展为指导，开展互利双赢的东西部区域经济合作探索，出现了长江流域一体化、泛珠三角经济合作等市场型东西部合作模式，东西部地区发挥人才、资金、技术等优势，西部地区发挥自然资源、劳动力、土地等优势，三角洲、港口发挥带动作用，合理配置资源和生产要素在一体化区域内充分流动，优化区域产业结构，互惠互利，共同繁荣，产业成为合作的载体，双方以盈利为最终目的，政府之间不断沟通与协调，合作机制不断创新。

在新的国际国内经济形势下，东部地区出口导向转变为内需导向，以及劳动力成本上升导致的产业转型，使西部地区的资源型产业面临需求萎缩，西部地区需要通过发展战略性新兴产业和构建创新型产业体系来实现赶超，东西部面临着培育新兴产业的同步竞争。东部、西部区域经济合作面临创新与改进的要求。

一要从梯度型的产业链合作为主转变为扁平型的技术链合作为主。我国构建创新型国家的要求和经济进入新常态后东部、西部都面临传统产业衰退的压力和发展高新技术产业的竞争。持续的西部大开发使西部地区的基础研究能力和技术研发能力显著增强，在部分领域处于国内先进水平，成为培育战略性新兴产业的重要基础，使西部地区能够与东部同步发展战略性新兴产业，东部地区在保持技术优势的同时，也需要将技术扩散到西部地区，在技术互补中推进合作，在东部、西部产业转移中推进合作。

二要从资源供给型合作为主转变为市场供给型合作为主。虽然西电东送、西气东输等资源供给型合作还在持续，但西部提供原材料，东部发展制造业的合作模式在经济新常态下已经难以为继。随着东部、中部地区的发展进入工业化后期和后工业化社会，人口稠密的东部、中部地区正在成为我国内需的主要市场。西部地区的产业转型升级和对东部地区的制造业承接，使东部地区成为西部产业发展的主要销售市场。东部、西部区域经济合作正在从西部供给资源转变为东部供给市场的模式转变，在合作机制、合作途径、合作利益分配等方面都将面临新的模式探索。

三要从沿海开放型合作为主转变为内陆沿边开放型合作为主。国际经济体系的变化和欧美发达国家市场的需求下降，使西部地区依靠东部出口国际市场的动力进一步减弱。而我国推进的"一带一路"倡议正在不断拓展西部内陆沿边开放的国际市场空间。东部地区利用西部沿边地区走向一带一路经济体进行投资、贸易和国际区域经济合作正在成为新型东部、西部区域合作模式。新型的东部、西部合作开放机制、合作路径、合作举措需要重新探索。

第三节　西部对外开放的深化

西部地区处于我国"一带一路"倡议的前沿，为西部开发带来了对外开放新优势。除了国家的推动、东部、中部的促进，西部地区对外开放的深化也是增强西部地区资本积累能力和创新力，进而增强自我发展能力的重要路径。要努力扩大引进外资、对外投资和参与区域次区域国际经济合作等对外开放的程度，加速西部地区资本积累进而增强创新力。

一　引进外资深化

通过引进外资发展出口导向型产业是我国早期对外开放的基本模式，由于相对较低的海上运输成本、国内低廉且流动性强的劳动力和国家给予东部地区的特定制度供给所形成的优惠政策，使外资更倾向于投资东部地区而较少流入西部地区。随着我国劳动力成本的上升，外资从我国东部沿海转向劳动力成本更低的东南亚、南亚和非洲等地。外资在中国的区域流动并没有形成明显的从东到西的梯度扩散模式。西部地区利用外资还没有获得长足发展就面临着经济转型和创新型产业体系构建，传统的利用外资模式必须转换。

一是从规模导向的引进外资思维转换为产业链导向的引进外资思维。随着我国劳动力成本的上升和东部地区生产能力的增强，西部地区在引进外资上的劳动力优势大幅减弱，而一般资源型产业都可以在国内引进投资者。西部各地不能再追求引资规模，而是应突出自身的主导产业选择，从补齐产业链、延伸产业链和打造全产业链出发，突出引资质量，突出引进技术的前沿性和管理的先进性，集中各类优惠政策，有重点、有选择地引进外资。

二是从资金导向转换为能力导向。整体上我国已经告别资本短缺时代，已经形成了大力具有投资实力的大型企业集团，资本市场也在不断完善壮大之中，各类投资主体投资在寻找好的投资项目，我国的大型企业集团与发达国家的跨国公司之间的差别主要在管理能力上，因此，西部地区在招商引资中要有针对性地引进外资，尤其要着力引进具有先进管理水平和管理创新能力的跨国公司，一般性的投资项目则以引进国内投资为主。

三是从政策优惠转换为产业配套。随着我国行政管理体制改革的推进，对政府行为的约束越来越强，各地通过降低物价、降低税收、财政补贴等方式的优惠政策难有进一步扩大的空间，过去依靠优惠政策来吸引外资的模式难以为继。西部各地在推进新型工业化进程中建立了各种类型的工业园区、产业园区和开发区，逐步聚集了一些企业，开始形成了劳动力"蓄水池"，标准化厂房，以及规范化和便利化的园区管理。西部各地需要在根据自身发展规划和主导产业选择基础上确定引进外资的重点产业，围绕目标企业的产业配套推进服务。

二 对外投资深化

西部地区处于我国"一带一路"倡议的前沿，可通过深化对"一带一路"国家和地区的投资来提升对外开放能力。2015 年 3 月发布的《推动共建丝绸之路经济带和 21 世纪海上丝绸之路的愿景与行动》，明确地阐述了中方未来推进"一带一路"建设的合作框架、重点领域、合作方式、开放格局和合作机制。

西部地区要发挥自身的区位优势和产业基础，重点推进以下领域的对外投资：

一是大力推进基础设施建设投资。"一带一路"战略的重心是互联互通基础设施建设，西部地区的基础设施建设企业应加大在交通基础设施建设、能源基础设施建设的投资。沿线国家的铁路、公路建设是交通基础设施投资的重点项目，特别是高铁项目，预计未来 7 年世界新增高铁里程达 3 万公里以上，带来的高铁投资达 1.1 万亿美元，为中国高铁建设企业和相关供应商带来前所未有的走出去的机遇。

二是在农林牧渔业领域重点推进农业机械和农产品生产加工、林业机械和林产品加工、山地农业、特色经济林、林果业及水产养殖、水产品加工、农业旅游等产业的龙头企业到"一带一路"国家和地区投资。

三是推进能源资源勘探开发与加工业对外投资。西部地区应进一步加大煤炭、油气、金属矿产等传统能源资源勘探的对外投资，积极推动水电、核电、风电、太阳能等清洁可再生能源的对外投资，通过对外投资进一步深化对能源资源勘探开发和深加工的转化合作，为进一步推动我国装备工业走出去奠定基础。

四是积极推动优势制造业的对外投资。经过多年的发展，西部地区已经在部分制造业领域形成了竞争优势，具备较强的对外投资能力。应充分利用中国与周边国家的发展差距和产业发展梯度，在机电设备、机械设备、办公设备等制造业领域扩大对周边国家的对外投资，逐步拓展到更远的"一带一路"国家和地区的制造业投资。

三　对外合作的深化

过去由于沿边开放面向的单一性，对外合作主要集中在沿边省份与周边国家的次区域合作，随着沿边开放从周边国家向更广阔范围的"一带一路"国家和地区延伸，西部地区的对外合作也必须向更广范围合作深化。

西部地区可着力推进与"一带一路"国家和地区的国际产能合作，推动上下游产业链和工业园产业链协同发展，鼓励建立研发、生产、营销体系，提升区域产业配套能力和综合竞争力。鼓励企业走出去建立境外经贸合作园区、跨境经济合作区等产业园区，促进产业集群发展。要抓住和对接当地的需求，坚持创新合作模式，坚持市场导向和商业运作原则，更加注重质量信用品牌服务提升，更加注重装备、标准、技术管理，更加注重自身发展与造福当地并重，促进西部地区更高水平的对外开放。

要创造新的合作机制防范投融资风险。除了目前国家已倡导建立的亚投行、丝路基金、金砖银行等国际金融合作平台，西部地区在对外合作中要特别注意建立区域金融风险监控体系，"一带一路"国家大部分属于发展中国家，投资风险高，需要特别关注金融监管和金融风险防范。必须要有一些创新的合作模式，需要在融资模式、在风险防控和监管模式、在利用大数据和"互联网＋"的模式方面，进一步探索和创造新的合作机制。如重庆市打造渝新欧合作运输班列，就采用一种股份化的模式，把重庆市的铁路公司和哈萨克斯坦铁路联合起来组建合资企业，实行利益共享、风险共担，确保沿线的俄罗斯、白俄罗斯、波兰、德国都同意这种合作方式，开辟了第三条欧亚大陆桥。

目前西部地区的很多城市都跟国外的城市建立了友好城市、姐妹城市、兄弟城市，但是这种关系更多是停留在政治层面，在"一带一路"建设过程中，可以把政治资源转化成经贸合作资源，充分利用友好城市之间的经济合作潜力创造新的合作模式。

主要参考文献

［1］Aghion P, Howitt P. , "A Model of Growth through Creative Destruction",
Econometrica, 1992, Vol. 60, No. 2.

［2］Aghion P, Howitt P, *García-Peñalosa C. Endogenous Growth Theory.* MIT
Press, 1998.

［3］Arrow, K. , "The Economic lmplications of Learning by Doing", *Review
of Economic Studies*, Vol. 29, 1962.

［4］Barton DL. , "Core Capability & Core Rigidities: A Paradox in Managing
New Product Development", *Strategic Management.* 1992.

［5］Becker, G, Murphy, K, Tamura, R. , "Human Capital, Fertility and
Economic Growth", *Journalof Political Economy*, Vol. 9, 1990.

［6］Beugelsdijk, S. , Schaik, T. V. , "Social Capital and Growth in Europe-
an Regions: An Empirical Test", *European Journal of Political Economy*, Vol. 21,
2005.

［7］Blackburn K, Hung V. T. Y, Pozzolo A. F. , "Research, Development
and Human Capital Accumulation ", *Journal of Macroeconomics*, Vol. 22,
No. 2, 2000.

［8］Chang-Tai Hsieh, Peter J. Klenow, "Misallocation and Manufacturing TFP
in China and India", *The Quarterly Journal of Economics*, Vol. 124, 2009.

［9］Coe, D. , E. Helpman, "International R&D Spillovers", *European Eco-
nomic Review*, Vol. 39, No. 5, 1995.

［10］Coe, D. , E. Helpman, A. Hoffmaister, "North – South Spillovers", *E-*

conomic Journal, Vol. 107, 1997.

[11] Coleman J. , "Social Capital in the Creation of Human Capital", American Journal of Sociology, Vol. 94, 1988.

[12] Danny T. Quah. , "Empirics for Economic Growth and Convergence", European Economic Review, Vol. 40, 1996.

[13] De Long, J. B. , Summers, L. H. , "Equipment Investment and Economic Growth", Quarterly Journal of Economics, 1991.

[14] Easterly, W. , Levine, R. , "Africa's Growth Tragedy: Policies and Ethnic Divisions", Quarterly Journal of Economics, Vol. 112, No. 4, 1997.

[15] Fujita M, Krugman P, Venables J. , The Spatial Economy: Cities, Regions and International Trade, Cambridge, Mass: MIT Press, 1999.

[16] Fukuyama, F. , Trust: The Social Virtues and the Creation of Prosperity, New York: The Free Press, 1995a.

[17] Gittell, Vidal. Community Organizing: Building Social Capital as a Development Strategy, Sage Publication, 1998.

[18] Grootaert, C. , "Social Capital, Household Welfare and Poverty in Indonesia", Local Level Institutions Working Paper, 1999, No. 6, Washington D. C. : World Bank.

[19] Guilford, J. P, "Creativity", American Psychologist, Vol. 5, 1950.

[20] UNIDO. Industrial Development Report 2005, Capability Building for Catching-up—Historical, Empirical and Policy Dimensions. Vienna, 2005.

[21] John Knight, Linda Yueh. , "The Role of Social Capital in the Labour Market in China", Economics of Transition, Vol. 16, No. 3, 2008.

[22] Johnson, H. , On Economics and Society, Chicago: University of Chicago Press, 1975.

[23] Kendrich, John W. , The Formation and Stocks of Total Capital, New York: Columbia University Press, 1976.

[24] Klenow, Rodriguez—Clare. , "The Neoclassical Revival in Growth Economics: Has It Gone too Far?" NBER Macro—economics Annual, Vol. 12, 1997.

[25] Knight, Frank H. , Risk, Uncertainty and Profit, New York: Hough-

ton Mifflin. 1921.

[26] Larry E. WestPhal. Yung W. Rhee, Garry Pursell, "Sources of Technological Capability in the Third World", *Edited by M. Fransman and K. King*, 1981.

[27] Lefevre, M. , "Advanced Materials Cluster", *The Communaute Metropolitaine de Montreal*, 2004.

[28] Levine, Ross. , "Law, Finance, and Economic Growth", *Journal of Finance Intermediation*, Vol. 8, No. 1 - 2, 1999.

[29] Levine, Renelt, D. , "A Sensitivity Analysis of Cross-country Growth Regressions", *American Economic Review*, Vol. 82, 1992.

[30] Lucas, R. E, "On the Mechanics of Economic Development", *Journal of Monetary Economics*, Vol. 34, 1988.

[31] Lutz Hendricks. , "Equipment Investment and Growth in Developing Countries", *Journal of Development Economics* Vol. 61, 2000.

[32] Mankiw, N. G, P. Romer, D. N. Weil. , "A Contribution to the Empirics of Economic Growth", *Quarterly Journal of Economics*, Vol. 107, 1992.

[33] Narayan, D. , L. Pritchett, "Cents and Sociability-Household Income and Social Capital in Rural Tanzania", *Policy Research Working Paper*, 1997, No. 1796, Washington D. C. : World Bank.

[34] Nazrul Islam. , "What is in There for Developing Countries?", *The Journal of Developing Areas*, Vol. 38, No. 8, 2004.

[35] Nelson, Phelps, "Investment in Humans, Technology Diffusion, and Economic Growth", *American Economic Review*, Vol. 56, 1966.

[36] Nelson, Richard R. Edmund S. Phelps. , "Investment in Humans, Technological Diffusion, and Economic Growth", *American Economic Review*, Vol. 56, 1966.

[37] North, Douglass Cecil. *Institutions, Instututional Change and Economic Performance.* New York: Cambrage University Press, 1990.

[38] Olson, Mancur. , *The Rise and Deline of Nations: Economic Growth, Stagflation, and Social Rigidities*, New Haven: Yale University Press. 1982.

[39] Papyrakis E, Gerlagh R. , "Natural Resources, Innovation, and

Growth". 2004.

[40] Pavlou, P. , El Sawy, O. , "Understanding the ' Black Box ' of Dynamic Capabilities: A Missing Link to the Strategic Role of IT in Turbulent Environments", *Under 3rd Round of Review-Management Science*, 2005.

[41] Pau J. Zak, Stephen Knack. , "Trust and Growth", *The Economic Journal*, Vol. 111, 2001.

[42] Paul M. Romer. , "Increasing Returns and Long-Run Growth", *The Journal of Political Economy*, Vol. 94, No. 10, 1986.

[43] Pelle Ahlerup, Ola Olsson, David Yanagizawa. , "Social Capital vs Institutions in the Growth Process", *European Journal of Politcal Ecnomy*, Vol. 9, 2008.

[44] Persons, edith T. , *The Theory of the Growth of the Finn*, Oxford: Basil Blackwell, Reprinted 1995, Oxford University Press. 1959.

[45] Porter, E. "The Ausalrtian Renewable Energy Cluster", *The Harvadr Business School*, 2008.

[46] Psacharopoulos, G, A. Patrinos. , "Returns to Investment in Education: A Further Update", *Education Economics*, Vol. 12, No. 2, 2004.

[47] Putnam, R. , Leonardi, R. , Nanetti, R. Y, *Making Democracy Work*, New Jersey: Princeton University Press, Princeton, 1993.

[48] Quah, D. , "Empirics for Economic Growth and Convergence", *European Economic Review*, Vol. 40, 1996.

[49] Romer, P. , "Endogenous Technological Change", *Journal of Political Economy*, Vol. 98, No. 5, 1990.

[50] Romer, P. M, "Increasing Return and Long-run Growth", *Journal of Political Economy*, Vol. 94, 1986.

[51] Rosenstein-Rodan P N. , "Notes on the Theory of the Big Push", H. S Ellis (eds.), *Economic Development for Latin America*, St Martin Press, 1966. 63.

[52] Sachs J D, "Warner A M. The Curse of Natural Resources", *European Economic review*, Vol. 45, No. 4, 2001.

[53] Schultz, T. W. , "Investment in Human Capital", *American Economic*

Review, Vol. 51, No. 1, 1961.

［54］Singer H W., "The Distribution of Gains between Investing and Borrowing countries", *American Economic Review*, May, 1950.

［55］Solow R M., "Investment and Technical Progress", *Mathematical Methods in the Social Sciences*, Vol. 1, 1960.

［56］Stephen Knack, Philip Keefer, "Does Social Capital Have an Economic Payoff? A Cross-country Investigation", *The Quarterly Journal of Economics*, Vol. 112, No. 4, 1997.

［57］Stone, Andrew W. Brian Levy, and Richardo Paredes, "Public Institution and Private Transactions: The Legal and Regulatory Environment for Business Transaction in Brazil and Chile", Policy Research Working Paper No. 891, World Bank, Washington D. C., 1992.

［58］Zeng J., "Reexamining the Interaction between Innovation and Capital Accumulation", Journal of Macroeconomics, Vol. 25, No. 4, 2003.

［59］［印］阿马蒂亚·森：《以自由看待发展》，任赜、于真译，中国人民大学出版 2002 年版。

［60］［美］爱德华·格拉泽：《社会资本的投资及其收益》，罗建辉译，《经济社会体制比较》2003 年第 2 期。

［61］［美］埃莉诺·奥斯特罗姆：《公共事物的治理之道——集体行动制度的演进》，余逊达，陈旭东译，上海译文出版社 2012 年版。

［62］［美］奥尔森：《集体行动的逻辑》，陈郁译，上海人民出版社 2006 年版。

［63］［美］奥利弗·E. 威廉姆森：《资本主义经济制度》，段毅才、王伟译，商务印书馆 2002 年版。

［64］安体富、任强：《公共服务均等化：理论、问题与对策》，《财贸经济》2007 年第 8 期。

［65］白云丽：《基于企业内部社会资本的员工自愿离职研究》，博士学位论文，西北大学，2010 年。

［66］边燕杰、丘海雄：《企业社会资本及其功效》，《中国社会科学》2000 年第 2 期。

[67] 蔡昉、都阳：《中国地区经济增长的趋同与差异——对西部开发战略的启示》，《经济研究》2000 年第 10 期。

[68] 蔡昉、王德文：《中国经济增长可持续性与劳动贡献》，《经济研究》1999 年第 10 期。

[69] 蔡建军：《基于经济权利禀赋视角的欠发达地区自我发展能力重构研究》，硕士学位论文，重庆大学，2013 年。

[70] 蔡中华、彭方志、方福康：《金融部门投资转化率对资本积累的影响》，《北京师范大学学报》（自然科学版）2001 年第 4 期。

[71] 柴国荣、许崇关、闵宗陶：《成果转化评价指标体系设计及应用研究》，《软科学》2010 年第 2 期。

[72] 曹子坚：《区域自我发展能力研究——兼论中国区域经济转型及其路径分异》，中国社会科学出版社 2014 年版。

[73] 车松：《实物资本，资本体现式技术进步与经济增长的关系研究》，《财经理论研究》2013 年第 2 期。

[74] 陈丹：《产业技术创新传导机理及测度模型研究》，博士学位论文，吉林大学，2006 年。

[75] 陈海威：《中国基本公共服务体系研究》，《科学社会主义》2007 年第 3 期。

[76] 陈华、徐建华、高凯山：《中国东西部经济合作的制度建设研究》，《甘肃社会科学》2006 年第 3 期。

[77] 陈健：《社会资本结构分析》，《经济研究》2007 年第 11 期。

[78] 陈建勋：《从纳克斯的"贫困恶性循环论"所想到的》，《上海经济研究》1988 年第 2 期。

[79] 陈秀山主编：《西部开发重大工程项目区域效应评价》，中国人民大学出版社 2006 年版。

[80] 陈炎村：《社会资本的双重作用与产业集群发展》，《生产力研究》2010 年第 3 期。

[81] 陈艳艳：《基于因子分析模型的区域技术创新能力体系评价及地域差异化研究》，《软科学》2006 年第 3 期。

[82] 陈莹莹：《中国西部地区人力资本投资研究》，硕士学位论文，武

汉理工大学，2007 年。

［83］陈雨露、马勇：《社会信用文化、金融体系结构与金融业组织形式》，《经济研究》2008 年第 3 期。

［84］陈钊、陆铭：《城市化、城市倾向的经济政策与城乡收入差距》，《经济研究》2004 年第 6 期。

［85］陈钊、陆铭、金煜：《中国人力资本和教育发展的区域差异：对于面板数据的估算》，《世界经济》2004 年第 12 期。

［86］笪凤媛、郑长德、涂裕春：《制度质量，资本积累与长期经济增长》，《经济经纬》2014 年第 6 期。

［87］［英］帕萨达斯古普特、伊斯梅尔·撒拉格尔丁：《社会资本——一个多角度的观点》，张慧东等译，中国人民大学出版社 2005 年版。

［88］邓大才：《东西部制度安排的非均衡性与西部制度创新》，《上海经济研究》2000 年第 10 期。

［89］［美］诺斯：《经济史中的结构与变迁》，陈郁、罗华平等译，上海人民出版社 2003 年版。

［90］［美］道格拉斯·诺斯、罗伯特·托马斯：《西方世界的兴起》，厉以平、蔡磊译，华夏出版社 1989 年版。

［91］丁巨涛：《技术创新促进西部经济发展研究》，博士学位论文，西北大学，2002 年版。

［92］窦玲：《东西部区域经济制度供给的差异及其原因》，《西北大学学报》（哲学社会科学版）2010 年第 5 期。

［93］樊纲、王小鲁、朱恒鹏：《中国市场化指数——各地区市场化相对进程 2011 年报告》，经济科学出版社 2011 年版。

［94］范如国：《西部制度供给的"稀缺性"研究》，《武汉大学学报》（社会科学版）2002 年第 5 期。

［95］方竹兰：《中国体制转轨过程中的社会资本积累》，《中国人民大学学报》2002 年第 5 期。

［96］［美］菲利普·阿格因、［美］彼得·豪伊特：《增长经济学》，杨斌译，中国人民大学出版社 2011 年版。

［97］傅家骥：《技术创新学》，清华大学出版社 1998 年版。

［98］傅书勇：《人力资本、技术进步与经济增长——基于我国各地区数据的经验研究》，博士学位论文，辽宁大学，2012 年。

［99］高波、张志鹏：《文化与经济发展：一个文献评述》，《江海学刊》2004 年第 1 期。

［100］高铁梅：《计量经济分析方法与建模》（第二版），清华大学出版社 2009 年版。

［101］关峻：《资本体现式和非体现式技术进步的经济驱动力比较》，《北京工商大学学报》（社会科学版）2013 年第 4 期。

［102］郭继强：《人力资本投资的结构分析》，《经济学》（季刊）2005 年 3 期。

［103］郭立新：《论人力资本投资对企业经济增长的意义》，《前沿》1999 年第 4 期。

［104］郭少新、何炼成：《社会资本：解释经济增长的一种新思路》，《财贸研究》2004 年第 4 期。

［105］郭熙保、张克中：《社会资本、经济绩效与经济发展》，《经济评论》2003 年第 2 期。

［106］郭小聪、刘述良：《中国基本公共服务均等化：困境与出路》，《中山大学学报》（社会科学版）2010 年第 5 期。

［107］郭玉清、姜磊：《资本积累与研发创新动态融合的实证研究》，《产业经济研究》2009 年第 5 期。

［108］［英］罗伊·哈罗德：《动态经济学》，商务印书馆 1981 年版。

［109］［英］哈耶克：《哈耶克论文集》，邓正来编译，首都经济贸易大学出版社 2001 年版。

［110］韩丹：《股票市场发展对资本积累的增长效应研究——基于中国省际面板数据的实证分析》，《当代经济科学》2011 年第 3 期。

［111］何枫、陈荣、何林：《我国资本存量的估算及其相关分析》，《经济学家》2003 年第 5 期。

［112］贺菊煌：《我国资产的估算》，《数量经济技术经济研究》1992 年第 8 期。

［113］侯风云：《中国人力资本投资与城乡就业相关性研究》，上海三联

书店、上海人民出版社 2007 年版。

［114］侯高岚：《资本积累与经济赶超》，《当代经济研究》2006 年第 11 期。

［115］侯高岚：《社会资本与经济赶超》，《江淮论坛》2004 年第 1 期。

［116］侯高岚：《从后发优势视角看发展经济型的演化》，《北京工业大学学报》（社会科学版）2003 年第 1 期。

［117］胡鞍钢：《从人口大国到人力资本大国：1980—2000 年》，《中国人口科学》2002 年第 5 期。

［118］胡彬：《"浙江模式"转型中的社会资本投资与"战略再嵌入"》，《中国工业经济》2008 年第 8 期。

［119］胡大立、张驰：《基于产品的企业创新力与控制力的协同研究》，《当代财经》2010 年第 8 期。

［120］胡永远：《人力资本与经济增长：一个实证分析》，《经济科学》2003 年第 1 期。

［121］黄景贵：《罗斯托经济起飞理论述评》，《石油大学学报》（社会科学版）2000 年第 2 期。

［122］惠树鹏：《技术创新与我国区域经济增长的差异性研究》，《甘肃社会科学》2009 年第 3 期。

［123］贾冀南：《中国西部地区经济增长的人力资本集聚机制——增长理论和国际经验》，博士学位论文，河北大学，2009 年。

［124］姜安印、董积生、胡淑晶：《区域发展能力理论——新一轮西部大开发理论创新与模式选择》，中国社会科学出版社 2014 年版。

［125］江世银：《论西部制度创新论西部制度创新》，《西部大开发研究》2004 年第 5 期。

［126］江世银等：《增强西部地区发展能力的长效机制和政策》，中国社会科学出版社 2009 年版。

［127］焦斌龙、焦志明：《中国人力资本存量估算：1978—2007》，《经济学家》2010 年第 9 期。

［128］金戈：《中国基础设施资本存量估算》，《经济研究》2012 年第 4 期。

［129］金妮:《西部地区教育投资对人力资本的影响分析及对策研究》,硕士学位论文,重庆大学,2003 年。

［130］金煜、陈钊、陆铭:《中国的地区工业集聚:经济地理、新经济地理与经济政策》,《经济研究》2006 年第 4 期。

［131］金玉国:《宏观制度变迁对转型时期中国经济增长的贡献》,《财政科学》2001 年第 2 期。

［132］康小明:《人力资本、社会资本与职业发展成就》,北京大学出版社 2009 年版。

［133］［美］J. S. 科尔曼:《社会理论的基础》,邓方译,社会科学文献出版社 1999 年版。

［134］［德］柯武刚、史漫飞:《制度经学:社会秩序与公共政策》,韩朝华译,商务印书馆 2008 年版。

［135］兰玉杰、陈晓剑:《企业家人力资本激励约束机制的理论基础与政策选择》,《数量经济技术经济研究》2002 年第 2 期。

［136］雷鹏:《人力资本、资本存量与区域差异——基于东西部地区经济增长的实证研究》,《社会科学》2011 年第 3 期。

［137］雷芸、朱明明:《西部制度体系的特殊性研究》,《四川理工学院学报》(社会科学版) 2006 年第 6 期。

［138］冷志明、唐珊:《武陵山片区自我发展能力测算及时空演变分析——基于 2005、2008 和 2011 年县级数据的实证》,《地理学报》2014 年第 6 期。

［139］李华民:《社会资本投资及制度变迁绩效》,《经济学家》2003 年第 6 期。

［140］李孔岳:《社会资本的演化逻辑:理论回顾、困境与展望》,《经济学动态》2008 年第 10 期。

［141］李建民:《人力资本与经济持续增长》,《南开经济研究》1999 年第 4 期。

［142］李平、张玉、许家云:《智力外流、人力资本积累与经济增长——基于我国省级面板数据的实证研究》,《财贸经济》2012 年第 7 期。

［143］李晓红、郭蓉:《"区域自我发展能力"的经济学界定及经验含

义》，《经济问题》2013 年第 7 期。

［144］李晓露、周志方：《我国区域技术创新能力体系评价及提升——基于因子分析法的模型构建与实证检验》，《科学管理研究》2006 年第 2 期。

［145］李治国、唐国兴：《资本形成路径与资本存量调整模型》，《经济研究》2003 年第 2 期。

［146］梁江：《组织内传播与组织社会资本建：对日本非营利组织的案例研究》，《中国行政管理》2010 年第 8 期。

［147］梁双陆：《西部自我发展能力构建的理论思考》，《西部省区市社科联第四次协作会议暨西部发展能力建设论坛论文集》2011 年。

［148］厉以宁：《罗斯托起飞学说的评论》，《北京大学学报》（哲学社会科学版）1984 年第 4 期。

［149］林磊：《人力资本与社会资本的转化机制研究》，《边疆经济与文化》2006 年第 7 期。

［150］［美］林南：《社会资本——关于社会结构与行动的理论》，张磊译，上海人民出版社 2005 年版。

［151］林世昌：《生产全球化的发展变革与我国经济发展能力的构建》，《上海行政学院学报》2008 年第 1 期。

［152］林毅夫：《关于制度变迁的经济学理论：诱致性变迁与强制性变迁》，卡托杂志，1989 年春夏季号，转引自杨瑞龙《论制度供给》，《经济研究》1993 年第 8 期。

［153］林毅夫、苏剑：《论我国经济增长方式的转换》，《管理世界》2007 年第 11 期。

［154］刘长生、简玉峰：《社会资本、人力资本与内生经济增长》，《财贸研究》2009 年第 2 期。

［155］刘德吉：《公共服务均等化的理念、制度因素及实现路径：文献综述》，《上海经济研究》2008 年第 4 期。

［156］刘建利、杨思远：《创新资本、经济危机与产业演进》，《郑州航空工业管理学院学报》2011 年第 2 期。

［157］刘杰：《区域技术创新能力比较研究》，《科技与经济》2006 年第 2 期。

［158］刘生龙、王亚华、胡鞍钢：《西部大开发成效与中国区域经济收敛》，《经济研究》2009 年第 9 期。

［159］刘琰、连玉君：《西部大开发中人力资本积累与制度创新的协调》，《云南财贸学院学报》2004 年第 1 期。

［160］刘寅斌、马贵香、李洪波、田雯：《我国 31 个省级地方政府公共服务能力的比较研究》，《统计与决策》2010 年第 20 期。

［161］陆国庆：《产业创新：超越传统创新理论的新范式》，《江汉论坛》2003 年第 2 期。

［162］陆铭：《适宜制度、经济增长与发展平衡》，《学术月刊》2008 年第 6 期。

［163］陆铭、张爽：《劳动力流动对中国农村公共信任的影响》，《世界经济文汇》2008 年第 4 期。

［164］卢燕平：《社会资本的来源及测量》，《求索》2007 年第 5 期。

［165］卢燕平、史振华：《社会资本的经济学意义》，《生产力研究》2007 年第 21 期。

［166］罗良文：《大卫·李嘉图与现代西方发展经济学》，《经济评论》1993 年第 2 期。

［167］罗正清、和金生：《面向技术创新的组织知识存量测度研究》，《科技进步与对策》2009 年 12 月，第 26 卷第 23 期。

［168］［德］马克斯·韦伯：《新教伦理与资本主义精神》，彭强、黄晓京译，陕西师范大学出版社 2002 年版。

［169］［英］马歇尔：《经济学原理》，朱志泰、陈良璧译，商务印书馆1981 年版。

［170］［美］迈克尔·波特：《国家竞争优势》，李明轩、邱如美译，中信出版社 2007 年版。

［171］彭国华：《中国地区收入差距、全要素生产率及其收敛分析》，《经济研究》2005 年第 9 期。

［172］彭红霞、达庆利：《企业文化、组织学习、创新管理对组织创新能力影响的实证研究》，《管理学报》2008 年第 1 期。

［173］彭文慧：《社会资本与区域经济增长——基于空间计量经济学的

研究》，中国社会科学出版社 2013 年版。

[174] 卜长莉：《社会资本的负面效应》，《学习与探索》2006 年第 2 期。

[175] 卜长莉、金中祥：《社会资本与经济发展》，《社会科学战线》2001 年第 4 期。

[176] ［英］罗伯特·D. 帕特南：《使民主运转起来：现代意大利的公民传统》，王列、赖海榕译，江西人民出版社 2001 年版。

[177] 蒲艳萍：《人力资本投资于积累是西部大开发的关键》，《重庆工学院学报》2001 年第 6 期。

[178] 钱雪亚、邓娜：《人力资本水平计量体系研究》，《浙江学刊》2004 年第 6 期。

[179] 钱雪亚、王秋实等：《人力资本与物质资本的匹配及其效率影响》，《统计研究》2012 年第 4 期。

[180] 钱雪亚、章丽君、林浣：《度量人力资本水平：三类统计方法》，《统计与决策》2003 年第 10 期。

[181] 钱雪亚、周颖：《人力资本存量水平的计量方法及实证研究》，《商业经济与管理》2005 年 2 月，总第 160 期。

[182] 秦元芳、张亿钧：《论人力资本投资对经济增长的作用》，《经济问题探索》2005 年第 10 期。

[183] 饶扬德：《区域创新能力研究：社会资本视角》，《生产力研究》2007 年第 24 期。

[184] 闫磊：《中国西部区域自我发展能力研究》，博士学位论文，兰州大学，2011 年。

[185] 邵帅、杨莉莉：《自然资源开发、内生技术进步与区域经济增长》，《经济研究》2011 年第 2 期。

[186] 沈坤荣、马俊：《中国经济增长的"俱乐部收敛"特征及其成因研究》，《经济研究》2002 年第 1 期。

[187] 石玉博：《中国区域人力资本存量及结构的实证研究》，《中南财经政法大学研究生学报》2008 年第 4 期。

[188] 孙根紧：《中国西部地区自我发展能力及其构建研究》，西南财经大学，博士学位论文，2013 年。

［189］孙辉、支大林、李宏瑾：《对中国各省资本存量的估计及典型性事实：1978—2008》，《广东金融学院学报》2010 年第 3 期。

［190］孙永强、徐滇庆：《中国人力资本的再估算及检验》，《中国高校社会科学》2014 年第 1 期。

［191］唐奇甜：《增强民族地区自我发展能力的若干思考》，《中南民族学院学报》（哲学社会科学版）1990 年第 2 期。

［192］唐勇、龚新蜀、卢豫：《FDI 技术溢出、人力资本积累与区域自主创新能力提升》，《工业技术经济》2003 年第 11 期。

［193］王斌、朱仁宏、曾楚宏：《社会资本的经济性质与作用机制》，《山东社会科学》2010 年第 10 期。

［194］王成慧、彭星闾：《创新力与控制力失衡的悲剧——另类视角看安然》，《经济理论与经济管理》2002 年第 9 期。

［195］王德劲：《人才外流与人力资本积累：人才外流产生"正"的经济效应?》，《中国科技论坛》2010 年第 10 期。

［196］王德劲、向蓉美：《我国人力资本存量估算》，《统计与决策》2006 年第 10 期。

［197］王缉慈：《关于中国产业集群研究的若干概念辨析》，《地理学报》2004 年第 10 期。

［198］王金营：《人力资本在技术创新、技术扩散中的作用研究》，《科技管理研究》2000 年第 1 期。

［199］王科：《中国贫困地区自我发展能力研究》，博士学位论文，兰州大学，2008 年，第 68 页。

［200］王科：《中国贫困地区自我发展能力解构与培育：基于主体功能区的新视角》，《甘肃社会科学》2008 年第 3 期。

［201］王立平、王乃静：《山东省技术创新能力的比较研究》，《技术经济》2008 年第 3 期。

［202］王绍光、胡鞍钢：《中国国家能力报告》，辽宁人民出版社 1993 年版。

［203］汪同三、蔡跃洲：《改革开放以来收入分配对资本积累及投资结构的影响》，《中国社会科学》2006 年第 4 期。

［204］王晓波：《人力资本对区域经济增长的门槛及空间效应研究》，硕士学位论文，湖南大学，2012 年。

［205］王小鲁、樊纲：《中国地区差距的变动趋势和影响因素》，《经济研究》2004 年第 1 期。

［206］王燕玲：《基于专利分析的行业技术创新研究：分析框架》，《科学学研究》2009 年 4 月，第 27 卷第 4 期。

［207］王伟同：《公共服务投入决策与产出效果的互动影响》，《财经科学》2010 年第 10 期。

［208］王稳琴、王成军、刘亚虹等：《中国城市物质资本、人力资本和社会资本估算》，《经济问题探索》2011 年第 2 期。

［209］魏枫：《资本积累、技术进步与中国经济增长路径转换》，《中国软科学》2009 年第 3 期。

［210］文建东：《社会诚信体系与经济发展》，《湖南社会科学》2004 年第 5 期。

［211］吴玉鸣：《空间计量经济模型在省域研发与创新中的应用研究》，《数量经济技术经济研究》2006 年第 5 期。

［212］吴云超、金彦平：《基于人力资本和社会资本耦合视角下的农民工就业的思考》，《北方经济》2010 年第 22 期。

［213］［美］舒尔茨：《论人力资本投资》，吴珠华等译，北京经济学院出版社 1991 年版。

［214］项保华、刘丽珍：《社会资本与人力资本的内在关系研究》，《商业研究》2007 年第 11 期。

［215］向焕琦：《基于经济权利禀赋视角的西部地区自我发展能力提升研究》，硕士学位论文，重庆大学，2011 年。

［216］肖红叶、郝枫：《资本永续盘存法及其国内应用》，《财贸经济》2005 年第 3 期。

［217］谢梅、贾玲：《西部大开发中四川高校科技成果转化的对策分析》，《重庆工学院学报》（社会科学版）2007 年第 7 期。

［218］辛枫冬：《论知识创新与制度创新、技术创新、管理创新的协同发展》，《宁夏社会科学》2009 年第 5 期。

[219] 熊俊：《经济增长因素分析模型：对索洛模型的一个扩展》，《数量经济技术经济研究》2005 年第 5 期。

[220] 熊胜绪：《企业动态能力理论评述》，《经济学动态》2007 年第 11 期。

[221] 徐晟：《诚信与区域经济发展的实证研究——基于社会资本的考虑》，《财贸研究》2007 年第 1 期。

[222] 徐大丰：《外资对人力资本积累的作用》，《上海经济研究》2009 年第 8 期。

[223] 徐璐：《西北五省区人力资本与产业集群的相关关系研究》，硕士学位论文，西北大学，2010 年。

[224] 徐淑芳：《信任、社会资本与经济绩效》，《学习与探索》2005 年第 5 期。

[225] 薛立强、杨书文：《"双向互动"视角下的公共服务方式创新"中国经验的总结"》，《中国行政管理》2010 年第 7 期。

[226] ［英］亚当·斯密：《国民财富的性质和原因的研究》，郭大力、王亚南译，商务印书馆 1972 年版。

[227] ［美］雅各布·明塞尔：《人力资本研究》，张凤林译，中国经济出版社 2001 年版。

[228] 严成樑：《社会资本、创新与长期经济增长》，《经济研究》2012 年第 11 期。

[229] 严成樑、崔小勇：《资本投入、经济增长与地区差距》，《经济科学》2012 年第 2 期。

[230] 严成樑、龚六堂：《R&D 规模、R&D 结构与经济增长》，《南开经济研究》2013 年第 2 期。

[231] 严成樑、胡志国：《创新驱动、税收扭曲与长期经济增长》，《经济研究》2013 年第 12 期。

[232] 严成樑、沈超：《知识生产对我国经济增长的影响》，《经济科学》2011 年第 3 期。

[233] 严成樑、周铭山、龚六堂：《知识生产、创新与研发投资回报》，《经济学》（季刊）2010 年第 9 卷第 3 期。

[234] 闫淑敏、段兴民:《中国西部人力资本存量的比较分析》,《中国软科学》2001 年第 6 期。

[235] 杨彬:《西北欠发达地区自我发展能力研究》,硕士学位论文,兰州大学,2010 年。

[236] 杨灿、刘赟:《政府社会资本与经济增长的关系分析》,《厦门大学学报》(哲学社会科学版)2010 年第 6 期。

[237] 杨光飞:《社会资本的经济学诠释:限度及反思》,《安徽大学学报》(哲学社会科学版)2009 年第 5 期。

[238] 杨建芳、龚六堂、张庆华:《人力资本形成及其对经济增长的影响:一个包含教育和健康投入的内生增长模型及其检验》,《管理世界》2006 年第 5 期。

[239] 杨泉宏:《物质资本投资、人力资本积累与西部经济增长》,《价格与市场》2004 年第 9 期。

[240] 杨瑞龙:《论制度供给》,《经济研究》1993 年第 8 期。

[241] 杨文举:《适宜技术理论与中国地区经济差距:基于 IDEA 的经验分析》,《经济评论》2008 年第 3 期。

[242] 杨小玲:《社会资本视角下的中国金融发展与经济增长关系——基于 1997—2008 年省际面板数据研究》,《产经评论》2010 年第 2 期。

[243] 杨思远:《产业升级与研发资本》,《领导之友》2011 年第 1 期。

[244] 杨宇、沈坤荣:《社会资本、制度与经济增长——基于中国省级面板数据的实证研究》,《制度经济学研究》2010 年第 2 期。

[245] 姚毅、王朝明:《中国城市贫困发生机制的解读——基于经济增长、人力资本和社会资本的视角》,《财贸经济》2010 年第 10 期。

[246] 叶明确、方莹:《中国资本存量的度量,空间演化及贡献度分析》,《数量经济技术经济研究》2012 年第 11 期。

[247] 余长林:《人力资本投资结构及其对经济增长的影响——基于扩展 MRW 模型的内生增长理论与实证研究》,《南方经济》2006 年第 12 期。

[248] [美] 约瑟夫·斯蒂格利茨、武锡申、曹荣湘:《正式和非正式的制度》,《经济社会体制比较》2003 年第 1 期。

[249] [美] 约瑟夫·熊彼特:《资本主义社会主义与民主》,绛枫译,

商务印书馆 1999 年版。

［250］［美］约瑟夫·熊彼特：《经济发展理论》，何畏、易家详等译，商务印书馆 1990 年版。

［251］张帆：《中国的物质资本和人力资本估算》，《经济研究》2000 年第 8 期。

［252］张富刚、刘彦随：《中国区域农村发展动力机制及其发展模式》，《地理学报》2008 年第 2 期。

［253］张钢：《人力资本、组织资本与组织创新》，《科学学研究》2000 年第 3 期。

［254］张经强：《区域技术创新能力评价：基于因子分析法的实证分析》，《科技管理研究》2010 年第 5 期。

［255］张小雪、陈万明：《要素积累、结构变动与中国经济增长研究》，《经济经纬》2009 年第 6 期。

［256］张军、吴桂英、张吉鹏：《中国省际物质资本存量估算：1952—2000》，《经济研究》2004 年第 10 期。

［257］张军、章元：《对中国资本存量 K 的再估计》，《经济研究》2003 年第 7 期。

［258］张维迎、柯荣住：《信任及其解释：来自中国的跨省调查分析》，《经济研究》2002 年第 10 期。

［259］张爽、陆铭、章元：《社会资本的作用随市场化进程减弱还是加强？——来自中国农村贫困的实证研究》，《经济学》（季刊）2007 年第 2 期。

［260］赵家章：《社会资本是否影响经济增长——基于中国区域视角的经验分析》，《经济与管理研究》2010 年第 12 期。

［261］赵家章：《社会资本与中国区域经济差异研究》，首都经济贸易大学出版社 2011 年版。

［262］赵娟：《西部农村人力资本积累机制研究》，硕士学位论文，西北农林科技大学，2007 年版。

［263］赵雪雁：《社会资本与经济增长及环境影响的关系研究》，《中国人口·资源与环境》2010 年第 2 期。

［264］赵修卫：《关于发展区域核心竞争力的探讨》，《中国软科学》

2001 年第 10 期。

　　［265］赵延东：《论创新型国家的社会结构基础——为创新积累社会资本》，《科学学研究》2009 年第 1 期。

　　［266］赵志耘、吕冰洋、郭庆旺、贾俊雪：《资本积累与技术进步的动态融合：中国经济增长的一个典型事实》，《经济研究》2007 年第 11 期。

　　［267］曾忠禄：《产业群集与区域经济发展》，《南开经济研究》1997 年第 1 期。

　　［268］郑长德：《中国民族地区自我发展能力构建研究》，《民族研究》2011 年第 4 期。

　　［269］郑耀群、周新生：《社会资本视角下的东西部经济差距分析》，《贵州社会科学》2007 年第 8 期。

　　［270］郑泽华：《西部经济发展中的资本积累》，《云南财贸学院学报》2001 年第 2 期。

　　［271］朱平芳、徐大丰：《中国城市人力资本的估算》，《经济研究》2007 年第 9 期。

　　［272］朱永红：《培育组织创新力》，《广西经济》2010 年第 11 期。

　　［273］庄子银：《创新、企业家活动配置与长期经济增长》，《经济研究》2007 年第 8 期。

　　［274］卓越：《我国西部人力资本与教育投资分析》，硕士学位论文，西南交通大学，2006 年。

　　［275］钟丽霞、郑长德：《论西部人力资源的开发与人力资本的积累》，《四川大学学报》2005 年第 5 期。

　　［276］周万生：《人力资本与区域创新能力研究》，博士学位论文，四川大学，2007 年。

　　［277］周德翼、杨海娟：《论陕西省社会资本形态对经济增长的影响》，《中国软科学》2002 年第 6 期。

　　［278］邹薇、代谦：《技术模仿、人力资本积累与经济赶超》，《中国社会科学》2003 年第 5 期。

　　［279］世界银行编著：《1997 年世界发展报告：变革世界中的政府》，蔡秋生等译，中国财经出版社 1997 年版。

［280］彭真怀主编:《中国西部大开发年度报告2001—2002》,中共中央党校出版社2003年版。

［281］彭真怀主编:《中国西部大开发年度报告2002—2003》,中共中央党校出版社2004年版。

［282］曾培炎主编:《2003国家西部开发报告》,中国水利水电出版社2003年版。

［283］马凯主编:《2004国家西部开发报告》,中国水利水电出版社2005年版。

［284］马凯主编:《2005国家西部开发报告》,中国水利水电出版社2006年版。

［285］马凯主编:《2006国家西部开发报告》,中国水利水电出版社2007年版。

［286］马凯主编:《2007国家西部开发报告》,中国水利水电出版社2007年版。

［287］张平编:《2011国家西部开发报告》,浙江大学出版社2011年版。

［288］张平编:《2012国家西部开发报告》,中华书局2012年版。

［289］张平编:《2013国家西部开发报告》,中华书局2014年版。

［290］徐绍史主编:《2014国家西部开发报告》,浙江大学出版社2015年版。

［291］徐绍史主编:《2015国家西部开发报告》,浙江大学出版社2015年版。

［292］中国科技发展战略研究小组:《中国区域创新能力报告2004—2005》,水利水电出版社2005年版。

［293］中国科技发展战略研究小组:《中国区域创新能力报告2006—2007》,水利水电出版社2007年版。

［294］柳卸林、高太山:《中国区域创新能力报告2012》,科学出版社2013年版。

［295］柳卸林、高太山、周江华:《中国区域创新能力报告2013》,科学出版社2014年版。

［296］柳卸林、高太山:《中国区域创新能力报告2014》,科学出版社

2015 年版。

　　［297］中国科技发展战略研究小组、中国科学研大学中国创新创业管理研究中心：《中国区域创新能力评价报告 2015》，科学技术文献出版社 2015年版。

　　［298］新华社：《中共中央、国务院在北京召开西部大开发工作会》，http://www. gov. cn/ldhd/2010 - 07/06/content_1647116. htm。

附 录 1

西部地区及各省分行业区位熵值表

附表1—1　　　　　西部地区及各省分行业区位熵值（一）

行　业	内蒙古	广西	重庆	四川	贵州	云南
煤炭开采和洗选业	6.44	0.06	0.82	1.20	5.74	1.30
石油和天然气开采业	2.45	0.00	0.07	1.01	0.00	0.00
黑色金属矿采选业	2.83	1.05	0.09	1.65	0.33	1.61
有色金属矿采选业	4.89	2.91	0.05	1.70	0.41	2.85
非金属矿采选业	2.49	1.95	1.21	2.57	2.36	1.79
开采辅助活动	0.01	0.01	0.00	5.21	0.00	0.02
其他采矿业	18.49	0.00	0.00	2.49	0.00	1.28
农副食品加工业	1.28	2.04	0.74	1.27	0.39	0.62
食品制造业	1.83	0.85	0.57	1.25	0.62	0.70
酒、饮料和精制茶制造业	1.00	1.50	0.70	4.41	4.57	0.87
烟草制品业	0.49	1.25	1.28	0.89	5.68	14.33
纺织业	0.62	0.34	0.37	0.70	0.02	0.05
纺织服装、服饰业	0.29	0.40	0.34	0.28	0.04	0.02
皮革、毛皮、羽毛及其制品和制鞋业	0.10	0.59	0.73	0.80	0.20	0.04
木材加工和木、竹、藤、棕、草制品业	1.03	3.14	0.18	0.82	0.96	0.38
家具制造业	0.17	0.97	0.79	1.83	0.28	0.01
造纸和纸制品业	0.43	1.46	0.98	1.00	0.34	0.43
印刷和记录媒介复制业	0.18	1.15	1.12	1.37	0.37	1.09
文教、工美、体育和娱乐用品	0.15	0.36	0.19	0.17	0.04	0.37

续表

行　　业	内蒙古	广西	重庆	四川	贵州	云南
石油加工、炼焦和核燃料加工业	0.58	1.49	0.10	0.38	0.38	0.51
化学原料和化学制品制造业	1.00	0.68	0.74	0.95	1.16	0.99
医药制造业	0.58	0.89	1.03	1.49	1.82	0.99
化学纤维制造业	0.00	0.00	0.03	0.66	0.00	0.16
橡胶和塑料制品业	0.25	0.50	0.89	0.81	0.81	0.35
非金属矿物制品业	0.80	1.36	1.07	1.35	1.14	0.63
黑色金属冶炼和压延加工业	1.23	1.54	0.67	0.91	1.18	1.16
有色金属冶炼和压延加工业	2.11	1.39	0.88	0.56	1.37	2.95
金属制品业	0.77	0.43	0.75	0.81	0.32	0.21
通用设备制造业	0.21	0.41	0.75	1.18	0.17	0.14
专用设备制造业	0.21	0.88	0.46	1.03	0.19	0.20
汽车制造业	0.28	2.18	3.35	0.80	0.25	0.22
铁路、船舶、航空航天和其他运输设备制造业	0.11	0.40	5.30	0.78	1.09	0.18
电气机械和器材制造业	0.24	0.58	1.01	0.52	0.22	0.13
计算机、通信和其他电子设备	0.06	0.44	1.49	1.12	0.13	0.03
仪器仪表制造业	0.03	0.27	1.40	0.27	0.21	0.17
其他制造业	0.37	0.58	3.06	0.69	1.21	0.38
废弃资源综合利用业	0.29	1.30	0.81	0.51	0.16	0.08
金属制品、机械和设备修理业	0.19	0.09	0.84	1.73	0.08	0.00
电力、热力生产和供应业	1.72	1.29	0.80	1.02	3.12	1.61
燃气生产和供应业	1.31	0.32	2.11	1.95	1.27	0.85
水的生产和供应业	0.94	0.93	1.11	1.81	1.05	0.98

　　资料来源：根据2013年中国统计年鉴、2013年中国工业统计年鉴和2013年各省统计年鉴数据计算得。

　　注：图表中的0.00是由于年鉴中缺少相应的统计数据或是该省份的中该产业产值非常微小，计算出来的数值保留两位小数后为0.00。

附表1—2　　　　**西部地区及各省分行业区位熵值（二）**

行业	西藏	陕西	甘肃	青海	宁夏	新疆	西部
煤炭开采和洗选业	0.00	4.00	1.31	2.59	4.30	0.94	2.42
石油和天然气开采业	0.00	7.93	5.16	8.86	0.03	14.27	2.82

续表

行业	西藏	陕西	甘肃	青海	宁夏	新疆	西部
黑色金属矿采选业	6.33	0.64	0.81	0.49	0.03	1.72	1.30
有色金属矿采选业	33.58	1.67	2.01	3.19	0.00	0.14	2.09
非金属矿采选业	1.12	0.53	1.06	1.72	0.07	0.45	1.74
开采辅助活动	0.00	1.78	1.67	0.00	0.00	0.00	1.54
其他采矿业	0.00	0.00	0.00	0.00	0.00	0.00	3.22
农副食品加工业	0.62	0.73	0.78	0.30	0.44	0.75	1.05
食品制造业	0.87	1.11	0.65	0.52	2.10	0.98	1.08
酒、饮料和精制茶制造业	9.25	1.38	1.37	1.00	0.59	0.80	2.04
烟草制品业	0.00	1.25	2.05	0.00	0.01	0.56	2.38
纺织业	0.34	0.30	0.10	0.28	1.06	0.50	0.43
纺织服装、服饰业	0.07	0.11	0.03	0.33	0.02	0.04	0.21
皮革、毛皮、羽毛及其制品和制鞋业	0.15	0.02	0.22	0.00	0.25	0.07	0.38
木材加工和木、竹、藤、棕、草制品业	1.14	0.16	0.00	0.00	0.14	0.09	0.83
家具制造业	0.21	0.13	0.01	0.00	0.15	0.17	0.69
造纸和纸制品业	0.16	0.39	0.17	0.00	0.77	0.20	0.70
印刷和记录媒介复制业	4.10	0.78	0.11	0.48	0.27	0.13	0.83
文教、工美、体育和娱乐用品	1.20	0.03	0.05	0.86	0.00	0.00	0.18
石油加工、炼焦和核燃料加工业	0.00	2.68	3.91	0.74	3.35	5.22	1.35
化学原料和化学制品制造业	0.12	0.48	0.68	1.70	1.15	0.93	0.86
医药制造业	5.89	1.12	0.65	1.00	0.53	0.13	1.03
化学纤维制造业	0.00	0.12	0.11	0.00	0.00	1.61	0.28
橡胶和塑料制品业	0.01	0.54	0.26	0.02	0.36	0.54	0.56
非金属矿物制品业	3.97	0.88	0.88	0.71	0.76	0.87	1.04
黑色金属冶炼和压延加工业	0.00	0.64	1.57	1.21	0.97	1.31	1.07
有色金属冶炼和压延加工业	0.00	1.60	3.95	5.45	2.84	0.77	1.61
金属制品业	0.20	0.38	0.30	0.12	0.29	0.32	0.54
通用设备制造业	0.00	0.59	0.18	0.24	0.28	0.04	0.54
专用设备制造业	0.00	0.88	0.43	0.03	0.54	0.13	0.60
汽车制造业	0.00	0.93	0.04	0.16	0.05	0.08	0.97

续表

行业	西藏	陕西	甘肃	青海	宁夏	新疆	西部
铁路、船舶、航空航天和其他运输设备制造业	0.00	1.81	0.06	0.00	0.02	0.00	1.07
电气机械和器材制造业	0.00	0.50	0.66	0.09	0.24	0.49	0.48
计算机、通信和其他电子设备	0.00	0.22	0.06	0.01	0.00	0.04	0.51
仪器仪表制造业	0.00	1.09	0.08	0.09	0.43	0.01	0.42
其他制造业	2.32	0.53	3.85	0.25	0.00	0.00	0.95
废弃资源综合利用业	3.22	0.12	0.20	0.00	0.03	0.00	0.44
金属制品、机械和设备修理业	0.00	1.34	2.11	1.70	0.00	0.29	0.85
电力、热力生产和供应业	2.24	1.31	1.89	2.49	3.46	1.48	1.47
燃气生产和供应业	0.00	2.02	0.93	0.19	1.70	1.35	1.44
水的生产和供应业	11.57	0.61	0.90	0.65	1.30	0.58	1.11

资料来源：根据 2013 年中国统计年鉴、2013 年中国工业统计年鉴和 2013 年各省统计年鉴数据计算得。

注：图表中的 0.00 是由于年鉴中缺少相应的统计数据或是该省份中的该产业产值非常微小，计算出来的数值保留两位小数后为 0.00。

附 录 2

社会资本指标的设计

1. 信任

对信任维度的社会资本，我们从三个方面考察，分别是：个人层面的信任（体现个人对他人的信任程度）、企业层面的信任（反映个人对地区企业的信任程度）、公共层面的信任（呈现个人对公共机构的信任程度）。

（1）个人信任（th）。赵家章①运用 CGSS2005 中的居民问卷的 E14 题，运用因子分析法构造了个人信任指标，所选取得问卷问题是：E14."在不直接涉及金钱利益的一般社会交往/接触中，您觉得下列人士中可以信任的人多不多呢?"

表1   CGSS2005 调查问卷 E14 题

	绝大多数不可信	多数不可信	可信者与不可信者各半	多数可信	绝大多数可信	不适用
E14a.（近）邻居	1	2	3	4	5	6
E14b.（城镇的）远邻/街坊或（乡村）邻居以外的同村居民	1	2	3	4	5	6
E14c. 同村的同姓人士	1	2	3	4	5	6
E14d. 同村的非同姓人士	1	2	3	4	5	6

---

① 赵家章：《社会资本与中国区域经济差异研究》，首都经济贸易大学出版社 2011 年版。

续表

	绝大多数不可信	多数不可信	可信者与不可信者各半	多数可信	绝大多数可信	不适用
E14e. 亲戚	1	2	3	4	5	6
E14f. 同事	1	2	3	4	5	6
E14g. 交情不深的朋友/相识	1	2	3	4	5	6
E14h. 老同学	1	2	3	4	5	6
E14i. 在外地相遇的同乡（以同市或同县为界限）	1	2	3	4	5	6
E14j. 一起参加文娱，健身，进修等业余活动的人士	1	2	3	4	5	6
E14k. 一起参加宗教活动的人士	1	2	3	4	5	6
E14l. 一起参加社会活动/公益活动的人士	1	2	3	4	5	6
E14m. 陌生人	1	2	3	4	5	6

资料来源：中国人民大学，中国综合社会调查问卷，2005。

　　计算问卷每组受访者中选择回答"绝大多数可信"的比例，在对全组数据使用因子分析，基于方差贡献率大于 85% 的原则和特征值大于 1 的原则遴选出五个因子，最后计算总的因子得分并得到最终的分省际总因子得分。这里将直接使用赵家章[1]的数据作为个人信任的指标。

　　（2）企业信任（te）。通过借鉴杨宇、沈坤荣[2]和赵家章的做法，这里运用张维迎、柯荣住[3]的数据构建企业层面的信任指标，该研究所使用的调查问卷问题为"根据您的经验，您认为哪五个地区的企业比较守信用（按顺序排列）？"，然后根据调查人群中认为该地区最值得信任的比例作为企业信任的

---

[1]　赵家章：《社会资本与中国区域经济差异研究》，首都经济贸易大学出版社 2011 年版。

[2]　杨宇、沈坤荣：《社会资本、制度与经济增长——基于中国省级面板数据的实证研究》，《制度经济学研究》2010 年第 2 期。

[3]　张维迎、柯荣住：《信任及其解释：来自中国的跨省调查分析》，《经济研究》2002 年第 10 期。

指标。

（3）公共信任（tp）。张爽、陆铭、章元运用复旦大学中国社会主义市场经济研究中心的《2004 年中国农村调查数据库》将受访者对政府机构和教育部门的工作人员回答"完全信任"的信任度乘积作为公共信任的指标[1]。借鉴上述思路，我们运用中国人民大学的中国社会综合调查数据 CGSS，通过 CGSS2006 城市和家庭问卷受访者对 E39 题的回答构造公共信任变量。问题是：E39. 在下列一些话题中，您对表 2 第一行显示的四种信息来源的信任程度如何？请用 1~5 的分数表示您的信任程度，5 分表示"最信任"，4 分表示"较信任"，3 分表示"一般"，2 分表示"不太信任"，1 分表示"最不信任"。（请在下列表格中填写相应的数字）

表 2   **CGSS2006 调查问卷 E39 题**

信息渠道 话题	政府机构	中央级 媒体	相关领域的 专家学者	法律机构 人员
1. 房价的涨跌	[＿＿＿]	[＿＿＿]	[＿＿＿]	[＿＿＿]
2. 股市的走势	[＿＿＿]	[＿＿＿]	[＿＿＿]	[＿＿＿]
3. 国内腐败问题	[＿＿＿]	[＿＿＿]	[＿＿＿]	[＿＿＿]
4. 贫富差距问题	[＿＿＿]	[＿＿＿]	[＿＿＿]	[＿＿＿]
5. 大学生的就业形势	[＿＿＿]	[＿＿＿]	[＿＿＿]	[＿＿＿]
6. 对社会治安形势的判断	[＿＿＿]	[＿＿＿]	[＿＿＿]	[＿＿＿]
7. 某次矿难的伤亡数字	[＿＿＿]	[＿＿＿]	[＿＿＿]	[＿＿＿]
8. 某地方近期将有大地震	[＿＿＿]	[＿＿＿]	[＿＿＿]	[＿＿＿]

资料来源：中国人民大学，中国综合社会调查问卷，2006。

首先将受访者对每一个公共机构[2]8 个相关问题作为 8 个影响公共信任的

---

[1] 张爽、陆铭、章元：《社会资本的作用随市场化进程减弱还是加强？——来自中国农村贫困的实证研究》，《经济学》（季刊）2007 年第 2 期。

[2] 共计四类公共机构包括："政府机构""中央级媒体""相关领域的专家学者""法律机构人员"。其中"相关领域的专家学者"往往都是在高校、科学研究机构工作的专家学者，所以将他们看成一类公共机构的代表。

因素，将回答"最信任"受访者的比例作为该因素得分值，通过主成分分析法将 8 个因素合成为一个因素来代表对应公共机构的信任得分，然后将四类公共机构的第一主成分，再次合成一个主成分，并以此来代表公共信任 tp。

表 3　　　　　　　四类公共机构的第一主成分特征值和方差贡献率

公共机构的类别	特征值	方差贡献率
政府机构——第一主成分	6.21	77.60%
中央级媒体——第一主成分	6.60	82.54%
相关领域的专家学者——第一主成分	6.21	77.64%
法律机构人员——第一主成分	6.83	85.44%

资料来源：根据 Eviews 计算结果得出。

　　其中主成分分析法采用特征值大于 1 的原则，经过 Eviews7.2 的分析，四类公共机构的第一主成分的特征值都大于 1，且在第二主成分之后特征值都小于 1，方差贡献率最小的都在 77.7% 以上。

　　2. 社会网络

　　我们从三个方面考察社会网络维度的社会资本：个人层面的社会网络（反映个人所用的社会网络）、社区层面的社会网络（体现个人所在社区内拥有的社会网络）、协会网络（呈现个人参与协会交往活动所建立的社会网络）。

　　（1）个人层面的社会网络（nh）。Knight 和 Yueh（2002）认为在中国中家庭拥有的社会网络都是以亲友关系为基础的。张爽、陆铭、章元认为在政府、学校和医院工作的亲友关系可能分别影响家庭成员的就业、孩子受教育机会、家庭医疗状况等，这些都是影响家庭福利水平的重要因素[①]。借鉴以上思路，运用 CGSS2008 中 A 问卷的 E1 和 E2a 两个问题构造个人社会网络指标，该问题是：E1. 在今年春节期间，以各种通信交往方式与您互相交流、拜年的朋友、亲属和其他人大概有多少人？（短信、电子邮件不算）

---

　　① 张爽、陆铭、章元：《社会资本的作用随市场化进程减弱还是加强？——来自中国农村贫困的实证研究》，《经济学》（季刊）2007 年第 2 期。

1) 亲属：[＿＿ | ＿＿] 人（如没有，则填 00）

2) 亲密朋友：[＿＿ | ＿＿] 人（如没有，则填 00）

3) 其他：[＿＿ | ＿＿] 人（如没有，则填 00）

E2a. 请问他们里面有无从事下列职业的人？（针对每一个回答"有"的职业类别提问:）与您相识最久的那个人，你们相识的时间是几年？

表 4 　　　　　　　　　　CGSS2008 调查问卷 E2a 题

职业类别	有	没有	相识年头	职业类别	有	没有	相识年头
1. 产业工人	1	2	[　]	10. 科学研究人员	1	2	[　]
2. 大学教师	1	2	[　]	11. 法律工作人员	1	2	[　]
3. 中小学教师	1	2	[　]	12. 经济业务人员	1	2	[　]
4. 医生	1	2	[　]	13. 行政办事人员	1	2	[　]
5. 护士	1	2	[　]	14. 工程技术人员	1	2	[　]
6. 厨师、炊事员	1	2	[　]	15. 政府机关负责人	1	2	[　]
7. 饭店餐馆服务员	1	2	[　]	16. 党群组织负责人	1	2	[　]
8. 营销人员	1	2	[　]	17. 企事业单位负责人	1	2	[　]
9. 无业人员	1	2	[　]	18. 家庭保姆、计时工	1	2	[　]

资料来源：中国人民大学，中国综合社会调查问卷，2008。

我们将受访者在春节期间互相拜访的 7 个（大学教师、中小学教师；医生、护士；政府机关负责人、党群负责人、企事业单位负责人）职业亲友中的最久相识年头作为个人社会网络 nh 的指标。首先，选择上述 7 个职业的亲友原因在于，在医院部门、教育部门、政府党群企事业单位部门的亲友可能分别影响家庭医疗状况、子女受教育机会、就业工作机会等。其次，将最久相识年头作为指标，一方面出于数据可得性的考虑；另一方面家庭在遇到问题时寻求亲友的帮助时首先选择交往年限最久的亲友，因此有一定合理性。这种测算方式能得到每个受访者的个人社会网络情况，我们将其以个人受教育年限为权重整理成为省际层面的数据。

　　张爽、陆铭、章元[1]认为选择以个人受教育年限为权重是因为以家庭亲友关系的个人社会网络对于家庭福利水平和贫困情况是有重要影响的因素。一方面有着更多个人社会网络资源的个人往往有着更高的受教育程度，同样有更多教育经历的个人往往能建立起更广泛的社会网络关系，另一方面尽管拥有更多的收入也同样会建立起广泛的社会网络关系，但由于在调查时被调查的对象通常倾向于隐瞒自己的真实收入而产生误差，所以这里用个人受教育年限为权重。

　　我们运用受访者在 CGSS2008A 问卷的问题 A3c 回答作为个人受教育年限的指标。该问题是：A3c. 从上小学开始算起，您一共受过多少年的学校教育呢？

$$\text{省际层面的个人社会网络} = \frac{\sum_i^n \text{个人社会网络} \times \text{个人受教育年限}}{\sum_i^n \text{个人受教育年限}}，\text{其中}$$

n = 每个省的参与问卷调查的总人数。

　　（2）社区层面的社会网络（nc）。借鉴张爽、陆铭、章元的构造方法，我们将受访者所在社区（或村庄）内排除受访者本人的个人社会网络的其他受访者的个人社会网络作为当前受访者所拥有的社区层面社会网络。问卷问题、处理方法、权重都与个人层面的社会网络相同。

　　做如上处理处于以下几个方面的原因：由于个人层面的社区网络没有包含在社会层面的社会网络中，这样个人的特征对社区网络的影响就减轻了使得进入计量模型解释变量个人社会网络和社区社会网络之间的相关性得到降低；社区层面的社会网络度量的是受访者本人面对由社会网络所带来的外部性，所构建的指标更能体现社区（村庄）内部成员之间的社会互动，更贴近于实际情况。

　　我们没有像张爽、陆铭、章元[2]那样取排除了受访者之外的社区（村庄）其他受访者个人社会网络的均值作为社区层面的网络，而是取用的形式作为

---

　　[1]　张爽、陆铭、章元：《社会资本的作用随市场化进程减弱还是加强？——来自中国农村贫困的实证研究》，《经济学》（季刊）2007 年第 2 期。

　　[2]　同上。

社区层面的网络，因为将采用的方式更能反映受访者所拥有的全部社区层面社会网络。

（3）协会社会网络（na）。个人层面的社会网络 np 和社区层面的社会网络 nc 都衡量以家庭亲友关系为代表的网络关系，协会社会网络是指在一定程度上通过协会的社交活动建立起社会网络。借鉴前人的思路构建协会社会网络变量 na，具体的指标构建如下：

$$协会社会网络 = \frac{各省份社会组织数}{各省份人口数}$$，即各个省份每万人口中所拥有的社会组织数，来衡量省际层面的协会社会网络 na。

3. 文化

针对文化维度上社会资本的研究相对较少，但是已有的研究中都认为人口中民族异质性对地区经济增长有重要影响，我们从两个方面来体现文化社会资本：民族文化（通过少数民族人口的占比来反映地区人口中民族文化的差异程度）、宗教文化（通过地区人口中参与宗教活动的程度来反映宗教文化对人们行为的影响）。

（1）民族文化（cn）。运用第六次人口普查数据，用各省份的少数民族人口数除以总人口数这一指标来代表民族文化的社会资本。

$$民族文化\ cn = \frac{各省份少数民族人口数}{各省份人口总数}。$$

（2）宗教文化（cr）。我们运用 CGSS2008 的 A 问卷的 A7 和 A8 两道题来构建宗教文化社会资本指标，该问题如下：

A7. 您的宗教信仰是：

佛教 ⋯⋯⋯⋯⋯⋯⋯⋯⋯⋯⋯⋯⋯⋯⋯⋯⋯⋯ 01

道教 ⋯⋯⋯⋯⋯⋯⋯⋯⋯⋯⋯⋯⋯⋯⋯⋯⋯⋯ 02

民间信仰 ⋯⋯⋯⋯⋯⋯⋯⋯⋯⋯⋯⋯⋯⋯⋯⋯ 03

回教/伊斯兰教 ⋯⋯⋯⋯⋯⋯⋯⋯⋯⋯⋯⋯⋯ 04

天主教 ⋯⋯⋯⋯⋯⋯⋯⋯⋯⋯⋯⋯⋯⋯⋯⋯ 05

基督教 ⋯⋯⋯⋯⋯⋯⋯⋯⋯⋯⋯⋯⋯⋯⋯⋯ 06

东正教 ⋯⋯⋯⋯⋯⋯⋯⋯⋯⋯⋯⋯⋯⋯⋯⋯ 07

其他基督教 ⋯⋯⋯⋯⋯⋯⋯⋯⋯⋯⋯⋯⋯⋯ 08

犹太教 ·· 09

印度教 ·· 10

无宗教信仰 ·· 11

其他（请注明：＿＿＿＿＿＿＿＿） ············ 12

A8. 您参加宗教活动的频繁程度是：

一周几次 1

一周 1 次 ·· 2

一个月 2 - 3 次 ·································· 3

一个月 1 次 ·· 4

一年几次 ·· 5

一年 1 次 ·· 6

更少 ·· 7

从不 ·· 8

我们构建的宗教文化指标旨在反映两个方面含义：一是在受访者中有宗教信仰的比例；二是受访者参与宗教活动的积极程度。之所以从这两个方面展开是因为宗教信仰对人们的心中信念、价值观念、行为方式产生重要的影响，而这些对于区域经济发展绩效都是更深层面的原因。为了反映出受访者参加宗教活动的积极程度。我们通过对受访者 A8 问题的答案进行赋值，并在省际层面求出平均值，以代表省际层面对于宗教活动的平均参与程度，最后用受访者中有宗教信仰的比例与宗教参与活动的平均参与程度的乘积作为宗教文化的指标。

对 A8 问题的赋值中对"从不"选项赋值 0.5，是为了包含尽管有些受访者是有宗教信仰的，但是却"从不"参加宗教活动，其宗教信仰对其行为还是有一些相对较弱影响，具体对宗教参与程度的赋值如下：

表 5　　　　　　　　　　CGSS2008 调查问卷 A8 题

宗教活动参与程度	赋值
一周几次	4
一周 1 次	3.5

宗教活动参与程度	赋值
一个月 2~3 次	3
一个月 1 次	2.5
一年几次	2
一年 1 次	1.5
更少	1
从不	0.5

资料来源：中国人民大学，中国综合社会调查问卷，2008。

宗教文化 cr = 各省受访者中有宗教信仰的比例 × 省际层面宗教参与活动的均值。

后 记

当前，中国进入中国特色社会主义新时代，社会主要矛盾已经转化为人民日益增长的美好生活需要和不平衡不充分的发展之间的矛盾。区域发展不平衡问题是不平衡不充分发展的重要方面，发展相对滞后地区实现赶超的关键在于构建基于创新力的自我发展能力。习近平总书记指出，创新是引领发展的第一动力。要解决我国区域发展不平衡不充分问题，就要增强发展滞后地区的实物资本投资与积累以促进产业创新力，增强发展滞后地区的人力资本投资与积累以促进技术创新力，增强发展滞后地区的社会资本投资与积累以促进组织创新力，从而形成不依赖于外部援助的内生驱动力。

本书将能力构建纳入增长经济学的理论框架，探索了资本投资与积累促进区域创新力以实现区域经济持续稳定增长的内在机制、实现路径和政策改进，为增长经济学的理论创新拓展了空间，为区域发展滞后地区的能力建设提供了理论依据，也为其他类型的自我发展能力研究提供了启示。从可操作性角度讲，本书在区域自我发展能力构建的举措方面是比较欠缺的，在以下方面有值得拓展研究的空间：（1）地区金融体系对增强实物资本投资与积累进而促进产业创新力的作用；（2）干中学环境的营造对增强人力资本投资与积累进而促进技术创新力的作用；（3）制度建设对增强社会资本投资与积累进而促进组织创新力的作用；（4）组织创新力替换为制度创新力的自我发展能力理论构架；（5）制度创新力的度量。

本书是国家社科基金项目"西部大开发中的自我发展能力构建研究"（项目编号11BJL071；结题证书号20160695）的结项成果。通过本项目的研究，训练和培养出一批具有较强科研能力的博士和硕士研究生，形成了一批学位论文和学术论文成果。其中，第二章由彭琳琳主研，第三章由梁巧玲主研，第四章第三节的二、三、四部分由谢祥家主研，第四章第三节、第四节由张利军主研，第五章第二节的一、二、三部分和第四节由李志鹏主研，第五章第五节由陶伟主研，第五章第三节、第六节由刘燕主研。第六章由张梅主研。当然，本书是集体智慧的结晶，更是大家分工协作、团结合作的研究成果。

　　本书所依托的国家社科基金项目"西部大开发中的自我发展能力构建研究"获得了"优秀"成果鉴定，感谢匿名评审专家对本项目研究所开展的理论创新探索的认可与鼓励。本书入选了 2017 年度云南省哲学社会科学成果文库，感谢审稿专家的认可与鼓励，感谢云南省哲学社会科学规划办对本著作出版的资助。感谢中国社会科学出版社编辑们的辛勤付出，尤其要感谢孙萍编辑认真细致的工作。还要感谢在校稿过程中付出劳动的刘清雪、侯泽华、杨丽娜、魏攀、邵尊、刘丹丹等同学。云南大学发展研究院是研究能力理论的重要基地，感谢杨先明教授引领我进入能力研究领域，感谢发展研究院的各位老师在我们团队研究过程中给予的支持和帮助。

　　本书在研究和写作过程中引用了相关资料，基本都在书中注明了出处，借此对相关学者表示感谢，由于区域、资本、创新领域研究学者众多，相互影响和引用广泛，难免有部分遗漏，敬请谅解。由于时间、精力和学识所限，书中存在的疏漏和谬误，诚挚欢迎学界同人的评论和意见！期待能够继续为发展能力理论创新和区域协调发展尽力！

梁双陆

2017 年 12 月